Sabina Misoch
Qualitative Interviews

Sabina Misoch

Qualitative Interviews

2., erweiterte und aktualisierte Auflage

DE GRUYTER
OLDENBOURG

ISBN 978-3-11-054586-9
e-ISBN (PDF) 978-3-11-054598-2
e-ISBN (EPUB) 978-3-11-054603-3

Library of Congress Cataloging-in-Publication Data: 2019937329

Bibliografische Information der Deutschen Nationalbibliothek
Die Deutsche Nationalbibliothek verzeichnet diese Publikation in der Deutschen
Nationalbibliografie; detaillierte bibliografische Daten sind im Internet über
http://dnb.dnb.de abrufbar.

© 2019 Walter de Gruyter GmbH, Berlin/Boston
Einbandabbildung: khalus / DigitalVision Vectors / Getty Images
Satz: Michael Peschke, Berlin
Druck und Bindung: CPI books GmbH, Leck

www.degruyter.com

Vorwort zur 2. Auflage

Dieses Buch setzt sich mit den verschiedenen Methoden auseinander, die zur Erhebung qualitativer, verbaler Daten eingesetzt werden können. Es werden dabei alle Verfahrensweisen berücksichtigt, die entweder durch die Evokation von Narrationen, durch den Einsatz eines Leitfadens oder durch Gruppenverfahren mittels eines Interviewenden (oder durch einen Moderierenden) verbale Daten erheben. In der zweiten, erweiterten und aktualisierten Auflage des Bandes wurde vermehrt Augenmerk auf neue, digitale Methoden zur Erhebung qualitativer Daten und deren kritische Reflexion gelegt.

Qualitative Interviews gehören zu den Kernelementen der empirischen Sozialforschung. Sie sind in modernen Gesellschaften wichtige Instrumente, um detailreiches Wissen und tiefe Erkenntnisse über Lebensbereiche, Lebensformen, Biografien, Wertvorstellungen, Meinungen, Handlungsmotivationen, aber auch über gesellschaftliche Problemlagen zu erhalten. Qualitative Interviews erfreuen sich vor allem bei den Studierenden großer Beliebtheit. Dies ist unter anderem dem Umstand geschuldet, dass das Durchführen von Interviews als relativ einfach eingeschätzt wird, da dies als formal und strukturell dem Alltagsgespräch ähnlich angesehen wird: „Face-to-face conversation is an everyday occurrence and this has probably resulted in an assumption that interviewing is a preferred option because the researcher feels most at ease with this technique" (King & Harrocks, 2012, S. 6). Aufgrund dieser vermuteten Ähnlichkeit des Interviews mit der Alltagskommunikation wird gefolgert, dass man, wenn man über alltagssprachliche kommunikative Kompetenz verfügt, auch kompetent ist, qualitative Interviews durchzuführen. Damit wird aber die Komplexität dieser Methode unterschätzt, denn das kompetente und seriöse Durchführen von qualitativen Interviews setzt weitaus mehr von dem Interviewenden voraus als nur alltägliche kommunikative Kompetenzen.

So führt dieser Band in die Theorien und Konzepte ein, die zur Erhebung verbaler Daten entwickelt wurden. Er zeigt auf, welche Kompetenzen der Interviewende benötigt, um qualifiziert und versiert qualitative Daten erheben zu können. Die einzelnen qualitativen Interviewmethoden werden ausführlich dargestellt und kritisch erörtert, es werden ihre Vor- und Nachteile diskutiert und in einem Fazit zusammengeführt. Die Paradigmen qualitativer Forschung werden dargestellt, Samplingtechniken erörtert, Gütekriterien diskutiert, ethische Voraussetzungen für die professionelle Interviewdurchführung dargestellt und es wird aufgezeigt, welchen Einfluss der Interviewende auf den gesamten Prozess hat, da dieser bei qualitativen Interviews selbst das entscheidende Erhebungsinstrument ist. Das Buch schließt mit einer komprimierten Übersicht ab, in der aufgezeigt wird, welche Interviewmethoden sich für welche Forschungsziele als geeignet erweisen.

https://doi.org/10.1515/9783110545982-201

Zur Verbesserung der Lesbarkeit des Buches wurde die Verwendung geschlechtsanzeigender Formen wenn möglich vermieden und durch die neutrale Form ersetzt. Des Weiteren wurde bei der Verwendung geschlechtsanzeigender Formen entschieden, nur die männliche Form zu verwenden, wobei selbstverständlich die weibliche Form mit eingeschlossen ist.

Dieses Buch ist meinem Mann und meinen Kindern gewidmet, die mich in der Zeit des Schreibens durch ihre Rücksichtnahme unterstützt haben. Bei der Erarbeitung der Zweitauflage danke ich Veronika Hämmerle, Julia Reiner und Rhea Braunwalder für ihre Unterstützung.

Sabina Misoch   St. Gallen im Januar 2019

Inhalt

Vorwort zur 2. Auflage —— V

Abbildungsverzeichnis —— XIII

Tabellenverzeichnis —— XIV

1   Qualitative Sozialforschung —— 1
1.1   Empirische Sozialforschung: quantitativ und qualitativ —— 1
1.2   Paradigmen qualitativer Sozialforschung —— 5
1.2.1   Verstehende Soziologie —— 5
1.2.2   Phänomenologische Soziologie/interpretative Soziologie —— 6
1.2.3   Symbolischer Interaktionismus —— 7
1.2.4   Ethnomethodologie —— 10
1.2.5   Resümee —— 12
1.3   Qualitative Interviews —— 12
1.4   Ethische Grundprinzipien qualitativer Interviews —— 14
1.5   Literatur —— 22
1.6   Links —— 23

2   Zentrale Prinzipien qualitativen Forschens —— 25
2.1   Verstehen —— 25
2.2   Wirklichkeit als Konstruktion —— 26
2.3   Subjektbezogenheit —— 27
2.4   Offenheit —— 28
2.5   Kommunikation —— 29
2.6   Flexibilität —— 32
2.7   Prozessualität —— 32
2.8   Reflexivität —— 33
2.9   Explikation —— 34
2.10   Literatur —— 36

3   Narrative Interviewformen —— 37
3.1   Das narrative bzw. narrativ-(auto)biografische Interview —— 37
3.1.1   Voraussetzungen —— 39
3.1.1.1   Stegreiferzählungen —— 40
3.1.1.2   Rolle des Forschenden —— 45
3.1.2   Exkurs: BNIM —— 46
3.1.3   Auswertung narrativer Interviews —— 47
3.1.3.1   Narrationsanalyse nach Schütze (1983) —— 47

3.1.3.2   Narrationsanalyse nach Rosenthal (2015) —— **49**
3.1.4   Ablaufmodell narrativer Interviews —— **51**
3.1.5   Kritik —— **51**
3.1.6   Fazit —— **55**
3.1.7   Literatur —— **55**
3.2   Das episodische Interview —— **57**
3.2.1   Theoretischer Hintergrund —— **57**
3.2.2   Leitfaden für ein episodisches Interview —— **60**
3.2.3   Ablaufmodell episodischer Interviews —— **62**
3.2.4   Auswertung —— **62**
3.2.5   Kritik —— **63**
3.2.6   Fazit —— **63**
3.2.7   Literatur —— **64**

4   Qualitative Einzelinterviews —— 65
4.1   Das Leitfadeninterview —— **65**
4.1.1   Funktionen des Leitfadens —— **66**
4.1.2   Prinzipien des Leitfadens —— **66**
4.1.3   Struktur eines Leitfadens —— **68**
4.1.4   Literatur —— **71**
4.2   Das problemzentrierte Interview —— **71**
4.2.1   Ablaufmodell problemzentrierter Interviews —— **75**
4.2.2   Kritik —— **76**
4.2.3   Fazit —— **77**
4.2.4   Literatur —— **77**
4.3   Das themenzentrierte Interview —— **78**
4.3.1   Ablaufmodell themenzentrierter Interviews —— **81**
4.3.2   Kritik —— **81**
4.3.3   Fazit —— **82**
4.3.4   Literatur —— **82**
4.4   Das fokussierte Interview —— **83**
4.4.1   Ablaufmodell fokussierter Interviews —— **85**
4.4.2   Kritik —— **86**
4.4.3   Fazit —— **86**
4.4.4   Literatur —— **87**
4.5   Das Tiefeninterview —— **87**
4.5.1   Konzeption und Durchführung von Tiefeninterviews —— **88**
4.5.2   Das dreiphasige Intensivinterview nach Honer (1989) —— **91**
4.5.3   Fragestrategien im Tiefeninterview —— **92**
4.5.3.1   Content Mapping —— **92**
4.5.3.2   Content Mining —— **92**
4.5.4   Auswertung —— **94**

4.5.5   Ablaufmodell eines Tiefeninterviews —— 95
4.5.6   Kritik —— 95
4.5.7   Fazit —— 96
4.5.8   Literatur —— 97
4.6   Das diskursive Interview —— 97
4.6.1   Zum Konzept der Deutungsmusteranalyse —— 98
4.6.2   Durchführung diskursiver Interviews —— 100
4.6.2.1   Auswahlverfahren —— 100
4.6.2.2   Durchführung der Befragung —— 100
4.6.2.3   Auswertung der Daten und Typenbildung —— 103
4.6.3   Ablaufmodell diskursiver Interviews —— 106
4.6.4   Kritik —— 106
4.6.5   Fazit —— 107
4.6.6   Literatur —— 109
4.7   Das ethnografische Interview —— 109
4.7.1   Fokussierte Ethnografie —— 112
4.7.2   Durchführung ethnografischer Interviews —— 113
4.7.3   Rolle des Interviewenden —— 114
4.7.4   Distanzierung —— 115
4.7.5   Auswertung —— 115
4.7.6   Ablaufmodell ethnografischer Interviews —— 116
4.7.7   Kritik —— 117
4.7.8   Fazit —— 118
4.7.9   Literatur —— 118
4.8   Das Experteninterview —— 119
4.8.1   Durchführung von Experteninterviews —— 121
4.8.2   Leitfaden —— 123
4.8.3   Auswertung —— 123
4.8.4   Ablaufmodell von Experteninterviews —— 125
4.8.5   Kritik —— 125
4.8.6   Fazit —— 127
4.8.7   Literatur —— 127
4.9   Convergent Interviewing —— 128
4.9.1   Exkurs: Action Research —— 129
4.9.2   Durchführung von Convergent Interviews —— 130
4.9.3   Ablaufmodell des Convergent Interviewing —— 133
4.9.4   Kritik —— 134
4.9.5   Fazit —— 134
4.9.6   Literatur —— 135

5	**Qualitative Gruppeninterviewverfahren** —— **137**	
5.1	Gruppen —— 137	
5.2	Fokusgruppen —— 139	
5.2.1	Auswahlkriterien —— 142	
5.2.2	Durchführung —— 143	
5.2.3	Ablaufmodell von Fokusgruppen —— 147	
5.2.4	Kritik —— 148	
5.2.5	Fazit —— 150	
5.2.6	Literatur —— 150	
5.3	Gruppendiskussion —— 151	
5.3.1	Durchführung —— 154	
5.3.2	Rolle des Moderators/Forschenden —— 155	
5.3.3	Aufzeichnung —— 156	
5.3.4	Auswertung —— 156	
5.3.5	Ablaufmodell von Gruppendiskussionen —— 157	
5.3.6	Kritik —— 158	
5.3.7	Fazit —— 159	
5.3.8	Literatur —— 159	
5.4	Gruppeninterview —— 160	
5.4.1	Rolle des Interviewenden —— 161	
5.4.2	Durchführung —— 163	
5.4.3	Ablaufmodell von Gruppeninterviews —— 166	
5.4.4	Kritik —— 167	
5.4.5	Fazit —— 167	
5.4.6	Literatur —— 167	
5.5	Vergleich: Gruppendiskussion, Gruppeninterview und Fokusgruppe —— 168	
5.5.1	Literatur —— 168	
6	**Spezialformen** —— **169**	
6.1	Das Telefoninterview —— 169	
6.1.1	Kritik —— 171	
6.1.2	Fazit —— 174	
6.1.3	Literatur —— 176	
6.2	Das Skypeinterview —— 177	
6.2.1	Kritik —— 178	
6.2.2	Fazit —— 182	
6.2.3	Literatur —— 184	
6.3	Das E-Mail-Interview —— 184	
6.3.1	Kritik —— 191	
6.3.2	Fazit —— 193	
6.3.3	Literatur —— 197	

7	**Samplingverfahren in qualitativer Forschung und der Zugang zum Feld** —— **199**	
7.1	Allgemeines —— **199**	
7.2	Zugang zum Feld —— **200**	
7.3	Inhaltliche Repräsentativität —— **202**	
7.4	Samplingverfahren —— **203**	
7.4.1	Übersicht über Samplingverfahren —— **203**	
7.4.2	Theoretisches Sampling —— **204**	
7.4.3	Convenience Sample, Gelegenheitsstichprobe —— **207**	
7.4.4	Schneeballverfahren —— **207**	
7.4.5	Vollerhebung —— **208**	
7.4.6	Gezieltes (selektives) Sampling, Vorabfestlegung des Samples —— **208**	
7.4.7	Fazit —— **211**	
7.5	Literatur —— **212**	
8	**Der Interviewende als Erhebungsinstrument** —— **213**	
8.1	Interviewereffekte in standardisierter Forschung —— **213**	
8.2	Einfluss des Interviewenden in qualitativer Forschung —— **214**	
8.2.1	Fremdheit/Vertrautheit mit dem Feld —— **216**	
8.2.2	Einfluss äußerlich wahrnehmbarer Merkmale (Geschlecht, Hautfarbe, Alter) —— **217**	
8.2.3	Einfluss stimmlicher Merkmale —— **220**	
8.2.4	Einfluss des Status —— **221**	
8.2.5	Einfluss innerer Merkmale (Meinungen, Einstellungen) —— **221**	
8.2.6	Einfluss des Ortes/Settings —— **222**	
8.3	Fazit —— **224**	
8.4	Literatur —— **225**	
9	**Durchführung qualitativer Interviews** —— **229**	
9.1	Kommunikative und soziale Kompetenz —— **229**	
9.2	Empathie und Vertrauen —— **230**	
9.3	Interview als soziale Beziehung —— **231**	
9.4	Aktives Zuhören —— **232**	
9.5	Mögliche Probleme bei der Interviewdurchführung —— **234**	
9.5.1	Leitfadenbürokratie —— **234**	
9.5.2	Fehlende Neutralität —— **235**	
9.5.3	Einfachheit der Fragen —— **236**	
9.5.4	Vermeiden geschlossener Fragen —— **236**	
9.5.5	Belehrungen, Bewertungen —— **238**	
9.5.6	Informationen verschenken —— **239**	
9.5.7	Weiterverfolgung unergiebiger Themen —— **240**	

9.5.8   Verletzung der Vertraulichkeit —— 242
9.6   Literatur —— 243

10   Gütekriterien qualitativer Sozialforschung —— 245
10.1   Objektivität, Neutralität und kontrollierte Subjektivität —— 247
10.1.1   Neutralität —— 248
10.1.2   Kontrollierte Subjektivität —— 248
10.2   Reliabilität/Verlässlichkeit —— 249
10.2.1   Prozedurale Reliabilität —— 250
10.2.2   Intercoder-Reliabilität —— 251
10.3   Validität/Glaubwürdigkeit/Gültigkeit —— 251
10.3.1   Interne Validität, Triangulation, kommunikative Validierung,
           Peer Debriefing und Authentizität —— 252
10.3.2   Externe Validität und Übertragbarkeit —— 255
10.4   Intersubjektive Nachvollziehbarkeit —— 256
10.4.1   Verfahrensdokumentation, Confirmability —— 257
10.4.2   Peer Debriefing —— 257
10.4.3   Regelgeleitetheit —— 257
10.5   Reflexion von Subjektivität —— 258
10.6   Resümee —— 259
10.7   Literatur —— 260

11   Transkription —— 263
11.1   Transkription als Konstruktionsleistung —— 263
11.2   Transkription als Gütekriterium —— 265
11.3   Verschiedene Transkriptionssysteme und Notationssysteme —— 266
11.3.1   Vollständige Transkription —— 266
11.3.2   Selektive Transkription —— 270
11.3.3   Transkriptionsnotation —— 271
11.3.4   Der Transkriptionskopf —— 273
11.3.5   Transkriptionsregeln —— 274
11.4   Transkription unter Zuhilfenahme von
           Spracherkennungssoftware —— 275
11.5   Literatur —— 278

12   Resümee —— 279

Literaturverzeichnis —— 285

Stichwortverzeichnis —— 299

Abbildungsverzeichnis

Abb. 1.1:   Interviews differenziert nach Strukturierungsgraden —— 14
Abb. 2.1:   Zentrale Prinzipien qualitativer Sozialforschung —— 35
Abb. 3.1:   Beispiel aus einem narrativen Interview zu Schulkarrieren —— 46
Abb. 3.2:   Ablaufmodell narrativer Interviews —— 51
Abb. 3.3:   Zusammenhang zwischen episodischem (erlebtem) und semantischem Wissen —— 59
Abb. 3.4:   Beispiel für eine Frage, die auf semantisches Wissen abzielt —— 59
Abb. 3.5:   Beispiel einer Frage, die auf episodisches Wissen abzielt —— 60
Abb. 3.6:   Beispiel eines Leitfadens mit narrationsgenerierenden und
             semantischen Fragen —— 61
Abb. 3.7:   Ablaufmodell episodischer Interviews —— 62
Abb. 4.1:   Aufbau eines Leitfadens und Funktion der einzelnen Phasen im Überblick —— 71
Abb. 4.2:   Ablaufmodell problemzentrierter Interviews —— 75
Abb. 4.3:   Beispiel für ein Postskriptum eines thematischen Interviews —— 79
Abb. 4.4:   Ablaufmodell themenzentrierter Interviews —— 81
Abb. 4.5:   Ablaufmodell fokussierter Interviews —— 85
Abb. 4.6:   Ablaufmodell eines Tiefeninterviews —— 95
Abb. 4.7:   Deutungsmuster, Situationsdefinitionen, Handlungsorientierungen und
             Derivationen —— 99
Abb. 4.8:   Ablaufmodell diskursiver Interviews —— 106
Abb. 4.9:   Ablaufmodell ethnografischer Interviews im Rahmen ethnografischer Studien —— 116
Abb. 4.10:   Vorher: Strukturierung anhand der Fälle —— 124
Abb. 4.11:   Nachher: Strukturierung anhand der Themen —— 124
Abb. 4.12:   Ablaufmodell von Experteninterviews —— 125
Abb. 4.13:   Zyklisches Vorgehen beim Convergent Interviewing —— 132
Abb. 4.14:   Ablaufmodell des Convergent Interviewing —— 133
Abb. 5.1:   Mögliches Arrangement einer Fokusgruppe —— 146
Abb. 5.2:   Ablaufmodell von Fokusgruppen —— 147
Abb. 5.3:   Ablaufmodell von Gruppendiskussionen —— 157
Abb. 5.4:   Ablaufmodell von Gruppeninterviews —— 166
Abb. 5.5:   Vergleich Gruppendiskussion, Gruppeninterview und Fokusgruppe —— 168
Abb. 7.1:   Übersicht verschiedener Samplestrategien qualitativer Forschung —— 203
Abb. 7.2:   Techniken der Stichprobenziehung bei qualitativer Forschung —— 204
Abb. 7.3:   Ablaufprozess des Theoretischen Samplings —— 206
Abb. 10.1:   Relevante Gütekriterien qualitativer Forschung —— 260
Abb. 11.1:   Beispiel eines Basistranskripts —— 269
Abb. 11.2:   Basistranskript inkl. Betonungen —— 269
Abb. 11.3:   Beispiel für die Transkription der Lautstärken- und Sprechgeschwindigkeits-
             differenzierungen im Feintranskript —— 270
Abb. 11.4:   Beispiel für die Notation von nonverbalen Elementen im Feintranskript —— 270
Abb. 11.5:   Beispiel Transkriptionskopf —— 274
Abb. 11.6:   Beispiel Transkriptionsregeln —— 275

Tabellenverzeichnis

Tab. 1.1: Vergleich qualitativer und quantitativer Methoden —— 3

Tab. 4.1: Klassifikation, Realtypen und Idealtypen —— 105

Tab. 4.2: Unterschiedliche Interaktionskonstellationen beim Experteninterview —— 122

Tab. 5.1: Beispiel eines Forschungsdesigns unter Einsatz verschiedener Fokusgruppen —— 142

Tab. 6.1: Vor- und Nachteile von E-Mail-Interviews mit Lösungsvorschlägen —— 194

Tab. 8.1: Geschlecht des Forschenden als Einflussgröße—— 218

Tab. 10.1: Ausschnitthafte Übersicht verschiedener Gütekriterien qualitativer Forschung – chronologisch —— 247

Tab. 12.1: Vergleich der verschiedenen Formen zur Erhebung qualitativer, verbaler Daten —— 280

Tab. 12.2: Mediierte Formen der Erhebung qualitativer, verbaler Daten —— 283

1 Qualitative Sozialforschung

1.1 Empirische Sozialforschung: quantitativ und qualitativ

Empirische Sozialforschung hat zum Ziel, Aussagen über die Struktur und Beschaffenheit der uns umgebenden sozialen Wirklichkeit zu machen. Mit einer empirischen Untersuchung wird eine systematische und regelgeleitete Analyse eines bestimmten Wirklichkeitsausschnittes anhand des Einsatzes bestimmter Erhebungstechniken durchgeführt. Erhebungstechniken können dabei Befragungen, (Labor-)Experimente oder Beobachtungen sein, d. h. die Daten des zu untersuchenden Ausschnittes der sozialen Realität können anhand des Einsatzes von reaktiven (Befragung, Experiment) oder nicht-reaktiven Methoden (Beobachtung) gewonnen werden.

Solche systematischen Formen der Datenerhebung werden als *empirische Sozialforschung* bezeichnet. Diese hat sich im Laufe des 19. und 20. Jahrhunderts aus verschiedenen Vorgängerdisziplinen heraus entwickelt. Als wichtigste Vorgängerdisziplinen sind hierbei die Politische Arithmetik und die Bevölkerungs- und Sozialstatistik zu nennen, die bereits im 17. Jahrhundert vorzufinden waren (älteste Belege zu Datenerhebungen finden sich bereits im Ägypten des 2. Jahrhunderts). Durch die im 18./19. Jahrhundert sich vollziehende Entwicklung von agrarischen zu industriellen Gesellschaften und durch die mit der Industrialisierung und Verstädterung einhergehenden Probleme der Verelendung kam es im Rahmen der „sozialen Frage" zu einem Aufschwung der empirischen Sozialforschung: Es wurden groß angelegte sozialstatistische Untersuchungen durchgeführt, von denen man sich Erkenntnisse für eine erfolgreiche Armutsbekämpfung erhoffte. Die heutige moderne, wissenschaftlich-systematisch betriebene empirische Sozialforschung hat sich aber erst im 20. Jahrhundert herausgebildet und nach und nach institutionalisiert (siehe hierzu u. a. Schnell et al., 2013).

Die empirische Sozialforschung als Sammlung verschiedener Techniken und Methoden zur wissenschaftlichen Untersuchung sozialer Phänomene kann ihrerseits in zwei zentrale Zugänge differenziert werden, die als quantitative und qualitative Sozialforschung bezeichnet werden.

Quantitative Zugänge haben zum Ziel – um es pointiert zum Ausdruck zu bringen –, anhand von möglichst repräsentativ gewonnenen empirischen Daten quantifizierbare, d. h. statistisch auswertbare und verallgemeinerbare Aussagen machen zu können. Im Zentrum des Forschungs- und Erkenntnisinteresses stehen Analysen von Kausalzusammenhängen, deduktive Prozesse und somit die Ermöglichung von „objektiven" Aussagen über die soziale Realität sowie die Hypothesenüberprüfung. Das Subjekt wird zumeist nicht in seiner Ganzheit, sondern als Merkmalsträger bestimmter Variablen untersucht, die anhand konkreter Operationalisierungen einer empirischen Messung zugänglich gemacht werden. Unabdingbare Parameter quantitativer Forschung sind die Messbarkeit von Phänomenen sowie deren vorherige Ope-

https://doi.org/10.1515/9783110545982-001

rationalisierung, eine möglichst klare Isolierung von Ursache und Wirkung mit dem Ziel der Verallgemeinerung der an Stichproben ermittelten Aussagen.

Qualitative Forschung hingegen hat zum Ziel, bestimmte soziale Phänomene einer tiefen und differenzierten Analyse zu unterziehen; das Vorgehen ist dabei – in klarer Abgrenzung zu den quantitativen Zugängen – zumeist induktiv und hypothesen- und/oder theoriegenerierend. Es sollen subjektive Wirklichkeiten und subjektive Sinnkonstruktionen und Alltagstheorien untersucht, Lebenswelten von innen heraus beschrieben, individuelle Sichtweisen und Meinungen oder Motive analysiert werden. Dies alles mit dem Ziel, diese nicht nur detailliert zu beschreiben, sondern verstehend nachvollziehen zu können. Repräsentativität wird nicht im statistischen, sondern im inhaltlichen Sinne realisiert (vgl. hierzu Kap. 7.3). Das Subjekt wird, ohne Reduktion auf Einzelvariablen, in seiner Ganzheit betrachtet und die Daten werden in sozialen Interaktionen (mittels Kommunikation) erhoben.

Um dies an einem Beispiel zu verdeutlichen: Wenn das Untersuchungsfeld die Internetnutzung Jugendlicher darstellt, so könnten Fragestellungen quantitativ orientierter Forschungsprojekte darin liegen, empirisch zu ermitteln, wie viele Jugendliche welche Dienste und Anwendungen im Internet nutzen, wie sich diese Nutzung z. B. zeitlich verteilt oder welche (psycho-)sozialen Parameter mit bestimmten Nutzungsweisen korrelieren. Es handelt sich somit vornehmlich um Fragestellungen, die darauf abzielen, statistische Zusammenhänge zu ermitteln, die numerisch dargestellt werden können. Demgegenüber wäre ein Ansatz qualitativer Forschung in diesem Forschungsthema die Frage, wie genau sich die Nutzung gestaltet oder warum bestimmte Dienste und Anwendungen genutzt werden. Das Erkenntnisinteresse richtet sich hier auf die individuellen Sinnzuschreibungen der Internetnutzung, aber Fragestellungen qualitativer Forschungsprojekte können sich beispielsweise auch auf die Rolle der Mediennutzung im Lichte der eigenen Biografie und des eigenen Lebenslaufs beziehen.

Qualitative Forschung ist durch folgende Kriterien gekennzeichnet:
- Phänomene sollen von „innen heraus", aus der Sicht des Subjekts, verstanden werden;
- Subjektbezogene Forschung;
- Differenzierte Beschreibung von Inhalten und/oder Prozessen;
- Ermittlung individueller Sichtweisen, Einstellungen, Motive, Bedürfnisse usw.;
- Generierung von Hypothesen;
- Erfassung der subjektiven Wirklichkeit und subjektiver Wirklichkeitstheorien (Situationsdeutungen, Handlungsmotive, Alltagstheorien);
- Sinnverstehen, Sinnrekonstruktion;
- Untersuchung eines bisher unbekannten Feldes bzw. Untersuchung bisher unbekannter Sachverhalte;
- Erfassung von Selbstinterpretationen;
- Herausarbeitung von manifesten und ggf. latenten Sinnstrukturen;

– nicht Repräsentativität im statistischen, sondern im exemplarischen Sinne soll erreicht werden; es geht um eine Generalisierung durch Typenbildung.

Qualitative Forschungen nähern sich unter Zuhilfenahme offener und flexibler Methoden an die zu untersuchenden Forschungsbereiche an. Sie erheben unter Einsatz nicht standardisierter Erhebungsinstrumente das Subjektive mit den Zielen des Verstehens und des Nachvollziehens subjektiver Wirklichkeitskonstruktionen, der Analyse der Herstellung von sozialer Realität sowie der (Re-)Konstruktion von Bedeutung (d. h. von Sinn).

Der qualitative und der quantitative Forschungsstrang werden im wissenschaftlichen Diskurs häufig als ein sich ausschließendes Gegensatzpaar angesehen („quali" versus „quanti"), wobei geltend gemacht wird, dass die dahinterstehenden Paradigmen oftmals unvereinbar seien. Dies überzeugt jedoch nicht, da beide Methoden mit unterschiedlichen Ansätzen dasselbe Ziel haben, nämlich vertiefende Erkenntnisse über die umgebende soziale Realität zu gewinnen. Sie unterscheiden sich in der Art und Weise, wie sie dieses Ziel methodologisch umsetzen und unterscheiden sich in den ihnen zugrunde liegenden Paradigmen, so insbesondere in den Vorstellungen über die soziale Realität, über deren Messbarkeit und über den Umgang mit Subjektivität.

Tab. 1.1: Vergleich qualitativer und quantitativer Methoden (Quelle: eigene Darstellung)

Quantitativ	Qualitativ
Erklären, Darstellen von Ausprägungen bestimmter Merkmale und/oder Merkmalszusammenhänge	Verstehen von bestimmten Merkmalen
Gesetz der „großen Zahl"	Das Subjekt steht im Vordergrund
Numerische Relationen	Qualitative Relationen
Kausale Beziehungen	Muster erkennen
Messen	Sinnverstehen
Standardisierung	Offenheit, Flexibilität
Ergebnisse sollen Rückschluss auf Grundgesamtheit ermöglichen	Ergebnisse sollen Typenkonstruktion ermöglichen
Hypothesenprüfung	Hypothesengenerierung
Vergleichbarkeit der Daten	Oftmals explorative Untersuchungen
Geschlossenes Vorgehen	Offenes Vorgehen
Statisch	Prozessual; gegenstandsbezogen
Große Stichproben	Kleine Stichproben
Zufallsstichprobe	Gezieltes Sampling; theoretisches Sampling

Die Auseinandersetzung um die Angemessenheit und Wertigkeit von empirischen Methoden wurde in den Sozialwissenschaften im sogenannten Methodenstreit in den 1960er-Jahren (teil-)öffentlich ausgetragen. Der Konflikt gipfelte u. a. im Positivismusstreit im Jahre 1961. Dabei standen sich zwei Positionen gegenüber, die – etwas verkürzt, vereinfacht und zugespitzt dargestellt – als eine Differenz von erklärenden gegenüber verstehenden Ansätzen beschrieben werden kann und die von außen als Konflikt zwischen quantitativen und qualitativen Methoden wahrgenommen wurde:

- *Erklärende Ansätze* sind dabei dem Ideal der Naturwissenschaften verpflichtet und wollen „objektive" Daten erheben. Betrachtet man die Entwicklung in den Sozialwissenschaften, so hatte sich hier zu Beginn hauptsächlich dieser Ansatz und damit die quantitativen Methoden durchgesetzt.
- *Verstehende Ansätze* sind den Geisteswissenschaften verpflichtet und wollen subjektive Strukturen anhand von hermeneutischen, d. h. interpretativen Verfahren nachvollziehen. Hintergrund ist dabei, dass sich im Subjektiven Gesellschaftliches ablagert und dass sich in konkreten, subjektiven, sich wiederholenden Mustern Gesellschaftliches rekonstruieren lässt. Qualitative Ansätze etablierten sich vor allem seit den 1980er-Jahren.

Auch wenn es heute kaum mehr einen öffentlich ausgetragenen Methodenstreit gibt, so sind z. B. wissenschaftliche Fachzeitschriften häufig entweder dem einen oder dem anderen Ansatz verpflichtet. Nur wenige Zeitschriften publizieren sowohl quantitative als auch qualitative Studien auf hohem Niveau. Auch in der Lehre werden in den Methodenkursen zumeist entweder quantitative oder qualitative Methoden vermittelt und spätestens bei einer Methodenvertiefung müssen sich die Teilnehmenden für das eine oder andere Paradigma entscheiden.

Diese Unterschiedlichkeit löst sich aber dann auf, wenn die Methoden und Paradigmen in ein Verhältnis gesetzt werden zum angestrebten Erkenntnisinteresse. Quantitative Methoden sind ungeeignet für die Fragen qualitativer Forschungsthemen; mit qualitativen Methoden können keine Fragen quantitativer Forschungsthemen beantwortet werden. Sinnvoll eingesetzt, können beide Methoden sich gegenseitig ergänzen und befruchten und damit zu noch tieferen Erkenntnissen führen. Dies erfordert jedoch eine sorgfältige Methodentriangulation (vgl. hierzu 10.3.1, Abschnitt c).

Eine Abkehr von diesem bipolaren Denken zeigt sich im Bereich der Forschungsförderung, sodass Förderinstitutionen zunehmend eine Methodentriangulation einfordern und die Erwartungshaltungshaltung vorliegt, dass der routinierte und seriöse Forscher die Vorteile der beiden methodologischen Ansätze kennt und diese souverän und gewinnbringend im Rahmen der entsprechenden Forschungsfrage miteinander zu kombinieren vermag. In der Forschungspraxis wird dies, wenn nicht durch den Forschenden selbst, so doch häufig durch Forschungskooperationen realisiert, die die Verschränkung von qualitativen und quantitativen Methoden sicherstellt.

1.2 Paradigmen qualitativer Sozialforschung

1.2.1 Verstehende Soziologie

Der Begriff der verstehenden Soziologie wird auf Max Weber zurückgeführt, der zu Beginn des 20. Jahrhunderts die Soziologie als eine Wissenschaft konzipierte, bei der das Verstehen im Mittelpunkt steht: „Soziologie [...] soll heißen: eine Wissenschaft, welche soziales Handeln deutend verstehen und dadurch in seinem Ablauf und seinen Wirkungen ursächlich erklären will" (Weber, 1980, S. 1). Das Verstehen, so Weber weiter, sei eng verknüpft mit dem sozialen Handeln, denn dieses erklärend zu verstehen, sei das Ziel soziologischen Arbeitens.

Damit wird das soziale Handeln in den Mittelpunkt gestellt und der Mensch steht als Handelnder im Fokus des Forschungsinteresses. Soziale Realität ist bei diesem Paradigma eine gesellschaftliche Konstruktionsleistung und wird im Vollzug des Handelns durch Interpretation und Bedeutungs- sowie Sinnzuweisung konstruiert.

Im Mittelpunkt dieses Ansatzes steht das Handeln bzw. das soziale Handeln der Akteure, das als interpretativer Prozess verstanden wird. Max Weber geht dabei von folgenden Begriffsdefinitionen aus: Handeln ist für ihn „menschliches Verhalten (einerlei ob äußeres oder innerliches Tun, oder Lassen oder Dulden) [...], wenn und insofern als der oder die Handelnden mit ihm einen subjektiven *Sinn* verbinden. ‚Soziales' Handeln aber soll ein solches Handeln heißen, welches seinem von dem oder den Handelnden gemeinten Sinn nach auf das Verhalten *anderer* bezogen wird und daran in seinem Ablauf orientiert ist" (Herv. i. O., Weber, 1980, S. 1).

Diese Konzeption muss vor dem Hintergrund der sich intensiv ausbreitenden Naturwissenschaften und der naturwissenschaftlichen Methode der Erkenntnis in den Sozialwissenschaften im 19. Jahrhundert gesehen werden. Die verstehende Soziologie möchte hierzu eine bewusste Gegenposition einnehmen, indem sie davon ausgeht, dass ein adäquates Erfassen und Analysieren der sozialen Phänomene nicht mit naturwissenschaftlichen Methoden möglich sei. Soziales Handeln ist für Weber, wie bereits gezeigt, an den Menschen gebunden und das Subjekt steht damit im Zentrum. Dieses bringt sowohl die Handlungen als auch deren Begründungen (deren Sinn) hervor und das Ziel liegt im Erkennen und in der Rekonstruktion des subjektiv intendierten Sinns. Dies geschieht bei Weber anhand zwei verschiedener Strategien – durch das deutende Verstehen und das ursächliche Erklären:

–   *Deutendes Verstehen*: In diesem Fall steht die Rekonstruktion des subjektiven Sinns im Vordergrund. Eine Handlung wird als bedeutsam verstanden, wenn diese für das betreffende Individuum mit Sinn belegt wird. Weber verwendet hierfür das Beispiel des Holzfällers. Wir sehen einen Holzfäller, d. h. einen Mann, der mithilfe eines entsprechenden Werkzeugs (z. B. einer Axt) einen Baum fällt. Durch die Betrachtung dieser Handlung geht der Beobachter davon aus, dass dieses Handeln, das ja mit einiger Anstrengung verbunden ist, für den Handelnden einen Sinn haben muss. Daraus kann man (nach Weber) schließen, dass es sich um eine verstehbare Handlung handelt. Der Holzfäller fällt den Baum, um z. B. Heizmaterial zu erhalten, um Geld zu verdienen oder um Emotionen zu regulieren (Wutabbau). Diese Motive sind subjektiv und aus Beobachtung, Vorwissen, Erfahrung usw. zu erschließen. Will man jedoch tiefer in das Phänomen als nur bis zu den subjektiven Motivationen vordringen, so bedarf es des ursächlichen Erklärens.

– *Erklärendes Verstehen*: Das erklärende Verstehen oder ursächliche Erklären geht nun über das rein Subjektive hinaus und berücksichtigt die spezifischen (z. B. historischen) Kontextbedingungen des Handelns. Um beim bereits erwähnten Beispiel des Holzfällers zu bleiben: Die Handlung des Holzhackens könnte neben den bereits genannten Motiven auch habituell-traditioneller Art sein, sodass der Mann Holz hackt, weil dies in seiner Familie so Tradition ist. Dies wäre dann ein Verstehen der Handlung, welches über beobachtbare Motive hinausgeht und schließt mit ein, dass die Frage nach dem „Warum" dem handelnden Subjekt nicht immer bewusst sein muss.

Um eine Handlung in ihrem Sinn vollumfänglich zu verstehen, muss man diese (nach Weber) sowohl aktuell-deutend als auch ursächlich-erklärend verstehen.

Qualitative Forschung bezieht sich auf die verstehende Soziologie, weil sie das Handeln der Akteure ins Zentrum rückt und deren subjektive Sinnzuschreibungen Untersuchungsgegenstand sind.

1.2.2 Phänomenologische Soziologie/interpretative Soziologie

Der Begriff der Phänomenologie (griech. Sichtbares, Erscheinung) bezeichnet eine philosophische Strömung, die sich – vor allem in Anlehnung an Edmund Husserl – mit der sinnlich wahrnehmbaren Welt auseinandersetzt. Das mit den Sinnen unmittelbar Erkennbare und Erfahrbare wird hier zur Erkenntnisquelle und rückt damit in den Mittelpunkt der Analyse.

Die phänomenologische Soziologie (auch als interpretative Soziologie bezeichnet) versteht sich als eine Handlungstheorie und wurde von Alfred Schütz in den 1930er-Jahren begründet. Sie hat zum Ziel, die nach Ansicht von Schütz bestehende Lücke in der von Max Weber begründeten verstehenden Soziologie zu schließen. Diese Lücke besteht nach Schütz hauptsächlich darin, dass Weber bei seiner Analyse des sozialen Handelns nicht danach frage, wie denn der von ihm als zentral benannte „Sinn" überhaupt zustande komme; dieser werde von ihm unhinterfragt vorausgesetzt. Schütz richtet sein Augenmerk nun auf die Konstruktion und Konstitution von Sinn in sozialen Kontexten und fokussiert auf die von den Menschen geschaffenen Strukturen und Muster der alltäglichen Lebenswelt. Im Fokus seines Interesses steht damit die Frage des Zugangs des Menschen zu seiner Lebenswelt. Lebenswelt bedeutet hier, dass es sich um jenen Wirklichkeitsbereich handelt, „an dem der Mensch in unausweichlicher, regelmäßiger Wiederkehr teilnimmt" (Schütz & Luckmann, 2017); es handelt sich folglich um einen Bereich des unmittelbaren Erfahrens. Fasst man dies zusammen, so kann das Programm der phänomenologischen Soziologie wie folgt skizziert werden: „Die phänomenologische Soziologie will Schicht für Schicht freilegen, wie sich der Mensch die Wirklichkeit ordnet" (Abels, 2010, S. 82).

Schütz geht davon aus, dass der Mensch in einer subjektiven und in einer objektiven Welt lebt. Die objektive Welt ist jene Wirklichkeit, in die der Mensch hineingeboren wird und die bereits vor dessen Geburt existiert. Die subjektive Welt hingegen ist die individuelle Welt des Subjekts, d. h. wie das einzelne Individuum die Welt erlebt, versteht und für sich konstruiert. Diese beiden Welten sind jedoch untrennbar miteinander verbunden, denn die objektive Welt ist ein Ergebnis der subjektiven Welten und der durch diese geschaffenen Strukturen und umgekehrt. Daher sind die subjektiven Welten gesellschaftlich geformt und beeinflusst und somit soziale Konstruktionen. In diesem Sinne schlägt sich im Gesellschaftlichen das Individuelle und im Individuellen das Gesellschaftliche nieder.

Will man die Wirklichkeitskonstruktionen der Menschen Schicht für Schicht freilegen, muss man das Subjektive in den Mittelpunkt stellen. Dieses Subjektive ist jedoch immer ein Vergesellschaftetes, sodass sich im Subjektiven das Objektive ablesen lässt. Im Zentrum der phänomenologischen Soziologie stehen damit die Deskription des Wesens der Phänomene, die Subjektivität des Erlebens und die Einbettung dessen in die sogenannte Lebenswelt.

Forschungspraktisch hat dies zur Folge, dass der Forschende so unvoreingenommen, so genau und so vollständig wie möglich die Phänomeme beschreiben sollte, um sich damit deren Wesen anzunähern.

Damit ist die phänomenologische Soziologie ein Grundbaustein für qualitatives Forschen, denn sie untersucht die vom Subjekt konstruierte Wirklichkeit und versucht, die Phänomene (Erscheinungen) so zu erfassen „wie sie sind und nicht, wie sie uns aufgrund von Vorkenntnissen, Vorurteilen oder Theorien erscheinen mögen" (Lamnek, 2005, S. 49).

1.2.3 Symbolischer Interaktionismus

Die Theorie des Symbolischen Interaktionismus wurde in den 1960er-Jahren von Herbert Blumer, einem Schüler des Sozialphilosophen und Sozialpsychologen George Herbert Mead, in den USA entwickelt. Dieser Ansatz basiert seinerseits auf verschiedenen theoretischen und paradigmatischen Grundlagen, so insbesondere auf dem amerikanischen Pragmatismus (Philosophie des Handelns; William James), der phänomenologischen Soziologie (Alfred Schütz), der Chicagoer Schule der Soziologie (William I. Thomas, Charles H. Cooley u. a.) und ganz zentral auf den Arbeiten George Herbert Meads (vor allem auf dessen Werk „Mind, Self, and Society" von 1934, das erst posthum publiziert wurde).

Es handelt sich um eine mikrosoziologische Theorie, in deren Zentrum das Handeln der Akteure, d. h. deren wechselseitig aufeinander bezogenes Verhalten und die Konstruktion von Bedeutung („Sinn") steht. Um dies mit den Worten Blumers zusammenzufassen: „Der symbolische Interaktionismus ist ein bodenständiger Ansatz der wissenschaftlichen Erforschung des menschlichen Zusammenlebens und des menschlichen Verhaltens. Seine empirische Welt ist die natürliche Welt solchen Zusammenlebens und Verhaltens. Er verankert seine Probleme in dieser natürlichen Welt, führt seine Untersuchungen in ihr durch und leitet seine Interpretationen aus solchen naturalistischen Untersuchungen ab" (Blumer, 2013, S. 123). Der Kern des Gesellschaftlichen ist laut Blumer das – mehr oder weniger aufeinander bezogene – Handeln sozialer Akteure.

Ausgangspunkt des Symbolischen Interaktionismus ist, dass das menschliche Handeln differenziert werden kann in nicht-symbolische und symbolische Interaktionen. Nicht-symbolische Interaktion findet nach Ansicht Blumers statt, wenn ein Individuum auf die Handlung eines anderen reagiert, ohne dessen Handlung zu interpretieren. Dies bedeutet, dass hier Situationen in den Blick rücken, die quasi reflexhaftes Verhalten beinhalten, wie z. B. dem Ausweichen einer entgegenkommenden Person auf dem Bürgersteig (Mead bezeichnete diese Form der Interaktion als die „Konversation von Gesten"). Symbolische Interaktion bedeutet hingegen, dass die Handlung des anderen interpretiert wird und dass diese Interpretation Basis für das eigene Handeln darstellt. Hier wird nicht reflexhaft reagiert, sondern es wird das eigene Handeln augrund von Handlungsbedeutungen ausgerichtet (Mead bezeichnete dies als den „Gebrauch signifikanter Symbole").

Blumer wendet sich in seiner Konzeption der symbolischen Interaktion der Bedeutung von Dingen bzw. Objekten zu. Objekte können dabei ein physikalisches Objekt, ein soziales Objekt, d. h. ein anderes Subjekt, oder auch ein abstraktes Objekt wie z. B. Theorien und Einstellungen sein (Blumer, 2013, S. 75). Er geht davon aus, dass die Bedeutung der Dinge diesen nicht inhärent ist. Vielmehr stellen diese Konstruktionsleistungen dar und entstehen erst in den Interaktionen zwischen den verschiedenen Akteuren. Das heißt, dass (auch) Bedeutung eine soziale Konstruktionsleistung darstellt und innerhalb von Interaktionen interpretativ ausgehandelt wird. „Für den symbolischen Interaktionismus sind Bedeutungen daher soziale Produkte, sie sind Schöpfungen, die in den und durch die definierenden Aktivitäten miteinander agierender Personen hervorgebracht werden" (Blumer, 2013, S. 67). Dies hat aber auch zur Folge, dass Bedeutungen von Objekten nicht fix und stabil, sondern fluide und veränderbar sind, da diese immer wieder innerhalb sozialer Interaktionen neu verhandelt werden (müssen).

Hintergrund dieser Position sind drei für die Theorie des Symbolischen Interaktionismus zentrale Prämissen:

(1) „Die erste Prämisse besagt, dass Menschen Dingen gegenüber auf der Grundlage der Bedeutung handeln, die diese Dinge für sie besitzen. Unter ‚Dinge' wird hier alles gefasst, was der Mensch in seiner Welt wahrzunehmen vermag – physische

Gegenstände wie Bäume oder Stühle; andere Menschen wie eine Mutter oder einen Verkäufer; Kategorien von Menschen wie Freunde oder Feinde; Institutionen wie eine Schule oder eine Regierung; Leitideale wie individuelle Unabhängigkeit oder Ehrlichkeit; Handlungen anderer Personen wie ihre Befehle oder Wünsche; und solche Situationen, wie sie dem Individuum in seinem täglichen Leben begegnen.

(2) Die zweite Prämisse besagt, dass die Bedeutung solcher Dinge aus der sozialen Interaktion, die man mit seinen Mitmenschen eingeht, ausgeht oder aus ihr erwächst.

(3) Die dritte Prämisse besagt, dass diese Bedeutungen in einem interpretativen Prozess, den die Person in ihrer Auseinandersetzung mit den ihr begegnenden Dingen benutzt, gehandhabt und abgeändert werden" (Blumer, 2013, S. 64).

Aus diesen drei Prämissen lässt sich ableiten, dass Subjekte innerhalb von sozialen Interaktionen die Bedeutung von Objekten aushandeln und dass Bedeutung („Sinn") damit eine soziale Konstruktionsleistung der interagierenden Subjekte darstellt. Dies führt zur Schlussfolgerung, dass das Ziel von empirischer Forschung für den Symbolischen Interaktionismus in der Rekonstruktion dieser subjektiven und interaktiv ausgehandelten Sichtweisen gegenüber den Objekten liegt.

So bedeutet beispielsweise ein Stuhl für den einen ein Möbel mit einer Sitzfläche und einer Lehne, für den anderen kann dies ein Objekt ohne jeglichen Sinngehalt sein, wenn Stühle in der entsprechenden Kultur nicht bekannt sind. In ähnlicher Weise unterliegt auch z. B. der Alkoholkonsum unterschiedlichen Sinnkonstruktionen: So wird in einer bestimmten *Peer Group* (einer Gruppe gleichaltriger Jugendlicher) viel Alkohol getrunken, und dieser wird hier als gemeinsames Symbol der Zusammengehörigkeit und als Element des *Mood Managements*, d. h. der Stimmungskontrolle eingesetzt. Alkoholkonsum wird in einer solchen *Peer Group* positiv bewertet, sodass innerhalb der Gruppe die Bedeutung des Objekts „Alkohol" gemeinsam konstruiert und auf diese Sinnkonstruktion Bezug genommen wird (z. B. bei Neumitgliedern). In diesem Sinne grenzen sie sich gegebenenfalls ganz bewusst von alkoholabstinenten Gruppen ab, indem diese als „uncool" oder als „Spaßbremsen" bewertet werden. So wird der Alkoholkonsum nicht vom einzelnen Individuum, sondern durch die Interaktionen mit den anderen Gruppenmitgliedern bewertet und mit Sinn versehen. Das Verhalten des Einzelnen gegenüber dem „Objekt" Alkohol ist nun geprägt durch die spezifische Bewertung, die die Gruppe diesem Objekt zuweist; diese Bedeutungszuweisungen bzw. Bewertungen sind Ergebnis sozialer Interaktionsprozesse und sind somit nicht starr und unveränderlich, sondern unterliegen immer einem Veränderungspotenzial.

Der Symbolische Interaktionismus als Basis qualitativer Methoden versucht die Herstellung von Sinn durch die Akteure nachzuvollziehen, weil in diesem Ansatz davon ausgegangen wird, dass es sich bei der Wirklichkeit um keine objektive Größe, sondern vielmehr um soziale Konstruktionen handelt. Um diese Sinnkonstruktionen untersuchen zu können, werden die Bedeutungen und Sinnzuschreibungen bzgl. der Objekte im „natürlichen Lebensraum" erforscht. Dies hat nach Blumer zur Folge, dass Forschung sich im natürlichen Lebensraum der zu erforschenden Subjekte bewegen soll.

1.2.4 Ethnomethodologie

Die Ethnomethodologie wurde von Harold Garfinkel in den 1950/60er-Jahren in den USA begründet. Der Begriff selbst leitet sich vom Altgriechischen *éthnos* ab, was (fremdes) Volk bzw. (fremde) Volkszugehörige bedeutet und verbindet dieses mit einem methodologischen Vorgehen. Die Ethnomethodologie hat zum Ziel, empirisch die Techniken der Wirklichkeitserzeugung der Individuen zu rekonstruieren und zu untersuchen, wie soziale Ordnung durch Interaktionen hergestellt werden kann und handlungspraktisch hergestellt wird. „Ethnomethodologie bezeichnet die von den Mitgliedern einer Gesellschaft im Handlungsvollzug praktizierte Methodologie, über welche die [...] gesellschaftliche Wirklichkeit und soziale Ordnung erst produziert werden" (Bergmann, 2010, S. 11/12).

Es handelt sich um einen Ansatz, der das „Wie" der Herstellung sozialer Ordnung durch das Handeln der Akteure in den Mittelpunkt stellt und aus dieser Fokussierung zu erklären versucht, wie soziale Wirklichkeit permanent in und durch soziales Handeln hergestellt wird. Damit wird der Fokus vom rein subjektiven Erleben und der subjektiven Sinn- und Weltkonstruktion (wie z.B. bei der verstehenden Soziologie) auf die handlungsbezogene Herstellung sozialer Wirklichkeit verschoben. „Thema der Ethnomethodologie sind all jene Praktiken, welche in der herkömmlichen Soziologie und Sozialforschung, aber auch im Alltagsleben als unreflektierte Ressourcen Verwendung finden" (Eberle, 2007, S. 98). Garfinkel fasst diesen Ansatz in folgender Definition zusammen: „Ethnomethodological studies analyze everyday activities as members' methods for making those same activities visibly-rational-and-reportable-for-all-practical-purposes, i. e. ‚accountable', as organizations of commonplace everyday activities" (Garfinkel, 1967, S. 7). Die Aufgabe der Ethnomethodologie besteht nach ihm darin, dieses permanente *Sense-making* (Garfinkel) in seiner sequenziellen Struktur und seinem Ablauf zu untersuchen. Damit rücken die konkret vollzogenen Kommunikationen in den Fokus, bei denen untersucht wird, wie Akteure A und B kommunikativ miteinander interagieren: „[...] meaningful events are entirely and exclusively events in a person's behavioral environment [...] Hence there is no reason to look under the skull since nothing of interest is to be found there but brains" (Garfinkel, 1963, S. 190). Es stehen somit nur die konkreten Kommunikationen (also: Beobachtbares) und nicht eventuelle mentale Konzeptionen, Gedanken usw. im Zentrum ethnografischer Analysen der Herstellung sozialer Realität. „Zugespitzt formuliert: für die Ethnomethodologie existieren keine menschlichen Akteure, sondern Handlungen. Handlungen werden nicht von Akteuren erzeugt, sondern Akteure durch Handlungen" (Eberle, 2008, S. 154).

In der Perspektive Garfinkels ist soziale Wirklichkeit etwas, das kontinuierlich geschaffen werden muss durch „practical activities [...] whereby members produce and manage settings of organized everyday affairs" (Garfinkel, 1967, S. 1). Er bezeichnet dies als einen Prozess der permanenten Sinnerzeugung, Sinnzuschreibung und der fortlaufenden (gegenseitigen) Interpretation. Handlungen der Akteure führen damit zur Herstellung sozialer Ordnung.

Um dies empirisch nachzuweisen, führte Garfinkel sogenannte Krisenexperimente durch und protokollierte Alltagsgespräche. Krisenexperimente bedeuten, dass Menschen in experimentellen Settings bewusst in eine Situation gebracht werden, in der die normalen Regeln des Alltags, d. h. die sozialen Konventionen, absichtlich verletzt werden (z. B. Gast wird im Restaurant wie ein Kellner behandelt). Diese Experimente sollten zum einen zeigen, welche impliziten Vorannahmen Menschen in bestimmten sozialen Situationen haben und zum anderen, welche Handlungen dazu eingesetzt werden, um in solchen Situationen soziale Ordnung wiederherzustellen. Damit sollten die Praktiken zur Herstellung sozialer Ordnung sichtbar gemacht werden. Das Protokollieren von Alltagsgesprächen (später als Konversationsanalyse bezeichnet) verfolgte das Ziel, herauszufinden, inwiefern Sprache als Mittel zur Erzeugung und Vermittlung von Ordnungsstrukturen verwendet wird. Beide Methoden dienen der Aufdeckung der basalen Routinen des Alltagslebens.

So kann resümiert werden: „Wir entwerfen fortlaufend einen sinnhaften Kontext des Handelns. Diese Prognose bestätigen wir durch unser Handeln, und an sie glauben wir so lange, wie auch die Reaktionen der anderen der Definition der Situation nicht widersprechen. Wird die implizite Prognose aus irgendeinem Grunde enttäuscht, wird eine neue Wirklichkeit handelnd hergestellt" (Abels, 2009, S. 94). Interessanterweise wird der Sinnzusammenhang nicht von Anfang an oder vor dem Handeln angestrebt oder konstruiert, sondern „das Handlungswissen wird in der Situation ad hoc hergestellt" (Abels, 2009, S. 92). Durch diese Ad-hoc-Tätigkeit des Sinnerzeugens kann der übergeordnete Handlungsverlauf erst retrospektiv den Handlungen zugeschrieben werden, sodass diese erst in der Rückschau zu einem linearen Handlungsstrang konstruiert werden können.

Der Fokus ethnomethodologischer Studien liegt demnach nicht in der Analyse subjektiver Sinnzuschreibungen, sondern in der Analyse der Herstellung sozialer Wirklichkeiten durch die Interaktionen der handelnden Akteure. Diese Perspektive ist radikal, da sie die Herstellung des Alltags, d. h. das Entstehen sozialer Wirklichkeit, in den Fokus nimmt. Durch diese Hinterfragung der Alltagspraxis soll die Analyse der Herstellungslogiken und praktiken ermöglicht werden, sodass die Konstitution sozialer Wirklichkeit durch das Handeln der Akteure sichtbar gemacht werden kann. Denn Wirklichkeit sei ein „ongoing accomplishment of the concerted activities of daily life" (Garfinkel, 1967, S. VII), und damit keine objektive Realität, sondern das „Korrelat der intentionalen Wahrnehmungs- und Verstehensleistungen interagierender Subjekte" (Eickelpasch, 1982, S. 10). Ethnomethodologie will somit ihre Erkenntnis aus der direkten Untersuchung der Phänomene im Alltag beziehen und fragt danach, wie soziale Wirklichkeit situativ und intersubjektiv prozessual hergestellt wird.

Für die konkrete Forschungspraxis bedeutet dies, dass die soziale Wirklichkeit ohne Vorannahmen untersucht werden soll, um dadurch die Muster des Sozialen, die permanent erzeugt werden, herausarbeiten zu können. Dies geschieht zum einen durch die unvoreingenommene Untersuchung und Beschreibung der alltagsweltlichen Verfahren der Wirklichkeitskonstruktion, und zum anderen durch die Freilegung der Voraussetzungen und Logiken hinter den untersuchten sozialen Prozessen. Der gesellschaftliche Zusammenhang wird für die Ethnomethodologie nur durch den „Nachvollzug derjenigen methodischen Verfahren erkennbar [...], mittels derer sich die Gesellschaftsmitglieder ihre Sozialwelt interpretierend aneignen" (Eickelpasch, 1982, S. 23) und kann damit als interpretatives Verfahren der verstehenden Soziologie Max Webers und dem Symbolischen Interaktionismus zugerechnet werden.

Eingesetzt wird diese basale Methode für qualitatives Forschen vor allem für Arbeitsplatzstudien (*Workplace Studies*), konversationsanalytische Studien und wissenssoziologische Analysen, in denen die Herstellung sozialer Wirklichkeit (z. B. von Wissen) im Zentrum steht.

1.2.5 Resümee

Die verstehende Soziologie, die phänomenologische Soziologie, der Symbolische Interaktionismus und die Ethnomethodologie können als Vertreter eines interpretativen Paradigmas angesehen werden. Dem interpretativen Paradigma werden jene Methoden zugerechnet, die von der Prämisse ausgehen, dass soziale Ordnung auf interpretativen Leistungen der Subjekte beruht und dass diese das Ergebnis von sozialen Aushandlungsprozessen sind. Damit geraten die Prozesse der Konstruktion von sozialer Wirklichkeit und folglich auch „die Genese des Sinnes, den soziale Phänomene für uns so gut wie für den Handelnden haben" in den Blick (Schütz, 1977, S. 64).

Diese vier Paradigmen erweisen sich für die verschiedenen Methoden der qualitativen Forschung als unterschiedlich relevant; gemeinsam bleibt aber die Perspektive, dass das soziale Handeln symbolhaft, prozesshaft und individuell variabel ist und dass dieses nur untersucht werden kann, wenn der Forschende sich in die handelnden Individuen hineinversetzt oder wenn sich dieser dessen strukturbildenden Funktionen rekonstruierend annähert.

1.3 Qualitative Interviews

Qualitatives Forschen kann in Form von Beobachtungen, Fallanalysen, biografischer Methoden, qualitativer Experimente, Dokumentanalysen oder Inhaltsanalysen von Texten, Bildern und Filmen realisiert werden (siehe hierzu u. a. Lamnek, 2010). Gemeinsam ist diesen Ansätzen, dass jeweils die dichte Beschreibung des Phänomens das Ziel ist, um somit ein Verstehen „von innen heraus" zu ermöglichen.

Interviews stellen hierbei eine besondere Form der qualitativen Datenerhebung dar, da dabei die forschungsrelevanten Daten im Prozess der mündlichen Kommunikation erhoben werden. Etymologisch kann der Begriff Interview auf das französische *entrevue* zurückgeführt werden, welches als „verabredete Zusammenkunft", „einander kurz sehen" oder „sich begegnen" übersetzt werden kann. Es handelt sich um eine Forschungsmethode, die sehr häufig Anwendung findet, denn „[d]as Interview erscheint als einfache Methode, nicht zuletzt aufgrund seiner Nähe zum Alltagsgespräch. Fragen zu stellen liegt nahe und erscheint so leicht. Darin liegt etwas Verführerisches [...]". (Friedrichs, 1980, S. 209).

Die Kommunikation im Interview ist jedoch asymmetrisch und unterscheidet sich damit grundlegend von der Alltagskommunikation, indem dem Forschenden die Rolle des Fragenden und Zuhörenden zukommt und dem Befragten die Rolle des Erzählenden und Antwortenden. Diese asymmetrische Situation ist sowohl dem Interviewenden als auch dem Interviewten bewusst und wird „gleichwohl [...] von beiden Beteiligten gemeinsam hergestellt und unterhalten [...], weil z. B. beide nicht umhin können, während der Interviewsituation herauszufinden, was der jeweils andere ‚eigentlich will" (Honer, 2011, S. 95).

Interviews können im Hinblick auf ihren Strukturierungsgrad differenziert werden in:

(1) *Standardisierte Interviews:* Diese zeichnen sich dadurch aus, dass sowohl die Fragen als auch die Antwortoptionen vorgegeben sind; auch die Reihenfolge der Fragen ist festgelegt und der Interviewende muss sich an diese Vorgaben halten. Diese Form der Interviews wird in der quantitativen Sozialforschung verwendet.

(2) *Halboffene bzw. halb-/semi-strukturierte Interviews:* Diese Interviews orientieren sich an einem Leitfaden, welcher die relevanten Themen und Fragestellungen vorgibt, nicht jedoch die Reihenfolge der Themen oder Antwortmöglichkeiten. Die Interviewten können frei antworten, das Interview orientiert sich thematisch am Leitfaden und es müssen alle relevanten Themen im Interview angesprochen werden, um eine Vergleichbarkeit der Daten sicherzustellen (siehe hierzu ausführlich Kap. 4.1).

(3) *Offene/unstrukturierte/narrative Interviews:* Als offene Interviews werden jene Interviewmethoden bezeichnet, bei denen weder ein vorab gefertigter Fragebogen mit vorgegebenen Antworten noch ein Leitfaden zum Einsatz kommen. Diese Methode soll den Befragten dazu bringen, „im offenen Interview [...] selber anzuzeigen, was für ihn in welcher Weise relevant ist" (Kohli, 1978, S. 11). Bei dieser Form der Erhebung wird der Interviewprozess stärker vom Befragten selbst gesteuert und die Aufgabe des Interviewenden besteht vor allem in der Anregung des Befragten zur themenspezifischen Narration. Offen bedeutet jedoch nicht, dass diese Interviews nicht themenfokussiert wären. Vielmehr fungiert das

Thema als Dach der Narration des Interviewten, sodass aber die Strukturierung und die individuelle Schwerpunktsetzung jeweils dem Interviewten überlassen bleiben.

Abb. 1.1: Interviews differenziert nach Strukturierungsgraden (Quelle: eigene Darstellung)

Für qualitative Sozialforschung erweisen sich Methoden der halboffenen und offenen Interviews als relevant, wobei diese nicht immer trennscharf voneinander abzugrenzen sind. Bei diesen Formen der Datenerhebung mittels verbaler Kommunikation steht der Befragte als Subjekt im Zentrum; damit werden mittels des Interviews Daten erhoben, die „das Produkt verbaler Kommunikation sind, in welcher Aspekte der Wirklichkeit in der Regel nicht registriert, sondern rekonstruiert werden" (Honer, 2011, S. 95).

1.4 Ethische Grundprinzipien qualitativer Interviews

Jegliche Forschung am bzw. mit Menschen muss ethischen Richtlinien entsprechen, damit sichergestellt werden kann, dass den teilnehmenden Personen durch ihre Bereitschaft zur Teilnahme an der Forschung in keinerlei Form Schaden zugefügt wird.

Es hat sich hierbei folgende begriffliche Differenzierung etabliert, die vor allem in der Schweiz Eingang in die verwendeten Forschungstermini gehalten hat:

(1) Forschung *am* Menschen bedeutet, dass die teilnehmenden Probanden physisch und/oder psychisch von den Forschungen tangiert werden (z. B. experimentelle Arzneimittelstudie mit Testprobanden).

(2) Forschung *mit* Menschen bedeutet, dass es hier zu keinen physischen und/oder psychischen Belastungen der beteiligten Personen kommen kann. Hierzu werden z. B. standardisierte Meinungsumfragen gerechnet.

Ausgehend von dieser Differenzierung kann festgestellt werden, dass qualitative Interviews besondere Verfahren sozialwissenschaftlicher Datenerhebungstechniken darstellen, da diese sowohl als Forschung *mit* Menschen als auch – je nach Themenstellung – als Forschung *am* Menschen definiert werden können. Da die Datenerhebungen mittels interpersoneller Kommunikation stattfinden und die soziale Interaktion mit sozialen Akteuren das Kernelement qualitativer Interviews ist, ergeben sich folgende Differenzierungen hinsichtlich der Forschung am/mit Menschen:

– Um Forschung *am* Menschen handelt es sich, wenn im Rahmen der Durchführung von Interviews sehr private, intime oder belastende Themen der Interviewten kommuniziert und somit dem Forschenden zugänglich gemacht werden. Dieser Umstand macht den Interviewten auf zweierlei Art vulnerabel: Zum einen wird er während des Prozesses der Datenerhebung verletzbar, weil eventuell belastende Emotionen zutage kommen und/oder Traumata wieder zum Vorschein kommen. Zum anderen ist er auch nach dem Interview vulnerabel, wenn dem Befragten die im Interview gegebenen Informationen in irgendeiner Form Schaden zufügen könnten, falls diese veröffentlicht werden sollten. Deswegen kann zu Recht subsumiert werden: „An interview inquiry is a moral enterprise" (Kvale, 2012, S. 23).

– Demgegenüber handelt es sich um Forschung *mit* Menschen, wenn qualitative Interviews zur Erhebung von Daten weniger sensibler Art eingesetzt werden, wie z. B. in einer qualitativen Studie die Internetnutzung von Senioren untersucht wird, selbst wenn dabei eventuell belastende Themen gestreift werden. Da der Fokus hier auf den Mustern der Internetnutzung – und nicht z. B. auf der Analyse einer spezifischen Belastung oder eines konkreten Traumas liegt – wird diese Forschung dem Bereich der Forschung mit Menschen zugeordnet.

Für die Forschung *am* Menschen haben sich insbesondere für klinisch-medizinische (d. h. interventionelle) Forschungsstudien verschiedene Richtlinien entwickelt, die den Schutz der teilnehmenden Personen garantieren sollen. Im Zentrum stehen hier die Helsinki-Deklaration, die Richtlinien des Council for International Organizations of Medical Sciences (CIOMS) sowie die Good Clinical Practice (GCP-Richtlinie).

Qualitative Interviews können nur dann wissenschaftlich seriös und ethisch korrekt durchgeführt werden, wenn bestimmte Richtlinien befolgt werden. Zwar gibt es für die Sozialwissenschaften im Gegensatz zur Medizin keine allgemeingültigen und kodifizierten Richtlinien, aber es existieren (immerhin) verschiedene Kataloge ethischer Richtlinien. So hat z. B. der ADM, der Arbeitskreis Deutscher Markt- und Meinungsforschungsinstitute, Richtlinien für die seriöse Durchführung verschiedener Befragungsformen entwickelt; in der Schweiz orientiert sich z. B. der SMS

(Verband Schweizer Marketing- und Sozialforscher) an den Richtlinien des ESOMAR (The World Association for Social, Opinion and Market Research).

Es überrascht, dass sich in der nicht kommerziellen Forschung bislang kaum verbindliche Standards durchgesetzt haben. Es fällt auch auf, dass vor allem englischsprachige Forschungen ethische Fragen reflektieren, während in der deutschsprachigen Tradition qualitativer Forschung ethische Fragen lange nur sehr wenig Beachtung fanden. Nachfolgend werden die verschiedenen Richtlinien vorgestellt, die von verschiedenen Autoren als relevant erachtet werden.

Bei qualitativen Interviewstudien können zwei Ansätze unterschieden werden, indem entweder die verschiedenen Phasen der Erhebung als struktureller Ausgangspunkt genommen werden, oder indem diese Frage anhand basaler ethischer Prinzipien, die Grundlage jeglicher Sozialforschung sein sollten, geprüft wird.

Bei einer Orientierung an den verschiedenen Phasen der Erhebung sind folgende ethische Grundfragen zu klären (Kvale, 2012; erweitert durch SM):

(1) *Thema:* Bei der Festlegung des zu untersuchenden Forschungsthemas sollten ethische Fragen Berücksichtigung finden, sodass die Ergebnisse der Studie z. B. zu einer Verbesserung der untersuchten Situation beitragen können.

(2) *Design:* Beim Design der empirischen Studie muss darauf geachtet werden, dass die potenziellen Befragten über den Inhalt und das Ziel der Studie informiert werden, dass ihnen Vertraulichkeit zugesichert wird und dass sie über etwaige Konsequenzen aufgeklärt werden (z. B. psychische Belastung bei sehr emotionalen und belastenden Themen).

(3) *Interviewsituation:* Im Hinblick auf die soziale Interaktion selbst muss berücksichtigt werden, dass das Interview für die Befragten eine Stresssituation bedeuten kann. Des Weiteren kann eine Interviewsituation dazu führen, dass manche Selbstverständlichkeiten infrage gestellt werden und die Interviewten zu einer neuen Sicht bestimmter Phänomene gelangen (ein Umstand, der ambivalent einzuschätzen ist und die Befragten bereichern, aber auch zu Irritationen und Verunsicherungen führen kann).

(4) *Transkription:* Es muss sichergestellt werden, dass die Transkription der Daten mit den Aussagen der Befragten übereinstimmt; denn auch die kleinsten Abweichungen können zu Fehlinterpretationen führen. Hier muss sehr akribisch und seriös gearbeitet werden.

(5) *Analyse:* Bei der Datenanalyse stellt sich primär die ethische Frage, inwieweit die Befragten selbst in die Interpretation ihrer Daten involviert bzw. über diese informiert werden sollen oder können (im Sinne z. B. eines *Member Checks*; siehe hierzu Kap. 10.3.1. Abschnitt 2). Des Weiteren muss die Tiefe der Analyse festgelegt werden, was auch ethische Konsequenzen mit sich bringt, denn es ist davon auszugehen, dass mit zunehmender Tiefe der Analyse die Vulnerabilität des befragten Subjektes zunimmt. Allenfalls sind diese Fragen auch im Voraus mit

den zuständigen Fachpersonen (z. B. mit den behandelnden Ärzten im Falle einer Studie von Borderline-Patienten) zu besprechen.

(6) *Überprüfung:* Aufgabe des Forschenden ist es, dafür zu sorgen, dass die durch das Interview gewonnenen Erkenntnisse möglichst genau zu beschreiben sind. Diesbezüglich stellt sich die ethische Frage, wie genau und wie kritisch die Interviewten dazu befragt werden können.

(7) *Bericht:* Vor allem bei der Publikation der Forschungsergebnisse stellt sich die Frage nach dem ethisch korrekten Umgang mit den aus den Interviews erzielten Ergebnissen. Hier muss immer darauf geachtet werden, dass die Anonymität der Befragten unter allen Umständen gewahrt bleibt und dass keine Informationen veröffentlicht werden, die zu einer Identifizierung der interviewten Personen führen könnte. Des Weiteren ist zu bedenken, welche Folgen der Bericht für die Befragten haben könnte, falls diese trotz aller ergriffenen Maßnahmen identifiziert werden und bestimmte Aussagen auf sie zurückgeführt werden könnten. Hier stellt sich eines der Hauptprobleme qualitativer Erhebungen, wenn es um die Erhebung sensibler Daten geht.

Richten sich die ethischen Fragestellungen an generellen basalen ethischen Prinzipien aus, sind folgende Punkte zu berücksichtigen (nach Willig, 2013):

(1) *Einverständniserklärung:* Vor der Durchführung der eigentlichen Befragung muss der Forschende die potenziell zu Interviewenden über den Inhalt und die Zielsetzung der Studie informieren und von diesen eine schriftliche Einverständniserklärung unterzeichnen lassen.

(2) *Keine Täuschung:* Die Täuschung oder Irreführung der Befragten muss unter allen Umständen vermieden werden. Einige Forschende sind der Ansicht, dass eine partielle Täuschung dann begründbar wäre, wenn es keinen anderen Weg gäbe, um die Forschungsfrage zu beantworten und der zu erwartende Erkenntnisgewinn durch die Aussagen die dadurch entstehende Gefährdung der Befragten bei Weitem übersteigt. Dabei handelt es sich aber um eine schwierig abzuwägende Frage, die nur in speziellen Konstellationen beantwortet werden kann; allgemein bleibt festzuhalten, dass die Befragten im Normalfall transparent über die Studie im Voraus informiert werden müssen.

(3) *Widerrufsrecht:* Der Forschende muss sicherstellen, dass die Befragten zu jedem Zeitpunkt des Forschungsprozesses ihre Teilnahmebereitschaft widerrufen können, ohne dass diese deswegen mit Nachteilen oder negativen sozialen Folgen zu rechnen haben.

(4) *Nachbesprechung/Debriefing:* Die Interviewten sollten nach der Durchführung der Datenerhebung über die Ziele der Studie vollständig aufgeklärt werden, wenn dies nicht bereits im Vorfeld geschehen ist. Des Weiteren wird empfohlen, ihnen alle aus den Daten entstandenen Publikationen zukommen zu lassen, sodass auch die weitere Verbreitung der Ergebnisse für die Befragten transparent ist.

(5) *Vertraulichkeit:* Der Forschende muss während des gesamten Forschungsprozesses und auch nach der Datenerhebung die vertrauliche Behandlung personenbezogener Daten garantieren. Zumeist wird dies in Form der Anonymisierung sichergestellt, es kann jedoch auch Daten geben, bei denen eine Anonymisierung nicht sinnvoll ist – hier muss der Forscher gut abwägen, welche Daten publizierbar sind und welche den Befragten in irgendeiner Form schaden könnten und deswegen keinesfalls publiziert werden dürfen.

Inzwischen ist es an vielen Forschungsinstitutionen und Hochschulen selbstverständlich, dass alle Forschungen am Menschen, auch qualitative Interviewstudien, durch eine Ethikkommission genehmigt werden müssen. Der dafür einzureichende Ethikantrag muss die Ziele der Studie, die verwendeten Methoden, die geplante Durchführung der Studie und die zu erwartenden Ergebnisse darstellen, sodass eventuelle ethische Probleme im Vorfeld erkannt werden können. Ist dies der Fall und eine Studie wird nicht von der Ethikkommission genehmigt, so muss das Studiendesign entsprechend geändert werden, um den ethischen Richtlinien gerecht zu werden.

Subsumiert und erweitert man die verschiedenen Kataloge ethischer Grundprinzipien für sozialwissenschaftliche Untersuchungen, so lassen sich folgende sieben Punkte als basale ethische Grundprinzipien für die seriöse Durchführung und Auswertung qualitativer Interviews zusammenfassen, da der bereits dargestellte Katalog von Willig (2013) als nicht ausreichend angesehen wird:

(1) *Respekt:* Der Forschende muss sich gegenüber den zu untersuchenden Subjekten stets respektvoll verhalten. Diese Voraussetzung ist unter Umständen für den Forschenden schwer durchzuhalten, wenn Personen mit sehr verstörenden Einstellungen und Meinungen oder mit abweichendem, violentem und kriminellem Verhalten interviewt werden (z. B. Mitglieder einer violenten Gang oder Menschen mit extremistischen Einstellungen). Der Forschende muss in diesem Falle während des gesamten Datenerhebungsprozesses nicht nur wertneutral bleiben, sondern er muss es jederzeit schaffen, trotz eventueller innerer Abwehr gegenüber den kommunizierten Inhalten des Interviewten professionell zu bleiben und dem Interviewten respektvoll zu begegnen.

Dieser Respekt ist die Voraussetzung für das Gelingen des Interviews, denn dieses ist die Basis des Vertrauens, welches unabdingbar ist, wenn man einen tieferen Einblick in bestimmte Gruppen, Strukturen, Verhaltensweisen oder Einstellungen erhalten möchte.

(2) *Informationspflicht:* Der Forschende muss die potenziellen Interviewpartner vor der Durchführung der Datenerhebung über die relevanten Fragestellungen und Ziele der Studie informieren. Zu dieser Informationspflicht gehört auch, die zu Befragenden über etwaige, durch die Befragung entstehenden Risiken aufzuklären. So muss darauf hingewiesen werden, dass ein Interview (z. B. zu belastenden biografischen Erfahrungen) zu erneuten psychischen Reaktionen führen kann.

Im Hinblick auf die Informationspflicht besteht ein Dilemma, das einige Forschende zu einer sehr pragmatischen Haltung treibt: „If the researcher is completely honest with people about his activities, they will try to hide actions and attitudes they consider undesirable, and so will be dishonest. Consequently, the researcher must be dishonest to get honest data" (Gans, 1982, S. 46; zitiert nach Punch, 1994, S. 91). Das hier angesprochene Problem der sozialen Erwünschtheit stellt sich natürlich auch oder gerade in qualitativen Interviews, in denen das Sprechen über zum Teil sehr sensible Themen im direkten Kontakt zum Forschenden situativ eine intensive Beziehung herzustellen vermag, die im Negativen dazu führen kann, dass der Befragte jene Antworten gibt, von denen er annimmt, dass diese in der konkreten Situation sozial erwünscht wären (*Social Desirability*). Das Dilemma kann dadurch gemildert werden, indem das Ziel und die Methode der Studie zwar transparent gemacht werden, ohne dabei aber zu sehr ins Detail zu gehen, sodass die zu Befragenden hinsichtlich ihres Interviewverhaltens nicht beeinflusst werden. So kann es in speziellen Fällen angeraten sein, die Fragestellung der Studie vorerst nicht mitzuteilen (oder nur sehr grob zu umreißen). In diesen Fällen ist genau zu prüfen, ob und in welchem Umfang nach der Durchführung der Datenerhebung über die Zielsetzung und genaue Fragestellung der Studie informiert werden kann (Kvale, 2012, S. 27). Zur Informationspflicht gehören auch die Aufklärung zur Vertraulichkeit und die Anonymisierung der Daten.

(3) *Vertraulichkeit/Anonymität/Datenschutz:* Den Interviewten ist immer vor der Datenerhebung die Vertraulichkeit der erhobenen Daten sowie die Anonymität schriftlich zuzusichern, denn alle empirisch erhobenen Daten sind zu jedem Zeitpunkt des Forschungsprozesses diskret und vertraulich zu behandeln.

Da Forschungsdaten normalerweise publiziert werden, müssen diese nach Durchführung der Erhebung anonymisiert werden, sodass zu keinem Zeitpunkt eine Zuordnung von spezifischen Aussagen zu einer bestimmten Person möglich ist. Dies ist vor allem dann wichtig, wenn sehr sensible Themen in der Studie untersucht werden, bei denen eine Veröffentlichung mit Identifizierbarkeit der Person negative Folgen für die Betroffenen nach sich ziehen würde, wie z. B. soziale Exklusion und Stigmatisierung, Verlust der Arbeitsstelle oder einen eventuellen Konflikt mit den Strafverfolgungsbehörden.

Der Umgang mit den personenbezogenen Daten, die durch die Datenerhebungen ermittelt werden, ist in den verschiedenen Staaten durch entsprechende Gesetzgebungen zum Datenschutz normiert, die den rechtskonformen Umgang mit den erhobenen personenbezogenen Daten regeln. In Deutschland ist dies das Bundesdatenschutzgesetz (BDSG), in der Schweiz das Bundesgesetz über den Datenschutz (DSG) und in Österreich das Datenschutzgesetz 2000.

(4) *Einverständnis:* Bevor ein Interview durchgeführt werden kann, muss der Forschende die potenziellen Befragten über die Inhalte und Ziele der Studie aufklären (siehe Punkt 2) und deren Einverständnis (a) für die Durchführung des Inter-

views und (b) für die Aufzeichnung des gesamten Interviews (digital, analog; auditiv, audiovisuell) einholen. Es wird daher empfohlen, von den Interviewten eine schriftliche Einverständniserklärung einzuholen und die Durchführung des Interviews von dieser Unterschrift abhängig zu machen. In dieser Einverständniserklärung wird der Umgang mit den Daten festgelegt, sodass damit auch die Anonymisierung der Daten und der Datenschutz geregelt sind. So kann der Interviewende später belegen, dass der Betroffene freiwillig in die Teilnahme, die Aufzeichnung der Daten und deren wissenschaftliche, anwendungsbezogene oder kommerzielle Verwertung (z. B. nach Maßgabe des § 4a Abs. 3 des BDSG) eingewilligt hat. Sollte der Interviewte später gegen den Interviewenden vorgehen, kann sich dieser mit dem Hinweis auf die Einverständniserklärung rechtfertigen, wenn er die dort festgeschriebenen Bedingungen eingehalten hat.

(5) *Freiwilligkeit der Teilnahme und Widerrufsrecht:* Die Teilnahme an einer qualitativen Interviewstudie ist immer freiwillig (im Gegensatz z. B. zum Mikrozensus, bei dem Auskunftspflicht besteht). Auf die Freiwilligkeit der Teilnahme ist deutlich hinzuweisen und es ist darauf zu achten, dass die zu interviewenden Personen fähig sind, selbst über die Teilnahme zu entscheiden. Des Weiteren muss der Interviewende die Interviewten darüber aufklären, dass sie zu jedem Zeitpunkt ihre Teilnahmebereitschaft widerrufen können, sodass das Interview sofort abgebrochen wird. Wenn das Interview abgebrochen oder die Zustimmung nach Abschluss der Datenerhebung widerrufen wird, können die erhobenen Daten nicht verwertet werden, sondern müssen gelöscht werden. Der Vorgang darf ausschließlich Eingang in die Interviewstatistik (z. B. Abbrecherquote) finden.

(6) *Wahrung der Persönlichkeitsrechte:* Die Persönlichkeitsrechte der Befragten müssen bei der Erhebung der Daten, deren Auswertung und deren Veröffentlichung gewahrt bleiben. Dies bedeutet, dass zu keinem Zeitpunkt die Privat- und Intimsphäre der Befragten der Studie verletzt werden dürfen. Schutzmechanismen sind hier die Einhaltung ethischer Standards, die Wahrung des Respekts gegenüber den Interviewten, die Zusicherung der Anonymität und die Einhaltung aller Datenschutzrichtlinien.

Des Weiteren hat jede Privatperson ein Recht am gesprochenen Wort, am eigenen Bild und am geschriebenen Wort (z. B. im Falle der Analyse von Tagebuchaufzeichnungen). Damit diese Daten vom Interviewenden überhaupt genutzt werden können, muss er sich im Rahmen der vorerwähnten Einverständniserklärung die Zustimmung zur Nutzung dieser Daten einholen und damit dem Betroffenen den vertraulichen Umgang zusichern.

(7) *Schutz der Befragten:* Die Bereitschaft einer Person, sich im Rahmen einer qualitativen Interviewstudie befragen zu lassen, darf sich für diese Person zu keinem Zeitpunkt nachteilig auswirken. Dies bedeutet, dass den Interviewten durch ihre Teilnahme an der Studie zu keinem Zeitpunkt ein physischer, psychischer, sozialer oder ökonomischer Schaden zugefügt werden darf.

Physische Schäden sind bei qualitativen Studien kaum zu erwarten, wohingegen psychische Belastungen durchaus möglich sind. So könnte z. B. ein Schaden durch psychische Belastung (Aufbruch von Traumata; Depressionen), soziale Exklusion oder im Extremfall durch den Verlust der Arbeitsstelle als Folge einer Befragung (bei fehlender Datenschutzsicherheit oder fehlender Vertraulichkeit im Umgang mit den Daten) entstehen. Die konkrete Gefährdung ist jeweils situativ und individuell zu prüfen, da immer nur im konkreten Fall entschieden werden kann, ob die durch die Interviewsituation beim Befragten evozierten Emotionen oder potenziellen Folgen diesem zuzumuten sind. Auf jeden Fall sollte darauf geachtet werden, dass mit psychisch belastenden Themen entsprechend sensibel verfahren wird und, wenn möglich, darauf geachtet wird, dass die Befragten nach dem Interview Unterstützung finden (z. B. bei Traumatainterviews darauf achten, dass zeitnah Psychotherapiestunden verabredet sind).

Den wichtigsten Ansatzpunkt hierfür bildet die Sicherung der Vertraulichkeit, der Anonymität sowie des Datenschutzes (siehe Punkt 3). Aber diese rein formale Berücksichtigung reicht nicht, es sind vielmehr situativ die entsprechenden Rücksichtnahmen notwendig. So kann z. B. der Interviewende mit folgender Formulierung eine sensible Frage einleiten: „Ich weiß, dass das für Sie eine sehr belastende Erfahrung war [...] Wollen Sie mir mehr dazu sagen oder sollen wir das lieber aussparen?" Damit gibt man den Befragten ganz konkret die Chance und Gelegenheit, die Belastung selbst zu steuern.

Betrachtet man diese sieben basalen ethischen Kriterien für qualitative Interviewforschung, so bleibt festzuhalten, dass die Durchführung von qualitativen Interviews sorgfältig vorbereitet und kompetent und reflektiert durchgeführt werden muss. Nur so kann sichergestellt werden, dass die zentralen ethischen Richtlinien seriös angewendet und eingehalten werden. Denn der Erkenntnisgewinn, der durch die Datenerhebung erzielt wird, darf in keinem Fall durch negative Folgen bei den Forschungssubjekten erkauft werden.

Dies setzt aber voraus, dass die Forschenden gut ausgebildet und in der Lage sind, sich empathisch in die Befragten einzufühlen und zu jedem Zeitpunkt des Interviews seismografisch die Stimmungen des Befragten aufzunehmen: „Without adequate training and supervision, the neophyte researcher can unwittingly become an unguided projectile bringing turbulence to the field, fostering personal traumas (for researcher and researched), and even causing damage to the discipline" (Punch, 1994, S. 83).

1.5 Literatur

Abels, H. (2009). Ethnomethodologie. In G. Kneer & M. Schroer (Hrsg.), *Handbuch Soziologische Theorien* (S. 87–110). Wiesbaden: VS Verlag für Sozialwissenschaften.

Abels, H. (2010). *Interaktion, Identität, Präsentation. Kleine Einführung in interpretative Theorien der Soziologie* (5. Auflage). Wiesbaden: VS Verlag für Sozialwissenschaften.

Bergmann, J. R. (2010). Ethnomethodologische Konversationsanalyse. In L. Hoffmann (Hrsg.), *Sprachwissenschaft. Ein Reader* (3. Auflage), (S. 258–274). Berlin: Walter de Gruyter.

Blumer, H. (2013). *Symbolischer Interaktionismus. Aufsätze zu einer Wissenschaft der Interpretation.* Berlin: Suhrkamp.

Eberle, T. S. (2007). Ethnomethodologie. *Qualitative Marktforschung* (pp. 93–109). Gabler, S. 95–109.

Eberle, T. S. (2008). Phänomenologie und Ethnomethodologie. In J. Raab et al. (Hrsg.), *Phänomenologie und Soziologie* (S. 151–161). Wiesbaden: VS Verlag für Sozialwissenschaften.

Eickelpasch, R. (1982). Das ethnomethodologische Programm einer „radikalen" Soziologie. *Zeitschrift für Soziologie 11*(1), 7–27.

Friedrichs, J. (1980). *Methoden der empirischen Sozialforschung* (14. Auflage). Opladen: Westdeutscher Verlag. [Friedrichs, J. (1990). *Methoden der empirischen Sozialforschung* (14. Auflage). Wiesbaden: VS Verlage für Sozialwissenschaften.]

Gans, H. J. (1982). *Urban villagers.* New York: Simon and Schuster.

Garfinkel, H. (1963). A conception of and experiments with "trust" as a condition of concerted stable actions. In O. J. Harvey (Ed.), *Motivation and Social Interaction* (pp. 187–238). New York: Ronald Press. [Garfinkel, H. (2011). A conception of and experiments with "trust" as a condition of concerted stable actions. In J. O'Brien (Hrsg.), *The Production of Reality: Essays and Readings on Social Interacton* (5. Auflage) (pp. 379–390), Thousand Oaks: Pine Forge Press.]

Garfinkel, H. (1967). *Studies in ethnomethodology.* Englewood Cliffs: Prentice Hall. [Garfinkel, H. (2011). *Studies in Ethnomethodology* (reprint). Cambridge: Polity Press.]

Glaser, B. G. & Strauss, A. L. (2006). *The Discovery of Grounded Theory* (reprint). New Brunswick/ London: Aldine Transaction. URL: http://www.sxf.uevora.pt/wp-content/uploads/2013/03/ Glaser_1967.pdf (letzter Aufruf 05.07.2018).

Glaser, B. G., Strauss, A. L., & Strutzel, E. (1968). The discovery of grounded theory. Strategies for qualitative research. *Nursing Research 17*(4), 364.

Honer, A. (2011). Interview. In R. Bohnsack, W. Marotzki, & M. Meuser. (Hrsg.), *Hauptbegriffe der Qualitativen Sozialforschung* (3., durchges. Auflage), (S. 94–99). Opladen: Budrich.

Kohli, M. (1978). „Offenes" und „geschlossenes" Interview: Neue Argumente zu einer alten Kontroverse. *Soziale Welt 29*(1), 1–25.

Kvale, S. (2012). *Doing interviews.* London: Sage.

Lamnek, S. (1995). *Qualitative Sozialforschung.* Weinheim: Beltz.

Lamnek, S. (2005). *Qualitative Sozialforschung* (4. Auflage) Weinheim: Beltz.

Lamnek, S. (2010). *Qualitative Sozialforschung* (5., überarb. Auflage) Weinheim: Beltz. [Lamnek, S. & Krell, C. (2016). *Qualitative Sozialforschung* (6., vollst. überarb. Auflage). Weinheim: Beltz.]

Punch, M. (1994). Politics and ethics in qualitative research. In N.K. Denzin & Y. S. Lincoln (Eds.), *Handbook of qualitative research* (pp. 83–98). London: Sage.

Schnell, R., Hill, P. B., & Esser, E. (2013). *Methoden der empirischen Sozialforschung* (10., überarb. Auflage). München: Oldenbourg Verlag.

Schütz, A. (1977). Parsons' Theorie sozialen Handelns. In A. Schütz & T. Parsons (Hrsg.), *Zur Theorie sozialen Handelns. Ein Briefwechsel* (S. 25–76). Frankfurt am Main: Suhrkamp.

Schütz, A. & Luckmann, T. (2017). *Strukturen der Lebenswelt* (2., überab. Auflage). Konstanz/ München: UVK.

Weber, M. (1980). *Wirtschaft und Gesellschaft: Grundriss der verstehenden Soziologie*. Tübingen: Mohr.

Willig, C. (2013). *Introducing qualitative research in psychology*. Berkshire: McGraw-Hill.

1.6 Links

ADM: https://www.adm-ev.de/startseite/
ESOMAR: http://www.esomar.org/

2 Zentrale Prinzipien qualitativen Forschens

Qualitative Methoden zur Erhebung verbaler Daten haben zum Ziel, eine möglichst sensible und tiefe Analyse von subjektiven Motiven, Einstellungen, Verhaltensweisen, Sinnzuschreibungen, Biografien oder bestimmten Handlungspraktiken vorzunehmen. Dies geschieht durch das Nachvollziehen subjektiver Wirklichkeitskonstruktionen, durch die Analyse der Prozesse der Herstellung sozialer Realität sowie durch das (Re-)Konstruieren von Bedeutung (d. h. von Sinn). Damit ist das Verstehen zentrales Erkenntnisziel qualitativen Forschens. Dieses erkenntnistheoretische Ziel kann auf die verstehende Soziologie zurückgeführt werden, die entscheidend durch einen Aufsatz Max Webers im Jahre 1913 geprägt wurde und inzwischen auch als interpretative Soziologie bezeichnet wird. Die verstehende Soziologie hat sich unter anderem als Gegenströmung zum naturalistischen Positivismus des 19. Jahrhunderts herausgebildet und will das Handeln der Subjekte unter der Berücksichtigung des subjektiv intendierten Sinns deuten und dadurch in seinen Strukturen verstehen. Im Zentrum des qualitativen Forschungsinteresses steht damit das Individuum mit seinen individuellen (Handlungs-)Motivationen, Wert- und Normenkonstitutionen und mit seinen Routinen und Sinnkonstruktionen. In diesen subjektiven Strukturen findet sich das Gesellschaftliche in kondensierter Form wieder. Dieses herauszuarbeiten ist auch Ziel qualitativer Forschung, wenn man davon ausgeht, dass das Subjektive ohne Gesellschaftliches nicht zu denken ist und dass sich im Individuellen die jeweiligen Muster des Sozialen ablesen lassen, denn das Individuum ist immer ein vergesellschaftetes.

Es können auf Grundlage dieser Zielsetzungen *neun zentrale Prinzipien qualitativen Forschens* beschrieben werden, die ihrerseits eng mit den genannten Zielen korrespondieren. Diese verschiedenen Prinzipien können nur rein analytisch trennscharf voneinander abgegrenzt werden, da sich diese zum Teil inhaltlich überschneiden. Zusammengenommen stellen diese die Basis für das Gelingen qualitativer Forschungsprojekte dar, da sich diese an den neun Prinzipien orientieren müssen, um den Wertmaßstäben qualitativen Forschens genügen zu können.

2.1 Verstehen

Zentrales Prinzip (und erklärtes Ziel) qualitativer Forschung ist das Verstehen, das in bewusster Absetzung zum erklärenden Ansatz der naturwissenschaftlich orientierten Wissenschaften steht. Hat das erklärende Prinzip z. B. das Ziel, das Handeln kausal durch Ursache und Wirkungszusammenhänge zu erklären, so will der verstehende Ansatz das Handeln in seinem Kern, d. h. aus den subjektiven Innenstrukturen heraus, verstehen: „Das Ziel der Betrachtung: ‚Verstehen‘, ist schließlich auch der Grund, weshalb die verstehende Soziologie (in unserem Sinne) das Einzelindividuum und sein Handeln als unterste Einheit, als ihr ‚Atom‘ – wenn der an sich bedenkliche Vergleich hier einmal erlaubt ist – behandelt" (Weber, 1913, S. 439). Im Zentrum des

https://doi.org/10.1515/9783110545982-002

verstehenden Ansatzes stehen die Subjekte und deren Handlungen, sofern es sich um ein „sinnhaft deutbare[s] Sichverhalten zu ‚Objekten' der (inneren und äußeren) Natur" handelt (ebd., S. 439). Dies bedeutet, dass soziales Handeln an das Individuum gebunden ist und das Ziel der Analyse darin besteht, dieses Handeln zu verstehen, indem man die subjektiv damit verbundene Bedeutung, d. h. den Sinn, erkennt oder rekonstruiert. Hierbei geht es um das Verstehen der Handlungen und ihren Zusammenhängen, wobei Weber davon ausgeht, dass man „nicht Cäsar sein [müsse], um Cäsar zu verstehen" (ebd., S. 428). Nur durch diese Tatsache, dass Sinn verbal ausgedrückt werden kann und damit intersubjektiv nachvollziehbar und verstehbar gemacht werden kann, ist verstehende Soziologie und damit qualitative Sozialforschung in diesem Sinne überhaupt möglich.

Durch den Ansatz des Verstehenwollens werden die Phänomene von innen heraus analysiert. Inhalt qualitativer Forschung sind subjektive Sichtweisen, Erlebnisse, Meinungen, Verhaltensweisen, Motive, Werte und Sinnkonstruktionen oder rahmende kulturelle bzw. soziale Regeln, die dem jeweils Subjektiven immanent sind und analytisch herausgearbeitet werden. Bei diesem verstehenden Ansatz soll die Welt durch die Augen (Aussagen) des befragten Subjekts verstanden werden und somit stehen subjektive Theorien des Handelns und Erlebens im Vordergrund.

Beispiel

Zwei Menschen (A und B) begegnen sich auf der Straße, nähern sich physisch aneinander an, grüßen sich mittels verbaler Sprache (sagen „Hallo") und gehen weiter ihres Weges. Für den verstehenden Ansatz steht das Handeln der Subjekte im Zentrum und dessen subjektive Deutung. So würde hier z. B. (bei einer Befragung der Person A) analysiert werden, warum sich A an B annähert, warum die Körper eine bestimmte Distanz wahren, warum B gegrüßt wird, warum B auf diese Art und Weise gegrüßt wird usw. In einer solchen Untersuchung geht es folglich um die Analyse und das Verstehen der inneren Strukturen des nach außen hin sichtbaren Handelns der Akteure.

2.2 Wirklichkeit als Konstruktion

Qualitatives Forschen ist gekennzeichnet durch das grundlegende Paradigma, dass die Realität eine (subjektiv und kollektiv) konstruierte ist. Die Theorie hinter diesem Paradigma wird als Konstruktivismus bezeichnet und besagt, dass das, was wir als „objektive" Wirklichkeit ansehen, in hohem Maße das Ergebnis einer (sozialen) Konstruktion darstellt. Es können dabei drei verschiedene Strömungen des Konstruktivismus unterschieden werden, die jeweils in unterschiedlicher Ausprägung in verschiedene qualitative Ansätze Eingang gefunden haben: der Sozialkonstruktivismus (nach Berger & Luckmann), der kognitionstheoretische Konstruktivismus (nach Varela & Maturana) und der empirische Konstruktivismus (nach Knorr-Cetina). Allen Ansätzen ist gemeinsam, dass sie das, was wir im Alltagshandeln unhinterfragt als

„Realität" bzw. „Wirklichkeit" bezeichnen, als Konstruktion ansehen, auch wenn sich die verschiedenen Ansätze darin unterscheiden, wie genau diese Konstruktion von Wirklichkeit zustande kommt. Für qualitatives Forschen bedeutet diese Prämisse, dass es keine objektive Wirklichkeit gibt, sondern dass die handelnden Akteure ihre Wirklichkeit oder ihre Wahrnehmung bestimmter Phänomene selbst konstruieren. Diese Konstruktionen von Wirklichkeit entstehen unter anderem in sozialen Interaktionen, wie dies der Symbolische Interaktionismus (siehe hierzu ausführlich Kap. 1.2.3) herausgearbeitet hat. Die in qualitativen Studien untersuchte Wirklichkeit ist demnach eine subjektive, und es gilt, diese subjektive Wirklichkeit bzw. deren Konstruktionsbedingungen und -prinzipien zu analysieren. Da jedes Subjekt eine andere Sicht auf die Wirklichkeit haben kann, können sich sehr divergente Modelle von Realität im empirischen Erhebungsprozess herauskristallisieren. Diese zu analysieren und im Hinblick auf ihre Prägekraft für das Handeln der Akteure zu untersuchen, ist dann Ziel qualitativer Forschungen sowie die Analyse der internen Logik und der Bedeutungszuweisungen dieser subjektiven Wirklichkeiten. Da Individuen immer vergesellschaftet sind, erweisen sich die subjektiven Realitätskonstruktionen nicht als rein individuelle, sondern als hochgradig sozial beeinflusste Sichtweisen auf die uns umgebende Realität. Diese Sinnzuschreibungen werden sozial ausgehandelt und sind somit modifizierbar und kulturell gerahmt.

Beispiel

Zwei Menschen (A und B) begegnen sich auf der Straße, nähern sich physisch aneinander an, grüßen sich mittels verbaler Sprache (sagen „Hallo") und gehen weiter ihres Weges. Im Fokus der qualitativen Analyse wären nun die subjektiven Wirklichkeitskonstruktionen der einzelnen Akteure. Der Forschende wird hierbei unter anderem untersuchen, wie die Personen A und B diese Situation (unterschiedlich) definieren, welche internen Logiken sie zu dieser Situation entwickelt haben, welche Unterschiede der Wirklichkeitskonstruktion dabei vorliegen und wie diese ihr Handeln prägen.

2.3 Subjektbezogenheit

Qualitative Forschung ist dezidiert subjektbezogen. Dies bedeutet, dass das Subjekt mit seinen Erfahrungen, Meinungen, Verhaltensweisen und Sinnkonstruktionen im Mittelpunkt des Forschungsinteresses steht. Daraus ergibt sich, dass die Methoden so gewählt werden müssen, dass der Fokus auf der Erfassung eben dieser subjektiven Sichtweisen und Sinnkonstruktionen liegt. Es wird im Forschungsprozess nicht von einer objektiven Wirklichkeit ausgegangen, sondern von einer subjektiv konstruierten, die es im Prozess des qualitativen Forschens zu rekonstruieren und zu verstehen gilt. Somit steht der Interviewte mit seinen individuellen Sichtweisen und Sinnkonstruktionen im Mittelpunkt, sodass diese subjektiven Definitionen von Realität im Zentrum des qualitativen Forschungsprozesses stehen.

Beispiel

Ein qualitatives Projekt zur Internetnutzung Jugendlicher würde dann nicht nur erfassen, welche Internet-Dienste und -Anwendungen genutzt werden, sondern warum bestimmte Dienste in einer spezifischen Art und Weise vom befragten Subjekt genutzt werden und welcher subjektive Sinn damit verbunden wird. Damit steht das Individuum mit seinen eigenen Nutzungsmotiven, Werten, Normen und Wirklichkeitskonstruktionen im Zentrum des Forschungsprozesses.

2.4 Offenheit

Zentrales Prinzip qualitativer Forschung ist die Offenheit. Mit dem Begriff der Offenheit sind mehrere Bedeutungsebenen zugleich angesprochen. Diese sind:

(1) *Offenheit als Forschungspraxis:* Offenheit bedeutet in diesem Sinne, dass das konkrete Vorgehen bei der Erhebung qualitativer Daten nicht standardisiert erfolgt, sondern mittels qualitativer Instrumente, wie z. B. anhand von Interviews, orientiert an einem Leitfaden. Diese Instrumente entsprechen dem Primat der Offenheit, weil sie auch im Forschungsprozess gegebenenfalls angepasst und modifiziert werden können. Auch geben sie den Befragten mehr Raum für offene und somit ausführliche und an der eigenen Sprachverwendung orientierten Antworten, die nicht in ein vorgegebenes Antwortschema eingepasst werden müssen.

(2) *Offenheit als erkenntnistheoretisches Prinzip:* Mit Offenheit ist im epistemologischen Sinn gemeint, den „Wahrnehmungstrichter empirischer Sozialforschung so weit als möglich offen zu halten, um dadurch auch unerwartete, aber dafür umso instruktivere Informationen zu erhalten" (Lamnek, 1995, S. 22). Dies bedeutet in der konkreten Forschungspraxis, dass nicht mittels vorab formulierter Theorien oder konkret festgelegter Hypothesen, sondern oftmals explorativ oder zumindest ohne starre Vorabtheorien vorgegangen wird. Ein solches Vorgehen impliziert aber keinesfalls, gänzlich ohne Vorwissen zu arbeiten, sondern dieses Vorwissen nicht einzuengen und nicht vorab für eine Theorie- oder Hypothesengenerierung einzusetzen. Völlig ohne Vorwissen ins Feld zu gehen, so wie dies u. a. von der Grounded Theory (Glaser et al., 1968; Glaser & Strauss, 2006) gefordert wird, birgt die Gefahr, inhaltlich unstrukturierte und für die Fragestellung belanglose Informationen zu ermitteln und somit einen unfokussierten und unnötig aufwendigen und gegebenenfalls unergiebigen Datenerhebungsprozess durchzuführen.

Das Prinzip der forschungspraktischen Offenheit muss demnach immer in einer Balance stehen mit dem Forschungsziel, d. h. der zu bearbeitenden Forschungsfrage, sodass thematische Fokussierung und gleichzeitig erkenntnistheoretische

Offenheit gegeben sind. Durch dieses Prinzip der Offenheit für die Vielfalt der Antworten als auch für das Auftreten neuer Fragestellungen im Zuge des Forschungsprozesses, muss der Interviewende während des Interviewprozesses eine permanente Operationalisierungsleistung erbringen, indem die neuen (und unerwarteten) Antworten theoretisch eingeordnet werden und in weitere Forschungsfragen umgesetzt werden können.

(3) Des Weiteren kann dieses Prinzip der Offenheit in einem methodologischen Sinne verstanden werden. In diesem Falle bezeichnet der Begriff der Offenheit die Bereitschaft, methodologisch offen zu sein: Qualitative Forschung will dem Gegenstand „keine vorab formulierten Theoriemodelle überstülpen" (Terhart, 2003, S. 30), sodass die Theorien und Hypothesen prozessual aus dem Material selbst heraus entwickelt werden und dass die Methoden der Datenerhebung/ auswertung der jeweiligen Fragestellung und Zielsetzung angepasst werden können.

Qualitative Forschung bedeutet demnach Offenheit in forschungspraktischer, erkenntnistheoretischer und methodologischer Hinsicht.

Beispiel

Bei einem qualitativen Projekt zur Internetnutzung Jugendlicher werden anstelle einer Datenerhebung mittels standardisierter Instrumente z. B. semi-strukturierte Leitfadeninterviews durchgeführt, bei denen die Interviewten frei formulieren und ihre subjektiven Sichtweisen frei zum Ausdruck kommen. Dabei werden keine vorab formulierten Theorien angewendet, sondern diese bzw. die Hypothesen, werden eng am Material im Laufe des Forschungsprozesses entwickelt. Jedes Interview ist ohne Vorabtheorien zu analysieren und soll nicht vorschnell interpretiert oder generalisiert werden, sodass der Forschende immer für neue Erkenntnisse offenbleibt und seinen Blick nicht erkenntnistheoretisch einengt.

Wenn sich bei einem qualitativen Projekt im Zuge des Interviewprozesses neue Erkenntnisse oder gänzlich unerwartete Ergebnisse zeigen (sodass sich z. B. Geschwister als stark beeinflussende Faktoren der Internetnutzung erweisen, was im Vorfeld vom Forschenden nicht bedacht wurde), so ist dieses im Sinne des qualitativen Forschungsprozesses und dementsprechend in den weiteren Forschungsprozess zu integrieren, sodass dieser neue Erkenntnisfaden (Induktion) epistemologisch weitergesponnen werden kann.

2.5 Kommunikation

Kommunikation ist das Grundprinzip qualitativer (subjektbezogener) Forschung. Der Forschungsprozess selbst vollzieht sich als Kommunikation zwischen dem Forschenden und dem zu erforschenden Feld: Interpersonale (dialogische) Kommunikation ist somit das zentrale Erhebungsmedium qualitativen Forschens und keine Störvariable, die es zu vermeiden gilt (siehe hierzu Flick, 2000, S. 15). „Jedes Interview ist Kommunikation, und zwar wechselseitige, und daher auch ein Prozess. Jedes Interview ist

Interaktion und Kooperation" (Helfferich, 2009, S. 12). Daraus folgt, dass die Datenerhebung nur gelingen kann, wenn der Forschende einen kommunikativen Zugang zum
erforschenden Feld herzustellen vermag. Um dieses Gelingen zu ermöglichen, muss
der Forschende bestimmte kommunikative Bedingungen beachten; diese betreffen
(1) die Form, (2) das Regelsystem und (3) die Inhalte der Kommunikation.

(1) Die Form der Kommunikation meint in diesem Zusammenhang, dass der Prozess
     der Erhebung qualitativer Daten, je nach angewendeter Methode, mehr oder
     weniger formal einem Alltagsgespräch ähnelt. Dies zum einen schon deswegen,
     weil es sich um eine Form der freien Frage- und Antwortgestaltung handelt,
     sodass die Interviewten nicht innerhalb vorgegebener Antwortkategorien ant-
     worten müssen ("stimmt voll und ganz", "stimmt teilweise", "stimmt gar nicht"),
     sondern diese ganz frei formulieren können, so wie dies auch im Rahmen von All-
     tagsgesprächen der Fall ist. Aber trotz gewisser formaler Ähnlichkeiten und dem
     Bemühen, das Interview einer "natürlichen" Gesprächssituation anzunähern,
     handelt es sich um kein gleichberechtigtes Gespräch, sondern um "gesteuerte
     Spontaneität" (Hopf, 1978) und um eine hochgradig konstruierte und künstliche
     soziale Situation, in welcher die Kommunikation und der Kommunikator (Inter-
     viewende) zum Erhebungsinstrument wird.
(2) Das kommunikative Regelsystem einer Interviewsituation ist dadurch gekenn-
     zeichnet, dass die Rollenverteilung klar vorgegeben ist, sodass die fragestellen-
     den/erzählauffordernden und antwortgebenden Rollen durch das Setting vorge-
     geben sind und nicht getauscht werden können. Auch die Stimuli oder Fragen
     bzw. interessierenden Themenbereiche sind durch die Forschungsfrage vorgege-
     ben und werden vom fragestellenden Subjekt eingebracht und nicht innerhalb
     der dialogisch anmutenden Interviewsituation frei unter den Kommunizierenden
     verhandelt. Der Interviewte hat jedoch beim qualitativen Interview immer die
     Möglichkeit des Rückfragens und der kommunikativen Klärung von Inhalten,
     sodass hier das dialogische Prinzip realisiert wird. Als kommunikatives Regel-
     system werden auch die Eigenheiten und Besonderheiten der individuellen (und
     sozial beeinflussten) Sprachverwendung bezeichnet. Dieses Regelsystem des
     Befragten muss im Interviewprozess unangetastet bleiben, sodass sich der For-
     schende an der Sprache des Befragten orientiert und nicht umgekehrt. So muss
     der Forschende flexibel auf den Code des Interviewten reagieren, sodass eine
     kommunikativ ausgeglichene Situation ohne schwerwiegende Unterschiede des
     Sprachniveaus realisiert wird.
(3) Die Inhalte qualitativer Interviews sind, im Gegensatz zu Alltagsgesprächen, klar
     durch den Fokus des Forschungsvorhabens vorgegeben. Damit sind diese Kom-
     munikationen stark inhaltlich (vor-)strukturiert, wenn auch die Interviewten die
     Möglichkeit haben, eigene Inhalte mit einzubringen, die nicht im Interviewleitfa-
     den vorab bedacht wurden, so, wie dies durch das Prinzip der Offenheit postu-
     liert wird.

Neben diesen drei Kennzeichen der Kommunikationssituation bei qualitativen Interviews erweist sich Kommunikation als das zentrale Mittel, wie Individuen Bedeutungen aushandeln und Sinn konstruieren (ausgehend vom Symbolischen Interaktionismus; siehe Kap. 1.2.3). Diese Prämisse gilt auch für den Interviewprozess selbst, denn auch hier müssen im kommunikativen Prozess die Bedeutungen, die mit dem Gesagten verbunden werden, zwischen dem Befragten und dem Interviewenden ausgehandelt werden, um diese für den Forschenden nachvollziehbar und transparent zu machen. Kommunikation ist damit nicht nur das Prinzip der handlungsgenerierten Produktion von Bedeutung überhaupt, sondern das entscheidende Element für qualitative Datenerhebung: Qualitative Forschung ist gekennzeichnet durch das Primat des Kommunikativen.

Beispiel

Zwei Menschen (A und B) begegnen sich auf der Straße, nähern sich physisch aneinander an, grüßen sich mittels verbaler Sprache. Um diese Situation qualitativ zu analysieren, würden sowohl A als auch B interviewt werden, wobei Kommunikation das zentrale Mittel der Erhebung darstellt. Diese verbale Datenerhebung muss dem Regelsystem der Befragten entsprechen, muss sich an die forschungstheoretische Rollenverteilung halten und soll so geführt werden, dass eine vertraute Atmosphäre entsteht und die Befragten möglichst offen über das zu behandelnde Thema sprechen können. Der Kommunikationsprozess zwischen dem Befragten und dem Forschenden muss auch hinsichtlich des Interviewendeneinflusses, eventueller Störungen und anderer Beeinflussungen kritisch hinterfragt werden. Dies gilt vor allem bei qualitativen Forschungsprojekten zu stigmatisierenden oder abweichenden Verhaltensweisen, die nicht nur für den Befragten, sondern auch für den Forschenden während des Interviews eine große Herausforderung darstellen (z. B. Interviews mit Eltern, die ihre Kinder misshandelt haben). Hier muss die Kommunikation vorurteilsfrei und wertneutral bleiben.

Jeder Mensch verfügt über ein spezielles kommunikatives Regelsystem, das sich unter anderem durch die Verwendung von bestimmten Wörtern, grammatikalischen Besonderheiten, der Verwendung von Dialekt usw. kennzeichnen lässt. Wichtig ist im Interviewprozess, dass dieses kommunikative Regelsystem des Befragten unangetastet bleibt und dass sich der Forschende an dieses System in seiner Sprachverwendung anpasst. Dies bedeutet auch, bestimmte Begriffe nicht im Interview zu verwenden, wenn davon ausgegangen werden kann, dass diese nicht Teil der sprachlichen Lebenswelt des Befragten darstellen. So sind z. B. Fremdwörter zu vermeiden, wenn nicht im Verlauf des Interviews deutlich wird, dass dieser Sprachcode dem Befragten vertraut und geläufig ist. Wenn diese Regel nicht berücksichtigt wird, kann es zu Irritationen und Störungen im Interviewprozess kommen, die die Vertrauensbasis stark schädigen und damit die Qualität der erhobenen Daten negativ beeinflussen können.

2.6 Flexibilität

Zentrales Kennzeichen qualitativen Forschens ist „die Flexibilität der Methode gegenüber den unterschiedlichen Anforderungen des untersuchten Gegenstands" (Witzel, 2000, o.S.). Dies bedeutet in der konkreten Forschungspraxis, dass die zu untersuchende Forschungsfrage die Untersuchungsmethode bestimmt und dass die Methode flexibel angepasst werden kann. So kann in der Interviewsituation, je nach verwendeter qualitativer Methode, auf Kommunikationsfähigkeiten oder Reflexionsgrad des Befragten eingegangen werden, sodass das Interview an diese situativ angepasst und z. B. stärker narrativ oder dialogisch gestaltet werden kann. Die Flexibilität der Methode kann somit (1) den gesamten methodologischen Zugang zum Forschungsthema betreffen als auch (2) innerhalb eines einzelnen Projektes die konkrete forschungspraktische Realisierung.

Beispiel

Das Prinzip der Flexibilität korrespondiert eng mit dem Prinzip der Offenheit. Flexibilität bedeutet forschungspraktisch, dass die Methoden flexibel gehandhabt werden. Im bereits erwähnten Beispiel der Analyse des Habitus beim Grüßen auf der Straße (A und B begegnen sich auf der Straße und grüßen sich) könnte diese Themenstellung (Habitusanalyse) z. B. als semi-strukturiertes Leitfadeninterview realisiert werden. Wenn sich nun im Zuge der Durchführung der ersten Interviews angedeutet haben sollte, dass eventuell auch andere Methoden (z. B. Gruppendiskussionen oder Beobachtungen) relevante Ergebnisse im Sinne der zu bearbeitenden Forschungsfrage produzieren können, so kann im qualitativen Forschungsprozess flexibel darauf reagiert werden und der Rahmen methodisch erweitert werden.

2.7 Prozessualität

Prozessualität kennzeichnet die uns umgebende Realität, unser Verständnis von dieser, unser eigenes Leben, die individuellen Konstruktionen von Wirklichkeit sowie die darauf bezogenen Bedeutungszuschreibungen. Dies bedeutet, dass alle menschlichen Aussagen als „prozesshafte Ausschnitte der Reproduktion und Konstruktion von sozialer Realität" (Lamnek, 2010, S. 22) verstanden werden müssen. Die (soziale) Konstruktion von Realität erfolgt kontinuierlich und ist damit permanentem Wandel unterworfen. Es ist davon auszugehen, dass die Definition des Lebenssinns, um es an diesem Beispiel festzumachen, in verschiedenen Abschnitten des Lebens stark variieren wird. Unter Prozessualität wird folglich in qualitativer Forschung die Prozesshaftigkeit des Lebens und der subjektiven Konstruktionen von Lebenswirklichkeit und Sinn verstanden.

Des Weiteren wird unter Prozessualität auch die Prozesshaftigkeit des Forschungsprozesses selbst verstanden. Bei qualitativer Forschung ist der Forschungsprozess selbst nicht linear gedacht, sondern bewusst als Prozess konzipiert, der zyklisch verlaufen kann oder zumindest nicht zwingendermaßen linear verlaufen muss, wenn man die Prämissen der Offenheit und Flexibilität ernst nimmt und in der Forschungspraxis verwirklicht. So können qualitative Forschungsvorhaben linear verlaufen, indem diese von der Konzeptualisierung über die Entwicklung des Erhebungsinstruments (z. B. Leitfaden), der Durchführung der Interviews (und hier z. B. als Befragung vorgegebener Samples) bis hin zur Auswertung erfolgen und dabei die Fragen des Leitfadens nicht modifiziert werden, sondern für den gesamten Forschungsprozess gleich bleiben. Dieses Vorgehen ermöglicht eine hohe Vergleichbarkeit der Daten und wird vor allem für große Stichproben empfohlen. Es können aber auch Projekte in nicht-linearer Form realisiert werden, sodass das Prozesshafte in allen Schritten des Vorgehens umgesetzt wird und sowohl die Datenerhebung, die konkret bearbeiteten Fragenkomplexe als auch die Auswertung zyklisch erfolgen und dementsprechend prozessual gestaltet sind.

Beispiel

Im bereits erwähnten Beispiel der Internetnutzung Jugendlicher rückt auf der Grundlage des Prinzips der Prozessualität auch die Prozessualität der Realitätskonstruktion ins Zentrum des Interesses, sodass z. B. nicht nur die aktuelle Mediennutzung und deren Sinnzuschreibung, sondern auch die vorherigen Muster der Mediennutzung inklusive Bedeutungszuweisungen Thema des Interviews darstellen. Wenn diese Dimension nicht konkret im Forschungsprozess selbst eingebracht wird, so muss zumindest die Prozessualität der im Interview genannten Konstruktionen bei der Datenerhebung und bei der Dateninterpretation berücksichtigt werden, damit dieses Prinzip inhaltlich Berücksichtigung findet.

Prozessualität kann hier aber auch bedeuten, dass der gesamte Forschungsprozess prozessual erfolgt, sodass nicht linear, sondern zyklisch vorgegangen wird und erst ein Jugendlicher befragt wird, aufgrund der neu gewonnenen Erkenntnisse der zweite Jugendliche befragt wird usw. Hier wäre Prozessualität forschungspraktisch berücksichtigt und umgesetzt.

2.8 Reflexivität

Reflexivität ist Grundelement qualitativer Forschung, weil der Forschende selbst Teil des zu untersuchenden Feldes wird und bei der Erhebung verbaler Daten das zentrale Erhebungsinstrument darstellt. Dies hat zur Folge, dass der Erhebungsprozess intensiv reflektiert werden muss, vor allem im Hinblick auf mögliche Verzerrungen und Beeinflussungen, die auf die Person des Forschenden und dessen Eigenschaften oder Kommunikation zurückzuführen sind. Qualitative Forschung wird als kommunikativer, interaktiver Prozess verstanden und dadurch kann es sowohl aufseiten der

Erforschten als auch auf der Seite der Forschenden zu Reaktionen und/oder Gegen-reaktionen in der konkreten Interviewsituation kommen. Dieser Subjekteinfluss des Forschenden muss epistemologisch kritisch hinterfragt werden und diese Reflexion ist integraler Bestandteil qualitativer Forschungsprojekte (siehe hierzu ausführlich Kap. 8). Im Hinblick auf die zu ermittelnden Informationen zeigt sich, dass die Qualität der Daten erheblich von der Person und den Kommunikationskompetenzen des Interviewenden abhängt. So erweist sich z. B. bei Interviews zu sehr sensiblen Themen die Person des Interviewenden als zentral für die Bereitschaft zur Offenheit der Befragten.

Reflexivität wird hier aber auch als Erkenntnisprinzip verstanden, wenn qualitative Forschung von den Prämissen der verstehenden Soziologie ausgeht. Im Falle der verstehenden bzw. interpretativen Soziologie steht der subjektive Sinn des Handelns der Akteure im Zentrum – dieses Handeln kann jeweils nur im konkreten Kontext verstanden werden und ist dadurch nur reflexiv zu interpretieren.

Beispiel

Zwei Menschen (A und B) begegnen sich auf der Straße, nähern sich physisch aneinander an, grüßen sich. Bei einer qualitativen Analyse mittels Befragung der Personen A und B ist die Reflexion der Rolle des Forschenden unabdinglich: Beeinflusst dieser z. B. durch die eigene Begrüßungspraxis die Befragungssituation? Wie reagiert dieser auf die Antworten der Befragten? Welche Reaktionen und Gegenreaktionen finden im Interviewprozess statt? All diese Elemente müssen kritisch reflektiert werden, weil das Subjekt nicht nur Inhalt qualitativer Forschung, sondern auch gleichzeitig dessen Erhebungsmedium darstellt.

2.9 Explikation

Das Prinzip der Explikation gilt nicht nur für qualitative, sondern gleichermaßen für quantitative Sozialforschung. Es besagt, dass alle Schritte innerhalb des Forschungsprozesses transparent und intersubjektiv nachvollziehbar gemacht werden müssen. Für qualitative Forschung bedeutet dies, dass der gesamte Forschungsprozess sowohl im Hinblick auf die methodologische Konzeption, den Feldzugang, die konkrete Auswahl der Sampleelemente, die Durchführung der Datenerhebung als auch im Hinblick auf die qualitative Datenauswertung offengelegt und nachvollziehbar dargestellt werden muss. Nur so kann garantiert werden, dass die erhobenen Daten und deren Auswertung wissenschaftlichen Standards genügen.

1. Verstehen

Subjektive Sinnkonstruktionen nachvollziehen und verstehen; verstehende/interpretative Soziologie

2. Wirklichkeit als Konstruktion

Wirklichkeit ist eine (soziale) Konstruktion; Analyse dieser Konstruktionsprinzipien

3. Subjektbezogenheit

Das Subjekt mit seinen Erfahrungen, Verhaltensweisen und Wirklichkeitstheorien im Fokus

4. Offenheit

Offenheit als Forschungspraxis, als erkenntnistheoretisches Prinzip und als methodologische Prämisse

5. Kommunikation

Forschungsprozess vollzieht sich durch Kommunikation; Form, Regelsystem und Inhalt unterscheiden diese von der Alltagskommunikation

6. Flexibilität

Flexibilität als methodische Forderung und forschungspraktische Realität

7. Prozessualität

Prozesshaftigkeit als zentrales Prinzip des Lebens der Subjekte und des Forschens; Forschungsprozess nicht nur linear, sondern auch zyklisch möglich

8. Reflexivität

Reflexion der Rolle des Forschers im Prozess; Reflexivität als basales Erkenntnisprinzip

9. Explikation

Offenlegung aller Arbeitsschritte innerhalb des Forschungsprozesses zur intersubjektiven Nachvollziehbarkeit

Abb. 2.1: Zentrale Prinzipien qualitativer Sozialforschung (Quelle: eigene Darstellung)

Beispiel

Im erwähnten Projekt zur Internetnutzung Jugendlicher müssen im Zuge des Forschungsprozesses alle Arbeitsschritte festgehalten und offengelegt werden: Dabei sind u. a. folgende Fragen
zu beantworten: Welche Methoden wurden gewählt? Warum wurden diese Methoden gewählt?
Welche Personen wurden befragt? Warum wurde gerade dieses Sample an Personen ausgewählt?
Welche Fragen wurden gestellt und wie wurde der Leitfaden (wenn es denn einen gibt) gehandhabt? Wie wurden diese Daten ausgewertet und warum anhand dieser Auswertemethode(n)?

So können insgesamt neun zentrale Prinzipien qualitativer Forschung festgehalten
werden, wobei die Unterscheidung dieser Prinzipien nicht immer trennscharf ist und
sie sich zum Teil nur analytisch klar voneinander abgrenzen lassen. Diese Prinzipien
kennzeichnen qualitative Sozialforschung und zeigen deutlich, dass der Fokus auf
anderen Inhalten liegt als bei quantitativer Forschung. Es steht vor allem das Subjekt
mit seinen Wirklichkeits- und Sinnkonstruktionen im Zentrum; Ziel ist das Verstehen
von sozialen Phänomenen (Handlungen, Verhaltensweisen usw.) von innen heraus,
d. h. aus der Eigenlogik der handelnden Akteure. Dieses Ziel ist nur unter der Berücksichtigung dieser zentralen Prinzipien qualitativen Forschens (siehe Abb. 2.1) zu
erreichen.

2.10 Literatur

Flick, U. (2000). *Qualitative Forschung: Theorie, Methoden, Anwendung in Psychologie und Sozial-
    wissenschaften* (5. Auflage). Reinbek bei Hamburg: Rowohlt.
Helfferich, C. (2009). *Die Qualität qualitativer Daten* (3. Auflage). Wiesbaden: VS Verlag für
    Sozialwissenschaften. [Helfferich, C. (2011). *Die Qualität qualitativer Daten. Manual für die
    Durchführung qualitativer Interviews* (4. Auflage). Wiesbaden: VS Verlag für Sozialwissen-
    schaften.]
Hopf, C. (1978). Die Pseudo-Exploration-Überlegungen zur Technik qualitativer Interviews in der
    Sozialforschung. *Zeitschrift für Soziologie* 7(2), 97–115.
Lamnek, S. (1995). *Qualitative Sozialforschung*. Weinheim: Beltz.
Lamnek, S. (2010). *Qualitative Sozialforschung*. (5., überarb. Auflage) Weinheim: Beltz. [Lamnek, S.
    & Krell, C. (2016). *Qualitative Sozialforschung* (6., vollst. überarb. Auflage). Weinheim: Beltz.]
Terhart, E. (2003). Entwicklung und Situation des qualitativen Forschungsansatzes in der
    Erziehungswissenschaft. In B. Friebertshäuser & A. Prengel (Hrsg.), *Handbuch qualitative
    Forschungsmethoden in der Erziehungswissenschaft* (S. 599–627). Weinheim: Juventa. [Neu in
    Friebertshäuser, B., Langer, A. & Prengel, A. (Hrsg.) (2013). *Handbuch qualitative Forschungs-
    methoden in der Erziehungswissenschaft* (4., durchges. Auflage). Weinheim: Juventa.]
Weber, M. (1913). Über einige Kategorien der verstehenden Soziologie. In Winckelmann, J. (Hrsg.),
    Gesammelte Aufsätze zur Wissenschaftslehre (7. Auflage), (S. 427–440). Tübingen: Mohr.
    [Weber, M. (2015). *Gesammelte Aufsätze zur Wissenschaftslehre* (Nachdruck des Originals von
    1922). Tübingen: Mohr.]
Witzel, A. (2000). Das problemzentrierte Interview. *Forum Qualitative Sozialforschung* 1(1), Art. 22.
    Verfügbar unter URL: http://nbn-resolving.de/urn:nbn:de:0114-fqs0001228 (letzter Aufruf:
    15.05.2018).

3 Narrative Interviewformen

3.1 Das narrative bzw. narrativ-(auto)biografische Interview

Unter einer Erzählung (lat. *narratio*) wird die mündliche oder schriftliche Darstellung eines Geschehnisses aus der Perspektive eines Subjekts verstanden. Narrative bzw. narrativ-(auto)biografische Interviews basieren demnach auf verbalen oder verschriftlichten Erzählungen selbst erlebter Geschehnisse, die im Rahmen des Interviews erzählend dargeboten werden. Diese Erhebungsmethode wird am häufigsten im Rahmen biografischer Forschung eingesetzt; sie findet aber auch im Bereich der Handlungs- oder Organisationsforschung Anwendung und wird in diesem Kontext als narrative Methode bezeichnet. Da es sich dabei um jeweils forschungspraktische Anwendungen der gleichen Methode handelt, werden beide Anwendungen in einem Kapitel dargestellt.

Diese qualitative Methode wurde von dem Soziologen Fritz Schütze (1976, 1978, 1983, 1984 u. a.) im Zuge eines Projektes zur Erforschung kommunaler Machtstrukturen entwickelt. Hierbei handelte es sich um eine Studie, die Prozesse von Gemeindezusammenlegungen anhand narrativ orientierter Interviews mit den an den Prozessen beteiligten Kommunalpolitikern untersuchten, um die damit verbundenen Vorbedingungen, Kernprobleme und Konsequenzen genauer zu analysieren. Dieses Vorgehen sollte das Verhältnis von Mikrostrukturen (dem individuellen Handeln der einzelnen Akteure) und den Makrostrukturen (Gesellschaftsformation) näher beleuchten. Dieses methodische Vorgehen wurde später von Schütze auch auf den Bereich der biografischen Forschung übertragen. Narrativ-biografische Interviews stellen seit den 1970er-Jahren eine wichtige qualitative Forschungsmethode vor allem im deutschsprachigen Raum dar, was u. a. damit zu tun hat, dass in Abgrenzung zu objektivistischen Traditionen Biografien zunehmend in den Fokus des Forschungsinteresses rückten und zunehmend als soziale Realitäten eigener Art (Kohli, 1981) Berücksichtigung fanden.

Ziel narrativer Ansätze ist eine möglichst umfassende, ganzheitliche und an der Eigenperspektive der Subjekte orientierte Analyse sozialer Wirklichkeit, die dabei jedoch auch die historische Dimension des subjektiv Erlebten berücksichtigt (Verknüpfung von Makro- und Mikroperspektive). Im Zentrum der narrativ-biografischen Methode stehen damit jene Dimensionen sozialer Realität, die mit den Begriffen „Handeln", „Lebenswelt" oder „Lebensgeschichte" erfasst werden können und die jeweils in ihrer engen Verzahnung mit der Zeitgeschichte analysiert werden. Dies bedeutet, dass biografisch orientiertes Forschen häufig kohortenbezogen erfolgt, da bestimmte Geburtsjahrgänge und Gruppen jeweils spezifischen und prägenden Bedingungen der Sozialisation oder bestimmten geschichtlichen Ereignissen ausgesetzt sind. Hier kommt damit der Analyse des Subjektiven innerhalb des Objektiven besonderer Erkenntnisgewinn zu, da dieser Ansatz von der dialektischen Beziehung von Lebensgeschichte und Geschichte ausgeht (Rosenthal, 1994). Die mikroperspek-

https://doi.org/10.1515/9783110545982-003

tivischen Ansätze dieser Methode sind ihrerseits dem interpretativen Paradigma, der phänomenologisch orientierten Soziologie (Schütze), dem Symbolischen Interaktionismus, der Ethnomethodologie, der Konversationsanalyse sowie der Grounded Theory verpflichtet.

Ausgangspunkt narrativer Interviews ist das Handeln der sozialen Akteure sowie die Prämisse, dass die Wirklichkeit als (sozial) konstruiert angesehen und somit erst im Rahmen sozialer Interaktionen hergestellt wird. Erzählungen sind deswegen immer subjektiv gefärbte Geschichten, da es im Prozess des Erzählens immer auch zu einer Auslegung und Eigeninterpretation der erzählten Geschichte kommt. Diese subjektive Färbung ist im Rahmen des narrativen Interviews jedoch nicht störend, sondern erwünscht, da auch das subjektive Erleben und das Sinnkonstruieren im Zentrum des Erkenntnisinteresses stehen. Ziel narrativer Interviews ist es, biografische Prozesse innerhalb von Lebensläufen anhand von subjektiven Erzählungen nachzuvollziehen, um damit die *Prozessstrukturen* des individuellen Lebens aufzudecken. Auch die Verwobenheit von Biografie und Geschichte soll anhand der Methode aufgezeigt werden. Die Analyse der Narrationen soll zeigen, dass es sich dabei nicht um individuelle Einzelfälle handelt, sondern dass es systematische Kombinationen bestimmter Prozessstrukturen gibt, die als Typen von Lebensschicksalen gesellschaftliche Relevanz besitzen (Schütze, 1983, S. 284). Um dies leisten zu können, darf sich narrative Biografieforschung nicht in der Nacherzählung von Lebensgeschichten oder in der Übernahme deren Wirklichkeitskonstruktionen erschöpfen, sondern muss analytische Strukturrekonstruktion leisten. Dies bedeutet, dass individuelle Lebensgeschichten als soziale Gebilde verstanden werden, und somit zum einen in geschichtliche Prozesse eingebunden sind, zum anderen aber im Erzählen soziale Wirklichkeit erst konstituieren. Diesen Doppelcharakter aufzudecken, kann als Ziel narrativ-biografischer Interviews bezeichnet werden. Dafür müssen folgende theoretische und methodologische Überlegungen erfolgen (Rosenthal, 1994):
- Rekonstruktion der latenten Fallstruktur (Kontrastierung mit den Selbstdeutungen der Interviewten)
- Rekonstruktion von Handlungsabläufen (Analyse des im Erzählen präsentierten sozialen Handelns)
- Rekonstruktion der Handlungsgeschichte (Analyse des Aufbaus der lebensgeschichtlichen Erfahrungen im Laufe der Zeit)
- Analyse des Nicht-Verbalisierten (Werden bestimmte Themen systematisch ausgelassen?)
- Kontrastierung der Lebensgeschichte mit dem Ausgelassenen

3.1.1 Voraussetzungen

Voraussetzung für die Durchführung narrativer und narrativ-biografischer Interviews ist das starke Zurücknehmen des Forschenden im Interviewprozess, denn das narrative Interview ist ein „Erhebungs- und Analyseverfahren, welche die Erfahrungs- und Orientierungsbestände des Informanten bei weitgehender Zurücknahme des Forschereinflusses unter den Relevanzgesichtspunkten des Informanten möglichst immanent zu rekonstruieren versucht" (Schütze, 1987, S. 254). Dies kann jedoch nur gelingen, wenn der Forscher dem Interviewten genügend Raum für dessen Narrationen und selbstbezogene Konstruktionsleistungen lässt.

Eine weitere Voraussetzung ist, dass sich der Forschende ohne theoretisches Konzept oder Vorwissen in den Erhebungsprozess begibt, sodass das erzählende Subjekt als Experte seiner Erzählung bzw. Biografie fungieren kann. In Bezug auf die Lebensbiografie geht Schütze von einer prinzipiell sequenziellen Struktur von Lebensgeschichten bzw. Biografien aus; dieses Konzept der Sequenzialität hat dann zur Konsequenz, dass jeweils ein bestimmter thematisch interessierender Abschnitt einer Lebensgeschichte im Rahmen eines narrativen Interviews analysiert werden soll. Des Weiteren geht Schütze von einer strukturellen Homologie von Erfahrung und Erzählung aus; das bedeutet, dass sich der Lebenslauf nicht nur in Form von (sequenziellen) Geschichten vollzieht, sondern dass diese dann vom Subjekt auch (sequenziell) erzählend wiedergegeben werden können. Dies wird durch Schütze dadurch begründet, dass Individuen im Laufe ihres (Er-)Lebens eine innere Form der „Erlebnisaufschichtung" erfahren und dass diese abgelagerten und aufgeschichteten Erlebnisse durch den Prozess des Erzählens, das aus einem Zurückerinnern und Wiedererleben besteht, wieder aktualisiert werden können.

Untersucht werden können mit der Methode des narrativen Interviews prozessuale Vorgänge, bei denen das Subjekt beteiligt ist/war und die vom Subjekt aus seiner subjektiven Perspektive erzählt werden. Hierbei muss es sich um erzählenswerte Ereignisse handeln, die als Ereigniskette präsentiert werden können, wie z. B. Transformationsprozesse oder Projekte mit klarem Beginn und Ende (Holtgrewe, 2009). Die Fragestellung, wie Singles heutzutage leben, kann nicht mittels narrativer Interviews untersucht werden (diese Frage hat keinen prozesshaften Charakter); die Fragestellung, wie es dazu kam, dass manche Individuen heute als Singles leben (Stich, 2002), wäre hingegen eine geeignete Fragestellung für ein qualitatives Projekt mittels narrativer Interviews. Narrativ-biografische Interviews werden häufig eingesetzt, um z. B. Kriegs- oder Krisenerlebnisse (z. B. das Überleben in Konzentrationslagern im deutschen Nationalsozialismus) zu analysieren; jeweils Erfahrungen, in denen geradezu paradigmatisch das Gesellschaftliche/Geschichtliche am Individuellen aufgezeigt werden kann (z. B. Schröder, 2012; Bamberg, 2006).[1] „Das autobiografische narrative Interview erzeugt Datentexte, welche die Ereignisverstrickungen und die lebensgeschichtliche Erfahrungsaufschichtung des Biografieträgers so lückenlos reproduzieren, wie das im Rahmen systematischer sozialwissenschaftlicher Forschung überhaupt möglich ist" (Schütze, 1983, S. 283).

---

1 Dieses Prinzip der mündlichen Erzählungen findet sich z. B. auch in der *Oral History*, in welcher die Geschichten der Zeitzeugen erfasst werden, um somit der konventionellen Geschichtsschreibung eine Geschichtsschreibung „von unten" hinzuzufügen oder entgegenzusetzen (siehe z. B. Niethammer, 1985).

3.1.1.1 Stegreiferzählungen

Bei der Methode des narrativen bzw. narrativ-biografischen Interviews wird von zwei Prämissen ausgegangen: (1) dass die Lebensgeschichte von Menschen als Abfolge verschiedener Geschichten (oder als eine große Geschichte) strukturiert ist und (2) dass Individuen fähig sind, diese Geschichten als subjektive Erzählungen wiederzugeben.

Narrativ-biografische Interviews bestehen damit aus retrospektiven Erzählungen selbst erlebter Erfahrungen, die dann innerhalb einer Face-to-Face-Interviewsituation unvorbereitet wiedergegeben werden sollen. Diese Art der Narrationen werden als *Stegreiferzählungen* bezeichnet, welche dadurch gekennzeichnet sind, dass der Interviewte vorab keine systematische Ausarbeitung des Inhalts vornehmen kann und die verbale Darstellung der Erzählung nicht vorher einüben oder proben kann (Schütze, 1987). Es geht folglich um spontan erzählte Geschichten, die das selbst Erlebte des Interviewten für den Interviewenden transparent und nachvollziehbar machen sollen. Im Moment der Stegreiferzählung entfaltet sich gelebte Wirklichkeit durch den (wiedererinnernden) Erzählprozess des erzählenden Subjekts. Da es sich beim Erzählen um einen alltagsweltlichen Vorgang handelt, wird beim narrativen Interview davon ausgegangen, dass jedes Subjekt über die Fähigkeit zu biografischen Stegreiferzählungen verfügt.

Durch die Orientierung des Erzählenden an seiner eigenen Geschichte, die Konzentration auf sich selbst und seine eigenen Sinnkonstruktionen, soll inhaltliche Authentizität garantiert werden. Das erzählende Subjekt soll sich auf sich selbst und seine Geschichte konzentrieren und sich ohne Einfluss von außen durch den Forschenden in seiner eigenen Geschichte „verstricken". Durch dieses Vorgehen soll auch eine möglichst hohe Bereitschaft zu selbstoffenbarendem Verhalten evoziert werden: „Oberstes Handlungsziel des narrativen Interviews ist es, über expandiertes Erzählen die innere Form der Erlebnisaufschichtung des Informanten hinsichtlich der Ereignisse zu reproduzieren, in welche er handelnd oder erleidend selbst verwickelt war" (Schütze, 1987, S. 49). Unter Erlebnisaufschichtung versteht Schütze die Ansammlung von Erlebniselementen im Individuum, die dann anhand von Erzählungen reaktiviert werden können. Durch die Narration rücken subjektive Sichtweisen, Erlebnisse und Sinnkonstruktionen in den Mittelpunkt und erlauben dem erzählenden Subjekt, sich nochmals in die erzählten Ereignisse hineinzuversetzen und sich somit seiner persönlichen Erfahrungen narrativ anzunähern. Die Methode bietet deswegen auch Raum, diese Ereignisse und Handlungen eventuell aus der aktuellen Perspektive neu zu bewerten. Die zu untersuchende Forschungsfrage soll bei narrativen Interviews jeweils aus der Perspektive der Interviewten erfasst und verstanden werden.

Das narrative Interview basiert auf einer sehr asymmetrischen Kommunikationssituation: Aufseiten des erzählenden Subjekts herrscht Informationsbestand und dieses ist Experte seines eigenen Wissens; auf der Seite des Forschenden besteht Informationsbedarf und der Forschende ist Laie hinsichtlich der Informationen des Interviews. Das Gelingen narrativer Interviews ist zentral davon abhängig, dass „der Informant akzeptiert, sich dem narrativen Strom des Nacherlebens seiner Erfahrungen zu überlassen, und daß er keine kalkulierte, vorbereitete bzw. zu Legitimationszwecken bereits oftmals präsentierte Geschichte zur Erzählfolie nimmt" (Schütze, 1984, S. 78). Dieses Erzählen der eigenen, authentischen Geschichte bildet demnach den Kern des narrativen Interviews.

Narrative Interviews bestehen strukturell aus den folgenden vier zentralen Komponenten (Schütze, 1983):

(1) *Erzählaufforderung:* Zu Beginn eines narrativen Interviews steht eine autobiografisch orientierte Erzählaufforderung, die einen bestimmten temporären Abschnitt oder thematischen Aspekt der Lebensgeschichte des Befragten betrifft (z. B. Arbeitslosigkeit, Elternwerden, psychiatrische Erkrankung) und welche den Interviewten zu einer offenen und freien Narration (Haupterzählung) einladen soll. Um Erzählungen generieren zu können, muss sich der Erzählstimulus auf eine konkrete Situation oder ein konkretes Ereignis beziehen, das der Interviewte als subjektive Stegreiferzählung darzubieten vermag (siehe Beispiel weiter unten). Hier nimmt sich der Forschende sehr stark zurück, denn Ziel ist es, den Befragten zur Narration anzuregen.

I: Also, ehm, dass es in meiner Such/Untersuchung eben um Menschen geht, die als Erwachsene begonnen haben, ein Instrument zu spielen, wissen Sie ja schon, und es geht eben vor allen Dingen um die Lebensgeschichte von diesen Menschen

E: Hmh

I: und deshalb würde ich Sie jetzt gerne zu Beginn bitten, dass Sie mir Ihre ganze Lebensgeschichte erzählen

E: Oohjee

I: alles, was Ihnen wichtig war, bis heute, und ich würd Sie dabei erstmal nicht unterbrechen und wenn ich 'ne Frage habe, würd ich mir das kurz aufschreiben

E: jap jajajajaaaa

I: und Sie dann im Anschluss an Ihre Geschichte fragen

E: Aber Sie wolln jetzt mehr hören, als das, welche Schule ich besucht habe, denk ich mal, ne?

I: Jaa.

E: Ja ja. (lacht)

I: Ich hör Ihnen jetzt einfach mal zu.

(Quelle: Küsters, 2006, S. 90)

(2) *Haupterzählung:* Nach erfolgreicher Erzählaufforderung erfolgt nun die autonome biografische Haupterzählung, in welcher der Befragte mittels Stegreifnarration das Selbsterlebte (bzw. eine bestimmte Sequenz) erzählt. Ziel der Haupterzählung ist, dass der Interviewte dieses Geschehen in eigenen Worten und mit seinen eigenen Sinn- und Bedeutungszuschreibungen und Plausibilisierungen darstellt

und dabei dem Forschenden gegenüber möglichst offen ist. Der Forschende muss in diesem Abschnitt darauf achten, die Narration des Befragten nicht zu unterbrechen, sondern als aktiver Zuhörer deren „Nichtversiegen" durch zustimmende und unterstützende para- und/oder nonverbale Zeichen zu verhindern (Nicken, Lächeln, Lautäußerungen wie z. B. ein zustimmendes „Hmm"). Empathie und ein emotionales „Mitschwingen" mit dem erzählenden Subjekt erweisen sich bei hochemotionalen Erzählsituationen als unterstützend und für den gesamten Prozess als stabilisierend (Glinka, 2016). Es wird davon ausgegangen, dass die Befragten im Rahmen einer autonomen biografischen Erzählung mehr preisgeben, als dies bei direkten Fragen der Fall wäre (z. B. bei semi-strukturierten Leitfadeninterviews).

E: Eeeehm ... Das hat dann sehr gut geklappt das eh eeh der Unterricht, das hat von Anfang an war das irgendwie das Richtige, was ich hätte überhaupt machen können. Das ist rasend schnell gegangen. Nach einem Jahr bin ich schon/nach gut einem Jahr hab ich beim Orchester angefangen. Laienorchester, wie ich schon sagte, ne.

I: Hm.

E: Anfangs ein bisschen schwierig, aber ich hab mich durchgekämpft und dat hat geklappt. Ich hatte auch nach einem Jahr schon 'nen guten Klang. Also, dat/das war wirklich eeh, ich weiß nicht, dat war der richtige Griff gewesen, eh. Ich hätte es eigentlich wirklich schon als Kind machen sollen, also Irin/eh Irina hat auch immer gesagt, ich hätte unter Umständen auch Profimusiker werden können, war/hätt ich 'ne andere Vorgeschichte gehabt. Und dem ist natürlich nicht so und eh das sind natürlich gewisse Grenzen ja. Schnell spielen kann ich zum Beispiel immer noch nicht, also wirklich wirklich schnell, das ist nicht drin, das ist nicht drin. Musikalisch ja, schönen Ton und schönen Klang jaa, eeh auch von der Musikalität her ist das alles da nur das Virtuose, das wirklich Sehr-Schnell-Spielen-Können das das kann ich nicht werd ich auch nie können glaub ich also das – Hab ich auch kein Interesse dran es zu lernen also ehm oder zu üben. Das das ist nicht drin, dat glaub ich nicht ... Fehlt mir aber auch nicht ... So, das war jetzt im Großen und Ganzen.

(Quelle: Küsters, 2006, S. 101/102)

(3) *Nachfrageteil:* Dieser Abschnitt wird auch als narrative Nachfragephase bezeichnet, da darauf zu achten ist, dass es sich um erzählgenerierende Nachfragen handelt, d. h. um Fragen, die weitere Narrationen in Gang zu setzen vermögen. Es soll damit an bereits in der Erzählung angesprochene Themen angeknüpft werden, die dann vertieft werden sollen. Für diesen Schritt hat der Forschende während des Interviews Stichworte notiert, die Basis für den Nachfrageteil bilden. Nachfragen sind dabei in immanente und exmanente Nachfragen zu differenzieren: Immanente Nachfragen beziehen sich direkt auf den Narrationsinhalt und sollen Unklarheiten, Widersprüche, fehlende Plausibilisierungen oder Vagheiten des Gesagten klären. Eine Strategie für immanentes Nachfragen kann sein, Gesagtes zu paraphrasieren und dann narrative Nachfragen anzuschließen (z. B. „Das habe ich vorhin nicht ganz verstanden. Könnten Sie vom Punkt X an das

bitte nochmals erzählen?"). Exmanente Fragen beziehen sich auf Inhalte, die nicht in der Narration genannt wurden, von denen aber angenommen wird, dass diese relevant sein könnten. Fragen, die exmanenten Charakter haben, können wie folgt formuliert werden: „Sie haben vorhin erzählt, dass Sie 1986 in die Psychiatrie eingeliefert wurden. Sie haben jedoch nicht erwähnt, wie es dazu kam. Können Sie dies bitte noch ausführlich erzählen?" Wichtig ist, dass sowohl bei den immanenten als auch bei den exmanenten Fragen keine Fragen nach dem „Warum" oder „Weshalb" gestellt werden, weil diese reflektierte Argumentationen evozieren; diese sollen aber nicht Teil der Nachfragephase darstellen.

I: Wie war das dann? Also, wie viele Geschwister haben Sie noch mal?

E: Ja, ich hab drei Geschwister, die vier, fünf und sechs Jahre älter sind als ich.

I: drei Geschwister

E: Ich weiß eigentlich nicht so genau, was Sie hören wollen. Eeeeh. Ich war ein ruhig –/In welche Richtung eeh/Was wollen Sie nun eigentlich wissen? Ob ich glücklich oder unglücklich war oder mehr mehr eh eh Tatsachen oder –

I: Mh. Ja, dass ich mir ein Bild machen kann von Ihrer Kindheit, wie Sie die erlebt haben, dass Sie mir davon einfach ein bisschen erzählen.

E: Ja […] Ja, wie gesagt drei Geschwister, die dann alle erheblich älter waren als ich und ich war das Außenseiter. Ich war das das das junge eh dat Nachkommerkind. Die drei Geschwister waren immer zusammen, waren eine Clique, hatten auch gemeinsame Freunde. Eh ich stand da außerhalb und war sehr viel allein, ich war als Kind sehr einsam, und immer viel gelesen, hatte immer wenig Freunde, ich war so/ich wollte auch nicht wie meine Geschwister zum Beispiel in eh im Jugend eh so Pfadfinder-Jugendclub oder wat Pfadfinder, dat war damals üblich. Scouts und so weiter.

(Quelle: Küsters, 2006, S. 104)

(4) *Bilanzierungsphase:* Diese Phase erfolgt nach Abschluss der eigentlichen narrativen Phase und fokussiert auf die in der Haupterzählung vom Interviewten eingebrachten Bemerkungen und Erklärungsansätze. Im Rahmen der oben zitierten Ausschnitte aus Interviews mit Personen, die erst im Erwachsenenalter ein Instrument erlernt haben, könnte eine Bilanzierungsfrage lauten: „Sie haben im Interview erwähnt, dass das Cellospielen Ihnen dabei geholfen hat, Ihre Depressionen in den Griff zu bekommen. Könnten Sie das bitte näher ausführen, warum glauben Sie, dass das zusammenhängt?" Damit stehen hier die vom Erzählenden selbst konstruierten Theoriemodelle und Bedeutungen im Vordergrund, die in dieser Phase nochmals konkretisiert, ergänzt oder klarifiziert werden sollen. Dies geschieht forschungspraktisch z. B. durch die Aufforderung an den Interviewten, selbst abstrahierende Beschreibungen und systematische Zusammenhänge aus dem Erzählten herauszuarbeiten, Eigentheoretisches zu erläutern, um dadurch den Interviewten als „Experten und Theoretiker seiner

selbst" (Schütze, 1983, S. 285) sprechen zu lassen. Im Bilanzierungsschritt sollen (subjektive) theoretische Erklärungen und Argumentationen für das Geschehene herausgearbeitet werden – diese Ermittlung der subjektiven Sinnkonstruktionen und Theorien schließt damit den narrativen Datenerhebungsprozess ab.

Schütze geht davon aus, dass narrative Interviews durch ihre spezielle Form bestimmten Zwängen unterliegen, die der narrativen Wiedergabe von Selbsterlebtem immanent wären und die sich ihrerseits positiv auf die Datenqualität auswirken würden:

(1) *Zugzwang des Erzählens:* Der Zugzwang zum Erzählen setzt in jenem Moment ein, in welchem der Erzählende die Zustimmung zum Interview gegeben hat und dieses offiziell beginnt. Der Forschende wird hierbei eine Einleitungsfrage stellen, die dann die gesamte Narration nach sich ziehen soll und die den Erzählenden dazu verpflichtet, seine eigene Lebensgeschichte bzw. die thematisch interessierende Sequenz dem Forscher mittels Stegreifnarration mitzuteilen. Durch die zurückhaltende Rolle des Forschenden im Setting des narrativen Interviews ist das interviewte Subjekt hier mehr als bei anderen Formen qualitativer Interviews dazu angeregt, selbst aktiv zu werden, seine eigene Geschichte zu erzählen und diese Erzählung selbst zu gestalten und zu strukturieren.

(2) *Kondensierungszwang:* Der Zwang zur Kondensierung entsteht dadurch, dass die Erzählzeit begrenzt ist und der Interviewte bei allem Detailzwang dazu gezwungen ist, Schwerpunkte zu setzen und sich auf das Wichtigste und Wesentliche seiner autobiografischen Narration zu beschränken. So muss versucht werden, die für die erzählte Geschichte relevanten Erlebnisse, Emotionen, subjektiven Bewertungen und Theorien in einer kondensierten Form, d. h. komprimiert und zusammengefasst, vorzubringen, weil sonst die Gefahr besteht, dass die Narration ausufert und ihren Fokus verliert. Mittels Kondensierung soll damit der Fokus auf jenen Ereignissen liegen, die hohe biografische Relevanz haben.

(3) *Detaillierungszwang:* Im Zuge der Narration der Erzählperson werden sich besonders relevante biografische Erlebnisse oder Elemente herauskristallisieren. Diese unterliegen dann dem sogenannten Detaillierungszwang, weil es für das Gelingen des narrativen Interviews wichtig ist, dass diese relevanten Passagen besonders genau und detailliert beschrieben werden, da diese für das Verstehen und intersubjektive Nachvollziehen der spezifischen Lebensgeschichte von zentraler Bedeutung sind.

(4) *Gestalterschließungszwang:* Wenn in einer alltagsweltlichen Situation eine Person einer anderen eine Geschichte erzählt, so wird diese zumeist versuchen, die Geschichte in eine bestimmte Gestalt (Struktur) zu bringen, sodass diese vom Zuhörer gut verstanden und (zeitlich, inhaltlich) nachvollzogen werden kann. Um dies zu gewährleisten, werden Geschichten im Erzählprozess sequenziell und chronologisch geordnet, sodass (Teil-)Narrationen in geschlossener Gestalt präsentiert werden und einen klassischen Erzählungsaufbau haben (Anfang, Hauptteil, Schluss).

3.1.1.2 Rolle des Forschenden

Der Forschende nimmt beim narrativen Interview während der Narration eine sehr zurückhaltende Rolle ein. Diese Zurückhaltung führt dazu, dass der Interviewte sich intensiv auf sich selbst und seine Geschichte konzentrieren kann. Der Forscher wird dadurch „besetzt mit dem verallgemeinerten anderen [...], mit dem eigenen Selbst, das dem Biographieträger reflektierend gegenübertritt" (Schütze, 1984, S. 79). Erst durch die Zurückhaltung des Interviewenden eröffnet sich die Möglichkeit, dass der Befragte die Situation nicht als Dialog mit dem Forschenden, sondern als Eigenreflexion erleben kann. Damit tritt die Person des Forschenden hinsichtlich ihrer Bedeutung als auch ihrer kommunikativen Aktivität in den Hintergrund. So kann sich der Erzählende voll und ganz seinem „retrospektiven Erinnerungsstrom" (Schütze) überlassen. Erst in der Nachfrage- und Bilanzierungsphase nimmt der Forscher eine aktivere Rolle ein und die Narration weicht einer dialogischen Form.

Der Forschende geht an das narrative Interview ohne Vorinformationen heran, sodass die Erzählsituation völlig offen und „vorurteilsfrei" gestaltet wird. Durch die sich in den narrativen Interviews vollziehenden Erzählungen ergeben sich autobiografische Ereignisketten, die aus zeitlich „hintereinandergeordneten Einzelereignissen" (Schütze, 1984, S. 88) bestehen und die den Kern narrativer Interviews ausmachen. Ziel narrativer Interviews ist es, zum einen den Ablauf der äußeren Ereignisse mittels der Narration zu rekonstruieren und zu strukturieren, zum anderen die inneren Reaktionen des betroffenen Individuums darauf (Emotionen, Gedanken usw.) zu analysieren. „Das Ergebnis ist ein Erzähltext, der den sozialen Prozeß der Entwicklung und Wandlung einer biographischen Identität kontinuierlich, d.h. ohne exmanente, aus dem Methodenzugriff oder den theoretischen Voraussetzungen des Forschers motivierte Interventionen und Ausblendungen, darstellt und expliziert" (Schütze 1983, S. 286).

V: „Mir fiel also so das Lernen ja mir fiel es sehr leicht es kam wie angeflogen es machte mir auch Spaß [...] eh und ehm dann stand so der Schulwechsel an und zwar so nach dem 4. Schuljahr mußte man sich entscheiden, ob man jetzt also weitergehen wollte zur Realschule oder zum Gymnasium, das war so so 'ne Schaltstelle nach dem 4. Schuljahr. Und eh also bei mir sah der Lehrer und auch meine Eltern es überhaupt nicht/es war für die überhaupt keine Frage, daß ich also, nicht, zum Gymnasium gehen wollte, das in der nächsten Stadt war. Ein humanistisches Gymnasium, das also meinen Fähigkeiten, so wie sie meinten, entsprechen soll. Deutsch könnte ich also dann und das hatte ich mir auch so zurechtgelegt, daß ich mein Abitur mache und dann zur Pädagogischen Hochschule fahren kann und Lehrerin werden und dann ein so erfüllten Beruf zu haben, wie der Lehrer. Gut. Eh, ich erinnere mich dann noch an eh die Aufnahmeprüfung die ich machen mußte. Es waren drei Tage. (Sanft:) es war für mich damals eine völlig andere Welt. Eh (gedehnt:) eine riesige Schule eh, in der ich also überhaupt keinen kannte, dann diese Streßsituation, diese Prüfung, wo es ([...]) gut machen um aufgenommen zu werden und auch zu sehen so innerhalb der Klasse, was es also für eh eh Mitschüler waren, von einigen hatte ich schon den Eindruck, daß sie zumindest besser seien als ich.

Eh ja also die Situation hat mich also sehr belastet und ich fühlte mich so von Anfang an nicht wohl in dieser Schule. Eh kam dann nach Hause und hatte dann aber die Prüfung auch gut bestanden. Ich durfte also/wurde also aufgenommen und mein Sextanerleben begann. Eh das brachte einmal so ehm ein Heraustreten aus der bisherigen Umgebung also meine damaligen Mitschülerinnen und Mitschüler mieden mich und meinten also ich sei ja jetzt nun wohl was besseres. Nachbarn fragten mich, wo ich denn nun sei und dies und das. Das wär ja ganz toll und so, was ich da machen würde. Meine Eltern ja fühlten sich also etwas eh größer und was besseres. Die Tochter ja geht also zum Gymnasium, nicht zur Realschule oder sonst irgendwas, geht jetzt zum Rodgauer Gymnasium, was damals ein Begriff/einen Namen hatte. Eh diese Euphorie hielt bei mir aber nicht/also ich fühlte mich also auch dachte mir naja, wenn die alle so 'ne Rückmeldung geben, muß das/ja schon was dran sein und du bist vielleicht was besseres. Die Ernüchterung kam also sehr schnell so in der in diesem riesigen Klassenverband, weil ich nämlich so feststellte, es wurde also dann aufgerufen, also nicht nur wie man hieß, sondern was der Vater von Beruf war, was die Mutter von Beruf war und so die ganzen sozialen Komponenten, wo man lebte und so. Und da stellte ich auf einmal fest, daß also fast 90 % meiner Mitschüler aus Elternhäusern kamen, deren Eltern entweder Akademiker waren oder

H: mhm (räuspern)

V: viel Geld hatten, Industrielle waren, Fabrik hatten oder höhere Angestellte und Beamte. Also Arbeiterkinder, so wie ich eins war, waren also nur/waren also so n' paar. Und da merkte ich also eine ziemliche […] eine ziemliche Diskrepanz und das hat mir also schon zu Denken gegeben […]"

Abb. 3.1: Beispiel aus einem narrativen Interview zu Schulkarrieren (Quelle: Hermanns, 1992, S. 133f.)

In diesem Beispiel wird erkennbar, wie die subjektive Narration der als Kind erlebten Schulzeit gestaltet wird und wie in der Erzählung die zentralen Elemente dieser Lebenslaufsequenz hervorgehoben werden. Hier werden zum einen reale, äußerliche Abläufe geschildert als auch die inneren, damit verbundenen affektiven, emotionalen oder konativen Prozesse, wobei der Fokus auf den für das Subjekt und dessen Biografie relevanten Ereignissen liegt (wie in diesem Beispiel das geschilderte soziale Gefälle zwischen dem interviewten Subjekt und den anderen in der damaligen Schulklasse).

3.1.2 Exkurs: BNIM

Im englischsprachigen Raum hat sich als methodische Entsprechung die Biographic-Narrative-Interpretive Method (BNIM) etabliert (nach Wengraf & Chamberlayne). Diese Autoren definieren BNIM als Methode, die mitten in der Lebenswelt der Befragten sowohl Bewusstes als auch unbewusste kulturelle, soziale und individuelle

Voraussetzungen analysiert: „[...] facilitates understanding both the ‚inner' and the ‚outer' worlds of ‚historically-evolving persons-in-historically-evolving situations', and particularly the *interactivity* of inner and outer world dynamics" (Wengraf & Chamberlayne, 2006). Als Anwendungsbereiche der BNIM erwähnen die Autoren Untersuchungen von Multigenerationenfamilien, Organisationen, Lernkulturen, Emotionen und Verhalten sowie das individuelle Erleben von besonderen geschichtlichen Situationen wie z. B. bei politischen Umschwüngen. In der Auswertung unterscheidet der BNIM-Ansatz bewusst zwischen der objektiven Lebensgeschichte des Interviewten (*Lived Life*) und dessen subjektiver Erzählung, Beschreibung und Bewertung durch den Interviewten (*Told Storytelling*). Es werden anschließend beide Stränge analysiert, indem zwei Rekonstruktionen sozialen Handelns stattfinden: (1) die Rekonstruktion der Entscheidungen, die die Interviewten in ihrem Leben getroffen haben und (2) die Rekonstruktion jener Entscheidungen, die die Interviewten im Hinblick auf das Erzählen ihrer Lebensgeschichte getroffen haben.

3.1.3 Auswertung narrativer Interviews

Zur Auswertung narrativer Interviews können verschiedene Methoden eingesetzt werden. Diese werden zusammenfassend als Narrationsanalysen bezeichnet (z. B. Kleemann et al. 2009).

3.1.3.1 Narrationsanalyse nach Schütze (1983)

Eine häufige Methode ist die Auswertung narrativ-biografischer Interviews nach Schütze (1983). Bei dieser Narrationsanalyse wird bereits nach der Durchführung des ersten Interviews mit der Auswertung begonnen, sodass bereits der erste Fall vollständig analysiert und rekonstruiert wird. Dieses Vorgehen besteht aus sechs verschiedenen Schritten, die chronologisch aufeinanderfolgen, wobei die Schritte 1. bis 4. der Einzelfallanalyse dienen und die Schritte 5. und 6. die einzelnen Interviews eines Samples zusammenführen sollen.

(1) *Formale Textanalyse:* Im Schritt der formalen Textanalyse werden die narrativen von den nicht narrativen Elementen differenziert. Als nicht narrative Elemente werden alle Passagen, die Beschreibungen und Argumentationen enthalten, verstanden; diese werden von den eigentlichen Narrationen getrennt. Erzählpassagen sind zum Beispiel: „Gestern bin ich dann zu den anderen auf den Platz gegangen. Wir ham uns gefragt, wann Antje wohl wieder kommt vom Training. Wir haben dann schon mal begonnen zu spielen. Sie kam dann auch bald." Eine Beschreibung wäre hingegen: „Montags ist meistens so: Wir müssen auf Antje warten. Bis die vom Training kommt. Und das kann dauern" und eine Argumentation: „Antje ist so ehrgeizig. Drum wird sie nie pünktlich mit ihrem Training

fertig, und wir müssen hier immer auf sie warten." (Beispiele aus Kleemann et al., 2009, S. 66).

Die Erzählpassagen werden dann in Segmente unterteilt, die jeweils eine Ereigniseinheit umfassen (ergeben zusammengefasst eine Ereigniskette); dieser Schritt wird auch als Phasengliederung bezeichnet. Erkennbar sind die einzelnen Ereigniseinheiten durch verbale Äußerungen wie „und dann [...]" oder andere Worte, die einen Themenwechsel und dadurch den Wechsel von einem Ereignis zu einem anderen innerhalb der Narration kennzeichnen.

(2) *Strukturelle inhaltliche Beschreibung der Darstellungssegmente/Darstellungsstücke:* Im zweiten Schritt werden die Erzählsegmente aus Schritt 1 der Analyse zugeführt. Dabei wird der dargestellte Inhalt vor allem in Relation zu seiner Form analysiert und vom Forschenden werden z. B. folgende Fragen als Analysehilfe gefragt: Was wird erzählt? Wie wird erzählt? In welchem Tonfall und in welcher Stimmung wird erzählt? Warum wird dieser Inhalt in dieser Form erzählt? Was wird in der Erzählung nicht erwähnt? Welche Perspektive nimmt der Erzähler ein? Wie könnte dieses Ereignis auch erzählt werden?

Ziel dieses Schrittes ist es, die Sequenzen des narrativen Materials einer strukturierten inhaltlichen Analyse zu unterziehen. Diese folgt dem sequenziellen Prinzip, sodass jeweils Wort für Wort, Satz für Satz und Segment für Segment vorgegangen wird. Es sollen bei dieser Analyse alle möglichen Sinngehalte der untersuchten Passagen herausgearbeitet werden und somit nicht nur die manifesten, sondern auch latenten Inhalte mit erfasst werden.

(3) *Analytische Abstraktion:* Im Schritt der analytischen Abstraktion werden nun die Ergebnisse des zweiten Schritts miteinander verknüpft. Dies bedeutet, dass die im vorhergegangenen Schritt herausgearbeiteten Handlungsweisen des befragten Subjekts zueinander in Beziehung gesetzt werden, sodass eine „biographische Gesamtformung, d. h. die lebensgeschichtliche Abfolge der erfahrungsdominanten Prozeßstrukturen in den einzelnen Lebensabschnitten bis hin zur gegenwärtig dominanten Prozeßstruktur herausgearbeitet" werden (Schütze, 1983, S. 286). Ziel der analytischen Abstraktion ist es, sich von den konkreten Handlungskontexten zu lösen, um somit zu einer Metasicht zu gelangen, die die gesamte Prozessstruktur des Lebensablaufs in seiner spezifischen Ausprägung zum Ausdruck bringt (z. B. Kleemann et al., 2009).

(4) *Wissensanalyse:* Der Schritt der Wissensanalyse erfolgt, nachdem der Ablauf der Lebensereignisse und somit die biografische Ereignisaufschichtung (Schütze) herausgearbeitet wurde. Ziel dieses Analyseschrittes ist es, die Eigentheorie des befragten Subjekts mit den von diesem erzählten Inhalten abzugleichen, um somit eventuelle Abweichungen zu identifizieren.

(5) *Kontrastive Vergleiche unterschiedlicher Interviewtexte:* Im fünften Schritt löst sich nun der Forschende vom individuellen Einzelfall und vergleicht, je nach Fragestellung der Untersuchung, die einzelnen untersuchten Fälle miteinander. Hierzu wird zuerst mittels der Strategie des minimalen Vergleichs vorgegan-

gen, was bedeutet, das hierzu inhaltlich ähnliche Interviewausschnitte gesucht werden und diese vergleichend analysiert werden (z. B. sehr ähnliche Erfahrungen während der Schwangerschaft). Des Weiteren kann die Strategie des maximalen Vergleichs eingesetzt werden. Hier werden Interviewpassagen mit sehr unterschiedlichem Inhalt herangezogen, die jedoch Vergleichspunkte mit dem Ursprungstext aufweisen (z. B. sehr unterschiedliche Erfahrungen während der Schwangerschaft). Dieses Vorgehen hat zum Ziel, theoretische Kategorien mit dazu gegensätzlichen zu konfrontieren, um durch diese alternativen Strukturen „biographische Prozesse in ihrer unterschiedlichen lebensgeschichtlichen Wirksamkeit herauszuarbeiten und mögliche Elementarkategorien zu entwickeln" (Schütze, 1983, S. 288).

(6) *Konstruktion eines theoretischen Modells:* Im letzten Schritt der Analyse narrativer Interviews nach Schütze werden schließlich diese verschiedenen, im fünften Schritt erarbeiteten, theoretischen Kategorien systematisch aufeinander bezogen, sodass spezifische Prozessmodelle von Lebensläufen entstehen, die für Subjekte mit spezifischen Bedingungen und/oder Problemen Geltung haben (z. B. Obdachlose, violente Jugendliche usw.).

3.1.3.2 Narrationsanalyse nach Rosenthal (2015)

Die Auswertung narrativer Interviews nach Rosenthal (z. B. Fischer-Rosenthal & Rosenthal, 1997) kombiniert das Vorgehen von Schütze mit Auswerteprinzipien der Objektiven Hermeneutik (Oevermann) und mit der thematischen Feldanalyse (Rosenthal). Dieses Vorgehen wird in sechs Schritten vorgenommen:

(1) *Analyse der biografischen Daten:* Im ersten Schritt der Analyse werden die biografisch-lebensgeschichtlichen Daten des Befragten sequenzanalytisch aus dem Interviewtext herausgearbeitet, ohne dass hierbei die vom Interviewten gegebenen Begründungen, Verknüpfungen oder andere Kommentare Beachtung finden. Hierbei entsteht ein Datengerüst, das im späteren Verlauf der Analyse für die Hypothesenkonstruktion von Bedeutung sein wird.

(2) *Text- und thematische Feldanalyse:* Im Schritt der text- und thematischen Feldanalyse wird der Interviewtext auf die darin erzählte Geschichte hin analysiert. Dabei werden nicht nur die narrativen, sondern auch nicht-narrative Elemente berücksichtigt, insofern diese relevante Informationen für die Geschichte bzw. Biografie des Erzählers enthalten. Im Zentrum der Analyse in diesem Schritt steht die Art und Weise der biografischen Darstellung im Interview, folglich die Form der erzählten Geschichte.

(3) *Rekonstruktion der Fallgeschichte:* In diesem Schritt wird nun die erlebte Geschichte auf der Grundlage der vom Erzähler gegebenen Selbstdeutungen und Sinnzuschreibungen interpretiert. Im Zentrum steht damit die erlebte Geschichte (und nicht die erzählte Geschichte, wie dies in Schritt 2 der Fall ist).

(4) *Feinanalyse:* Im Schritt der Feinanalyse werden die Interviewpassagen anhand des sequenzanalytischen Verfahrens der Objektiven Hermeneutik analysiert. Ziel dieser Analysemethode ist die Rekonstruktion latenter handlungsgenerierender Regeln und Strukturen. Durch diese Analyse sollen die von den Befragten in der Narration wiedergegebenen Hypothesen hinsichtlich des biografischen Lebenslaufes überprüft werden.

(5) *Kontrastierung:* Im fünften Schritt, der Kontrastierung, werden nun die erzählte und erlebte Geschichte miteinander kontrastiert. Durch zutage tretende Differenzen kann die Funktion von bestimmten Formen der Selbstpräsentation herausgearbeitet werden. „Vereinfacht formuliert gilt es zu unterscheiden zwischen der erlebten und der erzählten Vergangenheit, auch wenn diese beiden Ebenen nicht von einander zu trennen sind bzw. jede in der Gegenwart präsentierte Vergangenheit durch die Gegenwartsperspektive bedingt ist und umgekehrt die Gegenwart durch die Vergangenheit determiniert ist" (Rosenthal, 2010, S. 201).

(6) *Typenbildung:* In der Typenbildung nach Rosenthal soll versucht werden, die „Gestalt des zu untersuchenden sozialen Geschehens – [...] einer biographischen Erzählung [...] – und die zugrunde liegenden Regeln ihrer Konstitution zu rekonstruieren" (Rosenthal, 2011, S. 75). Die Typenbildung bezieht sich hierbei auf den konkreten Einzelfall. Erst im Anschluss an die Typenbildung werden diese mit den anderen kontrastierend verglichen.

3.1.4 Ablaufmodell narrativer Interviews

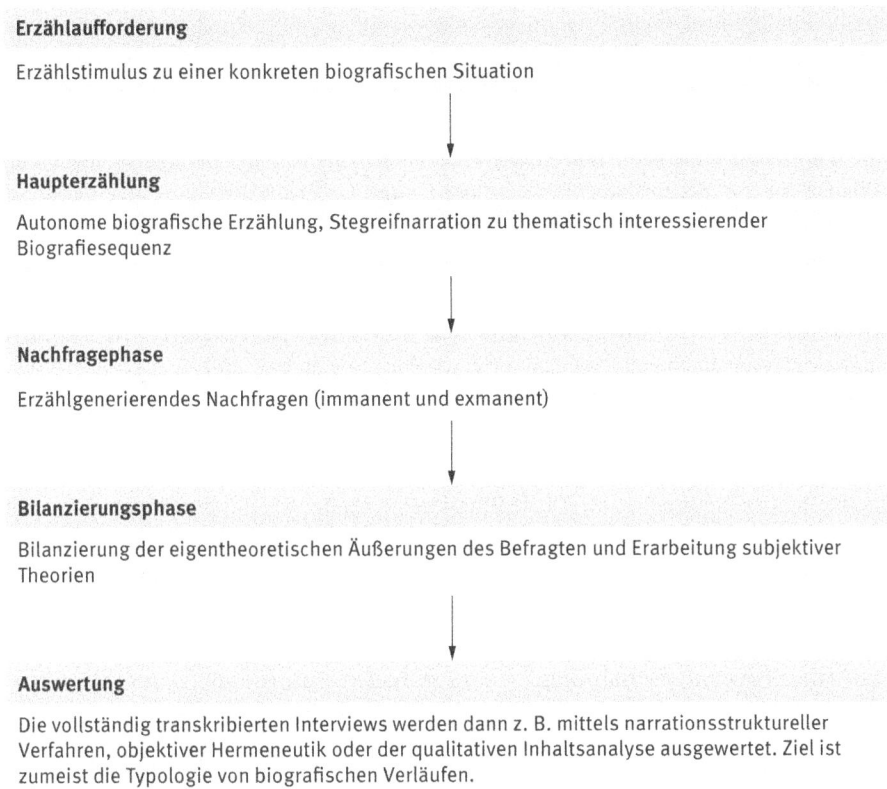

Erzählaufforderung

Erzählstimulus zu einer konkreten biografischen Situation

Haupterzählung

Autonome biografische Erzählung, Stegreifnarration zu thematisch interessierender Biografiesequenz

Nachfragephase

Erzählgenerierendes Nachfragen (immanent und exmanent)

Bilanzierungsphase

Bilanzierung der eigentheoretischen Äußerungen des Befragten und Erarbeitung subjektiver Theorien

Auswertung

Die vollständig transkribierten Interviews werden dann z. B. mittels narrationsstruktureller Verfahren, objektiver Hermeneutik oder der qualitativen Inhaltsanalyse ausgewertet. Ziel ist zumeist die Typologie von biografischen Verläufen.

Abb. 3.2: Ablaufmodell narrativer Interviews (Quelle: eigene Darstellung)

3.1.5 Kritik

Die Technik der narrativen Interviews geht von mehreren Basisprämissen aus, die sich als problematisch erweisen.

Zum einen wird davon ausgegangen, dass das Leben der Individuen wie eine Erzählung aufgebaut ist (nach Schütze). Dieser Ansatz wird von Pierre Bourdieu scharf kritisiert, der davon ausgeht, dass das Leben nicht als Geschichte organisiert ist, in der es eine chronologische und logische Ordnung gibt, einen Anfang und ein Ende bzw. ein Ziel. Diese Chronologien und Strukturen seien Konstruktionsleistungen des Subjekts. Des Weiteren sei es unmöglich, die Lebensgeschichte nur vom Individuum ausgehend zu konstruieren, da dieses in soziale Felder und Akteurskonstellationen eingebunden sei und diese dessen Geschichte nachhaltig (mit)prägen: „Den Versuch zu unternehmen, ein Leben als eine einzigartige und für sich selbst ausreichende

Abfolge aufeinander folgender Ereignisse zu begreifen, ohne andere Bindung als die an ein Subjekt, dessen Konstanz zweifellos lediglich in der des Eigennamens besteht, ist beinahe genauso absurd wie zu versuchen, eine Metro-Strecke zu erklären, ohne das Streckennetz in Rechnung zu stellen, also die Matrix der objektiven Beziehungen zwischen den einzelnen Stationen" (Bourdieu, 1990, S. 58). Bourdieu unterstellt dabei der Lebensgeschichte, dass sie den gleichen Charakter der Offizialität hat wie z. B. Identitätsdokumente, und somit eine Vorabkonstruktion ist, die weniger das Selbsterlebte als dessen soziale Oberfläche zum Ausdruck bringt. Diese Kritik ist sicherlich nicht ganz von der Hand zu weisen, wobei bei kompetenter Durchführung von narrativen Interviews eine tiefere Ebene als lediglich die des sozial Erwünschten erreicht wird. Dass es sich bei Lebensgeschichten immer um subjektive Konstruktionen handelt, ist selbstverständlich der Fall und muss in der Analyse der verbalen Daten auch entsprechend Berücksichtigung finden, was ja in der Theorie narrativer Interviews refektiert wird.

An diese Prämisse schließt sich an, dass die Theorie des narrativen Interviews von einer Homologie zwischen Erfahrungskonstitution und Erzählkonstitution ausgeht (außer bei Rosenthal). Diese Prämisse bildet die Grundlage für das narrative Forschen, weil davon ausgegangen wird, dass das Subjekt eben diese Strukturen narrativ wiederzugeben in der Lage ist. Diese Prämisse setzt aber voraus, dass Menschen ihre Biografie erzählend präsentieren können und geht davon aus, dass narrative Kompetenz jeder und jedem zu eigen sei. Dem ist aber, schon allein auf Basis eigener qualitativer Forschungserfahrung, entgegenzuhalten, dass dies nicht der Fall ist und dass nicht alle Menschen gleichermaßen über Erzählkompetenz und somit nicht über die gleiche Fähigkeit zur narrativen Darstellung des eigenen Lebens oder z. B. von selbst erlebten Erfahrungen verfügen. So zeigen verschlossene, schüchterne, introvertierte, kommunikativ ungeübte und sozial gehemmte Personen weniger kommunikative und somit auch narrative Kompetenz als Personen, die eher extrovertiert sind oder als Personen, die beruflich mit Sprache arbeiten. So kritisiert z. B. Bude (1985) diese Prämisse in seinem Beitrag mit dem provokanten Titel „Der Sozialforscher als Narrationsanimateur" und artikuliert dort seinen Zweifel an der Homologie von Erfahrungs- und Erzählstruktur als auch seine Zweifel an der Fähigkeit der Subjekte, Narrationen erzeugen zu können. Diese impliziten Rollenerwartungen beim narrativen Interview erweisen sich als problematisch (z. B. Fuchs, 2009; Spöhring, 1989), da das interviewte Subjekt ja nicht, wie das bei anderen Erhebungsmethoden der Fall ist, in einer fragenden Form interviewt wird, sondern lediglich zu einer selbstbezogenen Narration aufgefordert wird und im Folgenden seiner Selbstnarration überlassen wird.

Ein weiterer Kritikpunkt an der Methode des narrativen Interviews besteht darin, dass die vom Befragten wiedergegebene Erzählung zwangsläufig eine retrospektive Erzählung darstellt. Daraus ergibt sich, dass der Befragte die Geschichte aus seiner heutigen Perspektive und Sinndeutung erzählt und es stellt sich somit die Frage, „ob die heutige Erzählung die vergangene Erfahrungskonstitution überhaupt reproduzieren kann oder ob sie nur den heutigen, veränderten Blick auf die Vergangenheit wiedergibt" (Bude, 1985, S. 335). Diesen Aspekt reflektiert vor allem Rosenthal in ihrer Konzeption der Narrationsanalyse.

Auch die postulierte inhaltliche Authentizität des Erzählten muss kritisch hinterfragt werden, denn es kann nicht davon ausgegangen werden, dass nur aufgrund der spontanen und unvorbereiteten Form der Narration diese deswegen zwingend authentisch sein muss. Da es sich bei jeder Narration ja um eine Geschichte mit chronologischem Ereignisablauf und einer gewissen Stringenz handelt, muss diese vom erzählenden Individuum konstruiert werden und besitzt dadurch sehr wohl das Potenzial, bewusst oder nicht intendiert Nichtauthentisches zu enthalten. Vor allem zwei Personengruppen seien hierfür besonders anfällig: Zum einen Personen, die Psychotherapien in Anspruch genommen haben und im Rahmen dieser Behandlungen bestimmte für sie passende biografische Deutungsmodelle vermittelt bekommen haben: „Dies geschieht nicht nur in Form von argumentativen Passagen, sondern oft auch als besonders wirkungsvolle, hohen Authentizitätsgehalt versprechende Erzählungen. Solche tendenziös zugeschnittenen Belegerzählungen für die Selbst- oder (intendierte) Fremddeutung der eigenen Geschichte können bisweilen einen Großteil der erzählten Geschichte ausmachen" (Küsters, 2009, S. 31). Zum anderen seien sehr eloquente Personen in Karrierepositionen gefährdet, dem Forscher (unbewusst oder bewusst) Lebenserzählungen zu präsentieren, welche zwar wie Stegreiferzählungen wirken, jedoch keine sind, da diese Personen über die rhetorischen Mittel verfügen, ihre Lebensverläufe jeweils an die situativen Bedingungen anzupassen sowie „über die Selbstkontrolle [verfügen], erzählerische Zugzwänge zumindest teilweise nicht wirksam werden zu lassen" (Küsters, 2009, S. 32).

Im Hinblick auf die inhaltliche Authentizität des Erzählten ist des Weiteren zu hinterfragen, ob die Narrationen eines Subjekts offener und wahrhaftiger ausfallen als z.B. die Antworten im Rahmen von leitfadengesteuerten Interviews (z.B. Tiefeninterviews). Hierzu liegen keine Vergleichsstudien vor, auf deren Grundlage dies beurteilt werden könnte; es ist jedoch nicht plausibel, warum Narrationen per se mehr Offenheit und Wahrhaftigkeit liefern sollen als sensibel und empathisch geführte Leitfadeninterviews. Zwar ist Selbstreflexion Voraussetzung für Offenheit und Authentizität, doch sind reflexive Prozesse allen qualitativen Interviews inhärent und nicht spezifisch für narrative Interviews. Die Wahrhaftigkeit des Erzählten hängt nicht nur mit der Erhebungsmethode, sondern vielmehr mit dem Grad der Sensibilität der Daten oder den damit verbundenen Emotionen (und gegebenenfalls Stigmatisierungen oder befürchteten sozialen Exklusionen) sowie mit der kommunikativen und empathischen Kompetenz des Forschenden zusammen.

Bei der Narrationsanalyse nach Rosenthal werden im Schritt der Kontrastierung die erlebte und erzählte Geschichte miteinander verglichen. Diese Kontrastierung stellt den Forscher vor ein epistemologisches Problem: Wie soll die erzählte von der erlebten Geschichte unterschieden werden? Der Forschende selbst hat keinen Zugang zum Wissen über den Authentizitätsgehalt des Erzählten und kann nicht zwischen der „wahren" Geschichte und deren Erzählung differenzieren (außer wenn der Forschende diese selbst miterlebt hat). Diese Kontrastierung kann lediglich im Falle historischer Ereignisse stattfinden, bei denen bestimmte Ereignisse objektiv nachgewiesen sind und bei denen eine abweichende Narration des Befragten die geforderte Kontrastierung ermöglichen würde.

Lässt man diese paradigmatischen und epistemologischen Probleme beiseite, so zeigen sich weitere Schwierigkeiten in der forschungspraktischen Umsetzung narrativer Interviews. Diese betreffen die vier genannten kommunikativen Zwänge (Erzähl-, Kondensierungs-, Detaillierungs- und Gestalterschließungszwang). In der Theorie des narrativen Interviews wird davon ausgegangen, dass diese Zugzwänge die Narrationen derart rahmen, dass diese nicht versiegt, dass alles Wesentliche erwähnt wird und dass die Erzählungen authentisch sind. Diese Annahme kann bezweifelt werden; so verweist z. B. Lenz (1991, S. 58) darauf, dass man sich nicht zu sehr auf diesen „Automatismus der Zugzwänge" verlassen soll, da sich im empirischen Vorgehen oftmals zeigt, dass diese nicht wirken und die Narrationen rasch versiegen. Wenn diese dann im Moment der Haupterzählung in Form von Fragen wieder aktiviert werden müssten, sei bereits die Struktur des narrativen Interviews aufgegeben.

Ein weiteres forschungspraktisches Problem bei narrativen Interviews ist die Vergleichbarkeit und die Auswertung der Daten. Da diese Interviews sehr offen geführt werden, steuert der Forschende den Erzählprozess nur hinsichtlich der Aufrechterhaltung des Erzählstroms des Befragten und weniger in thematischer Hinsicht. Dies führt dazu, dass narrative Interviews sehr umfangreiche Datenmengen produzieren und dass diese einer sehr subjektiven Logik entsprechen und häufig sehr unstrukturiert sind.

Vernachlässigen sollte man nicht, dass narrative Interviews oftmals hohe psychische Belastungen (nicht nur für die Interviewten) mit sich bringen, wenn die Befragten zu sehr sensiblen und belastenden Umständen ihres Lebens interviewt werden. Da narrative Interviews sehr lange dauern können (hier sind zwei Stunden oder mehr der Normalfall) und die Haupterzählung als konzentrierte Selbstnarration erfolgt, ist das erzählende Subjekt entsprechend intensiv mit seiner eigenen Geschichte und den dazugehörenden Emotionen konfrontiert – dies kann eventuell zu emotionalen Krisen innerhalb des Interviewverlaufs führen.

Im Positiven ist bei narrativen Interviews davon auszugehen, dass die erhaltenen Informationen sehr umfassend sind, wenn die Interviewten über die entsprechende narrative Kompetenz verfügen. Aufgrund der strukturellen Offenheit während des Interviewprozesses haben die Interviewten die Möglichkeit, alle ihnen relevant erscheinenden Gedanken, Emotionen und Inhalte – d. h. sowohl äußere Ereignisabläufe als auch ihr inneres Erleben – einzubringen und so zu einer im Idealfall ganzheitlichen Sichtweise des untersuchten Phänomens beizutragen. Auch der Verzicht auf ein Vorgehen mittels Frage-Antwort-Schema vermag die Konzentration des Interviewten auf sich selbst und seine eigenen Sichtweisen zu fördern. Narrative Interviews haben das Potenzial, bei kompetenter Durchführung tiefe Einblicke in subjektive Lebenswelten, Lebensbiografien und subjektive Sinnkonstruktionen zu gewähren.

3.1.6 Fazit

Die Erhebungsmethode der narrativen Interviews wurde in der Sozialforschung seit den 1980er-Jahren intensiv angewendet, vor allem im Bereich der Lebenslauf- und Biografieforschung. Die Methode hat das Potenzial, sehr ergiebig und detailliert Daten zu erheben und somit Phänomene umfassend in ihrer Ganzheitlichkeit zu analysieren. Da die Konzentration auf der subjektiven Wirklichkeitskonstruktion liegt, können mit dieser Methode sehr detaillierte Beschreibungen gewonnen werden, die dem Forschenden helfen, die Realität des Befragten von innen heraus zu verstehen.

Narrative Interviews erweisen sich als eine voraussetzungsreiche Methode, deren Gelingen von vielen verschiedenen Faktoren abhängt. Wenn narrative Interviews gelingen, so haben sie großes Potenzial, aus dem Subjektiven heraus das Gesellschaftliche zu rekonstruieren. „In the construction of narrative accounts, ways of telling an individual's story as embedded within particular cultures and histories are offered. Accounts of how the individual is shaped by the larger professional knowledge context and also the ways in which the professional knowledge context has been reshaped in the unique situation in which the individual lives and works are constructed. In narrative inquiry the individual is shaped by the situation and shapes the situation in the living out of theory and in the storying of the experience" (Clandinin & Connelly, 1989, S. 15).

3.1.7 Literatur

Bamberg, S. (2006). *Holocaust und Lebenslauf: Autobiografisch-narrative Interviews mit Überlebenden des Konzentrationslagers Theresienstadt*. Dissertation, Universität Heidelberg.

Bourdieu, P. (1990). Die biographische Illusion. *Bios 3*(1), 75–81.

Bude, H. (1985). Der Sozialforscher als Narrationsanimateur: Kritische Anmerkungen zu einer erzähltheoretischen Fundierung der interpretativen Sozialforschung. *Kölner Zeitschrift für Soziologie und Sozialpsychologie 37*(2), 327–336.

Clandinin, D. J., & Connelly, F. M. (1989). *Narrative and story in practice and research*. Verfügbar unter URL: http://files.eric.ed.gov/fulltext/ED309681.pdf (letzter Aufruf: 15.05.2018)

Fischer-Rosenthal, W., & Rosenthal, G. (1997). Narrationsanalyse biographischer Selbstpräsentationen. In R. Hitzler & A. Honer (Hrsg.), *Sozialwissenschaftliche Hermeneutik* (S. 133–164). Opladen: Leske + Budrich.

Fuchs-Heinritz, W. (2009). *Biographische Forschung: Eine Einführung in Praxis und Methoden* (4. Auflage). Wiesbaden: VS Verlag für Sozialwissenschaften.

Glinka, H. J. (2016). *Das narrative Interview: Eine Einführung für Sozialpädagogen* (4. Auflage). Weinheim: Beltz.

Hermanns, H. (1992). Die Auswertung narrativer Interviews. Ein Beispiel für qualitative Verfahren. In J. H. Hoffmeyer-Zlotnik (Hrsg.), *Analyse verbaler Daten: Über den Umgang mit qualitativen Daten* (S. 110–141). Opladen: VS Verlag für Sozialwissenschaften. Verfügbar unter URL: http://www.hermanns.it/publication/hermanns_auswertung_narrativer_interviews.pdf (letzter Aufruf: 15.05.2018).

Holtgrewe, U. (2009). Narratives Interview. In S. Kühl, P. Strodtholz & A. Taffertshofer (Hrsg.), *Handbuch Methoden der Organisationsforschung* (S. 57–787). Wiesbaden: VS Verlag für Sozialwissenschaften.

Kleemann, F., Krähnke, U., & Matuschek, I. (2009). *Interpretative Sozialforschung. Eine praxisorientierte Einführung*. Wiesbaden: VS Verlag für Sozialwissenschaften. [Kleemann, F., Krähnke, U. & Matuschek, I. (2013). *Interpretative Sozialforschung. Eine praxisorientierte Einführung*. (2. Auflage). Wiesbaden: VS Verlag für Sozialwissenschaften.]

Kohli, M. (1981). Wie es zur „biographischen Methode" kam und was daraus geworden ist. *Zeitschrift für Soziologie 10*(3), S. 273–293.

Küsters, I. (2006). *Narrative Interviews, Grundlagen und Anwendungen* (1. Auflage). Wiesbaden: VS Verlag für Sozialwissenschaften.

Küsters, I. (2009). *Narrative Interviews, Grundlagen und Anwendungen* (2. Auflage). Wiesbaden: VS Verlag für Sozialwissenschaften. [Küsters, I. (2018). *Narrative Interviews: Grundlagen und Anwendungen* (3. Auflage). Wiesbaden: Springer VS.]

Lenz, K. (1991). Prozeßstrukturen biographischer Verläufe in der Jugendphase und danach. Methodische Grundlagen einer qualitativen Langzeitstudie. In A. Combe & W. Helsper (Hrsg.), *Hermeneutische Jugendforschung* (S. 50–70). Opladen: VS Verlag für Sozialwissenschaften.

Niethammer, L. (1985). *Lebenserfahrung und kollektives Gedächtnis. Die Praxis der „Oral History"* (Reprint). Frankfurt am Main: Suhrkamp.

Rosenthal, G. (1994). Die erzählte Lebensgeschichte als historisch-soziale Realität: methodologische Implikationen für die Analyse biographischer Texte. In Berliner Geschichtswerkstatt (Hrsg.), *Alltagskultur, Subjektivität und Geschichte: zur Theorie und Praxis von Alltagsgeschichte* (S. 125–138). Münster: Westfälisches Dampfboot. Verfügbar unter URL: http://nbn-resolving .de/urn:nbn:de:0168-ssoar-59251 (letzter Aufruf: 15.05.2018).

Rosenthal, G. (2015). *Interpretative Sozialforschung. Eine Einführung* (5., überarb. und erg. Auflage). Weinheim: Beltz.

Rosenthal, G. (2010). Die erlebte und erzählte Lebensgeschichte. Zur Wechselwirkung zwischen Erleben, Erinnern und Erzählen. In B. Griese (Hrsg.): *Subjekt – Identität – Person?* (S. 197–218). Wiesbaden: VS Verlag für Sozialwissenschaften.

Schröder, H. J. (2012). *Die gestohlenen Jahre. Erzählgeschichten und Geschichtserzählungen im Interview: Der zweite Weltkrieg aus der Sicht ehemaliger Mannschaftssoldaten* (Reprint). Berlin: De Gruyter.

Schütze, F. (1976). Zur Hervorlockung und Analyse von Erzählungen thematisch relevanter Geschichten im Rahmen soziologischer Feldforschung: dargestellt an einem Projekt zur Erforschung von kommunalen Machtstrukturen. In A. Weymann (Hrsg.): Arbeitsgruppe Bielefelder Soziologen (Hrsg.), *Kommunikative Sozialforschung: Alltagswissen und Alltagshandeln, Gemeindemachtforschung, Polizei, politische Erwachsenenbildung* (S. 159–260). München: Fink. Verfügbar unter URL: http://www.ssoar.info/ssoar/handle/document/5635 (letzter Aufruf: 05.07.2018).

Schütze, F. (1978). *Die Technik des narrativen Interviews in Interaktionsfeldstudien – dargestellt an einem Projekt zur Erforschung von kommunalen Machtstrukturen: Arbeitsberichte und Forschungsmaterialien*. Universität Bielefeld. Fakultät für Soziologie.

Schütze, F. (1983). Biographieforschung und narratives Interview. *Neue Praxis 13*(3), 283–293. Verfügbar unter URL: http://nbn-resolving.de/urn:nbn:de:0168-ssoar-53147 (letzter Aufruf: 15.05.2018).

Schütze, F. (1984). Kognitive Figuren des autobiographischen Stegreiferzählens. In M. Kohli & R. Günther (Hrsg.), *Biographie und soziale Wirklichkeit* (S. 78–117). Stuttgart: Metzler.

Schütze, F. (1987). *Das narrative Interview in Interaktionsfeldstudien: Erzähltheoretische Grundlagen.* Studienbrief der Fernuniversität Hagen. Teil I: Merkmale von Alltagserzählungen und was wir mit ihrer Hilfe erkennen können.

Spöhring, W. (1989). *Qualitative Sozialforschung.* Stuttgart: Teubner.

Stich, J. (2002). Muster individualisierter Lebensführung – Voraussetzungen und Kompetenzen. In J. Stich (Hrsg.), *Alleinleben – Chance oder Defizit* (S. 199–307). Wiesbaden: VS Verlag für Sozialwissenschaften.

Wengraf, T., & Chamberlayne, P. (2006). *Interviewing for life-histories, lived situations and personal experience.* The biographic narrative *interpretive method (BNIM) on its own and as part of a multi-method full spectrum psychosocial methodology.* Short Guide to BNIM interviewing and interpretation; RTF Online-Dokument.

3.2 Das episodische Interview

Das episodische Interview stellt eine Kombination aus zwei Methoden dar und verknüpft die offene Befragung mit dem Prinzip der Narration. Dieser Ansatz wurde von Uwe Flick (1996, 2011) im Rahmen seiner Forschungen zu Bereichen sozialer Arbeit entwickelt und wird bislang nur im deutschsprachigen Bereich angewendet. Im Zentrum steht das Erheben von (a) subjektivem Wissen und (b) subjektiven Erfahrungen der Befragten, ohne dass jedoch der Fokus ausschließlich auf dem Biografischen liegt (wie dies z. B. beim narrativen Interview [siehe hierzu Kap. 3.1] der Fall ist). Realisiert wird dies durch die Kombination von zwei verschiedenen Methoden, der Methode des offenen, leitfadengestützten Fragens (zur Ermittlung subjektiven Wissens) und der Methode der Erzählung, des narrativen Vorgehens (zur Ermittlung subjektiver Erfahrungen). Dieses Ineinandergreifen von zwei verschiedenen Zugängen zum Subjekt soll die Erfassung von zwei unterschiedlichen Wissensformen ermöglichen: Es soll damit semantisches als auch episodisches Wissen erhoben werden. Forschungspraktisch werden episodische Interviews als Kombination von offenen Erzählaufforderungen (zur Erhebung episodischen Wissens) und präzisierenden, semantisch-argumentativ ausgerichteten Fragen (zur Erhebung von semantischem Wissen) durchgeführt.

3.2.1 Theoretischer Hintergrund

Die Methode des episodischen Interviews basiert auf der heuristischen Differenzierung von episodischem und semantischem Gedächtnis, eine Differenzierung, welche auf Tulving (1972) zurückgeführt werden kann. Hierbei handelt es sich um die zwei Formen des deklarativen (expliziten) Gedächtnisses, die von den Formen des nichtdeklarativen (impliziten) Gedächtnisses, wie Priming, assoziatives, prozedurales und nicht-assoziatives Gedächtnis abzugrenzen sind. Diese beiden Formen des expliziten Gedächtnisses können als zwei unterschiedliche Wissensformen konzeptualisiert werden und wie folgt differenziert werden:

(1) Das *episodische Wissen* einer Person setzt sich aus selbst erlebten Inhalten zusammen, die im episodischen Gedächtnis gespeichert werden: „Episodic memory receives and stores information about temporally dated episodes or events, and temporal-spatial relations among these events. [...] it is always stored in terms of its autobiographical reference to the already existing contents of the episodic memory store" (Tulving, 1972, S. 385/386). Es handelt sich folglich um persönlich Erlebtes, das als Autobiografisches erinnert wird („Filmsituationen des eigenen Lebens") und das innerhalb des Flusses des Biografischen zeitlich eingeordnet werden kann und vom Subjekt durch Erzählen auch emotional wiedererlebt werden kann; es ist das einzige Gedächtnissystem für Selbsterlebtes (Tulving, 2002). Episodisches Wissen kann am besten durch narrative Erzählreize erhoben werden, da diese auf die Erzählung von Situationen abzielen und dem Interviewten viel Raum für selbstbezogene Narrationen geben. Beispiel für eine Erzählaufforderung: „Sie haben im Jahre 2010 die Diagnose BPD [Borderline Personality Disorder] erhalten. Wie kam es dazu? Erzählen Sie doch mal!" Hier geht es darum, bestimmte, thematisch interessierende Episoden des Lebens der Befragten per Narrationen zu erheben. Hierbei handelt es sich jeweils um Teilnarrationen, die nur bestimmte Episoden des Lebens betreffen. Diese Art des Wissens, das autobiografisch organisiert ist, ist seinerseits eng mit dem semantischen Wissen vernetzt.

(2) Unter *semantischem Wissen* versteht man ein Wissen, das nicht autobiografisches Erinnern, sondern inhaltlich, begriffliches Wissen betrifft (Semantik = Bedeutungslehre): „Semantic memory is the memory necessary for the use of language. It is a mental thesaurus, organized knowledge a person possesses about words and other verbal symbols, their meaning and referents, about relations among them, and about rules, formulas, and algorithms for the manipulation of these symbols, concepts, and relations" (Tulving, 1972, S. 386). Ausgehend von dieser Definition kann das semantische Wissen als begriffsorientiert und als nicht persönlich erlebtes Wissen bezeichnet werden, das sich als Wissen zu ganz konkreten Inhalten und Themen (z. B. Faktenwissen) manifestiert. Diese Art des Wissens kann am besten durch eine Interviewtechnik anhand eines Frage-Antwort-Schemas erhoben werden, da dieses Vorgehen gezielt einen bestimmten Sachverhalt genauer erfragt und damit klare Antworten (und keine Narrationen) zum Ziel hat. Beispiel für eine semantische Frage: „Was verbindest Du mit dem Begriff ‚Gesundheit'?" Eine solche Frage zielt auf subjektive Definitionen des konkreten Begriffs bzw. Themas ab. Wie an diesem Beispiel deutlich wird, sind diese Zugänge miteinander vernetzt, sodass das semantische Wissen, nämlich wie der Befragte selbst den Begriff Gesundheit definiert, im Kontext des autobiografi-

schen Erlebens steht (z. B. das Erleben der eigenen psychischen Erkrankung). So sind diese beiden Wissensdimensionen im Modell des episodischen Interviews eng miteinander vernetzt und verwoben.

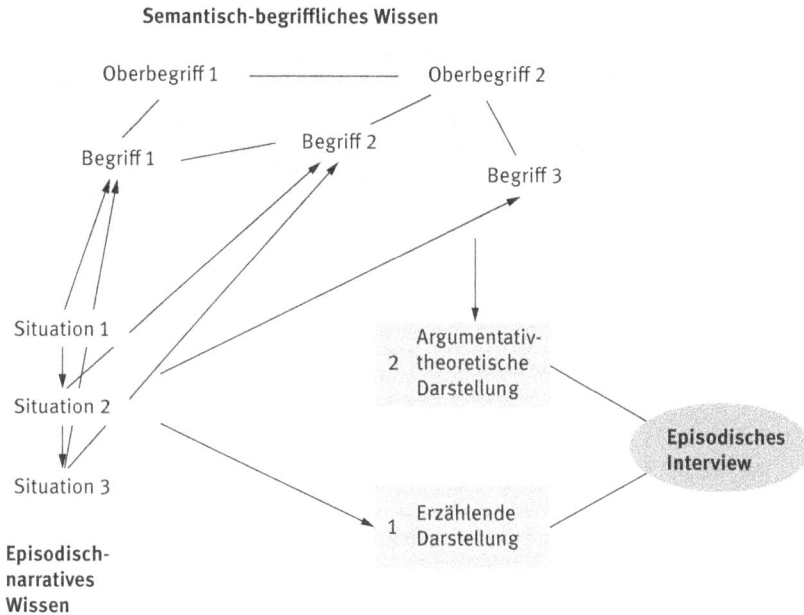

Semantisch-begriffliches Wissen

Oberbegriff 1 ———— Oberbegriff 2

Begriff 1 —— Begriff 2

Begriff 3

Situation 1

Situation 2

Situation 3

Episodisch-narratives Wissen

2 Argumentativ-theoretische Darstellung

Episodisches Interview

1 Erzählende Darstellung

Abb. 3.3: Zusammenhang zwischen episodischem (erlebtem) und semantischem Wissen (Quelle: nach Flick, 2011, S. 274; erweitert durch SM)

Das episodische Interview stützt sich auf (1) erzählte Erinnerungen (als Teilnarrationen) und auf (2) argumentativ-theoretische Darstellungen, die ihrerseits auf das episodisch-narrative Wissen (bei 1) und auf semantisch-begriffliches Wissen (bei 2) rekurrieren. Das Schaubild visualisiert, wie diese beiden Wissensdimensionen zusammenhängen, und dass sich semantisches Wissen zum Teil aus episodischem Wissen speist und sich erlebte Erfahrung damit im Semantischen niederschlägt.

I: Was ist das für Sie, „Gesundheit"? Was verbinden Sie mit dem Wort „Gesundheit"?

IP: Mit dem Wort Gesundheit, ja, (verbinde ich, d. Verf.) eigentlich 'ne ganze Menge, nicht nur frei von Krankheit, sondern ein Sich-Rundum-Wohlfühlen. Das eben nicht nur in physiologischer Hinsicht, sondern auch sich seelisch wohl fühlen, sich sozial, also in dem sozialen Rahmen, in dem man lebt, wohl fühlen. Und so weiter. [...] Ja, ja, man kann vielleicht auch noch sagen, frei von finanziellen Sorgen, was sicherlich auch mit dazu gehört, weil finanzielle Sorgen auch krank machen.

Abb. 3.4: Beispiel für eine Frage, die auf semantisches Wissen abzielt (Quelle: Flick, 2011, S. 277)

I: Wodurch wurden Ihre Vorstellungen von Gesundheit besonders beeinflusst? Können Sie mir bitte ein Beispiel erzählen, an dem dies deutlich wird.

IP: Es gibt ganz viele Beispiele. Also beeinflusst, meine persönliche Meinung ist einfach dadurch beeinflusst, dass unsere Kinder, wir haben drei Kinder, und die beiden Großen, als die geboren wurden, das war vor neunzehn Jahren und achtzehn, siebzehn Jahren, beide sehr schwer krank waren. Bei unserem Sohn, dem älteren, wussten wir auch nicht, ob der die erste Nacht überlebt. Und da hatte ich so das Gefühl, dass in mir so ein Schalter umgegangen ist, ja? Also umgeschaltet wurde. Und bis dahin brauchte ich immer sehr viel formelle Sicherheit, räumliche Sicherheit, finanzielle Sicherheit, und das war von dem Tag an, als die Entscheidung so in der Luft hing, überhaupt völlig unwichtig geworden. Und damals hab ich dann auch angefangen, also so mein eigenes Verhältnis zur Schulmedizin zu entwickeln. Ich hab ja eine klassisch schulmedizinische Ausbildung und hab dann aber angefangen, viele Sachen innerhalb der Familie erst mal anders so regeln, also über Gespräche, über Physiotherapie, über Akupunktur, Ozonsauerstofftherapie. Und als das dann relativ gut funktionierte, hab ich das auch auf Patients angewandt.

Abb. 3.5: Beispiel einer Frage, die auf episodisches Wissen abzielt (Quelle: Flick, 2011, S. 277/278)

3.2.2 Leitfaden für ein episodisches Interview

Der Verlauf des gesamten Interviews wird anhand eines Leitfadens thematisch gerahmt. Zur Erstellung des Leitfadens wird empfohlen, sich im Vorfeld alle Themen, die mit der Forschungsfrage zusammenhängen, zu notieren. Diese stichwortartige Liste ist die Grundlage für die Leitfadenentwicklung. Der Leitfaden selbst besteht dann nicht nur aus Stichworten zu den inhaltlichen Themenfeldern, die im Interview angesprochen werden sollen, sondern aus konkret vorformulierten Erzählaufforderungen (zur Erhebung des episodischen Wissens) und konkreten Fragen (zur Erhebung des semantischen Wissens). Dies unterscheidet ihn von anderen Formen der leitfadenbasierten Erhebung verbaler Daten. Die Reihenfolge ist dabei relativ flexibel, es sollte jedoch zuerst mit einer erzählauffordernden Frage begonnen werden, danach kann der Einsatz der Frageformen situativ gehandhabt werden, je nach Verlauf des Interviews und der Ergiebigkeit der gelieferten thematischen Teilnarrationen.

Wenn es sich um ein größeres Forschungsprojekt handelt, bei denen verschiedene Interviewende eingesetzt werden, sollte im Vorfeld eine Interviewerschulung stattfinden, in der der konkrete Umgang mit den verschiedenen Frageformen, d. h. der Erzählaufforderung und den Nachfragen, geübt werden kann. Es wäre des Weiteren sinnvoll, diesen Umgang mit den verschiedenen Fragetypen weitgehend zu vereinheitlichen, sodass die thematischen Narrationen zu den gleichen Themen erfolgen und die Frage-Antwort-Passagen auch die gleichen Begriffe betreffen, sodass die Vergleichbarkeit der Daten ermöglicht wird.

Beispielfragen zum Gesundheitsverständnis obdachloser Jugendlicher

1) Zunächst einmal würde ich Dich bitten, mir zu erzählen, wie für Dich der Alltag in Deiner Familie aussah? Worin bestanden Gründe, Dich dem Straßenleben zuzuwenden – kannst Du dazu eine Situation erzählen, die mir das deutlich macht?
2) Jetzt kommen wir mal zum Thema, und zwar, was verstehst Du unter „Gesundheit"?
3) Woran merkst Du, dass Du gesund bist? Kannst Du eine Situation erzählen, an der mir das deutlich wird?
4) Was war Deine bedeutsamste Erfahrung mit Gesundheit, kannst Du diese Situation erzählen?
5) Wie wichtig ist es für Dich heutzutage, gesund zu sein? Aus welchen Gründen ist das der Fall/ nicht der Fall, kannst Du mir dazu eine Situation erzählen, die mir das verdeutlicht?
6) Inwiefern hast Du einen Einfluss darauf, ob Du gesund bist, oder nicht? Kannst Du eine Situation erzählen, an der mir das deutlich wird?

Abb. 3.6: Beispiel eines Leitfadens mit narrationsgenerierenden und semantischen Fragen (Quelle: nach Flick, 2011, S. 276)

Eingesetzt werden episodische Interviews häufig im Bereich der Sozialen Arbeit zur Analyse von subjektiven Konzepten bestimmter Begriffe, wie z. B. Gesundheit, Krankheit oder Alter. Aber auch in der Evaluationsforschung wurde diese Methode bereits erfolgreich eingesetzt (Flick, 2011, S. 278).

3.2.3 Ablaufmodell episodischer Interviews

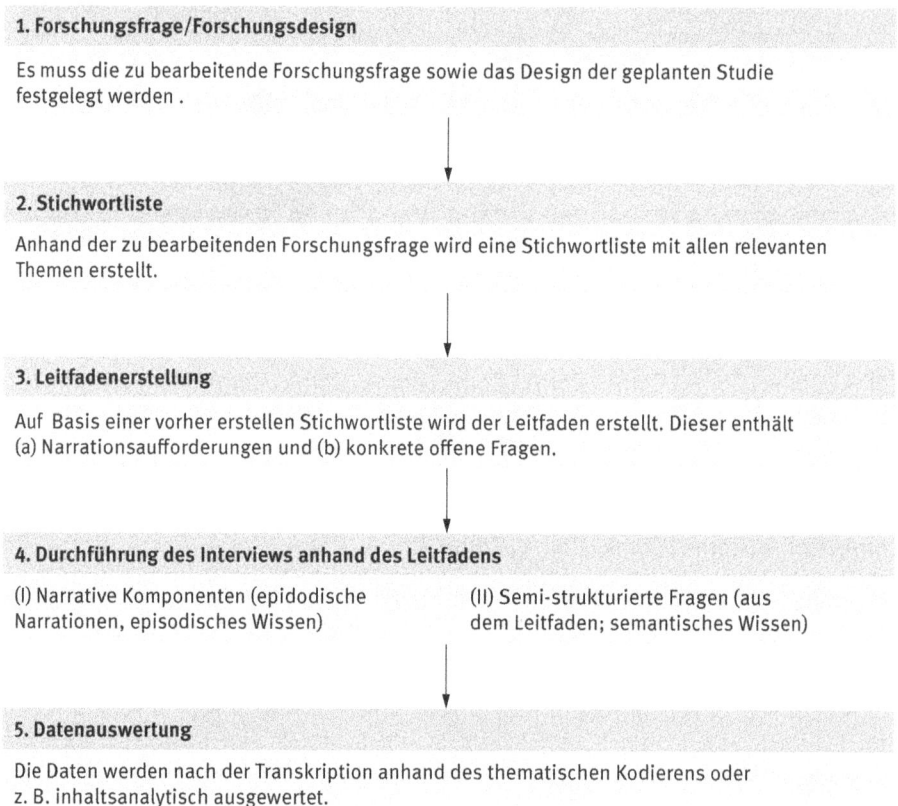

1. Forschungsfrage/Forschungsdesign

Es muss die zu bearbeitende Forschungsfrage sowie das Design der geplanten Studie festgelegt werden .

2. Stichwortliste

Anhand der zu bearbeitenden Forschungsfrage wird eine Stichwortliste mit allen relevanten Themen erstellt.

3. Leitfadenerstellung

Auf Basis einer vorher erstellen Stichwortliste wird der Leitfaden erstellt. Dieser enthält (a) Narrationsaufforderungen und (b) konkrete offene Fragen.

4. Durchführung des Interviews anhand des Leitfadens

(I) Narrative Komponenten (epidodische Narrationen, episodisches Wissen)	(II) Semi-strukturierte Fragen (aus dem Leitfaden; semantisches Wissen)

5. Datenauswertung

Die Daten werden nach der Transkription anhand des thematischen Kodierens oder z. B. inhaltsanalytisch ausgewertet.

Abb. 3.7: Ablaufmodell episodischer Interviews (Quelle: eigene Darstellung)

3.2.4 Auswertung

Die verbalen Daten werden nach der Durchführung der Interviews transkribiert; die Regeln der Transkription erfolgen analog zum Erkenntnisziel. Die Auswertung der durch episodische Interviews gewonnenen Daten erfolgt häufig anhand kodierender oder kategorienbildender Verfahren (z. B. inhaltsanalytisches Vorgehen nach Mayring). Es werden von der Methode jedoch keine bestimmten Vorgaben zur Datenanalyse gemacht, diese kann je nach Forschungsfrage und Erkenntnisinteresse flexibel angepasst werden.

Das episodische Interview vereint zwei methodische Zugänge miteinander. Die Erzählsituation im episodischen Interview ist, im Vergleich zum narrativen Interview, bei dieser Methode insofern natürlicher, als hier zwar eine Narration evoziert wird, diese aber nicht in der gleichen Absolutheit gehandhabt wird wie beim narrativen Interview. So wechseln sich konkrete Fragen, die semantisches Wissen abrufen, mit narrativen Erzählanreizen ab, alles durch den Einsatz eines Leitfadens gerahmt und strukturiert.

3.2.5 Kritik

Durch das Abwechseln zwischen offenen Fragen und narrativen Erzählanreizen ähnelt die Erzählsituation bei der Durchführung episodischer Interviews stark alltäglicher Kommunikation, denn auch hier wechseln sich narrative Elemente mit z. B. semantischen ab. Diese strukturelle Ähnlichkeit führt dazu, dass die Interviewsituation eventuell als „natürlicher" empfunden wird als dies z. B. bei narrativen Interviews der Fall ist, die ja unter dem Primat des Narrativen durchgeführt werden. Auch dürfen im Interviewprozess direkte Nachfragen vom Interviewenden gestellt werden (im Gegensatz zu narrativen Interviews) – auch dies entspricht der Logik der Alltagskommunikation und kann dazu führen, dass der Interviewte die Situation als angenehm empfindet und sich deswegen intensiv auf diese einlässt, sodass tiefe und reichhaltige Ergebnisse erzielt werden können.

Episodische Interviews bestehen aus Teilnarrationen. Auch hier kann sich das Problem ergeben, dass nicht alle Befragten gleichermaßen fähig sind, Stegreiferzählungen zu produzieren. Da das episodische Interview aber im Gegensatz zum narrativen Interview lediglich aus kürzeren narrativen Passagen besteht, kann davon ausgegangen werden, dass diese auch von Befragten mit gering ausgeprägter narrativer Kompetenz zu Erzählungen führen. Wenn nun der narrative Part gänzlich misslingen sollte, weil der Interviewte keine Stegreiferzählung einbringen kann, so ist das episodische Interview gescheitert, da es dann forschungspraktisch als semi-strukturiertes Interview realisiert wird.

Beim episodischen Interview sind die Kompetenzerwartungen an den Forschenden sehr hoch, da dieser zwei verschiedene Methoden im Interviewprozess miteinander kombinieren muss. Diese hohe Kompetenzanforderung zieht bei Studien mit sehr umfangreichen Fallzahlen die Notwendigkeit der Interviewerschulung nach sich. Die Durchführung der Interviews anhand verschiedener Forschenden birgt das Problem des nicht einheitlichen Vorgehens, sodass eine Vergleichbarkeit der Daten gefährdet ist.

3.2.6 Fazit

Das episodische Interview vereint in sich die Vorteile des narrativen Ansatzes mit den Vorteilen der semi-strukturierten Vorgehensweise des konkreten Fragens. Diese Kombination ist vielversprechend, wenn beide methodischen Zugänge korrekt realisiert werden, weil die Kombination kleiner Narrationen mit konkreten Fragen eher dem kommunikativen Prozess eines Alltagsgesprächs ähnelt als z. B. ein narratives Interview. Diese Annäherung der Interviewsituation an eine natürliche, und somit für den Befragten als gewohnt empfundene Kommunikationssituation erhöht die Chance, umfangreiche und auswertefähige Informationen zu erhalten. Diese Methode stellt aber hohe Anforderungen an den Forschenden, der diese beiden Methoden miteinander kombinieren muss und jeweils auch im Prozess des Interviews spontan entscheiden muss, wenn neue Themen auftauchen, ob und wie diese als Narrationsaufforderungen oder semi-strukturierte Fragen umzusetzen sind. Aufgrund dieser Kompetenzerwartung müssen die Forschenden gut geschult werden, um die Methode souverän handhaben zu können und trotz der Befragung großer Samples vergleichbare Daten zu erhalten. Empfohlen wird diese Methode vor allem für Untersuchungen, die auf Wissen, Erfahrungen oder Veränderungen aus subjektiver Perspektive abzielen, ohne dass das Biografische im Zentrum der Untersuchung stehen würde (Flick, 2011).

3.2.7 Literatur

Flick, U. (1996). *Psychologie des technisierten Alltags. Soziale Konstruktion und Repräsentation technischen Wandels in verschiedenen kulturellen Kontexten*. Opladen: Westdeutscher Verlag.

Flick, U. (2011). Das Episodische Interview. In G. Oelerich & H.-U. Otto (Hrsg.), *Empirische Forschung und Soziale Arbeit* (S. 273–280). Wiesbaden: VS Verlag für Sozialwissenschaften.

Mayring, P. (2015). *Qualitative Inhaltsanalyse: Grundlagen und Techniken* (12., überarb. Auflage). Weinheim/Basel: Beltz.

Tulving, E. (1972). Episodic and semantic memory. In E. Tulving & W. Donaldson (Eds.), *Organization of Memory* (pp. 381–402). London: Academic Press.

Tulving, E. (2002). Episodic memory: from mind to brain. *Annual Review of Psychology 53*(1), 1–25.

4 Qualitative Einzelinterviews

4.1 Das Leitfadeninterview

Der standardisierte Fragebogen ist bei quantitativer Forschung „das zentrale Scharnier zwischen Theorie und Empirie. Je besser der Fragebogen die zentralen Konstrukte der Theorie erfasst, desto besser gelingt die Überprüfung der Hypothesen" (Reinders, 2005, S. 151).

Bei qualitativen Interviews ist das zentrale Element der *Leitfaden*, der eine Steuerungs- und Strukturierungsfunktion erfüllt und dem beim hypothesengenerierenden Vorgehen zentrale Bedeutung zukommt. Zwar fließt hier auch das allenfalls bestehende theoretische Vorwissen des Forschenden in den Leitfaden mit ein, doch hat dieser vor allem eine inhaltliche Steuerungsfunktion und dient damit weniger als Scharnier zwischen Empirie und Theorie.

Leitfadeninterviews gehören zu den sogenannten semi-strukturierten Erhebungsformen zur Ermittlung verbaler Daten. Als Leitfadeninterviews bzw. leitfadengesteuerte Interviews können alle Formen der Erhebung qualitativer Daten bezeichnet werden, die anhand des Einsatzes eines vorab formulierten Leitfadens durchgeführt werden. Die Strukturierung erfolgt beim Leitfadeninterview durch den Forschenden mittels Leitfaden, im Gegensatz zu narrativen Formen des Interviewens, bei denen die Strukturierung durch den Interviewten selbst erfolgen muss (siehe Abb. 1.1 in Kap. 1.3).

Es handelt sich dabei um einen Metabegriff, unter dem verschiedene qualitative Interviewtechniken subsumiert werden können. Ihnen ist gemeinsam, dass sie alle auf Basis eines Leitfadens durchgeführt werden, wenn auch dessen Strukturierungsgrad unterschiedlich ist. Als Leitfadeninterviews werden demnach alle Interviewformen bezeichnet, die halbstrukturiert vorgehen und einen vorab ausgearbeiteten Leitfaden verwenden. Diese sind:
- Problemzentrierte Interviews
- Themenzentrierte Interviews
- Fokussierte Interviews
- Tiefeninterviews
- Diskursive Interviews
- Ethnografische Interviews
- Experteninterviews
- Convergent Interviewing
- Fokusgruppen (wenn leitfadenorientiert)
- Gruppeninterviews (wenn leitfadenorientiert)

https://doi.org/10.1515/9783110545982-004

4.1.1 Funktionen des Leitfadens

Der Leitfaden fungiert als der „rote Faden" für die Erhebung der qualitativen, verbalen Daten. Er erfüllt damit folgende Funktionen:
– Thematische Rahmung und Fokussierung
– Auflistung aller relevanten Themenkomplexe, die im Interview angesprochen werden müssen
– Bessere Vergleichbarkeit der Daten durch thematische Rahmung
– Strukturierung des gesamten Kommunikationsprozesses

Der Leitfaden kann in unterschiedlichen Graden der Strukturierung erstellt werden. Dies reicht von konkret vorformulierten Fragen mit vorgeschriebener Reihenfolge bis hin zu nur stichwortartigen Themenlisten, die im Interview in beliebiger Reihenfolge anzusprechen sind. Der Grad der Strukturierung des Leitfadens hängt von verschiedenen Faktoren ab: von der Forschungsfrage, von der gewählten Interviewmethode oder dem Grad der Erfahrung des Forschenden. So hat sich gezeigt, dass unerfahrene Forschende lieber mit vorab ausformulierten Fragen arbeiten und mit zunehmender Erfahrung und Souveränität in der Interviewsituation häufiger mit stichwortartigen Leitfäden gearbeitet wird.

Inhaltlich muss der Leitfaden letztlich alle im Interview anzusprechenden relevanten Themen auflisten, wobei in der Regel die Reihenfolge der Fragestellung dem Interviewenden freizustellen ist. Die Fragen sollen möglichst offen formuliert werden, um dem Interviewten den notwendigen Raum zu geben, frei darauf zu antworten, damit dieser offen von den eigenen Gefühlen, Erfahrungen oder dem Selbsterlebten erzählen kann. Ziel des Leitfadens ist es, den Erhebungsprozess inhaltlich zu steuern, um somit auch eine Vergleichbarkeit der Daten sicherzustellen; der Leitfaden soll aber trotz thematischer Steuerung noch genügend Raum für neue Erkenntnisse lassen.

4.1.2 Prinzipien des Leitfadens

Der Leitfaden folgt dabei drei Grundprinzipien qualitativer Forschung (nach Reinders, 2005):
(1) *Offenheit – kein hypothesengebundenes Vorgehen:* Offenheit bedeutet für die qualitative Forschung, dass keine vorab festgelegten Hypothesen geprüft werden sollen, sondern dass das Ziel darin liegt, subjektive Erlebnisse, Handlungen und Einstellungen und deren Bedeutung für das Individuum zu analysieren. Es soll mittels qualitativer Methoden ein Zugang zum Inneren des befragten Subjekts gefunden werden. Diese Zielsetzung findet auch in der Leitfadengestaltung ihren Ausdruck:
   a) *Offenheit bezüglich der Gestalt:* Dies bedeutet, dass der Leitfaden (und der Interviewende) offen für neue Informationen ist, dass der Leitfaden flexibel

gestaltet ist und im Verlauf der Studie entsprechend verändert und angepasst werden kann.

b) *Offenheit bezüglich der Handhabung:* Der Leitfaden kann im Interviewprozess je nach Gesprächsverlauf unterschiedlich gehandhabt werden. Die Reihenfolge der Themen ergibt sich spontan aus dem Verlauf des Gesprächs, wobei letztlich aber darauf zu achten ist, dass alle vermerkten Themen auch wirklich angesprochen werden.

(2) *Prozesshaftigkeit:* Dieses Prinzip besagt, dass Bedeutungen nicht statisch aufzufassen sind, sondern prozesshaft verstanden werden sollen, weil diese erst in sozialen Interaktionen ausgehandelt werden. Auf der Grundlage dieser Prämisse muss daher versucht werden, dieses Prozesshafte im Interview aufzudecken und zu klären. Dies kann gelingen durch:

a) *Analyse des Vergangenheits-Gegenwarts-Prozesses:* Es werden bewusst Fragen zur Vergangenheit, zu Veränderungen gestellt, die das Prozesshafte der Sinnzuschreibungen aufzudecken vermögen.

b) *Analyse des Ich-Andere-Prozesses:* Hier wird die Analyse des Intersubjektiven (Beziehung Ich-Andere) geleistet, in welchem die Bedeutungen (ausgehend vom Symbolischen Interaktionismus) ausgehandelt werden. Dies beinhaltet sowohl Fragen zur Rolle der sozialen Umwelt für die Entstehung von Sichtweisen als auch Fragen nach deren Veränderung.

(3) *Kommunikation:* Die Informationen aus qualitativen Interviews werden mittels Kommunikation gewonnen, wobei zur Stärkung dieser Interdependenz zwischen Interviewenden und Interviewten folgende Punkte zu beachten sind:

a) *Sprachniveau:* Der Interviewende sollte sich möglichst gut an das Sprachniveau des Befragten anpassen.

b) *Verständlichkeit der Fragen:* Es sollte darauf geachtet werden, dass keine Fachtermini verwendet werden (außer es handelt sich um ein Experteninterview und es geht um Fachfragen), dass die Fragestruktur einfach gehalten wird und dass jeweils nur ein Stimulus (nur eine Frage) zur gleichen Zeit gegeben wird.

c) *Nähe zu alltäglichen Sprachregeln:* Es ist empfehlenswert, sich bei der Durchführung von Interviews dem Verlauf eines Alltagsgesprächs anzunähern. Dies bedingt eine offene und flexible Handhabung des Leitfadens und das Vermeiden eines starren Nacheinanderabfragens von Themen (siehe hierzu Kap. 9.5.1).

d) *Aushandlung über Inhalte:* Dem kommunikativen Alltagsprinzip entspricht auch, dass sich relevante Inhalte im Verlauf der Interaktion ergeben und dann auch aufgenommen werden können. So sollten die Interviews zwar immer den Leitfadenkatalog berücksichtigen, sich aber gegenüber dem Prozesshaften der kommunikativen Situation nicht verschließen (Prinzip der Offenheit).

4.1.3 Struktur eines Leitfadens

Ein Leitfaden hat neben der inhaltlichen auch eine strukturelle Ebene. So können vier verschiedene Phasen des Interviews voneinander unterschieden werden, die den Aufbau eines Leitfadens bestimmen:
(1) Informationsphase
(2) Aufwärm- und Einstiegsphase (Warm-up)
(3) Hauptphase
(4) Ausklang- und Abschlussphase

(1) *In der Informationsphase* wird der Befragte über die Studie und deren Zielsetzung sowie über die vertrauliche Behandlung der Daten informiert; es wird vorab auch die Einverständniserklärung unterzeichnet, ohne die kein Interview durchgeführt werden sollte.
(2) *Die Aufwärm- oder Einstiegsphase (Warm-up)* hat zum Ziel, dem Befragten den Einstieg in die Interviewsituation und in das Forschungsthema zu erleichtern. Hier wird vom Interviewenden zu Beginn eine möglichst offene und breite Frage gestellt, sodass der Befragte ins Erzählen kommt und damit die oft zu beobachtende anfängliche Scheu vor dem Interview, der ungewohnten Kommunikationssituation (und deren Aufzeichnung) zu überwinden.
Interessanterweise haben viele Menschen Angst vor einem qualitativen Interview oder sie befürchten, dass sie nicht die „richtigen" Antworten geben könnten. Hier muss dem Interviewten jegliche Angst genommen werden, denn es gibt keine „richtigen" oder „falschen" Antworten, sondern nur jene, die authentisch sind und jene, die verzerrt werden durch die Annahme des Interviewten, dass bestimmte Antworten erwartet würden (soziale Erwünschtheit). Es ist von Anfang an für eine angenehme, offene und vertrauensvolle Gesprächsatmosphäre zu sorgen, sodass der Interviewte sich frei äußern kann und sich das Interview nicht lediglich an der Oberfläche sozialer Erwartungen bewegt: „The first minutes of an interview are decisive. The interviewees will want to have a grasp of the interviewer before they allow themselves to talk freely and expose their experiences and feelings to a stranger" (Kvale, 2012, S. 55).
(3) In der *Hauptphase* des Interviews werden nach dem anfänglichen Warm-up die eigentlich relevanten Themen im kommunikativen Austausch mit dem Interviewten erörtert. Die Fragen können entweder deduktiv, d.h. aus dem Vorwissen heraus entwickelt, aber auch induktiv sein, sodass sie aus neuen Informationen aus dem Interview abgeleitet werden. Es empfiehlt sich, den Leitfaden anhand der verschiedenen Themenbereiche zu strukturieren, sodass der Interviewende diese immer im Blick hat.
(4) In der abschließenden *Ausklang- und Abschlussphase* wird das Interview beendet. Diese Phase ist wichtig, weil hier innegehalten wird und das gesamte Interview nochmals reflektiert wird. Es empfiehlt sich, die Befragten dezidiert dazu aufzufordern, bislang unerwähnte, aber für die Themenstellung relevante Informatio-

nen hinzuzufügen („Gibt es von Ihrer Seite noch Dinge, die wir im Interview nicht angesprochen haben, die Sie aber gerne noch hinzufügen möchten?").

Die Abschlussphase hat auch die Funktion, den Befragten wieder aus der Befragungssituation hinauszuführen und somit das Ende der speziellen sozialen Situation „Interviewdurchführung" anzuzeigen. Bei qualitativen Interviews handelt es sich, vor allem wenn es um sensible und emotionale Themen geht, für beide Seiten um eine intensive Erfahrung. Es ist daher notwendig, dem Befragten dabei zu helfen, wieder aus dieser besonderen Situation in den „normalen Alltag" zurückzukehren: „At the end of an interview there may be some tension or anxiety, because the subject has been open about often personal and emotional experiences [...]. There may perhaps also be feelings of emptiness; the subject has given much information about his or her life [...]" (Kvale, 2012, S. 55).

Das folgende Leitfadenbeispiel einer Studie zur subjektiven Einschätzung von Einflussfaktoren auf den Genesungsprozess bei Patienten mit Borderline-Persönlichkeitsstörung zeigt, wie diese verschiedenen Stufen unter Berücksichtigung der inhaltlichen Aspekte bei der Leitfadenkonstruktion beachtet wurden:

Warm-up
Dank für die Interviewbereitschaft

Sie haben vor XX Jahren, 199X/200X, in XXX an der DBT-Studie teilgenommen. Um dieses Interview nicht zu beeinflussen, habe ich bewusst keine Vorinformationen über Sie und die damaligen Studienergebnisse eingeholt. Deshalb möchte ich zunächst fragen, ob Sie sich noch an die Zeit erinnern, als Sie an der Studie teilgenommen haben. Können Sie die Borderline-Symptome in eigenen Worten beschreiben, wie Sie sie damals erlebt haben?

Einflussfaktoren
Hat sich Ihre Borderline-Symptomatik seitdem verändert? Lassen Sie sich ruhig Zeit und erzählen Sie, wie sich alles entwickelt hat.

Bei Verbesserung:
- Was hat Ihnen auf dem Weg zur Genesung bzw. zur Besserung geholfen?
- Worauf führen Sie eine Veränderung (in Bezug auf genannte Symptome, z. B. Selbstverletzungen, Spannungen, Stimmungsschwankungen, Selbstbild, Impulsivität, Essverhalten, Alkohol und Drogen, Dissoziationen, Beziehungen, Sexualität) zurück?
- Gab es irgendwelche wichtigen Ereignisse auf diesem Weg, gab es Aha-Erlebnisse?
- Welche Umstände in Ihrem Leben haben Ihnen sonst noch geholfen?
- Welche Symptome haben Sie heute noch? Welche Rolle spielen diese in Ihrem Alltag?

Bei Verschlechterung/bei noch bestehenden Symptomen:
- Was denken Sie, stand einer Verbesserung (in Bezug auf genannte Symptome, z. B. Selbstverletzungen, Spannungen, Stimmungsschwankungen, Selbstbild, Impulsivität, Essverhalten, Alkohol und Drogen, Dissoziationen, Beziehungen, Sexualität) im Weg?
- Gab es irgendwelche Ereignisse oder Umstände auf Ihrem Weg, die eine Verbesserung verhindert haben? Gab es irgendwelche problematischen Momente?

Selbstverletzung

– Sie haben auch Selbstverletzungen erwähnt. Wann hat das angefangen? Wie kam das damals? Erzählen Sie doch mal.
– Was denken Sie, was war der Grund dafür? Hatte das eine Funktion? Hat sich die Funktion über die Jahre verändert?
– Wie haben andere darauf reagiert? Wie waren diese Reaktionen für Sie? Hat das selbstverletzende Verhalten auch eine kommunikative Funktion?
– Genesung
– Wie fühlen Sie sich heute? Sind Sie mit Ihrem Leben zufrieden? Wie schätzen Sie Ihre Lebensqualität insgesamt ein? Welchen Einfluss hat die Borderline-Symptomatik darauf?
– Fühlen Sie sich heute gesund? Denken Sie, dass eine Genesung von Borderline für Sie möglich ist? Was verstehen Sie unter Genesung? Wo sehen Sie sich auf dem Weg der Genesung?

Mediennutzung

– Hat für Ihre Genesung in irgendeiner Form das Internet eine Rolle gespielt? Haben Sie sich z. B. im Netz über Ihre Erkrankung informiert? Haben Sie Selbsthilfeforen oder soziale Netzwerke (Chats, Blogs, Facebook etc.) genutzt?
– War das unterstützend? Inwiefern? Was war hilfreich und warum?

Erfahrung mit dem Gesundheitssystem

– Welche Erfahrungen haben Sie mit dem medizinischen und therapeutischen Gesundheitssystem gemacht?
– Was fanden Sie in den Behandlungen hilfreich? Gab es Bestandteile der Behandlung, die hilfreicher waren als andere?
– Haben Sie Ideen, wie die Behandlung von Borderline-Störungen verbessert werden könnte? Welche Behandlung oder Hilfen hätten Sie für Ihre Probleme wirklich gebraucht?
– Würden Sie im Nachhinein etwas anders machen?
– Was würden Sie anderen Betroffenen empfehlen und mit auf den Weg geben wollen?

Ausklang

Möchten Sie noch etwas hinzufügen?
Herzlichen Dank für das Interview!

(Quelle: nach Forschungsprojekt Bohus/Misoch/Zeitler & Knie)

1. Informationsphase	– Informieren der Befragten zu den Zielen der Studie – Informationen zum Datenschutz – Einverständniserklärung unterzeichnen
2. Warm-up	– **Einstiegsfrage** – Funktionen: – Gewöhnung an die Gesprächssituation – Offener Einstieg in den Themenbereich
3. Hauptteil	– Bestimmte vorab festgelegte **Themenbereiche** werden angesprochen, strukturiert durch den Leitfaden. – Oft deduktive und induktive Vorgehensweise kombiniert – Modifikationen des Leitfadens sind ggf. möglich.

4. Ausklang	– **Einstellungs- oder Abschlussfrage(n)**
	– Funktionen:
	– Hinausbegleiten aus dem Interview und gedanklicher
	  Abschluss
	– Möglichkeit für Ergänzungen und Vertiefungen seitens des
	  Interviewten

Abb. 4.1: Aufbau eines Leitfadens und Funktion der einzelnen Phasen im Überblick (Quelle: eigene Darstellung)

4.1.4 Literatur

Reinders, H. (2005). *Qualitative Interviews mit Jugendlichen führen: Ein Leitfaden*. München: Oldenbourg Verlag.
Kvale, S. (2012). *Doing interviews*. London: Sage.

4.2 Das problemzentrierte Interview

Das problemzentrierte Interview (PZI) wurde von Andreas Witzel als eine Methodenkombination aus Interview, biografischer Methode, Gruppendiskussion und Fallanalyse in den 1980er-Jahren entwickelt (1982, 1985). Es handelt sich um eine spezifische Form von Leitfadeninterviews, wobei sich dieser Ansatz methodologisch an der Grounded Theory (Glaser et al., 1968; Glaser & Strauss, 2006) orientiert. Ihr erklärtes Ziel ist es, subjektive Sichtweisen oder Sinnkonstruktionen von Individuen im Hinblick auf ein bestimmtes gesellschaftlich relevantes Thema („Problem") zu untersuchen, um abschließend zu einer Theoriegenerierung zu gelangen; zentrales Prinzip ist dabei das Erzählen (Narration).

Es handelt sich um eine Interviewtechnik, die, in Abgrenzung z. B. zum narrativen Interview, bei welchem methodologisch rein induktiv vorgegangen wird, bewusst versucht, induktive und deduktive Schritte miteinander zu verbinden. Dieses induktiv-deduktive Wechselspiel wird durch die Verknüpfung von theoretischem Vorwissen sowie von im Projekt neu gewonnenem Wissen vorgenommen. Praxeologisch bedeutet dies, dass (a) das forschende Subjekt mit theoretischem Vorwissen in die Erhebungssituation geht, (b) dieses Vorwissen bewusst in die konkrete(n) Interviewsituation(en) eingebracht wird, dass (c) weiteres (neues) theoretisches Wissen im Zuge der Analyse der Interviews generiert wird und (d) dieses Wissen in den weiteren Sampling- und Datenerhebungsprozess einfließt. Dies bedeutet, dass beim PZI zyklisch vorgegangen wird, sodass sowohl der Sampling- als auch der Erhebungsprozess schrittweise erfolgen. Am Schluss steht die datengestützte Theoriebildung.

Das PZI, das oftmals in Form von biografisch ausgerichteten Interviews realisiert wird, orientiert sich mit diesem zyklisch gedachten Interview- und Auswertungsprozess an dem Paradigma der Grounded Theory. Als drei wichtige Grundprinzipien des PZI werden benannt (Witzel, 2000):

(1) *Problemzentrierung:* Dies bedeutet, dass die Fragestellung der Untersuchung eine „gesellschaftlich relevante [...] Problemstellung" (Witzel, 2000) darstellt. Um geeignete problemorientierte Fragen im Erhebungsvollzug stellen zu können, muss der Forscher über theoretisches Vorwissen verfügen, welches deduktiv in den gesamten Prozess einfließt. Eine gesellschaftlich relevante Problemstellung im Sinne Witzels kann z. B. Jugendarbeitslosigkeit oder die Pflege alter Menschen sein, weil es sich hier um eine gesellschaftlich relevante Problem/ Themenstellungen handelt.

(2) *Gegenstandsorientierung:* Dieses Grundprinzip besagt, dass die verschiedenen Methoden der Datenerhebung (Gruppenverfahren, Einzelinterviews, standardisierter Fragebogen) oder auch die spezifischen Gesprächstechniken (narrativ, dialogisch) flexibel angewendet werden sollen, sodass diese jeweils an die konkreten Anforderungen des Gegenstands angepasst werden. Ein PZI wird deswegen nicht per se als Leitfadeninterview realisiert, sondern wird gegebenenfalls z. B. auch während des begonnenen Forschungsprozesses als Gruppeninterview weitergeführt, sollte sich dies entgegen den Vorannahmen als der beste Zugang zum Forschungsgegenstand erweisen.

(3) *Prozessorientierung:* Der gesamte Forschungsablauf soll sowohl erkenntnistheoretisch, d. h. hinsichtlich des Vorwissens, als auch forschungspraktisch im Hinblick auf die Durchführung prozesshaft organisiert sein. Dies bedeutet konkret, dass sich der Leitfaden prozesshaft entwickelt und nicht in einer einmal erarbeiteten Form für alle Interviews eingesetzt wird. Der Leitfaden wird beim PZI nach jedem Interview überarbeitet und gegebenenfalls angepasst, sodass der geforderten Prozessorientierung Rechnung getragen wird. Prozessorientierung kann ferner bedeuten, dass der Interviewprozess selbst im Zentrum steht und dass der Interviewende diese Situation flexibel handhaben soll. In diesem Kontext bedeutet Prozesshaftigkeit das Sich-Einlassen des Interviewenden auf das prozesshafte Geschehen der sozialen Interaktion.

Diese drei Grundprinzipien rahmen den gesamten Prozess der Konzipierung und Durchführung problemzentrierter Interviews. In der Praxis sind die an PZI orientierten Interviews darauf ausgerichtet, *Theorien zum subjektiven Erleben gesellschaftlicher Probleme* anhand der Gewinnung und Analyse subjektiver Erlebnisstrukturen und Verarbeitungsmuster zu gewinnen. Dies soll durch die Gestaltung des empirischen Prozesses als permanentes Wechselspiel von Theorie (Deduktion) und empirisch gewonnenen Erkenntnissen (Induktion) ermöglicht werden.

Das PZI setzt sich aus vier zentralen Elementen zusammen (nach Witzel, 2000, überarbeitet durch SM):

(1) *Kurzfragebogen:* Zu Beginn der Interviews wird ein Kurzfragebogen eingesetzt, der soziodemografische Daten (Alter, Ausbildung, Beruf etc.) erheben soll, die keine unmittelbare Relevanz für das Interview an sich haben. Das Trennen des eigentlichen Interviewprozesses von der Erhebung dieser Hintergrunddaten soll das Interview entlasten, damit in diesem Prozess die Herausarbeitung der subjektiven Sichtweisen und Sinnkonstruktionen des interviewten Individuums ermöglicht werden.

(2) *Aufzeichnung/Speicherung*: Problemzentrierte Interviews sollen nicht nur anhand von Gesprächsprotokollen protokolliert, sondern aufgezeichnet und vollständig transkribiert werden. Inzwischen erfolgen diese Aufzeichnungen immer digital.

(3) *Leitfaden*: Dem eigentlichen Interview, dem Kernelement des PZI, soll ein Leitfaden zugrunde gelegt werden. Dieser hat die Funktion, eine Vergleichbarkeit der durchgeführten Interviewdaten zu gewährleisten und gleichzeitig während des Erhebungsprozesses den Kommunikationsverlauf thematisch zu steuern und inhaltlich zu fokussieren.

(4) *Postscript:* Unmittelbar nach der Durchführung des Interviews wird ein Postscript erstellt. Darunter versteht man eine schriftliche (kurze) Skizze der Gesprächssituation, der Stimmung, eventueller verbaler oder nonverbaler Besonderheiten, die während der Interviewdurchführung aufgefallen sind. Diese Postscripte dienen auch der Steuerung des Samplingprozesses, da anhand dieser kurzen Skizzen ein theoretisches Sampling (siehe hierzu Kap. 7.2.1) im Sinne einer inhaltlich begründeten Auswahl unterstützt werden kann.

Basales Erhebungsmedium ist beim PZI, wie bei allen qualitativen Interviewformen, die interpersonale kommunikative Interaktion zischen dem Forschenden und dem Befragten und/oder das Evozieren von Narrationen. Hierzu werden beim PZI vor allem zwei verschiedene Kommunikationsstrategien eingesetzt: Diese sind zum einen (1) erzählgenerierende und zum anderen (2) verständnisgenerierende Kommunikationsstrategien (Witzel, 2000).

(1) *Erzählgenerierende Kommunikationsstrategien:* Erzählgenerierende Kommunikationsstrategien sind zum einen die zu Beginn des Interviews gestellte, vorformulierte und erzählgenerierende (a) Einleitungsfrage. Diese liefert den thematischen Fokus des Interviews und fordert dabei die Interviewten zum freien Erzählen auf.

Diese Frage kann z. B. bei einer Untersuchung über Motive der Berufswahl lauten: „Sie haben sich entschieden, eine Ausbildung zur Pflegefachfrau zu machen. Wie sind Sie darauf gekommen? Erzählen Sie doch mal!" Durch diese sehr breit gehaltene, aber thematisch fokussierte Frage werden Narrationen der Befragten herausgefordert. Im Folgenden versucht der Forschende durch (b) allgemeine Sondierungsfragen den Interviewten zu weiteren biografischen Narrationen und konkreten Erfahrungsberichten anzuregen, um so den narrativen Part des Interviewprozesses aufrechtzuerhalten. Weitere Kommunikationsstrategien in dieser Phase des Interviews sind sowohl (c) konkrete Nachfragen, welche die subjektive Problemsicht des Interviewten „hervorlocken" sollen als auch (d) Ad-hoc-Fragen, die zu Themen gestellt werden, die zwar im Interview nicht konkret Erwähnung fanden, von denen aber angenommen werden kann, dass diese für die Gesamtsicht des Forschungsproblems relevant sein könnten.

(2) *Verständnisgenerierende Kommunikationsstrategien:* Als verständnisgenerierende Kommunikationsstrategien fungieren beim PZI verschiedene Frageformen. Zum einen sind hier die (a) Sondierungsfragen zu nennen, bei welchen das theoretische Vorwissen des Interviewenden (deduktiv) in die Frage mit einfließt, um dadurch bereits Erzähltes an den Interviewten zurückzuspiegeln, und zum anderen, um neue Erkenntnisse zu gewinnen: „Sie haben erzählt, dass Ihre Situation als alleinerziehende Mutter für Sie kaum belastend war. Nun haben viele Studien zu diesem Phänomen ergeben, dass diese Situation durchaus als sehr belastend empfunden wird. Was meinen Sie dazu?" Hier kann der Interviewende z. B. etwas behaupten, dass der Interviewte im Nachfolgenden dann entweder widerlegt oder kommunikativ validiert. Auch (b) Verständnisfragen sind in diesem Kontext relevant, da diese einer Klärung bei z. B. widersprüchlichen Aussagen dienen und dadurch auch Alltagsselbstverständlichkeiten zu durchbrechen vermögen. (c) Konfrontationsfragen können die Befragten mit geschilderten Sichtweisen und Aussagen konfrontieren und somit zu einer detaillierteren und reflektierteren Sichtweise beitragen. Um Konfrontationsfragen stellen zu können, müssen eine gute Interviewatmosphäre und ein vertrauensvolles Verhältnis zwischen dem Interviewten und dem Forschenden herrschen, da diese Fragen sonst keine Offenheit hervorrufen, sondern eher dazu führen, dass die Befragten sich zurückziehen, was den Erfolg des Interviews nachhaltig gefährdet. Im PZI wird auch (d) die Methode der Zurückspiegelung verwendet, bei der Aussagen der Interviewten paraphrasisch zusammengefasst und zurückgespiegelt werden, um dadurch Missverständnissen im Interviewverlauf vorzubeugen.

Die Frage, zu welchem Zeitpunkt des Interviews von den erzählgenerierenden zu den verständnisgenerierenden Frageformen gewechselt werden soll, ist nicht pauschal zu beantworten. So kann entweder so lange erzählgenerierend vorgegangen werden, bis sich in den Antworten klare Muster und Strukturen ablesen lassen, die dann nachfolgend detaillierter anhand verständnisgenerierender Fragen analysiert werden können; es können aber auch verständnisgenerierende

Fragen zu einem früheren Zeitpunkt eingesetzt werden, sodass die sich dann abbildenden Muster durch erzählgenerierende Fragen illustriert werden können.

4.2.1 Ablaufmodell problemzentrierter Interviews

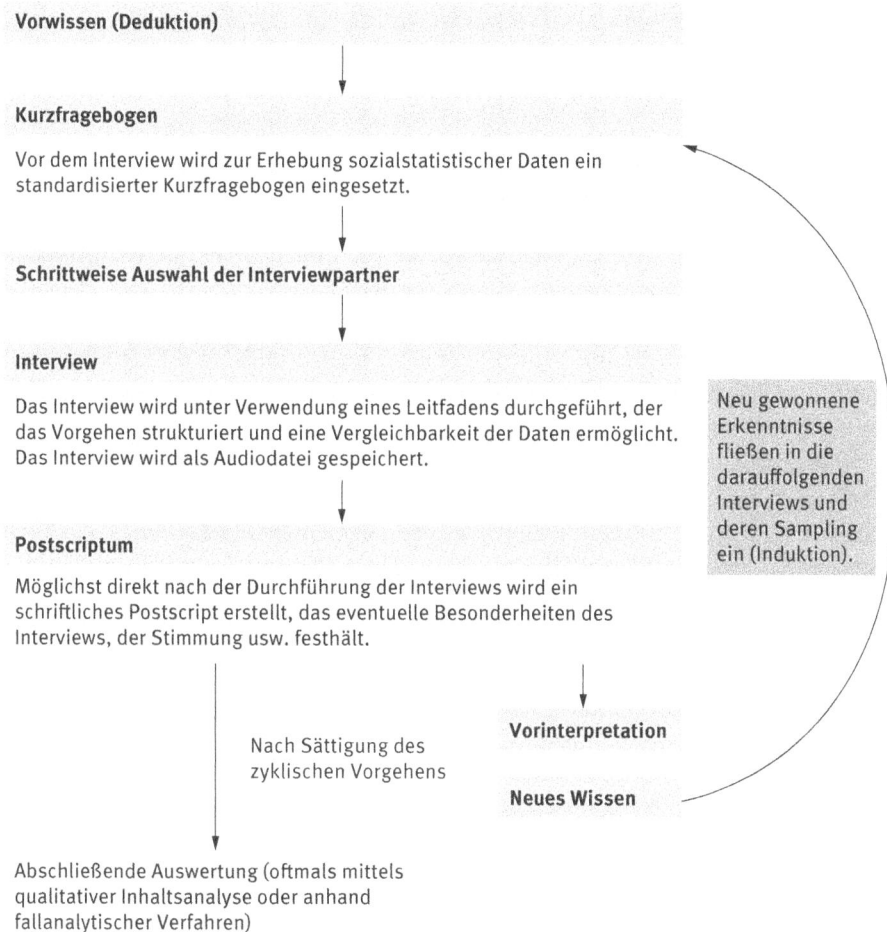

Vorwissen (Deduktion)

Kurzfragebogen

Vor dem Interview wird zur Erhebung sozialstatistischer Daten ein standardisierter Kurzfragebogen eingesetzt.

Schrittweise Auswahl der Interviewpartner

Interview

Das Interview wird unter Verwendung eines Leitfadens durchgeführt, der das Vorgehen strukturiert und eine Vergleichbarkeit der Daten ermöglicht. Das Interview wird als Audiodatei gespeichert.

Neu gewonnene Erkenntnisse fließen in die darauffolgenden Interviews und deren Sampling ein (Induktion).

Postscriptum

Möglichst direkt nach der Durchführung der Interviews wird ein schriftliches Postscript erstellt, das eventuelle Besonderheiten des Interviews, der Stimmung usw. festhält.

Nach Sättigung des zyklischen Vorgehens

Vorinterpretation

Neues Wissen

Abschließende Auswertung (oftmals mittels qualitativer Inhaltsanalyse oder anhand fallanalytischer Verfahren)

Abb. 4.2: Ablaufmodell problemzentrierter Interviews (Quelle: eigene Darstellung)

Dieser iterative Prozess der sich wiederholenden Interviewdurchführung und des schrittweisen Samplings wird zyklisch wiederholt, sodass wieder mit einem Kurzfragebogen begonnen wird, gefolgt vom eigentlichen Interview. Abgeschlossen wird mit dem Postskriptum und der Vorabinterpretation. Wichtig ist dabei, dass deduktive und induktive Prozesse eng miteinander verflochten werden, sodass es wirklich zu einer Verknüpfung von Theoriegeleitetheit und Offenheit kommen kann. Der Prozess endet dann, wenn dieser „gesättigt" ist, d. h. wenn keine neuen Erkenntnisse mehr erzielt werden.

Die anschließende Auswertung problemzentrierter Interviews nach der Sättigung der Erhebungs- und Vorinterpretationsphasen erfolgt nach deren vollständiger Transkription. Angewandte Auswertemethoden sind dabei vor allem (a) die qualitative Inhaltsanalyse (nach Mayring, 2015) und (b) die Fallanalyse (nach Prinzipien des offenen und selektiven Codierens nach Glaser & Strauss), mit dem Ziel einer daraus resultierenden Typenbildung und Theoriebildung.

4.2.2 Kritik

Es zeigt sich in der Forschungspraxis, dass oftmals Erhebungen als problemzentrierte Interviews bezeichnet werden, ohne dass diese den formalen oder/und inhaltlichen Kriterien dieser Methode genügen. Denn erst wenn die genannten vier Elemente (Kurzfragebogen, Aufzeichnung, Leitfaden und Postscript) miteinander kombiniert werden und die drei Grundprinzipien (Problem-, Gegenstands- und Prozessorientierung) zur Anwendung kommen, kann von einem problemzentrierten Interview (im Sinne Witzels) gesprochen werden.

Diese unscharfe Verwendung der Technik des PZI in der Forschungs- und Lehrpraxis hat sicherlich auch damit zu tun, dass die Definitionskriterien relativ unscharf gehalten sind. So stellt sich die Frage, welche Themen denn eine „gesellschaftlich relevante [...] Problemstellung" (Witzel, 2000) darstellen, sodass diese Grundlage für die Durchführung problemzentrierter Interviews sein könnten. Was genau ist dabei mit dem Begriff „Problem" gemeint? „Dieser Begriff kennzeichnet zunächst den Ausgangspunkt einer vom Forscher wahrgenommenen gesellschaftlichen Problemstellung, konkret etwa die der Bedingungen und Formen des Übergangs jugendlicher Schulabsolventen in die Berufswelt im Zusammenhang mit ihrer familiären Sozialisation und anderen Einflußfaktoren" (Witzel, 1985, 230). Die Methode des PZI wurde vor dem Hintergrund der gesellschaftlichen Modernisierung und Individualisierung entwickelt und nimmt die daraus resultierende Selbstverantwortlichkeit des Subjekts für das Gelingen oder Scheitern des Lebens vermehrt in den Blick.

Des Weiteren ist anzumerken, dass beim PZI das konkrete Vorgehen bei der Vorinterpretation der Interviewdaten methodisch unklar ist. Anhand welcher Methode sollen die Interviews ausgewertet werden, um pragmatisch zu einem verwendbaren Vorwissen zu gelangen? Beschrieben wird das Vorgehen lediglich als Vornehmen von Markierungen im Transkript, die die Stichworte aus dem Leitfaden (theoriegeleitet) und neu genannte Themen (induktiv) umfassen. Forschungspraktisch bedeutet dies, dass die Vorabinterpretationen anhand von Markierungen vorgenommen werden, die nicht zu detailliert Themen und Themenblöcke kennzeichnen. Diese fließen dann in den weiteren zyklischen Erhebungsprozess ein und verändern damit die Sample- und Auswertestrategien.

4.2.3 Fazit

Die methodische Kombination aus narrativen und nachfragenden Elementen innerhalb eines Leitfadeninterviews ist vielversprechend, wenn die entsprechenden Absicherungsmaßnahmen bei der Durchführung beachtet werden. Beim PZI wird dem erzählenden Subjekt Raum für die eigenen (Teil-)Narrationen gegeben und gleichzeitig hat der Forscher die Möglichkeit der Fokussierung mittels entsprechender Nachfragetechniken während des Interviewprozesses (im Gegensatz zum narrativen Interview, siehe Kap. 3.1). Auch die methodische Offenheit bzw. Gegenstandsorientierung erweist sich als positiv, weil hier keine starren Systeme der sozialen Realität übergestülpt werden. So erweist sich das PZI als Methodenkombination mit großem Potenzial, deren genaue methodologische und inhaltliche Definition aber zum Teil diffus und vage bleibt und deren konkrete Anwendung hohe Anforderungen an den Forscher stellt. Dieser muss deduktive und induktive Prozesse miteinander kombinieren, darf den Befragten jedoch trotz allen Vorwissens nicht beeinflussen, muss methodisch flexibel und offen sein und muss die verschiedenen Kommunikationsstrategien sinnvoll einsetzen können. Deswegen rät Witzel (2000) dazu, dass problemzentrierte Interviews idealerweise immer vom Forscher selbst durchgeführt werden und nicht an Hilfskräfte, Mitarbeiter oder kommerzielle Befragungsinstitute delegiert werden sollen.

4.2.4 Literatur

Glaser, B. G. & Strauss, A. L. (2006). *The Discovery of Grounded Theory* (reprint). New Brunswick/London: Aldine Transaction. URL: http://www.sxf.uevora.pt/wp-content/uploads/2013/03/Glaser_1967.pdf (letzter Aufruf 05.07.2018).

Glaser, B. G., Strauss, A. L., & Strutzel, E. (1968). The discovery of grounded theory. Strategies for qualitative research. *Nursing Research 17*(4), 364.

Mayring, P. (2015). *Qualitative Inhaltsanalyse: Grundlagen und Techniken* (12., überarb. Auflage). Weinheim/Basel: Beltz.

Witzel, A. (1982). *Verfahren der qualitativen Sozialforschung: Überblick und Alternativen*. Frankfurt am Main: Campus Verlag.

Witzel, A. (1985). Das problemzentrierte Interview. In G. Jüttemann (Hrsg.), *Qualitative Forschung in der Psychologie: Grundfragen, Verfahrensweisen, Anwendungsfehler* (S. 227–255). Weinheim, Basel: Beltz.

Witzel, A. (2000). Das problemzentrierte Interview. *Forum Qualitative Sozialforschung 1*(1), Art. 22. Verfügbar unter URL: http://nbn-resolving.de/urn:nbn:de:0114-fqs0001228 (letzter Aufruf: 25.07.2018).

4.3 Das themenzentrierte Interview

Das themenzentrierte Interview wurde vom Bremer Institut für Psychologie und Sozialforschung entwickelt. Es lehnt sich an das Verfahren der themenzentrierten Interaktion bzw. themenzentrierten Gruppendiskussion (Cohn, 2016; Leithäuser & Volmerg, 1979, 1988) an und bezeichnet ein Verfahren, das der psychoanalytischen oder tiefenpsychologischen Sozialforschung zuzuordnen ist.

In der Forschungspraxis wird dieses Interview häufig fälschlicherweise mit dem problemzentrierten Interview gleichgesetzt. Ziel themenzentrierter Interviews ist es, sowohl manifeste als auch latente Sinngehalte des Kommunizierten zu analysieren. Manifeste Inhalte sind jene Inhalte, die im Interview konkret zur Sprache gebracht werden; latente Inhalte hingegen sind sogenannte „verborgene" Inhalte, die nicht direkt ausgedrückt werden. Dies bedeutet, dass die Methode des themenzentrierten Interviews ausgehend von einer tiefenpsychologischen Hermeneutik auch das nicht direkt Aus- oder Angesprochene mit in den Blick nimmt. Damit beansprucht diese Methode, dass sie „zu den aus der Sprache ausgeschlossenen unbewußten Gehalten des Textes [des transkribierten Interviews, SM] vordringen [will], zu den psychosozialen Strukturen und Mechanismen, die das sprachliche Geschehen gleichsam als ihre Unterwelt bewegen" (Volmerg, 1988, S. 253). Jene Sinn- und Bedeutungszusammenhänge, die psychoanalytische und somit tiefenhermeneutische Verfahren zutage fördern wollen, sind soziokultureller Natur (Straub, 1999) und werden als Belege für kollektive, nicht artikulierte oder unbewusste Regeln sozialer Handlungspraxis bestimmter Kulturen angesehen.

Dieser tiefenhermeneutische Ansatz geht in Anlehnung an die Psychoanalyse (z. B. die kulturtheoretischen Schriften von Freud oder der Kulturanalyse von Lorenzer) davon aus, dass die Inhalte von Texten doppeldeutig sein können. Diese Doppeldeutigkeit impliziert, dass sich neben der Ebene des offensichtlichen und manifesten Inhalts eine zweite, latente Sinnebene ausmachen lässt. Tiefenhermeneutische Verfahren versuchen nun diese latente Ebene zu entschlüsseln. Das themenzentrierte Interview greift diese Theorie auf und wendet sie auf den Bereich der verbalen Datenerhebung und auswertung an. Themenzentrierte Interviews haben zur Prämisse, dass es in Kommunikationen manifeste und latente Sinngehalte gibt. Diese Differenzierung in Bezug auf die Erhebung verbaler Daten führt dazu, dass beim thematischen Interview zwischen zwei hermeneutischen Feldern unterschieden werden muss: (1) Dem Erhebungsfeld und (2) dem Auswertefeld (Schorn, 2000). Durch Einbeziehung latenter Gehalte wird beim themenzentrierten Interview nicht nur auf die konkret kommunizierten Inhalte fokussiert, sondern auch das Beziehungsgeschehen während der Interviewsituation mit in den Blick genommen. Dies bedeutet, dass die Interaktion zwischen Forschendem und Interviewtem und die damit zusammenhängenden Emotionen und Gedanken analysiert werden, um damit den latenten Sinngehalt zu entschlüsseln.

(1) *Das hermeneutische Erhebungsfeld:* Das erste hermeneutische Feld ist das Erhebungsfeld. Die Erhebung wird beim themenzentrierten Interview durch eine
kurze Erläuterung der Themenstellung der Untersuchung eingeleitet, gefolgt
von Erklärungen zu den Interviewrahmenbedingungen (Anonymität usw.). Das
eigentliche Interview wird nicht anhand eines Leitfadens strukturiert, sondern
durch eine vorformulierte *Leitfrage* gerahmt. Diese kann z. B. lauten: „Was bedeutet es für Sie, arbeitslos zu sein?" Sie wird schriftlich festgehalten und für den
Interviewten gut sichtbar platziert, sodass diese Leitfrage während des gesamten Interviewprozesses präsent ist. Die Leitfrage soll offen formuliert sein, damit
sie zum Erzählen anregt. Gleichzeitig soll sie das Thema eingrenzen, sodass die
dadurch evozierten Narrationen nicht vage oder themenlos werden.
Im Anschluss an das Interview wird ein *Postscript* verfasst, das die Stimmung des
Interviews, besondere Vorkommnisse, Gefühle in der Situation, d. h. sowohl jene,
die den Interviewten als auch jene, die den Interviewenden selbst betreffen. Möglichst zeitnah nach Durchführung des Interviews sollte eine *Supervision* durch
Kollegen erfolgen, in welcher die Eindrücke vom Interview und die begleitenden
Emotionen oder Fantasien durchgesprochen und bearbeitet werden können.
Diese Supervision soll neben dem Postscript dazu verhelfen, die latenten und
verborgenen Aspekte des Forschungsthemas aufzuspüren und gegebenenfalls
das Geflecht von Übertragungen und Gegenübertragungen zu analysieren.

Auf Wunsch von Herrn D. führe ich mit ihm das erste Interview in seinem Haus. Seine Frau ist in
der 33. Schwangerschaftswoche. Am Ende des Interviews erläutert er noch einmal zusammenfassend, daß sich für ihn eigentlich wenig verändert habe, und daß dies der Grund sei, warum ihn
der Umstand, daß er Vater wird, aktuell kaum beschäftige. Das Einzige wäre halt, daß er einen
Gartenteich angelegt hätte. Mir „rutscht" heraus, daß dies ja was zum Reinfallen sein könne.
In der Forschungssupervision überlege ich, diese Sequenz auszusparen. Unangenehm sind mir
weniger die besagten Worte, als die aggressiven Phantasien, die mir in dem Moment, als Herr D.
von seinem Gartenteich zu sprechen begann, in den Sinn kamen: Herr D. hatte für einen kurzen
Augenblick für mich seine Harmlosigkeit verloren. Ich möchte nicht, daß die Supervisorin hier
auf einen ähnlichen Gedanken kommt, möchte diese Seite meines Forschungsmaterials (mir
fallen ähnliche Beispiele ein), wie dann in der gemeinsamen Reflexion deutlich wird, am liebsten
„löschen". Meine Gesprächspartner und ich teilen hier möglicherweise ein soziales Tabu: Aggres-
sive Phantasien und Regungen, die sich auf das Kind beziehen, sind sozial anstößig und müssen
verborgen bleiben.

Abb. 4.3: Beispiel für ein Postskriptum eines thematischen Interviews (Quelle: Schorn 2000, o. S.)

(2) *Das hermeneutische Auswertefeld:* Das zweite wichtige Feld der themenzentrierten
Interviews stellt die Auswertung der gewonnenen Daten dar. Als Auswertungsmethode wird das Verfahren der tiefenhermeneutischen Textinterpretation (nach Leithäuser & Volmerg 1979, 1988) empfohlen. Bevor dieses durchgeführt werden kann,
werden die als Audiodatei gespeicherten Daten vollständig transkribiert, wobei

hier nicht nur Verbalisiertes, sondern auch paraverbale Zeichen (z. B. Pausen) und emotionale Elemente (z. B. Lachen) kenntlich gemacht werden müssen, da die tiefenhermeneutische Textanalyse zum Ziel hat, nicht nur manifeste, sondern auch latente Sinninhalte zutage zu fördern. Dies soll durch die Erschließung von Vorstellungen und Fantasien erfolgen, die „dem Bewusstsein des Sprechers nicht unmittelbar zugänglich sind" (Schorn, 2000) und die gewissermaßen „zwischen den Zeilen" des Interviews und des Interviewgeschehens herausgelesen und analysiert werden sollen, sodass nicht nur das explizit Verbalisierte im Fokus steht. Forschungspraktisch realisiert werden soll dieser Anspruch durch zwei verschiedene Analyseverfahren: durch die vertikale und horizontale Hermeneutik:

a) *Vertikale Hermeneutik*: Unter vertikaler Hermeneutik wird die Einzelfallanalyse verstanden. Das forschungspraktische Vorgehen bei der vertikalen Hermeneutik setzt sich aus vier Elementen zusammen. Diese sind (1) die Nacherzählung bzw. Paraphrasierung des Interviews. In dieser wird eine kurze Zusammenfassung des Interviews erstellt, in welcher zentrale Themen und Interpretationsschwerpunkte benannt werden. Daran anschließend (2) wird der Gesamttext auf relevante Sequenzen hin analysiert. Hierbei werden die Textpassagen hinsichtlich der manifesten Inhalte des Interviews untersucht, die entsprechenden Textsequenzen entnommen und zu einem neuen Text zusammengefügt. Im Zentrum stehen dabei sogenannte Kernsätze, die den Inhalt des Gesagten komprimiert zum Ausdruck bringen. Diese werden jeweils mit einem Stichwort überschrieben (ähnlich dem Codieren). (3) Der aus diesem Arbeitsschritt resultierende Text wird weiter gegliedert, sodass die manifesten und latenten Inhalte jeweils den erarbeiteten Stichworten zugeordnet werden können. (4) Die extrahierten Textpassagen werden im vierten Schritt analysiert, in dem der Text mittels verschiedener Verstehensebenen erschlossen wird. Aussagen sind oft mehrdeutig, fragmentarisch oder widersprüchlich. Um auch den tiefer liegenden Sinn zu analysieren, wird das Verstehen auf verschiedenen Ebenen gesucht: Das logische Verstehen (worüber wird gesprochen), das psychologische Verstehen (wie wird miteinander gesprochen), das szenische Verstehen (in welcher Art und Weise wird gesprochen) und das tiefenhermeneutische Verstehen (warum wird worüber gesprochen). Vor allem das tiefenhermeneutische Verstehen soll neben den manifesten auch die latenten Sinnstrukturen zu entschlüsseln helfen.

b) *Horizontale Hermeneutik*: Das Vorgehen der horizontalen Hermeneutik gleicht dem Vorgehen der vertikalen hinsichtlich der Arbeitsschritte (1) bis (3). Es wird danach ein weiterer Arbeitsschritt eingefügt (3b), in welchem ein Raster mit den Stichworten (aus Arbeitsschritt (3)) erstellt und für jedes durchgeführte Interview Stichworte eingetragen werden. Anhand dieses Rasters ist ersichtlich, welche Themen in den Interviews erörtert wurden und welche dann – fallübergreifend – betrachtet werden können (z. B. das Thema „Geschlecht des Kindes" im Rahmen einer Befragung von Paaren, die ein

Kind erwarten). Der Arbeitsschritt (4), die Interpretation der Textsequenzen, wird analog zum Vorgehen bei der vertikalen Analyse durchgeführt.

4.3.1 Ablaufmodell themenzentrierter Interviews

Leitfrage

Im Zentrum des themenzentrierten Interviews steht eine Leitfrage. Diese ist in Schriftform während aller Interviews präsent und dient als Orientierung während des Interviews.

Interviewdurchführung

Das Interview wird offen durchgeführt und der Erzählfluss des Interviewten soll aufrechterhalten werden.

Postscript

Unmittelbar nach dem Interview wird ein schriftliches Postscript verfasst. Dieses enthält relevante Ereignisse, Gefühle und Gedanken bzgl. der Interviewten und der Interviewer selbst.

Supervision

In der (kollegialen) Supervision, die nach jedem Interview stattfindet, werden die latenten Inhalte des Interviews herausgearbeitet.

Auswertung

Die Auswertung erfolgt anhand der tiefenhermeneutischen Textinterpretation sowie anhand einer vertikalen (Einzelfall) und horizontalen (fallübergreifenden) Analyse.

Abb. 4.4: Ablaufmodell themenzentrierter Interviews (Quelle: eigene Darstellung)

4.3.2 Kritik

Die Methode des themenzentrierten Interviews fußt auf einer rudimentären methodologischen Basis. Zwar knüpft sie an die Theorie der tiefenhermeneutischen Textanalyse an und baut auf dieser auf, der sozialwissenschaftliche Ansatz ist jedoch für die Erhebung und Auswertung verbaler Daten kaum nachvollziehbar und forschungspraktisch deswegen schwierig zu realisieren. So bleibt unklar, wie mittels dieser Methode die latenten Sinngehalte entschlüsselt werden sollen, warum kein Leitfaden eingesetzt wird, sondern lediglich eine Leitfrage, die in Schriftform vorliegend das Interview rahmen soll, und wie bei der regelgeleiteten Auswertung der Interviewtexte verfahren wird. Auch ist das Ziel der Trennung der beiden hermeneutischen Felder unklar, ist es doch üblich, zwischen Datenerhebung und -auswertung zu differenzieren.

Des Weiteren stellt sich die Frage, warum diese Form der Datenerhebung als themenzentriertes Interview bezeichnet wird, handelt es sich dabei doch vielmehr um eine tiefenhermeneutische Analyse und könnte diese dementsprechend auch so bezeichnet werden. Der Terminus „themenzentriert" birgt in sich das Problem, dass einige Forscher fälschlicherweise jedes Interview, das eine thematische Fokussierung hat, als ein themenzentriertes Interview bezeichnen. Das führt den gesamten Begriff *ad absurdum*, denn dies würde implizieren, dass alle anderen Interviewformen kein Thema zur Grundlage haben und deswegen vollkommen beliebig sind.

Insgesamt stellt sich die Frage, warum eine neue Erhebungsmethode konzipiert wird, wenn sich die Methode der Tiefeninterviews und tiefenhermeneutischen Analyse bereits als eine der vielfältigen Auswertemethoden in den Sozialwissenschaften etabliert hat. Es ist zu bezweifeln, dass das Führen eines Interviews anhand einer „Themenkarte" mehr und tiefere Ergebnisse zu erzielen vermag als andere bewährte Methoden, z. B. im Rahmen narrativer Interviews.

4.3.3 Fazit

Die Methode des themenzentrierten Interviews selbst ist unzureichend erläutert und begründet und scheint neben theoretischen Mängeln forschungspraktisch kaum Relevanz zu haben. Es liegen bereits genügend andere erprobte Methoden zur Erhebung tief gehender Daten vor, die tiefenhermeneutisch ausgewertet werden können, sodass diese Innovation substanzieller Weiterentwicklung bedarf, um nicht ins Leere zu greifen.

4.3.4 Literatur

Cohn, R. C. (2016). *Von der Psychoanalyse zur themenzentrierten Interaktion. Von der Behandlung einzelner zu einer Pädagogik für alle* (15. Auflage). Stuttgart: Klett-Cotta.

Leithäuser, T., & Volmerg, B. (1979). *Anleitung zur empirischen Hermeneutik: psychoanalytische Textinterpretation als sozialwissenschaftliches Verfahren.* Frankfurt am Main: Suhrkamp.

Leithäuser, T., & Volmerg, B. (1988). *Psychoanalyse in der Sozialforschung. Eine Einführung am Beispiel einer Sozialpsychologie der Arbeit.* Opladen: Westdeutscher Verlag.

Schorn, A. (2000). Das „themenzentrierte Interview". Ein Verfahren zur Entschlüsselung manifester und latenter Aspekte subjektiver Wirklichkeit. *Forum Qualitative Sozialforschung 1*(2), Art. 23. Verfügbar unter URL: http://www.qualitative-research.net/index.php/fqs/article/view/1092/2393 (letzter Aufruf: 17.05.2018)

Straub, J. (1999). *Handlung, Interpretation, Kritik. Grundzüge einer textwissenschaftlichen Handlungs-und Kulturpsychologie.* Berlin: Walter de Gruyter.

4.4 Das fokussierte Interview

Das fokussierte Interview wurde 1946 von den Soziologen Robert K. Merton und Patricia L. Kendall im Rahmen der psychologischen und sozialwissenschaftlichen Medienrezeptionsforschung entwickelt, in welcher die Wirkung von Propagandafilmen analysiert werden sollte.

Das fokussierte Interview ist durch vier Grundprinzipien gekennzeichnet (Merton & Kendall, 1946):

(1) *Vorgabe einer konkreten Situation bzw. eines bestimmten Stimulus:* Fokussierte Interviews beziehen sich auf einen konkreten Stimulus (wie z. B. Film, Bild, Situation, Teilnahme an einem Experiment, gemeinsam erlebte soziale Situation etc.), wobei das darauffolgende Interview die Reaktionen des Individuums auf diesen Stimulus untersucht. Als Stimulus kann aber auch eine von allen Probanden gemeinsam erlebte soziale Situation fungieren (die nicht als Stimulus vorgegeben wird), sodass diese Teil einer „uncontrolled, but observed, social situation" (Merton et al., 1990, S. 3) ist.

(2) *Inhaltsanalyse:* Bevor das Interview nach der Stimuluserfahrung der Probanden durchgeführt werden kann, müssen im Vorfeld die relevanten Inhalte des Stimulus analysiert werden. Dies geschieht anhand einer Inhaltsanalyse, die die objektiven Inhalte herausarbeiten soll, damit diese nachfolgend von den subjektiven, im Interview genannten Inhalten, differenziert werden können.

(3) *Leitfaden:* Anhand der in der Inhaltsanalyse erarbeiteten Kategorien wird ein Leitfaden entwickelt, der das Interview gestaltet. Dieser ermöglicht ein strukturiertes Vorgehen, das jedoch nicht direktiv, d. h. nicht beeinflussend sein darf.

(4) *Subjektive Erfahrungen:* Das Interview selbst ist auf die subjektive Erfahrung der Interviewten hinsichtlich des Stimulus fokussiert. Grundlage der Analyse ist das Spektrum an Reaktionen auf den dargebotenen Reiz bzw. Stimulus.

Die konkrete Interviewdurchführung nach der Stimulusrezeption und der Analyse der objektiven Inhalte des Stimulus ist durch folgende Kriterien gekennzeichnet (Merton & Kendall, 1946; Merton et al., 1990):

a) *Nichtbeeinflussung (Nondirection):* Während des Interviewprozesses darf es zu keiner Beeinflussung des Interviewten durch den Interviewenden kommen. Durch dieses Grundprinzip soll den Befragten ermöglicht werden, ihre subjektive Sichtweise zum Ausdruck zu bringen. Dies wird durch verschiedene Fragetechniken realisiert: (i) unstrukturierte Fragen („Was hat Sie an dem Film am meisten beeindruckt?"), (ii) semistrukturierte Fragen, entweder antwortstrukturiert oder stimulusstrukturiert. Antwortstrukturiert („response structured") ist z. B. die folgende Frage „Was haben Sie aus dem Flugblatt gelernt, welches Ihnen vorher nicht bekannt war?"; stimulusstrukturiert ist dagegen folgende Frage „Was haben Sie in der Szene empfunden, in der Joes Entlassung aus der Armee als Psychoneurotiker beschrieben wird?"

Des Weiteren werden (iii) strukturierte Fragen verwendet, die sowohl den Stimulus als auch die Antwort strukturieren („Ausgehend vom Film, denken Sie, dass die deutsche Kampfausrüstung besser, genauso gut oder schlechter war als die amerikanische?"). Hier werden vom Interviewenden sowohl der betreffende Stimulus als auch die Antwortoptionen vorgegeben. Es wird jeweils im Zuge des Interviewverlaufs von nicht strukturierten Fragen zum höheren Grad der Strukturierung vorgegangen, sodass dieses Vorgehen als trichterförmig beschrieben werden kann.

b) *Spezifität (Specifity):* Dieses Kriterium meint, dass das Interview spezifisch auf das einzelne zu interviewende Individuum und dessen Sicht, Wahrnehmung und Bewertung des Stimulus ausgerichtet sein soll. Dabei soll die Fragestellung spezifisch sein, um zu allgemeine und vage Antworten zu vermeiden. Ziel des Interviews ist es, die signifikanten, d. h. relevanten Strukturen des Stimulus herauszuarbeiten. Realisiert wird dies im fokussierten Interview durch verschiedene Techniken, wie die „retrospektive Introspektion", die die Grundstimmung während des gesamten Interviews ausmachen soll, wenn tief gehende Antworten das erklärte Ziel sind. In der retrospektiven Introspektion werden z. B. Ausschnitte aus dem Stimulus dargeboten und mit entsprechenden Fragen kombiniert („Wenn Sie nun zurückdenken, wie war Ihre Reaktion auf diesen Teil des Films?").

c) *Spektrum (Range):* Das fokussierte Interview hat zum Ziel, ein möglichst breites Spektrum an Reaktionen bzgl. der verschiedenen Aspekte des Themas (d. h. des Stimulus) zu erfassen.

d) *Tiefe und persönlicher Bezug (Depth and Personal Context):* Tiefe bedeutet hier, dass das Interview so geführt werden soll, dass den Befragten die Möglichkeit eröffnet wird, ihren affektiven, kognitiven oder evaluativen Reaktionen auf den Stimulus Ausdruck zu geben. Nicht alle Aussagen innerhalb eines Interviews haben die gleiche Tiefgründigkeit, deswegen muss der Interviewende während des Interviews darauf achten, welches Niveau aktuell erreicht ist und dieses entsprechend der Erfordernisse der konkreten Forschungsfrage entsprechend regulieren (Tiefe verstärken oder abschwächen).

„The focused interview was initially developed to meet certain problems growing out of communications research and propaganda analysis" (Merton et al., 1990, S. 5). Es kann als Methode für die Befragung einzelner Subjekte eingesetzt werden, aber auch als Gruppenerhebungsmethode für Gruppeninterviews, die einen spezifischen Stimulus haben, Verwendung finden (zur Methode der Gruppeninterviews siehe ausführlich Kap. 5.3).

4.4.1 Ablaufmodell fokussierter Interviews

Es hat sich gezeigt, dass diese Methode auch in anderen Forschungsbereichen angewendet wurde, ohne dass ein konkreter Reiz bzw. Stimulus vorgegeben wurde. Wenn dies der Fall ist, wird nur ein Teil des methodischen Vorgehens forschungspraktisch umgesetzt und statt einer Stimulusvorgabe wird eine Themenfokussierung angewendet (Flick, 2000, S. 97). Hier ist einzuwenden, dass diese erweiterte Interpretation des Begriffs „fokussiert" Probleme nach sich zieht, denn jedes Interview ist auf eine bestimmte Themenstellung fokussiert. Es ist deswegen anzuraten, die Definition der Methode des fokussierten Interviews nicht auszuweiten, weil damit keinerlei methodischer Gewinn erzielt wird, sondern lediglich die Methode in ihrer Profilierung aufgeweicht wird.

Zur Auswertung fokussierter Interviews gibt es von den Autoren keine Vorgaben. Als besonders geeignet erweisen sich hierfür codierende Verfahren, weil diese der Vielschichtigkeit des Materials gerecht werden und gleichzeitig eine Vergleichbarkeit der Daten ermöglichen oder Typologien zu entwickeln vermögen.

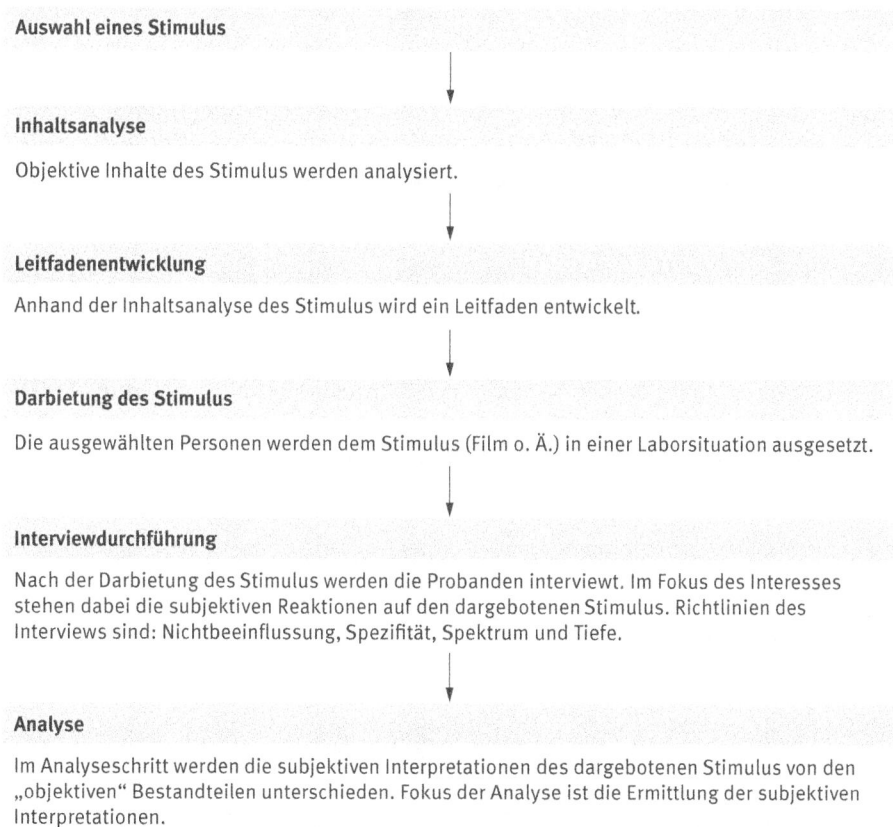

Auswahl eines Stimulus

$\downarrow$

Inhaltsanalyse

Objektive Inhalte des Stimulus werden analysiert.

$\downarrow$

Leitfadenentwicklung

Anhand der Inhaltsanalyse des Stimulus wird ein Leitfaden entwickelt.

$\downarrow$

Darbietung des Stimulus

Die ausgewählten Personen werden dem Stimulus (Film o. Ä.) in einer Laborsituation ausgesetzt.

$\downarrow$

Interviewdurchführung

Nach der Darbietung des Stimulus werden die Probanden interviewt. Im Fokus des Interesses stehen dabei die subjektiven Reaktionen auf den dargebotenen Stimulus. Richtlinien des Interviews sind: Nichtbeeinflussung, Spezifität, Spektrum und Tiefe.

$\downarrow$

Analyse

Im Analyseschritt werden die subjektiven Interpretationen des dargebotenen Stimulus von den „objektiven" Bestandteilen unterschieden. Fokus der Analyse ist die Ermittlung der subjektiven Interpretationen.

Abb. 4.5: Ablaufmodell fokussierter Interviews (Quelle: eigene Darstellung)

4.4.2 Kritik

Die Methode des fokussierten Interviews wirft mehrere Probleme auf. Ein Problem besteht in der Prämisse, dass eine Differenz zwischen „objektiven" und „subjektiven" Kriterien herauszuarbeiten sei. Von dieser Differenz auszugehen, bringt ein epistemologisches Problem mit sich: Wie ist es möglich, objektive Kriterien zu erheben, wenn die erhebende Entität ein Subjekt ist? Dieses Vorgehen wird von Merton & Kendall leider nicht näher ausgeführt und es bleibt somit im Dunkeln, wie an dieser Stelle des Prozesses verfahrenstechnisch Objektivität ermöglicht werden soll.

Ein weiteres Problem besteht in den vier geforderten Kriterien der Interviews (Nichtbeeinflussung, Spezifität, Spektrum und Tiefe). Handelt es sich bei Nichtbeeinflussung um einen allgemeinen Grundsatz empirischer Sozialforschung, erweisen sich Spezifität, Spektrum und Tiefe als problematischer, vor allem, wenn ein Interview allen Kriterien gerecht werden soll. So besagt das Kriterium der Spezifität, dass eine explizite Bezugnahme auf die Stimulussituation erfolgen soll und die Fragen sich konkret darauf beziehen sollen, wobei gleichzeitig gefordert wird, dass diese so allgemein seien, dass dadurch keinerlei Strukturierung durch den Forschenden erfolge. Schon diese widerstrebenden Anforderungen scheinen schwer realisierbar. Nun wird aber zusätzlich gefordert, dass ein breites Spektrum zu erfassen ist, sodass alle Themen des Leitfadens angesprochen werden, ohne dass diese in Oberflächlichkeit umschlagen. Gleichzeitig soll Tiefgründigkeit erreicht werden. So soll im fokussierten Interview ein breites Spektrum angesprochen werden, dies soll mit entsprechender Tiefgründigkeit geschehen, aber spezifisch genug und am Thema orientiert. In der Forschungspraxis wird diese Idealform kaum realisiert werden können, sondern es wird sich zeigen, dass sich je nach Interviewverlauf bestimmte Schwerpunkte der Analyse herauskristallisieren werden.

Die Durchführung fokussierter Interviews geht von hohen Kompetenzerwartungen beim Forschenden aus, vor allem was die Umsetzung der geforderten vier Kriterien der Interviewdurchführung angeht. Da es sich als forschungspraktisch fast unmöglich erweist, alle Kriterien gleichermaßen zu realisieren und zu berücksichtigen, bleibt es in der konkreten Anwendung dem Forschenden überlassen, je nach Situation und bisherigem Verlauf des Interviews mehr auf das Kriterium des Spektrums oder der Tiefe zu fokussieren.

4.4.3 Fazit

Die Methode des fokussierten Interviews findet in der von Merton & Kendall und Merton, Fiske & Kendall konzipierten Form in der aktuellen Forschungspraxis kaum Anwendung. Dies hängt unter anderem damit zusammen, dass sich in der Medienwirkungsforschung inzwischen vor allem quantitative Konzepte durchgesetzt haben und dass die Methode aufgrund der genannten Kriterien empirisch kaum in der von den

Autoren konzipierten Form zu realisieren ist. Deswegen zeigt sich, dass das Konzept des fokussierten Interviews weniger in der Forschungspraxis als Erhebungsmethode in der ursprünglich konzipierten Form eingesetzt wird, sondern dass diese Methode mehr als Anregung und Inspiration für die Weiterentwicklung anderer Interviewformen eingesetzt wird, sodass gegenstandsbezogen neue Formen der Interviews in Anlehnung an das fokussierte Interview entwickelt werden.

4.4.4 Literatur

Flick, U. (2000). *Qualitative Forschung. Theorie, Methoden, Anwendung in Psychologie und Sozialwissenschaften* (5. Auflage). Reinbek bei Hamburg: Rowohlt.

Merton, R. K., & Kendall, P. L. (1946). The focused interview. *American Journal of Sociology 51*(6), 541–557.

Merton, R.K., Fiske, M., & Kendall, P.L. (1990). *The focused interview. A manual of problems and procedures* (2nd edition). London: Collier MacmillanPublishers.

4.5 Das Tiefeninterview

Das Tiefeninterview, auch als Intensivinterview bezeichnet, ist ein Instrument der Sozialforschung und das Kerninstrument der qualitativ-psychologischen Marktforschung. Es wird aber auch im klinisch-therapeutischen Kontext, unter anderem zu diagnostischen Zwecken, eingesetzt. Die Methode des Tiefeninterviews hat sich in Anlehnung an die klassische Ethnografie (z. B. Malinowski) entwickelt und geht von der Prämisse aus, dass die Sprache das größte Potenzial besitzt, um Inhalte und Sinn auszudrücken: „[T]he expressive power of language provides the most important resource for accounts" (Hemmersley & Atkinson, 1995, S. 126). Diese Methode ist vor allem im englischsprachigen Raum verbreitet (*In-depth Interviews*).

Das Ziel von Tiefeninterviews ist es, tief liegende, verborgene und für die Interviewten oft unbewusste Emotionen, Motive und Gedanken zu ergründen. Deswegen wird diese Methode häufig in der klinisch-psychologischen Praxis eingesetzt. Mit dieser Methode sollen Daten erhoben werden, deren Interpretation Rückschlüsse auf latente, unbewusste Inhalte der Befragten ermöglichen. In der Forschungspraxis zeigt sich, dass Tiefeninterviews sehr unterschiedlich realisiert werden, da hierzu keine konkrete und dadurch verbindliche Theorie vorliegt. Im Zentrum steht die Analyse subjektiver Sinnkonstruktionen aus der Eigenlogik der Subjekte heraus unter Einsatz der Sprache als zentralem Ausdrucksmittel.

Zentrale Kennzeichen eines Tiefeninterviews sind:
(1) *Struktur und Flexibilität:* Das Tiefeninterview ist eine flexible Interviewform, die sich zwar an einem Leitfaden oder an einer Themenliste (*Topic Guide*) orientiert,

die aber immer für neue Erkenntnisse und Inhalte offen ist, und so die Prinzipien Struktur und Flexibilität miteinander zu verbinden mag.

(2) *Interaktivität:* Das Interview an sich ist gekennzeichnet durch Interaktivität, in welcher die Informationen gewonnen werden und in welcher, nach Ansicht des Symbolischen Interaktionismus, Sinn kommunikativ entwickelt und verhandelt wird. Der Forschende stellt hier eine Eingangsfrage und die nachfolgenden Fragen orientieren sich an den bereits gegebenen Antworten des Interviewten.

(3) *Antworttiefe:* Die Antworttiefe wird vom Forschenden durch verschiedene Fragetechniken gesteuert. Nach der auffordernden und eher an der Erkenntnisoberfläche gehaltenen Einstiegsfrage werden Fragen gestellt, die in die Tiefe gehen und das Phänomen aus Sicht des Erforschten näher erkunden sollen. Oftmals zeigt sich, dass die zuerst gegebenen Antworten der Befragten eher oberflächlich sind. Durch bestimmte Fragetechniken (siehe Kap. 4.5.3) versucht das Tiefeninterview, diese Oberfläche zu durchdringen und zu tieferen Erkenntnisschichten vorzudringen. Die Fragen des Tiefeninterviews zielen demnach auf das intensive Erkunden und Verstehen subjektiver Motivationen, Gefühle, Gedanken und Sinnkonstruktionen ab.

(4) *Aufmerksamkeitsfokus:* Die Aufmerksamkeit des Forschenden während des Interviews muss vollkommen auf den Interviewprozess und die darin stattfindende Kommunikation bzw. Interaktion fokussiert sein. Dies bedeutet, dass im Prozess der Interviewdurchführung kein Raum für Gedanken analytischer Art ist, sondern dass die gesamte Aufmerksamkeit auf den Interviewten und dessen Aussagen fokussiert sein muss.

Tiefeninterviews werden typischerweise angewendet, wenn das Forschungsziel in der Analyse individueller Entscheidungswege, innerer Überzeugungen oder Wahrnehmungen, Meinungen und Werte, Gefühle und Emotionen, der persönlichen Lebensgeschichte oder in der Analyse tief gehender Informationen zu sensiblen Themen liegt. Hier kann diese Methode ihr besonderes Potenzial entfalten.

In der theoretischen Konzipierung und in der forschungspraktischen Durchführung von Tiefeninterviews zeigt sich eine große Varianz, der auch hier Rechnung getragen wird, indem verschiedene Ansätze und Konzeptionen dieser Methode vorgestellt werden.

4.5.1 Konzeption und Durchführung von Tiefeninterviews

Ein Tiefeninterview verläuft als Abfolge verschiedener Stufen (z. B. Yeo et al., 2014):

(1) *Ankunft:* Der Interviewprozess beginnt in dem Moment, in dem der Forschende und der zu Interviewende sich begegnen. Dies geschieht oft in Form eines Hausbesuchs, bei dem der Forschende den Befragten aufsucht, um das Interview in einer für das befragte Subjekt möglichst natürlichen und gewohnten Atmosphäre

durchzuführen. Diese erste Begegnung sollte positiv verlaufen, da sonst das Gelingen des Interviews durch fehlende Kooperation und mangelndes Vertrauen gefährdet ist.

(2) *Ziel des Forschungsvorhabens:* Im nächsten Schritt stellt der Forschende sein Forschungsvorhaben und sich selbst als Teil dieses Vorhabens vor. In dieser Phase werden nicht nur die Inhalte und Ziele der Studie mitgeteilt, sondern auch die schriftliche Genehmigung für das Interview und dessen Speicherung erbeten. Wenn dann die Umstände dafür sprechen und die Stimmung angenehm und entspannt ist, kann mit dem eigentlichen Interview begonnen werden.

(3) *Beginn des Interviews:* Zu Beginn des Interviews können entweder offene, neutrale Fragen gestellt werden, die den Interviewprozess in Gang setzen. Alternativ kann mit der Erhebung sozialstatistischer Daten (Alter, Kinder, Erwerbsstatus usw.) begonnen werden, da die Erhebung dieser Daten den Interviewprozess nachhaltig stören würde. Die Entscheidung, ob sozialstatistische Daten vor oder nach dem Interview erhoben werden, bleibt dem Forschenden überlassen. Eine Voraberfassung ist zumeist von Vorteil, da diese Faktoren für das Interview von entscheidender Bedeutung sein können und somit die Möglichkeit besteht, im Interviewprozess auf diese Daten Bezug zu nehmen.

(4) *Interviewdurchführung:* Das eigentliche Interview wird anhand des Leitfadens durchgeführt und ist damit thematisch strukturiert, sodass sich das Gespräch zwischen Forschendem und Interviewtem anhand der thematischen Stränge entwickelt. Der Forschende muss darauf achten, dass die Art der Fragestellung dabei offen und frei formuliert erfolgt, sodass sich der Interviewprozess wie ein Gespräch anfühlt. Der Forschende versucht indes, hinter die Fassade der Phänomene zu dringen. Deshalb sollen die Fragen entsprechend formuliert und fokussiert sein, um hinter sozial erwünschten Antworten die tiefer liegenden Gefühle, Gedanken und Motive zu erfassen. Dies ist das eigentliche Kernstück des Tiefeninterviews, dessen Gelingen von der methodologischen und sozialen Kompetenz des Forschenden entscheidend abhängt.

(5) *Abschluss des Interviews:* Wenn für den Forschenden abzusehen ist, dass sich das Interview dem Ende nähert, sollte dies (ca. zehn Minuten vor Ende) dem Interviewten mitgeteilt werden, sodass dieser nach und nach die Gesprächstiefe verlassen und sich innerlich auf Alltagskommunikation einstellen kann. Hilfreich können hierfür Formulierungen sein, wie „Als Letztes möchte ich gerne mit Ihnen über XXX sprechen" oder „Als letzte Frage stellt sich nun [...]", sodass dem Befragten deutlich wird, dass dieses Thema abschließend ist und das Interview damit beendet werden soll. Des Weiteren soll dem Interviewten am Ende des Interviews Raum gegeben werden, noch nicht angesprochene Themen oder bisher nicht erwähnte Gefühle oder Assoziationen anzusprechen, sodass der Prozess nicht mit Unausgesprochenem endet.

(6) *Nach dem Interview:* Nachdem das Interview abgeschlossen ist, wird die Aufnahme gestoppt und der Forschende bedankt sich beim Interviewten. Falls

nach der Durchführung des eigentlichen Interviews weitere relevante Punkte zur Sprache kommen sollten, kann das Aufnahmegerät (mit Einverständnis des Befragten) wieder eingeschaltet werden, oder es können nach dem Interview (als Postscript) handschriftliche Notizen gemacht werden, sodass auch diese Inhalte für die Auswertung zur Verfügung stehen. Falls der Befragte das Bedürfnis haben sollte, nochmals über das Interview oder über bestimmte Gefühle oder Gedanken sprechen zu wollen, sollte sich der Forschende dafür genug Zeit nehmen.

Eine andere Konzeption ist das Tiefeninterview nach Kvale (1996), welches sich aus sieben Phasen zusammensetzt:

(1) *Thematisierung:* In diesem Schritt geht es zunächst darum, die Forschungsfrage und das Ziel der empirischen Erhebung festzulegen. Wenn dies geschehen ist, sollten die Themen notiert werden, die im Fokus der Untersuchung stehen, um diese thematisch zu konzipieren.

(2) *Design und Leitfaden:* Nach der Abklärung des Forschungsziels muss in diesem Schritt das Design der Studie festgelegt werden. Kernstück dieses Prozesses ist die Erstellung des Leitfadens, der die Basis der Tiefeninterviews darstellt. Dieser Leitfaden besteht bei Kvale (1996) aus drei Elementen: (a) dem sogenannten *Factsheet*, einem Bogen, auf dem das Datum, die Uhrzeit, der Ort des Interviews und eventuelle spezielle Umstände (z. B. sehr laute Umgebung) notiert werden. (b) Das zweite Element sind die eigentlichen Fragen, die bei dieser Leitfadenart links notiert werden, sodass rechts für den Forschenden Raum bleibt, um handschriftliche Notizen zu den einzelnen Themen vorzunehmen. Das dritte Element (c) ist das Postscript (*Post-Interview Comment Sheet*), in dem Emotionen, Kommentare und Gedanken zum Interview, Notizen zur Interviewstimmung usw. handschriftlich notiert werden.

(3) *Interview:* Bevor mit dem eigentlichen Interview begonnen wird, ist es wichtig, dem Interviewten einige Vorabinformationen zu geben und ihm zu erläutern, welches Ziel die Studie verfolgt und was ihn im Interview erwarten wird. Soll das Interview aufgezeichnet werden (audiodigital, audiovisuell), muss hierfür das Einverständnis eingeholt werden (schriftlich). Der Forschende sollte außerdem nochmals testen, ob die Aufnahmetechnik funktioniert. Dann erfolgt die Durchführung des Interviews.

(4) *Transkription:* Nach der Durchführung des Interviews wird dieses vollständig transkribiert. Mit aufgenommen in dieses Transkript werden die Notizen des Forschenden (vor, während und nach dem Interview), wobei die Notizen während des Interviews als separate Kategorie im Transkript gekennzeichnet werden (z. B. als Randnotiz).

(5) *Analyse:* Im Analyseschritt werden die Themen, die in den Antworten der Befragten aufscheinen, herausgearbeitet. Dieser Schritt kann am Leitfaden orientiert vorgenommen werden, der jeweils auf bestimmte Themen fokussiert und somit eine thematische Strukturierung vorgibt. Dabei muss der Blick des Forschenden

aber offen bleiben für Themen, die nicht explizit im Leitfaden Berücksichtigung fanden und erst im Zuge des Interviewprozesses zum Vorschein kamen.

(6) *Verifizierung:* In diesem Schritt wird versucht, die Inhalte der Interviews zu verifizieren. Dies kann z. B. anhand triangulierender Verfahren geschehen, wenn eine bestimmte Fragestellung aus Sicht verschiedener Akteure analysiert wird. So könnten im Rahmen einer Studie zu Kommunikation in der Schule Lehrer, andere Schulangehörige sowie Schüler und Eltern interviewt werden. Wenn sich zeigt, dass diese z. B. von den gleichen Vorkommnissen berichten, werden diese als verifiziert angesehen. Eine andere Art der Triangulation wäre die Auswertungstriangulation, wenn zwei oder mehrere Forschende Transkripte auswerten und diese Auswertungen verglichen werden. Das Übereinstimmende wird dann (bei Kvale, 1996) als verifiziert angesehen.[1]

(7) *Berichterstattung:* Im letzten Schritt geht es um die Publikation der Ergebnisse, die den relevanten Bezugsgruppen (*Stakeholder* usw.) bekanntgemacht werden sollten, damit die Ergebnisse nicht nur zukünftige Forschungsprojekte, sondern auch die Praxis zu beeinflussen vermögen.

4.5.2 Das dreiphasige Intensivinterview nach Honer (1989)

Beim dreiphasigen Interview handelt es sich um eine Sonderform des Tiefen/Intensivinterviews, das von Anne Honer entwickelt wurde und das die Mängel verschiedener Interviewformen durch die Kombination aus drei verschiedenen, zeitlich distinkten Interviewphasen mit jeweils anderen Gesprächsstrategien zu überwinden versucht. Diese Form des Interviews besteht in einer ersten Phase (1) aus einem offenen Gespräch, in dem die thematischen Interessen artikuliert werden. Diese Phase stellt den Einstieg in das rollenverteilte Gespräch dar und hat u. a. die Funktion, Vertrauen herzustellen, sodass im weiteren Verlauf tiefe und aussagekräftige Ergebnisse erzielt werden können. In dieser Gesprächsphase können Nachfragen, Anmerkungen oder Kommentare eingebracht werden, sodass durch ein quasi „normales" Gesprächsverhalten die potenziellen Interaktionsbarrieren vor dem Interview abgebaut werden können. Es folgt darauf eine Phase (2), die auf biografische Narrationen abzielt, weswegen sich Honer hier an Schützes Konzeption des autobiografisch-narrativen Interviews (siehe Kap. 3.1) orientiert. Hier stehen die subjektiven Sinnzuschreibungen, Wertungen und Erfahrungen im Zentrum. Diese sollen durch das Hervorlocken von Narrationen erhoben werden. Durch diese Kombination aus „normalem Gespräch" und Narration kann ein dichtes „kategoriales Raster" (Honer, 1989, S. 304) entstehen, das dann in der dritten Phase (3) in eine sogenannte homogenisierende Befragung

---

1 Es handelt sich hierbei jedoch um eine sehr spezielle Interpretation von Triangulation; das beschriebene Verfahren, das Kvale als Auswertungstriangulation bezeichnet, ist in der Forschung unter dem Begriff der Intercoder-Reliabilitätsprüfung bekannt.

einfließt. Diese dritte Phase soll an das fokussierte Interview (siehe Kap. 4.4) angelehnt sein, sodass anhand der im bisherigen Verlauf erwähnten Themen ein offener Leitfaden erstellt und eingesetzt wird.

Bei diesem Vorgehen bleibt leider unklar, wie diese Phasen miteinander verknüpft werden sollen und wann der Wechsel stattfinden soll. Des Weiteren bleibt ungeklärt, wie und wann der Leitfaden für die dritte Phase anhand der in den Phasen 1 und 2 genannten Themen erstellt werden soll, sodass dieser direkt zum Einsatz kommen kann. Das Modell des fokussierten Interviews entspricht nicht dem Modell nach Merton & Kendall und ist daher methodologisch problematisch.

4.5.3 Fragestrategien im Tiefeninterview

Das Tiefeninterview hat zum Ziel, tief liegende und verborgene Inhalte in der Interviewsituation zu ermitteln, damit der Inhalt des Gesagten über oberflächliche und sozial erwünschte Antworten hinausgeht. Die Rolle des Forschenden ist dabei eine aktive, da dieser den Prozess gestalten muss und durch sein (Nach-)Fragen möglichst offene (im Sinne von offenbarende) und tief gehende Antworten evozieren soll. Um dieses Ziel zu erreichen, werden verschiedene Fragetechniken eingesetzt, die als Content-Mapping- und Content-Mining-Fragen bezeichnet werden können (Yeo et al., 2014): Erstere Fragetechnik ist offen und weit angelegt. Sie hat zum Ziel, das Interview thematisch zu öffnen und so alle für den Befragten relevanten Inhalte zu identifizieren. Der Begriff des *Mapping* soll diese verortende und breit angelegte Technik zum Ausdruck bringen. Die zweite Fragetechnik soll diese einzelnen Themen im Hinblick auf deren subjektive Bedeutung für den Befragten tiefer ergründen; hier soll der Begriff des *Mining* symbolisieren, dass es nun erkenntnistheoretisch in die Tiefe geht.

4.5.3.1 Content Mapping

Die ersten Fragen, die im Interview gestellt werden, sind jene Fragen, die das Thema eröffnen. Diese sind weit gefasst und sollen das spontane und ungehemmte Erzählen des Interviewten unterstützen. In dieser Phase soll der Interviewte dazu angeregt werden, alles für die Fragestellung Relevante zu erwähnen, sodass das Nachfragen durch den Interviewenden hier vor allem die Funktion der Generierung von relevanten Themenkomplexen erfüllt. Nach dieser Phase wird durch spezifischeres Fragen das Interview intensiver auf das konkrete Forschungsthema zentriert. Hier werden dann andere Fragestrategien relevant, die unter dem Begriff des *Content Mining* gefasst werden.

4.5.3.2 Content Mining

Nach den anfänglichen Fragen, die das Feld eröffnen und die weit gefasst sind, müssen nun Fragen erfolgen, die eine Konzentration auf das Thematische vorantreiben. Eine zentrale Technik hierfür sind Sondierungsfragen. Diese sind von besonderer Bedeutung, weil sie bestimmte Phänomene zu sondieren versuchen, sodass diese tief ergründet und vom Forschenden nachvollzogen werden können. Hier reicht es nicht, lediglich Fragen nach dem Warum zu stellen (diese sind aber selbstverständlich auch Teil des Prozesses). Sondierungsfragen müssen gut in den Kommunikationsfluss eingebracht werden, da sie ansonsten den Befragten entweder befremden oder ihm schlicht auf die Nerven gehen. Der Grund hierfür liegt darin, dass das Sondieren und Nachfragen in dieser Intensität unserer Alltagskommunikation widerspricht und somit vom Befragten nicht immer als angenehm oder angemessen empfunden wird. Deswegen ist es ratsam, Fragen nicht nur als Warum-Fragen, sondern als „Sie haben vorhin erzählt, dass [...], aber mir ist das noch nicht ganz klar. Könnten Sie dies bitte nochmals näher erläutern?" oder als „Ich bin mir nicht sicher, ob ich Sie gerade richtig verstanden hatte: Meinten Sie wirklich, dass [...]?" zu formulieren. Durch dieses Fragen wird das Gespräch intensiviert und es werden vom Interviewten getroffene Aussagen tiefer ergründet. Auch das Nachfragen, um emotionale Aspekte zu erheben, ist hier von Bedeutung. So sind Fragen wie „Wie erging es Ihnen damit [...]?", „Wie fühlte sich das für Sie an [...]?" oder „Welche Wirkung hatte das auf Sie [...]?" gute Wege, um Emotionales zu erheben. Aber auch klärende Fragen gehören zu den Strategien des *Content Mining*. Mittels dieser Fragen wird versucht, unklar gebliebene Passagen zu klären. „Warum fanden Sie das problematisch?" oder „Könnten Sie erklären, warum Sie das schlecht fanden?" Diese Fragen sollen ein tieferes Verständnis bestimmter Interviewpassagen ermöglichen. Im Tiefeninterview wird auch darauf geachtet, dass inhaltliche Inkonsistenzen und Widersprüche vom Interviewenden angesprochen werden und er den Interviewten damit konfrontiert. „Sie haben erzählt, dass Sie sich gefreut hätten, dass das Projekt so gut lief, aber Sie haben auch einiges erzählt, das darauf schließen lässt, dass es nicht gut lief. Können Sie mir sagen, welche Gefühle bei Ihnen überwiegen?"

Eine weitere Methode ist die des bilanzierenden Nachfragens, wobei dies eine gewisse Detektivarbeit (Yeo et al., 2014) erfordert, da nur hohe Aufmerksamkeit und kritisches Hinterfragen während des Interviewprozesses dazu führen, dass dem Interviewenden die Lücken in der Erzählung oder in der Logik der Erzählung auffallen. Diese Lücken werden dann so lange anhand bilanzierender und in die Tiefe gehender Fragen näher erörtert, bis der Interviewende das Gefühl hat, zum wahren Kern des Phänomens vorgedrungen zu sein. So zeigte sich z. B. in einer Interviewstudie zur sportlichen Betätigung, dass die Begründungen dafür, keinen Sport zu treiben, oftmals oberflächliche Rationalisierungen darstellten und die wahren Gründe hierfür tiefer lagen. So wurde Zeitmangel als Grund angegeben, jedoch konnte durch entsprechend tief gehendes Nachfragen u. a. ein problematisches Körpergefühl als Grund herausgearbeitet werden (Yeo et al., 2014). Hier zeigt sich das Potenzial von Tiefeninterviews, die versuchen, hinter die Fassade zu blicken und tiefer liegende Motive, Emotionen und Gedanken im Interviewprozess freizulegen.

4.5.4 Auswertung

Die Auswertung von Tiefeninterviews ist durch die Methode nicht vorgegeben und kann somit entweder anhand codierender Verfahren inhaltsanalytisch oder anhand hermeneutisch-analytischer (bzw. tiefenhermeneutischer) Interpretationen geschehen. Bei Letzterem handelt es sich um Auswertetechniken, die nicht nur die Ebene des direkt Verbalisierten in den Blick nehmen, sondern auch nonverbales Verhalten der Befragten sowie Gefühle und Assoziationen des Forschenden während des Interviews und während der Auswertung der Daten berücksichtigen. Dieser Ansatz ist demnach psychoanalytisch geprägt und geht davon aus, dass die verbalen Daten eine Fassade darstellen und die Inhaltsanalyse gewissermaßen die Fenster sind, durch die man Zugang zum Unbewussten erlangen könnte. Die hermeneutisch-analytische Interpretation führe damit „zu den versteckten Pforten, durch die man hinter die Fassade schauen" könne (Bock, 1992, S. 100).

   Dies bedeutet, dass eine solche Form der Interpretation auch mit Übertragungen und Gegenübertragungen arbeitet und diese in die Interpretation mit einfließen. Der Begriff der Übertragung stammt ursprünglich von Sigmund Freud und bezeichnet einen Vorgang, bei dem sich vom Individuum unbewusste und verdrängte Wünsche und Emotionen an konkreten Objekten (Personen) im Rahmen bestimmter Beziehungstypen aktualisieren. Es handelt sich dabei um „alte" Emotionen, die aus der Kindheit stammen, welche dann in aktuellen sozialen Beziehungen (unpassenderweise) auf Personen übertragen und reaktiviert werden (siehe hierzu u. a. Laplanche & Pontalis, 1989, S. 550ff.). Unter Gegenübertragung wird ein Phänomen verstanden, das alle unbewussten Reaktionen eines Analytikers auf den Patienten umfasst; die Übertragung, die beim Therapeuten selbst stattfindet und in der dieser eigene Gefühle, Vorurteile und Erwartungen auf den Patienten richtet (siehe hierzu u. a. Laplanche & Pontalis, 1989, S. 164ff.). Dieser Prozess kann nachfolgend auch analytisch genutzt werden, indem Gegenübertragungsreaktionen z. B. als „Resonanzboden" für die Interpretation genutzt werden.

   Im konkreten Prozess der Tiefeninterviews bedeutet dies, dass im Interview- oder Interpretationsprozess auftretende Störungen und Probleme auf Übertragungs- und/oder Gegenübertragungsphänomene zurückgeführt werden können, sodass diese z. B. als Zeichen innerer Abwehr von Gefühlen gedeutet werden. So werden Übertragung und Gegenübertragung bewusst als Manifestationen des Unbewussten für den interpretativen Prozess genutzt. Wichtig ist hier die Betreuung dieses Prozesses durch Supervision, sodass nicht zum eigentlichen Forschungsprojekt gehörende Personen den Prozess neutral und kompetent begleiten, um auf eventuelle blinde Flecken, unangemessene Identifikation mit den Befragten oder andere dem konkreten Forscher nicht bewussten Phänomene hinweisen zu können.

4.5.5 Ablaufmodell eines Tiefeninterviews

Aufgrund der verschiedenen Konzeptionen von Tiefeninterviews und der jeweils unterschiedlichen forschungspraktischen Umsetzung ist es schwierig, ein verbindliches Ablaufmodell für die Durchführung von Tiefeninterviews zu erstellen. Das vorliegende Modell stellt eine Synthese verschiedener Modelle dar und zeigt somit schematisch die Idealform des Tiefeninterviews (aus Sicht der Autorin).

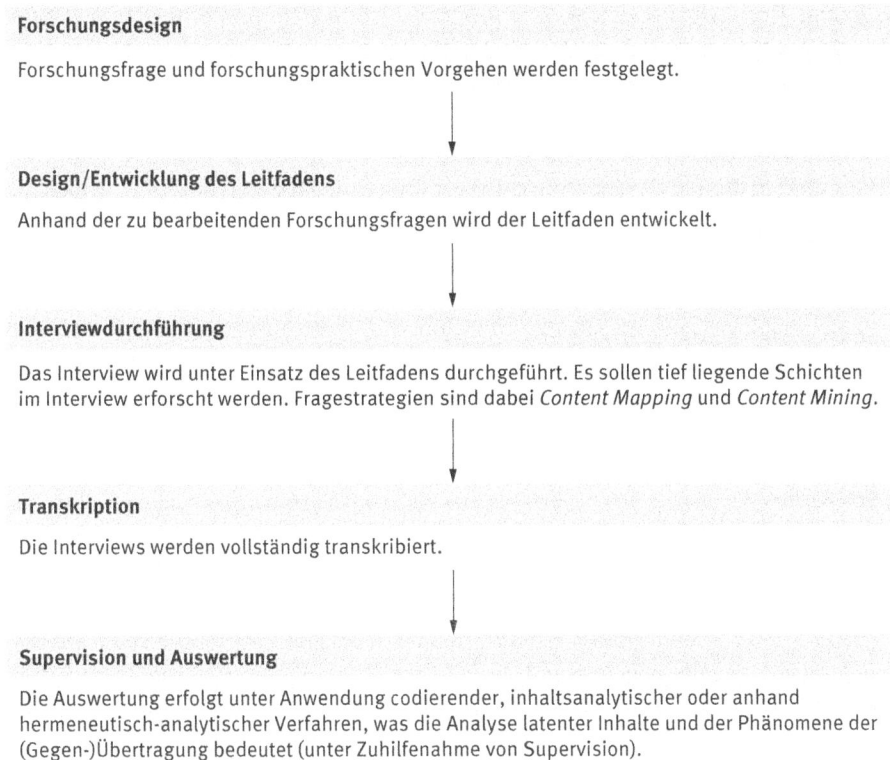

Forschungsdesign

Forschungsfrage und forschungspraktischen Vorgehen werden festgelegt.

Design/Entwicklung des Leitfadens

Anhand der zu bearbeitenden Forschungsfragen wird der Leitfaden entwickelt.

Interviewdurchführung

Das Interview wird unter Einsatz des Leitfadens durchgeführt. Es sollen tief liegende Schichten im Interview erforscht werden. Fragestrategien sind dabei *Content Mapping* und *Content Mining*.

Transkription

Die Interviews werden vollständig transkribiert.

Supervision und Auswertung

Die Auswertung erfolgt unter Anwendung codierender, inhaltsanalytischer oder anhand hermeneutisch-analytischer Verfahren, was die Analyse latenter Inhalte und der Phänomene der (Gegen-)Übertragung bedeutet (unter Zuhilfenahme von Supervision).

Abb. 4.6: Ablaufmodell eines Tiefeninterviews (Quelle: eigene Darstellung)

4.5.6 Kritik

Tiefeninterviews werden vor allem im englischsprachigen Raum intensiv genutzt und forschungspraktisch sehr unterschiedlich realisiert. Es finden sich immer wieder empirische Interviewstudien, die zwar vorgeben, Tiefeninterviews einzusetzen, bei denen sich aber zeigt, dass es sich um semi-strukturierte Leitfadeninterviews ohne Anspruch auf eine Tiefendimension handelt. Solche Interviews können demnach auch nicht als Tiefeninterviews deklariert werden. Erklärtes Ziel von Tiefeninterviews ist es, nicht nur bewusste, sondern auch unbewusste Inhalte im Interviewprozess zu ermitteln, um somit Phänomene nicht nur auf der Ebene des Bewusstseins, sondern bis in die Tiefenstrukturen hinein (des Unbewussten) zu ergründen. Dieser Tiefendimension gerecht zu werden, ist für den Forschenden sehr anspruchsvoll, denn es werden dabei neben der interviewerischen Kompetenz auch Kenntnisse der Psychologie (oder Psychoanalyse) vorausgesetzt.

Um dies leisten zu können, wird in den verschiedenen Konzeptionen von Tiefeninterviews betont, dass der Supervision des Forschenden hier eine besondere Rolle zukommt. Doch wird dies leider nicht methodisch reflektiert und in die Konzeptionen eingebunden, sodass die Frage offenbleibt, wie (und zu welchem Zeitpunkt der Studiendurchführung) die potenziellen Ergebnisse der Supervision Eingang in die Studienergebnisse oder -auswertung finden sollen.

So erweist sich das Format des Tiefeninterviews insofern als problematisch, als dieses zwar in der Praxis häufig Anwendung findet, sich die Durchführung jedoch bei näherer Betrachtung sehr häufig nicht wirklich als Tiefeninterview herausstellt. Dies ist sicherlich auch dem Umstand zuzuschreiben, dass verschiedene Konzeptionen von Tiefeninterviews konkurrierend existieren und dass damit keine klare methodische und methodologische Basis existiert. Im Hinblick auf die Auswertung der Daten zeigt sich, dass das Potenzial einer tiefenhermeneutischen Auswertung aufgrund des großen Aufwands und der Anforderungen an den Forscher relativ selten praktiziert wird.

4.5.7 Fazit

Die Methode des Tiefeninterviews ist eine wichtige und sinnvolle Erweiterung des Spektrums an qualitativen Interviewmethoden, da sich diese im Gegensatz zu anderen Methoden bewusst dem Unbewussten widmet und versucht, durch verschiedene Fragetechniken das Interview in eine Tiefendimension zu überführen. Dieser Ansatz ist vielversprechend und kann für Forschungsfragen eingesetzt werden, bei denen sich zeigt, dass nicht nur bewusste, sondern vor allem unbewusste Motive, Einstellungen und Emotionen ausschlaggebend sind. Deswegen wird dieses Instrument intensiv von der Marktforschung genutzt, denn durch Tiefeninterviews sollen unbewusste Widerstände, Emotionen und Vorurteile gegenüber bestimmten Marken, Produkten oder Dienstleistungen ermittelt werden. In der Sozialforschung haben Tiefeninterviews ein großes Potenzial, um sensible Fragen intensiv zu erörtern und/oder um Antworten über das sozial Erwünschte hinaus zu generieren, und somit bestimmte Phänomene sehr intensiv analysieren zu können. Dies verlangt dem Forschenden nicht nur die Kompetenz der Durchführung, sondern auch der inneren Verarbeitung ab, sodass eine Supervision bei der tiefenhermeneutischen Auswertung oder bei sehr belastenden Forschungsthemen nicht nur aus der Logik des Tiefeninterviews empfohlen wird, sondern auch, um die eigenen Anteile von denen der Befragten in der Analyse klar trennen zu können.

4.5.8 Literatur

Bock, M. (1992). Das halbstrukturierte-leitfadenorientierte Tiefeninterview: Theorie und Praxis der Methode am Beispiel von Paarinterviews. In J. Hoffmeyer-Zlotnik (Hrsg.), *Analyse verbaler Daten: Über den Umgang mit qualitativen Daten* (S. 90–109). Wiesbaden: VS Verlag für Sozialwissenschaften. Verfügbar unter URL: http://nbn-resolving.de/urn:nbn:de:0168-ssoar-25663 (letzter Aufruf: 16.05.2018).

Hammersley, M., & Atkinson, P. (1995). *Ethnography: Principles in practice*. London: Routledge.

Kvale, S. (1996). *Interviews: An Introduction to Qualitative Research Interviewing*. Thousand Oaks: Sage.

Laplanche, J., & Pontalis, J.-B. (1989). *Das Vokabular der Psychoanalyse* (9. Auflage). Frankfurt am Main: Suhrkamp.

Yeo, A., Legard, R., Keegan, J., Ward, K., McNaughton Nicholls, C., & Lewis, J. (2014). In-depth interviews. In J. Ritchie, J. Lewis, C., McNaughton Nicholls & R. Ormston (Eds.), *Qualitative research practice. A guide for social science students and researchers* (2nd edition), (pp. 177–210). London: Sage.

4.6 Das diskursive Interview

Das diskursive Interview wurde zur Rekonstruktion sozialer Bedeutungsmuster entwickelt und vor allem von Carsten G. Ullrich (1999a, 1999b) theoretisch begründet. Es handelt sich dabei um eine Methode, die die einzelnen Forschungsphasen (Auswahl, Erhebung, Auswertung) konsequent aufeinander abstimmt, um dadurch die Rekonstruktion sogenannter sozialer Deutungsmuster zu ermöglichen (Ullrich, 1999b, S. 1). Unter sozialen Bedeutungsmustern werden dabei mehr oder weniger zeitstabile „Sichtweisen und Interpretationen von Mitgliedern einer sozialen Gruppe" verstanden (Arnold, 1983, S. 894).

Deutungsmuster können stereotypen Charakter haben und fungieren als Orientierungsraster für die Individuen im Hinblick auf Situations-, Beziehungs- und Selbstdefinitionen. Basale Prämisse ist dabei, dass „individuelle Einstellungen und Handlungsorientierungen von kollektiven Interpretations- und Legitimationsangeboten abhängig sind" (Ullrich, 1999b, S. 2). Dies bedeutet, dass Deutungsmuster, die sich als individuelle Einstellungen bemerkbar machen, vorab in kollektiven Zusammenhängen entstehen, denn erst wenn bestimmte Deutungsangebote den Individuen „zur Verfügung stehen", können diese zur Orientierung und Sinnstrukturierung verwendet werden: „Ohne sozial verfügbare Deutungsangebote können keine Interessen und Wertüberzeugungen als Orientierungsmaßstäbe individuellen Handelns generiert, geschweige denn zum Ausdruck gebracht und kommuniziert werden" (Ullrich, 1999a, S. 429). Im Zentrum diskursiver Interviews stehen nicht individuelle Einstellungen oder Sinnkonstruktionen und auch nicht der kollektiv generierte Sinn, sondern die Analyse der Konstitutionsbedingungen von Handlungsorientierungen. Das Ziel diskursiver Interviews liegt demnach in der Analyse der Deutungsmuster: auf welche

Deutungsmuster sich die Befragten beziehen und wie sich diese Deutungsmuster auf ihre persönlichen Handlungsorientierungen und Situationsdefinitionen auswirken.

4.6.1 Zum Konzept der Deutungsmusteranalyse

Das Konzept der Deutungsmusteranalyse lässt sich u. a. auf einen nicht publizierten Text von Oevermann (1973) zurückführen. Aufgrund der weitreichenden Wirkung des damals nicht publizierten Artikels veröffentlichte Oevermann im Jahr 2001 einen Beitrag, der den Aufsatz von 1973 ergänzt und erweitert.

Hintergrund des Konzepts der Deutungsmuster sind die Analyse der Bedingungen und Rahmungen menschlichen Handelns und die Rekonstruktion ihrer inneren Logik. Unter Bedeutungsmustern werden demnach „nicht isolierte Meinungen oder Einstellungen zu einem partikularen Handlungsobjekt [verstanden], sondern in sich nach allgemeinen Konsistenzregeln strukturierte Argumentationszusammenhänge" (Oevermann, 1973, S. 3). Dieses Konzept basiert auf einem handlungstheoretischen Ansatz, der davon ausgeht, dass das Handeln der Menschen ein bewusstes Tun oder Unterlassen ist, welches die Akteure mit Sinn belegen. Deutungsmuster beziehen sich auf das Handeln der Subjekte, welches an sich variabel ist und die Reaktion auf die physikalische und soziale Umwelt darstellt. Deutungsmuster werden nach Oevermann als „,ensemble' von sozial kommunizierbaren Interpretationen der physikalischen und sozialen Umwelt" (ebd., S. 4) verstanden und erweisen sich somit als handlungsstrukturierende, intersubjektiv nachvollziehbare Weltdeutungen. Man kann Deutungsmuster demnach auch als ein forschungspragmatisch-heuristisches Konzept begreifen (Lüders, 1991, S. 380ff.).

Deutungsmuster sind durch eine grundlegende Latenz gekennzeichnet. Dies bedeutet, dass sie nur zum Teil der bewussten Reflexion des Subjekts zugänglich sind und somit nur teilweise manifest werden können. Wenn Subjekte Deutungsmuster verwenden, so werden diese für Situationsbestimmungen und zur Handlungsorientierung verwendet. „Deutungsmuster sagen dem Akteur nicht nur, was der Fall ist (Situationsdefinition), sondern auch, was richtig und wünschenswert ist (Handlungsorientierung). Aufgrund dieser fundamentalen Orientierungsleistung müssen Deutungsmuster als konstitutive Bedingung der Handlungsfähigkeit von Individuen angesehen werden" (Ullrich, 1999b, S. 2). Werden nun Deutungsmuster aktiviert und in der Praxis von den Subjekten eingesetzt, so verstärken sich diese, wenn der Einsatz der Deutungsmuster vom handelnden Subjekt als erfolgreich bewertet wird. Durch den kommunikativen Austausch mit anderen Akteuren über bestimmte Deutungsmuster können diese gegebenenfalls interaktiv bestätigt werden, was wiederum wie deren erfolgreiche Verwendung zur Verstärkung und damit zur Manifestation dieser führt.

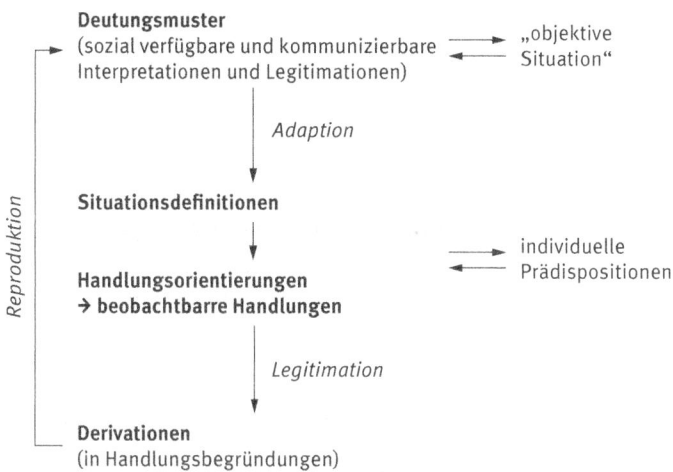

Abb. 4.7: Deutungsmuster, Situationsdefinitionen, Handlungsorientierungen und Derivationen (Quelle: nach Ullrich, 1999, S. 5)

Gerade wenn Akteure ihre Deutungsmuster erläutern sollen, d. h., wenn diese die Grundlagen ihres Handelns für andere intersubjektiv nachvollziehbar machen sollen, hat der Forschende die Chance, einen Zugang zu diesen internen Reflexionen zu bekommen. Problem bleibt dabei deren potenzielle Latenz, sodass die von den Subjekten genannten Begründungen oftmals keine Deutungsmuster, sondern Derivationen darstellen (Ullrich, 1999a, S. 430).

Der Begriff der Derivation (lat. Ableitung) geht auf den Wissenssoziologen Vilfredo Pareto zurück (ebd., 1935, The Mind and Society) und bezeichnet scheinbar rationale Begründungen, mit der Menschen ihr Handeln rechtfertigen. In der Konzeption der Deutungsmusteranalyse werden nun jene scheinrationalen Handlungsbegründungen relevant, die sozial geteilt werden. Derivationen sind damit die kommunizierten und damit sozial geteilten Handlungsbegründungen, die ihrerseits Rückschlüsse auf die Deutungsmuster ermöglichen, weil sie auf diesen basieren (siehe Abb. 4.7). „Derivationen sind also kommunizierte Konkretisierungen oder Adaptionen von Deutungsmustern, deren vornehmlicher Zweck darin besteht, das eigene Handeln gegenüber Interaktionsteilnehmern zu erklären und zu begründen" (Ullrich, 1999b, S. 430).

Dies bedeutet in der Praxis, dass beim diskursiven Interview selbst nicht die Deutungsmuster der Subjekte, sondern die individuellen Derivationen – d. h. die scheinlogischen Handlungsbegründungen der Subjekte – empirisch ermittelt werden, weil nur diese methodisch zugänglich sind. Nur über diesen Umweg der Ermittlung der Derivationen ist der Zugang zu den Deutungsmustern möglich. Dies wird forschungspraktisch durch die Analyse der Derivationen, deren nachfolgende Typologisierung und Verdichtung erreicht, sodass die Deutungsmuster anhand der ermittelten sozial geteilten Handlungsrationalisierungen rekonstruiert werden. Um dies leisten zu können, müssen in der Erhebung die Handlungsbegründungen der Subjekte ermittelt werden, die dann die Basis der Typologisierungen bilden, die ihrerseits die Basis für die Rekonstruktion der Deutungsmuster darstellen.

4.6.2 Durchführung diskursiver Interviews

Um Zugang zu den Derivaten der Subjekte zu erhalten und daran anschließend eine rekonstruktive Deutungsmusteranalyse vornehmen zu können, setzt sich das diskursive Interview aus drei zentralen Elementen zusammen, die methodologisch aufeinander abgestimmt sind (Ullrich, 1999a, S. 433):

4.6.2.1 Auswahlverfahren

Das diskursive Interview hat zum Ziel, soziale Deutungsmuster zu analysieren. Diese lassen sich nur durch den systematischen Vergleich erfassen und setzen somit eine gewisse Mindestanzahl an Fällen voraus. Die zu befragenden Personen können dann nach dem Prinzip der Repräsentations/Fokussierungsstrategie gesucht werden, indem Personen als vielversprechende Repräsentanten zu einer bestimmten Fragestellung bzw. Fokussierung ausgewählt werden (so wurde z. B. bei einer Befragung zur Akzeptanz der Gesetzlichen Krankenversicherung (Ullrich, 2000) der Fokus auf Versicherte gerichtet, die in Relation zu den gezahlten Beiträgen relativ geringe Leistungen beziehen/benötigen). Der Samplingprozess wird dabei innerhalb der Gruppe der Merkmalsträger idealerweise anhand des *Theoretical Sampling* (Glaser & Strauss, 1967) vorgenommen. Dies bedeutet, dass die zu analysierenden Fälle sukzessive gesampelt werden, um zum einen sicherzustellen, dass möglichst verschiedene Deutungsmuster empirisch erhoben werden, zum anderen aber auch, dass genügend Fälle analysiert werden, um abschließend fallkontrastierende Analysen durchführen zu können.

4.6.2.2 Durchführung der Befragung

Diskursive Interviews werden als halbstrukturierte Leitfadeninterviews realisiert, da offene, narrative Interviews z. B. die Gefahr bergen, sehr viel und unstrukturiertes Datenmaterial zu erzeugen, und eine Steuerung bei diskursiven Interviews notwendig ist, um die zu erforschenden Derivationen hervorzurufen. Zentral für das Gelingen diskursiver Interviews ist demnach der Einsatz geeigneter Befragungstechniken, die Derivationen zu evozieren vermögen. Dieser Prozess muss vom Forschenden professionell gestaltet werden, sodass dieser das Interview auf die forschungsrelevanten Themen fokussiert, dem Befragten genug Raum für spontane Derivationen lässt und die zu untersuchenden Handlungsbegründungen bei diesem evoziert. Treten Widersprüche in den genannten Handlungsbegründungen auf, so ist der Interviewte damit zu konfrontieren. Auch konfrontative oder polarisierende Methoden sind beim diskursiven Interview erlaubt, um den Befragten zu Aussagen hinsichtlich seiner Handlungsorientierungen zu veranlassen.

Bestandteile der Befragung sind (1) der Leitfaden, (2) allgemeine Fragen und Stimulusfragen und (3) Fragen zur Evokation von Begründungen:

(1) *Konstruktion des Leitfadens:* Hierbei muss bedacht werden, welche Stimuli gegeben werden (und warum diese gegeben werden), wonach eigentlich gefragt wird, warum bestimmte Fragen so und nicht anders formuliert werden und warum eine Frage an einer bestimmten Stelle des Leitfadens steht (siehe Ullrich, 1999a, S. 436/437; Ullrich, 1999b, S. 14/15).

(2) *Frage- und Stimulustypen*: Beim diskursiven Interview werden verschiedene Arten von Fragen und Stimulusfragen angewendet.

In Bezug auf die *Befragungstechnik* können unterschieden werden: (i) Informations- und Filterfragen, die nach Fakten wie dem Alter, dem Beruf oder dem Lebensstand fragen, (ii) Hauptfragen und abhängige Fragen, die hierarchisierte Fragen zu einem bestimmten Themenblock bezeichnen, (iii) Gesprächseinstiegsfragen, die die Entwicklung einer positiven und produktiven Interviewsituation ermöglichen sollen und einen starken Erzählstimulus geben sowie (iv) Wiederholungs- und Wiederaufnahmefragen, die es ermöglichen, bereits genannte Themen zu einem späteren Zeitpunkt des Interviews auf Initiative des Forschenden noch einmal aufzunehmen, und den Befragten durch diese Wiederholung bzw. Wiederaufnahme gegebenenfalls mit bereits Gesagtem zu konfrontieren oder Widersprüche im bereits Gesagten festzustellen.

In Bezug auf den *Frageinhalt* können differenziert werden: (i) Wissensfragen, die entweder konkret („Was wissen Sie über [...]?") oder auch offen („Was verstehen Sie unter [...]?") formuliert werden können. (ii) Erzählaufforderungen, die Stimuli bezeichnen, die auf eine Beschreibung und Erzählung von Vergangenem abzielen („Wie war das damals?"), (iii) Aufforderungen zu Stellungnahmen, die Fragen subsumieren, die die Befragten zu direkten Stellungnahmen veranlassen. Dies sind z. B. Meinungsfragen, die explizit die Bewertung von Handlungsmustern und Einstellungen verlangen und voraussetzen, dass der Forschende völlig auf die Vorgabe von Bewertungsmaßstäben verzichtet und sich auf das bisher Gesagte und die verwendeten Begrifflichkeiten des Befragten bezieht („Was meinen Sie damit, wenn Sie XXX als ungerecht bezeichnen?"; verwendete Begrifflichkeit = Gerechtigkeit/Ungerechtigkeit). (iv) Begründungsaufforderungen, die sich auf Erzählungen bestimmter Handlungen, auf Situationsbeschreibungen oder andere Stellungnahmen beziehen können. Diese müssen gut in die Interviewinteraktion eingebettet werden, sodass der Bezug klar und deutlich ist, und müssen dem Interviewten genügend Raum für dessen Begründungen geben („Warum sind Sie der Ansicht, dass [...]?"; „Warum hatten Sie sich so entschieden [...]?"). Diese Fragen stellen den eigentlichen Fokus diskursiver Interviews dar, da diese die Rekonstruktion der sozialen Deutungsmuster ermöglichen. Die

Aufforderungen zu Begründungen können sich aber auch als problematisch für die Interviewsituation erweisen, wenn diese durch Konfrontationsfragen oder Polarisierungen (seitens des Forschenden) evoziert werden. Dann kann dieses Vorgehen dazu führen, dass sich die Interviewten angegriffen fühlen und sozial erwünschte oder auch trotzig-aggressive Antworten geben, was beides nicht im Sinne des diskursiven Interviews ist. Deswegen sollte bei Begründungsaufforderungen darauf geachtet werden, dass eine positive, offene und vertrauensvolle Interviewatmosphäre vorherrscht, bevor diese Art von Fragen gestellt wird (z.B. Ullrich, 1999b, S. 15ff.).

(3) *Fragetechniken zur Evokation von Begründungen:* Hierfür können eingesetzt werden: (i) Hypothetische Situationen, die dem Befragten geschildert werden, und zu denen der Befragte Stellung nehmen muss („Was würden Sie ändern, wenn Sie Bundeskanzlerin wären?"; „Wie würden Sie sich in der Situation verhalten, wenn Sie der Chef wären?"). Durch dieses Vorgehen ist es möglich, potenzielle, aber nicht reale Situationen in das Interview zu integrieren und damit Derivate zu evozieren. (ii) Persilscheine, die im Fall von sehr sensiblen und eventuell sozial nicht akzeptierten Handlungsmustern eingesetzt werden und die den Befragten versichern, dass ihre Sicht der Dinge und ihr Handeln legitim sind. Dieses Vorgehen erweist sich z.B. bei Themen wie Kriminalität oder anderen Formen abweichenden Verhaltens („Warum hatten Sie sich in der damaligen Situation dazu entschieden, den CD-Player nicht zu bezahlen?") als sinnvoll. Der Forschende muss hierbei darauf achten, keinerlei Wertungen vorzunehmen, die Handlungsbegründungen der Interviewten vollkommen offen aufzunehmen und diese nur im Hinblick auf deren Konsistenz und immanente Argumentationen (aber nicht normativ oder ethisch) zu hinterfragen. (iii) Bewusste Suggestivfragen, die zur Gewinnung von Stellungnahmen eingesetzt werden können und die Themen behandeln, die der Befragte nicht im Interview geschildert hat, die der weiteren Ermittlung der Handlungsbegründungen dienen („Sie würden sich also in der von Ihnen geschilderten Situation gegen das Kind entscheiden?"; „Sie sagten zu Beginn, dass Sie Diebstahl als kein wirkliches Vergehen empfinden [...]"). Durch diese Unterstellungen werden die Befragten herausgefordert, ihr potenzielles Handeln zu begründen und mit dem bisher Gesagtem im Interview in Einklang zu bringen. (iv) Konklusionen und Zusammenfassungen, die das bereits im Interview Gesagte nochmals pointiert zusammenfassen und dadurch zu (weiteren) Stellungnahmen einladen („Wenn ich Sie richtig verstanden habe, sind Sie der Ansicht, dass [...]"). (v) Konfrontationen stellen einen starken Eingriff in die Gesprächssituation dar, da diese den Interviewten in Bezug auf bereits geäußerte Inhalte mit anderen, oftmals gegensätzlichen Sichtweisen konfrontieren. Sie können deswegen vom Befragten als unangenehm empfunden werden. Hierbei können interne Konfrontationen, die sich auf widersprüchliche Aussagen der Befragten beziehen, und externe Konfrontationen, die die Befragten mit anderen Sichtweisen konfrontieren, unterschieden werden („Sie haben zu Beginn

des Interviews erwähnt, dass Sie der Ansicht sind, dass XXX, wohingegen Sie später meinten, dass sie nicht dieser Ansicht sind [...] Können Sie das bitte näher erläutern?" (intern); „Sie haben gesagt, dass Sie der Ansicht sind, dass XXX, nun gibt es aber Studien, die anderes belegen, nämlich XXX. Was meinen Sie dazu?" (extern)). (vi) Polarisierungen, die die Befragten mit anderen Sichtweisen konfrontieren, ohne dass diese in Bezug zu dem Gesagten stehen (dies unterscheidet die Polarisierungen von den Konfrontationen). Es ist dabei darauf zu achten, dass diese Aussagen nicht als persönliche Meinungen des Forschenden verstanden werden. Zudem ist darauf zu achten, dass diese eventuell im Vorfeld vorformuliert werden, da sie sich als kommunikativ heikel erweisen und den Interviewprozess nicht belasten, sondern befruchten (im Sinne des Erkenntnisgewinns) sollen („In den Medien wird oftmals behauptet, dass [...]"; „Studien belegen hingegen, dass [...]").

Mit diesen verschiedenen Frageformen hat das diskursive Interview ein breites Spektrum an Untersuchungsinstrumenten, um Stellungnahmen und Begründungen der Interviewten zu evozieren. Diese Fragetechniken der Unterstellung, der Konfrontation oder der Polarisierung sind in anderen Formen der Leitfadeninterviews nicht zugelassen und sind spezielle Erhebungsmethoden diskursiver Interviews.

4.6.2.3 Auswertung der Daten und Typenbildung

Die Auswertung der Daten ist integraler Bestandteil der Methode des diskursiven Interviews, da sie, wie das Auswahlverfahren als auch die eigentliche Befragung, auf das gleiche Ziel hin ausgerichtet ist: auf die Rekonstruktion sozialer Deutungsmuster. Aufgrund dieser Zielsetzung werden diskursive Interviews mittels queranalytischer Kontrastierung auf der Fallebene ausgewertet. Dies bedeutet forschungspraktisch, dass alle durchgeführten Interviews hinsichtlich der darin kommunizierten Derivationen systematisch miteinander verglichen werden, um dadurch konsistente und mehrfach auftretende Begründungen und Situationsdefinitionen herauszuarbeiten. „Sobald dabei typische, d. h. mehrfach vorzufindende und konsistente (sinnhafte) Begründungen und Situationsdefinitionen erkennbar sind, kann von einem sozialen Deutungsmuster ausgegangen werden" (Ullrich, 1999b, S. 23). Durch das parallele Auswerten und fallweise Vergleichen der Derivationen innerhalb der verschiedenen Interviews können nicht nur gleiche, sondern auch verschiedene Arten der Situationsdefinition und Begründung herausgearbeitet werden. Durch dieses Vorgehen kann dann eine Typologie der sozialen Deutungsmuster eines bestimmten Problems erstellt bzw. rekonstruiert werden. Das Ziel ist die datengestützte und damit abgesicherte Erstellung von Typologien sozialer Deutungsmuster. Interessanterweise geht die Methode des diskursiven Interviews davon aus, dass die Interpretation der Daten nicht intersubjektiv nachvollziehbar gemacht werden muss (Ullrich, 1999, S. 443/444; Ullrich, 1999, S. 22ff.), sodass das Erstellen von Interpretationsregeln entfällt.

Im Zentrum des Forschungsinteresses diskursiver Interviews stehen damit nicht subjektive Erfahrungen, Emotionen oder Sinnkonstruktionen subjektiver Erzählungen und Lebensgeschichten, sondern die von den Subjekten in sozialen Situationen (dem Interview) artikulierten Derivationen. Diese sind dann nicht auf ihre Sinnhaftigkeit oder ihren subjektiv gemeinten Sinn hin zu analysieren (so wie dies in anderen Interviewarten der Fall wäre), sondern diese stehen für sich selbst und sind die Basis der nachfolgenden Auswertung. Die Auswertung zielt darauf ab, zu untersuchen, was überhaupt an Deutungsmustern bzw. Derivationen in sozialen Situationen kommunizierbar ist (Ullrich, 1999a, S. 445), und nicht darauf, warum ein Subjekt bestimmte Deutungsmuster hervorbringt und ob diese authentisch sind. Die Derivationen werden damit überindividuell betrachtet, da soziale Deutungsmuster „nicht isolierte Meinungen oder Einstellungen zu einem partikularen Handlungsobjekt, sondern in sich nach allgemeinen Konsistenzregeln strukturierte Argumentationszusammenhänge" darstellen (Oevermann, 1973, S. 3).

Die Auswertung mündet in eine Typenbildung, denn Ziel ist die Entwicklung einer Typologie sozialer Deutungsmuster. Die *Typenbildung* vollzieht sich anhand des wiederholten fallkontrastierenden Vergleichs der empirisch ermittelten Stellungnahmen und Handlungsbegründungen, sodass anhand der vorgenommenen Fallkontrastierungen typische Merkmale herausgearbeitet werden, die mittels dieser induktiven Vorgehensweise zu Realtypen verdichtet werden. Die *Realtypen* bilden „nur die ‚vollen' empirisch nachweisbaren Klassen" ab (Ullrich, 1999b, S. 24). Diese Realtypen werden dann nachfolgend durch weitere systematische Vergleiche zu theoretisch gehaltvollen Idealtypen umgeformt (Ullrich, 1999b, S. 26). Damit wird eine Typologie der empirisch rekonstruierbaren sozialen Deutungsmuster erreicht.

Die Realtypen können, je nach Forschungsinteresse, gegebenenfalls zu einer *Klassifikation* erweitert werden. Klassifikationen „sollen das Feld möglicher Merkmalskombinationen vollständig abdecken. Sie legen gewissermaßen ein mehrdimensionales Gitternetz über den Merkmalsraum und teilen diesen in Klassen auf" (Ullrich, 1999b, S. 24). Jedes „Objekt" muss demnach in eine Klasse eingeordnet werden können, sodass dieses Vorgehen zu einer Strukturierung des Feldes beiträgt. Eine Klassifikation dient (z. B. in tabellarischer Form) dazu, jedes Subjekt genau einer Klasse zuordnen zu können, um dadurch eine „grobe Veranschaulichung der möglichen Merkmalskombinationen eines Feldes" darstellen zu können (Ullrich, 1999b, S. 24).

Neben der Bildung der Realtypen können auch *Idealtypen* (im Weberschen Sinne) erstellt werden. Hierbei wird induktiv vorgegangen, da die den jeweiligen Idealtypen zugrunde liegenden Merkmale aus der Empirie genommen werden. Idealtypen sind aber mehr als die Summe ihrer Merkmalsausprägungen, sie müssen auch theoretisch begründet werden, da diese vor allem eine heuristische Funktion erfüllen (Ullrich, 1999b, S. 26). Der Idealtyp ist dabei eine gedankliche Konstruktion; durch eine einseitige Steigerung bestimmter Merkmale oder durch die Hinzufügung anderer Merkmale handelt es sich damit um keinen real vorkommenden Typus, sondern um eine Utopie (s. Tab. 4.1).

Tab. 4.1: Klassifikation, Realtypen und Idealtypen (Quelle: nach Ullrich, 1999b, S. 26)

Form der Feldstrukturierung	Charakterisierung
Klassifikation	Vollständige Erfassung des Feldes anhand bekannter Merkmale und Zuordnung aller „Objekte" zu genau einer Klasse
Realtypen (Typisierung)	Vorstufe einer Klassifikation oder erster Schritt einer Typenbildung; Konstruktion aus empirisch vorgefundenen Merkmalskombinationen, unvollständige Strukturierung des Merkmalsraums
Idealtypen	Strukturierung des Feldes (Merkmalsraumes) anhand empirisch gewonnener Kriterien nach Maßgabe logischer Konsistenz und theoretischer Plausibilität und Fruchtbarkeit Einzeltypen: theoretische Konstrukte zur Erklärung von Einzelphänomenen Typologien: theoriegeleitete Strukturierung des Merkmalsraumes

4.6.3 Ablaufmodell diskursiver Interviews

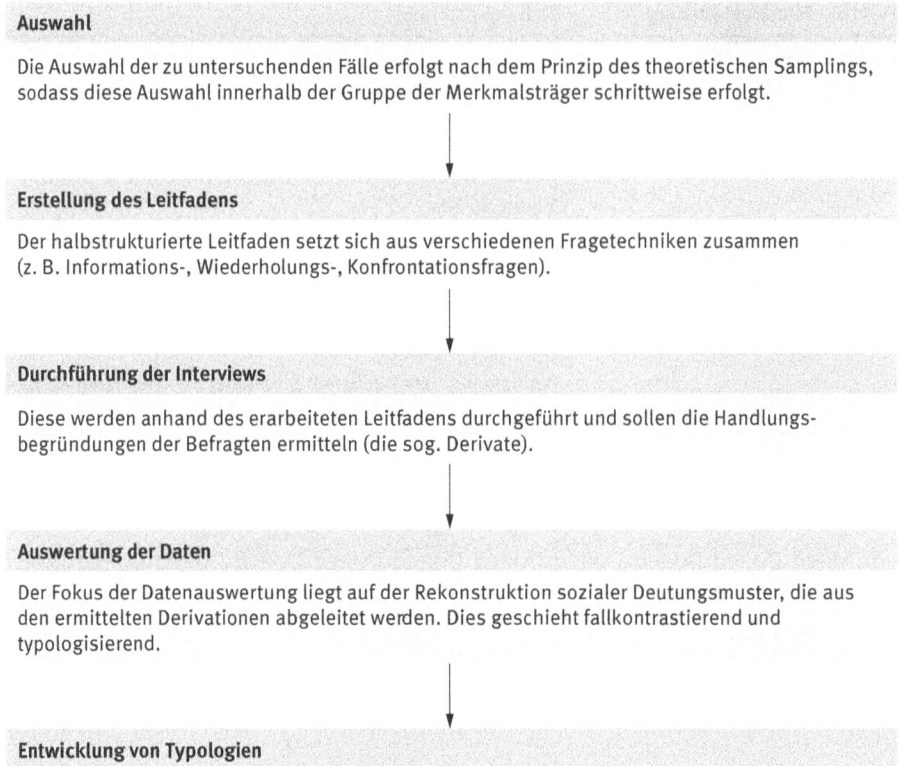

Auswahl

Die Auswahl der zu untersuchenden Fälle erfolgt nach dem Prinzip des theoretischen Samplings, sodass diese Auswahl innerhalb der Gruppe der Merkmalsträger schrittweise erfolgt.

Erstellung des Leitfadens

Der halbstrukturierte Leitfaden setzt sich aus verschiedenen Fragetechniken zusammen (z. B. Informations-, Wiederholungs-, Konfrontationsfragen).

Durchführung der Interviews

Diese werden anhand des erarbeiteten Leitfadens durchgeführt und sollen die Handlungsbegründungen der Befragten ermitteln (die sog. Derivate).

Auswertung der Daten

Der Fokus der Datenauswertung liegt auf der Rekonstruktion sozialer Deutungsmuster, die aus den ermittelten Derivationen abgeleitet werden. Dies geschieht fallkontrastierend und typologisierend.

Entwicklung von Typologien

Abb. 4.8: Ablaufmodell diskursiver Interviews (Quelle: eigene Darstellung)

4.6.4 Kritik

Die Methode des diskursiven Interviews hat sich zum Ziel gesetzt, soziale Deutungsmuster empirisch zu untersuchen. Da diese Deutungsmuster latent und damit nur teilweise dem Bewusstsein der Subjekte zugänglich sind, wird anhand der Erhebung der sogenannten Derivate vorgegangen. Dabei handelt es sich um von den Subjekten kommunizierbare und damit sozial geteilte Handlungsbegründungen, die entsprechend in der Interviewsituation artikuliert werden. Damit wird behauptet, dass „mit dem Deutungsmusterbegriff eine Analyseebene sui generis, die zwischen den vergegenständlichten Strukturen der sozialen Wirklichkeit einerseits und dem subjektiven Bewußtsein andererseits angesiedelt ist, anvisiert wird" (Lüders, 1991, S. 381). Diese werden erst im Schritt der Auswertung typologisiert und verdichtet, sodass sich daraus die sozialen Deutungsmuster ableiten lassen. Ziel ist damit die Rekonstruk-

tion sozialer Deutungsmuster, die aus nach allgemeinen Konsistenzregeln strukturierten, überindividuellen Argumentationszusammenhängen bestehen.

Wenn sich der Forschende nun auf die Deutungsmusteranalyse einlässt, so ist
dieser „auf der konzeptionellen Ebene [mit] kategorialer[r] Unschärfe, Heuristik und
viel Programmatik […] und ein[em] bunte[n] Durcheinander an methodischen Vorgehensweisen" konfrontiert (Lüders, 1991, S. 378). So wird kritisiert, dass die Methoden zur empirischen Erhebung der Derivate konzeptionell im Dunkeln bleiben. In der
Forschungspraxis zeigt sich, dass sehr unterschiedliche Erhebungsformen eingesetzt
werden, um nachfolgend Deutungsmusteranalysen durchzuführen (Leitfadeninterviews, Experteninterviews, Dokumentenanalyse oder Gruppendiskussionen). Dies ist
insofern problematisch, als dass Erhebungsverfahren gezielt auf die Erhebung der
Derivationen ausgerichtet sein sollten, und nicht als Nebenprodukt anderer Formen
der Leitfadeninterviews entstehen sollten.

Die Auswertung diskursiver Interviews ist nicht in allen methodischen Entwür-
fen vorgegeben. Es wurde hierfür kein spezielles Auswerteverfahren entwickelt,
einzig die Vorgabe, dass rekonstruktive Verfahren Anwendung finden sollen (Lüders
& Meuser, 1997; Ullrich, 1999a). Vergleicht man die bisher vorliegenden Studien zur
Analyse der Deutungsmuster, so zeigt sich, dass diese sich recht unterschiedlicher
Auswertemethoden bedienen, so z. B. induktive Typenbildungen oder Sequenzanalysen, wobei von Sequenzanalysen behauptet wird, dass sich diese „als das geeignete und bislang kaum umstrittene Verfahren herauskristallisiert" haben (Lüders &
Meuser, 1997, S. 68). Diese Nähe zur Sequenzanalyse kann aber auch damit zusam-
menhängen, dass das gesamte Konzept an sequenzanalytische Konzepte in Folge
Oevermanns angelehnt ist, denn die Autoren (Lüders & Meuser) können keine Gründe
nennen, warum diese Methode der Auswertung besser geeignet sei als andere Vorgehensweisen, zumal sich bei sequenzanalytischen Verfahren ein Problem bei der
Analyse großer Datenmengen zeigt.

Insgesamt wird beim Konzept der Deutungsmuster kritisiert, dass dieses extrem
voraussetzungsreich und methodologisch noch unzureichend einheitlich systematisiert ist. Die Differenz von latenten und unbewussten Handlungsrationalisierungen
und quasi „objektiven" Deutungsmustern sei erkenntnistheoretisch nicht notwendig,
denn die „Rekonstruktion der kulturellen Sinnstrukturen gedeuteter Wirklichkeit
bedarf […] zu ihrem Gelingen vorweg keiner Annahmen etwa über die Bewußtheit des
Handelnden, über das Verhältnis von Bewußtsein und Realität, von handelnden und
sozialen Strukturen, von kommunikativen Handlungen und Geltungsbedingungen"
(Becker et al., 1987, S. 9).

4.6.5 Fazit

Die Methode des diskursiven Interviews zielt auf eine Sinnebene, die unterhalb des
individuell gemeinten Sinns liegt (Hollstein & Ullrich, 2003, S. 37). Um diese Sinn-

ebene empirisch erreichen zu können, wird von mehreren Prämissen ausgegangen. Methodisch ist dieses Konzept noch nicht vollständig ausgereift, zumal verschiedene Konzepte existieren. Es wäre wünschenswert, wenn sich ein Konzept als Orientierung für die Forschenden durchsetzen würde, das sowohl in der theoretischen Fundierung als auch in der konkreten empirischen Vorgehensweise konzis und empirisch handhabbar ist.

Problematisch ist unter anderem die Prämisse der Latenz der Deutungsmuster, die sicherlich für Personen stimmt, die wenig über sich selbst und ihre Handlungsmotivationen reflektieren. Es ist aber davon auszugehen, dass es durchaus Subjekte gibt, die ihr Handeln und die diesem zugrunde liegenden Motivationen bewusst zu ergründen suchen, sodass hier die analytische Trennung der Derivate von den Deutungsmustern nicht im gleichen Maße greifen würde.

Des Weiteren werden Deutungsmuster gewissermaßen als soziale Tatsachen (Oevermann, 1973, S. 2) verstanden, die die innere Logik eines Erwartungssystems (einer Gesellschaft) zum Ausdruck bringen. Hier stellt sich die Frage, ob es realistisch ist, anzunehmen, dass die Interviewsituation einen Zugang zu jenen Handlungsbegründungen finden kann, die sich jenseits der Opportunität bewegen. Die Methode selbst gibt hierauf zwei Antworten: (1) Zum einen werden offensive Techniken der Befragung eingesetzt, um den Befragten anhand von z. B. Konfrontationsfragen die zugrunde liegenden Derivate zu „entlocken". (2) Zum anderen sei soziale Erwünschtheit kein Problem, da es ja um die Erfassung der sozial ausgehandelten Sinngehalte ginge (Holstein & Ullrich, 2003). Doch sind sowohl (1) als auch (2) nicht ganz unproblematisch. Zu (1): Wenn in einem Interview sehr offensive Fragetechniken eingesetzt werden, um an die Handlungsbegründungen der Akteure zu gelangen, besteht immer die Gefahr der Verweigerung oder des Interviewabbruchs, da diese Techniken eine gewisse Penetranz des Forschenden bedeuten und vom Interviewten nicht gerade als angenehm empfunden werden. Es ist dann auch vermehrt zu befürchten, dass lediglich sozial erwünschte Antworten gegeben werden, weil der Druck in der Interviewsituation für den Befragten zu hoch ist. Zu (2): Auch beim diskursiven Interview ist in der Interviewsituation das Gesellschaftliche präsent, sodass es dazu kommen kann, „daß vorwiegend auf Deutungsmuster zurückgegriffen wird, die die Befragten für konform und opportun halten" (Ullrich, 1999b, S. 29). Dies kann zwar als Beleg für die soziale Relevanz der Bedeutungsmuster gelesen werden, stellt den Forschenden aber vor ein epistemologisches Problem, denn dieser muss hinter diese Fassade blicken, um sinnvoll eine Deutungsmusterrekonstruktion, d. h. eine Analyse des sozialen Sinns durchführen zu können. Die Aussagen der Befragten dürfen sich deswegen nicht nur an der Oberfläche des sozial Erwünschten bewegen, da sonst keinerlei Indizien aufscheinen, die eine andere Lesart implizieren. Erst wenn das Untergründige durchscheint, ist es methodisch möglich, Deutungsmuster zu rekonstruieren, wären diese sonst doch Fantasien oder Projektionen des Forschenden und keine am Material begründeten Ableitungen.

Diese Interviewmethode stellt damit sehr hohe Ansprüche an den Forschenden, ist theoretisch und paradigmatisch voraussetzungsreich und empirisch bislang nicht häufig zum Einsatz gekommen. Eine weitere Theorie- und Methodenentwicklung wäre daher wünschenswert.

4.6.6 Literatur

Arnold, R. (1983). Deutungsmuster. Zu den Bedeutungselementen sowie den theoretischen und methodologischen Bezügen eines Begriffs. *Zeitschrift für Pädagogik 29*(6), 893–912.

Becker, C., Böcker, H., Matthiesen, U., Neuendorff, H., & Rüßler, H. (1987). *Kontrastierende Fallanalysen zum Wandel von arbeitsbezogenen Deutungsmustern und Lebensentwürfen in einer Stahlstadt.* Umbrüche, Bd. 1.

Lüders, C. (1991). Deutungsmusteranalyse: Annäherungen an ein risikoreiches Konzept. In D. Garz & K. Kraimer (Hrsg.), *Qualitativ-empirische Sozialforschung: Konzepte, Methoden, Analysen* (S. 377–408). Opladen: Westdeutscher Verlag. Verfügbar unter URL: http://nbn-resolving.de/ urn:nbn:de:0168-ssoar-23983 (letzter Aufruf: 05.07.2018).

Lüders, C., & Meuser, M. (1997). Deutungsmusteranalyse. In R. Hitzler & A. Honer (Hrsg.), *Sozialwissenschaftliche Hermeneutik. Eine Einführung* (S. 57–81). Opladen: UTB.

Oevermann, U. (1973). *Zur Analyse der Struktur von sozialen Deutungsmustern.* Verfügbar unter URL: https://d-nb.info/974366234/34 (letzter Aufruf: 04.12.2018).

Oevermann, U. (2001). *Zur Analyse der Struktur von sozialen Deutungsmustern (1973). Sozialer Sinn 2*(1), 3–33.

Ullrich, C. (1999a). Deutungsmusteranalyse und diskursives Interview. *Zeitschrift für Soziologie 28*(6), 429–447.

Ullrich, C. (1999b). *Deutungsmusteranalyse und diskursives Interview: Leitfadenkonstruktion, Interviewführung und Typenbildung.* Mannheim: Mannheimer Zentrum für Europäische Sozialforschung (MZES).

Ullrich, C. (2000). *Solidarität im Sozialversicherungsstaat: Die Akzeptanz des Solidarprinzips in der gesetzlichen Krankenversicherung* (Vol. 817). Frankfurt am Main: Campus Verlag.

4.7 Das ethnografische Interview

Der Begriff der Ethnografie setzt sich aus *ethnos* (griech. nicht griechisches Volk) und *graphein* (griech. be-/schreiben) zusammen und bedeutet seinem etymologischen Ursprung nach die Beschreibung eines fremden Volkes. Unter ethnografischer Forschung wird allgemein ein Verfahren bezeichnet, bei welchem der Forscher über einen längeren Zeitraum offen oder verdeckt am alltäglichen Leben der von ihm erforschten Menschen teilnimmt.

Ihren Ursprung hat die Ethnografie im 19. Jahrhundert, als sich die Anthropologie vermehrt „fremder" Kulturen annahm und ethnografische Studien der nicht-westlichen Kulturen durchgeführt wurden, mit dem Ziel, diese Kulturen, deren Alltags- und Sozialstrukturen sowie deren soziale Funktionsweisen genau zu beschreiben und „von innen heraus" zu verstehen. Aber auch berufsethnologische Studien lassen sich nennen, wie z. B. die Untersuchung von Fabrikarbeitern, von Geishas, von Schamanen, Schmieden oder Webern. Ethnografische Studien umfassen den kombinierten Einsatz verschiedener Methoden, wie z. B. teilnehmende oder nicht teilnehmende Beobachtung, das Anfertigen von Karten, das Verfassen von Feldtagebüchern, den Einsatz von Fotografien oder von Videoaufnahmen. Ziel ist die dichte Beschreibung sozialer Wirklichkeiten und die Analyse der Herstellung dieser sozialen Realität. So werden anhand von Beobachtungen, dem Stellen von Fragen und anderer Methoden alle für das Forschungsthema relevanten Daten gesammelt, um somit das zu untersuchende Phänomen in all seinen Facetten zu beleuchten (Hammersley & Atkinson, 2007). „Die Ethnografie bringt einer der Maximen in besonderer Weise zur Geltung, die die qualitative Sozialforschung insgesamt kennzeichnet: die Offenheit des Forschungsprozesses. Ethnografen begeben sich in einen unmittelbaren, persönlichen Kontakt zu sozialem Geschehen. Sie betreiben *empirische* Forschung in einem starken Sinne, nämlich erfahrungsbasierte Forschung" (Breidenstein et al., 2013, S. 37; Hervorh. i. O.). Als Klassiker der kulturanthropologischen Forschung können u. a. Margaret Mead, Bronislaw Malinowski und Clifford Geertz genannt werden.

Spätestens seit den 1980er-Jahren werden ethnografische Studien und somit ethnografische Interviews nicht nur für die Erkundung fremder Kulturen im Sinne geografisch entfernt lebender anderer Gesellschaften und Sozialverbände verwendet, sondern sie werden auch für die Analyse von Kulturen und Strukturen innerhalb der eigenen Kultur eingesetzt (u. a. im Zuge der *Urban Studies*, die z. B. *Street Ethnography* einsetzen). Diese Formen ethnografischer Studien können auch als soziologische oder lebensweltliche Ethnografien bezeichnet werden. Der Untersuchungsfokus liegt dann auf speziellen Strukturen innerhalb einer Gesellschaft, z. B. auf Subkulturen oder auf bestimmten räumlich-städtischen Strukturen, und darauf, wie diese von den in ihnen lebenden Menschen erlebt werden, wie diese mit subjektiver Bedeutung belegt und somit alltagsrelevant und alltagsstrukturierend wirksam werden. Auch die Untersuchung von Organisationen und Institutionen (Krankenhäuser, Gefängnisse, Internate) oder von speziellen sozialen Wirklichkeiten wird diesem Bereich zugeordnet. So wurden z. B. Studien zu Bodybuildern durchgeführt, um deren Konstruktion von Wirklichkeit zu analysieren (Honer, 1985), oder Studien zur Entstehung und Inkorporierung bestimmter Handelsnormen und -werte in totalen Institutionen (nach Goffman) (z. B. Kalthoff, 1997). Hierbei handelt es sich um die Erforschung von speziellen Lebenswelten, und insofern um die Analyse des Fremden in der Nähe (Honer, 1989). Diese Milieus werden dann so betrachtet, „als ginge es dabei um ‚exotische' Sitten, Gebräuche und Weltanschauungen" (Hitzler 2009, S. 201), die detailliert beschrieben werden müssen. Diese Ausdifferenzierung des ethnografischen Forschens hat sich im Zuge der Modernisierung herausgebildet, sodass durch die Heterogenisierung und Zunahme an gesellschaftlichen Teilkulturen die Methode zunehmend für die Erforschung von Lebenswelten oder bestimmten Milieus eingesetzt wird. Auch die ethnografische Wissenschaftsforschung ist hier zu nennen, die anhand von Laborstudien naturwissenschaftliche Forschungspraxis ethnografisch analysiert (z. B. Knorr-Cetina, 1988; Latour & Woolgar, 1986).

Traditionelle ethnografische Methoden sind dadurch gekennzeichnet, dass der Forschende durch die längerfristige Teilnahme am Leben des zu untersuchenden Feldes selbst zu einem Teil des Untersuchungsfeldes wird und das Verfahren nachhaltig durch diese In-Beziehung-Setzung zum Feld gekennzeichnet ist. Dies führt dazu, dass der Forschende die untersuchte Wirklichkeit aus deren Eigenlogik heraus zu verstehen vermag. Diese „existentielle Perspektivübernahme" (Hitzler & Honer, 2012) ist nur durch eine intensive und langfristige, über die reine Datenerhebung hinausgehende Beziehung zum Feld und den beteiligten sozialen Akteuren möglich. Dies ist Voraussetzung dafür, dass die zu untersuchende Kultur aus der Perspektive deren Angehöriger interpretiert und verstanden werden kann: „to grasp the native's point of view, his relation to life, to realize his vision of his world" (Malinowski, 1978). Ein solches Vorgehen setzt das Aufbauen von Vertrauensbeziehungen voraus, sodass der Forschende von der zu untersuchenden Gruppe akzeptiert wird und ihm vertrauensvoll die relevanten Informationen gegeben werden können.

Im Rahmen ethnografischer Studien werden auch Interviews durchgeführt. Ethnografische Interviews werden häufig mit anderen Methoden der Datenerhebung kombiniert (beobachtende Teilnahme, Dokumentanalysen usw.) und stellen zumeist im Rahmen von Methodentriangulation nur eine Methode unter vielen dar. Ethnografische Interviews werden mit Personen aus dem Feld durchgeführt (auch als Informanten bezeichnet) und sind prinzipiell wenig strukturiert. Sie werden entweder als offene oder als leitfadengestützte Interviews realisiert. Ziel dieser Studien ist es, soziale Wirklichkeiten und deren Herstellung von innen heraus anhand deren dichter Beschreibung zu verstehen.

Kennzeichen konventioneller Ethnografie sind (nach Knoblauch, 2001, S. 129):
- langfristige Feldaufenthalte
- erfahrungsintensiv
- zeitextensiv
- Impressionen
- Schreiben
- offen
- soziale Felder
- Erfahrungen
- Teilnehmerrolle
- Erfassung des Insiderwissens
- subjektiv verarbeiten
- Notizen
- Codieren

Es handelt sich bei konventioneller Ethnografie folglich um eine Methode, in der der Forscher für eine bestimmte Zeit (langfristig) in das zu untersuchende Feld eintaucht und dieses zeitextensiv untersucht. Durch die möglichst lange Dauer nimmt die Erfahrungsintensität zu und es können Insiderinformationen durch die Teilnahme an den sozialen Situationen gesammelt werden. Das Vorgehen ist dabei offen und flexibel. Es werden die Impressionen des sozialen Feldes notiert, mit dem Ziel der umfassenden Erhebung. Häufig wird anhand von Protokollen vorgegangen, wobei das Verfassen von Protokollen nicht neutral ist, sondern jeweils aus der subjektiven Perspektive des Forschenden erfolgt. Die Notizen werden anschließend codiert und ausgewertet, wobei versucht wird, bereits erfolgte Interpretationen rückgängig zu machen und das Material möglichst intersubjektiv auszuwerten.

4.7.1 Fokussierte Ethnografie

Knoblauch (2001) hat als Weiterentwicklung der konventionellen Ethnografie vor allem für soziologische Analysen die fokussierte Ethnografie entwickelt. Diese hat als zentrale Kennzeichen:
- kurzfristige Feldaufenthalte
- datenintensiv/analyseintensiv
- zeitintensiv
- technische Aufzeichnungen
- Aufzeichnen
- Einbezug von Forschergruppen
- fokussiert
- kommunikative Aktivitäten
- Kommunikationen
- Feld-Beobachtungsprotokolle
- Erfassung des Hintergrundwissens
- Konservieren
- Transkriptionen und Notizen
- Codieren und Analyse

Die Methode der fokussierten Ethnografie unterscheidet sich damit grundlegend von jener der konventionellen Ethnografie. Hier erfolgen die Feldaufenthalte nicht über einen längeren Zeitraum hinweg, sondern sie sind kurzfristig angelegt. Die vom Forschenden gemachten Erfahrungen sind damit zeitintensiv und nicht zeitextensiv. Die Untersuchungen werden fokussiert durchgeführt, d. h. das Erkenntnisinteresse ist auf eine klar umrissene Themen- oder Fragestellung ausgerichtet bzw. „auf einen bestimmten Ausschnitt eines sozialen Feldes" (Knoblauch, 2001, S. 132). Die Beobachtungen (Impressionen) des zu untersuchenden Fokus werden nicht notiert, sondern mithilfe technischer Geräte aufgezeichnet (Audio oder Video); dieses Vorgehen soll die Intersubjektivität stärken. Ein Mittel zur Stärkung der Intersubjektivität ist auch das daran anschließende Interpretieren dieser Aufzeichnungen durch z. B. eine Forschergruppe. So können auch nicht direkt am Erhebungsprozess beteiligte Forscher die Daten mit auswerten und somit an der Herstellung intersubjektiv nachvollziehbarer Interpretationen mitarbeiten. Voraussetzung für diese Interpretationen ist die vorhergehende Transkription der aufgezeichneten Daten. Ausgehend von der zu untersuchenden Fragestellung werden entweder nur verbale Inhalte oder auch Nonverbales mit transkribiert. Zumeist stehen Kommunikationen und kommunikative Aktivitäten im Zentrum der Analyse, so z. B. im Ablauf von Streitgesprächen innerhalb von Familien (Knoblauch, 2001, S. 132). Trotz der technischen Aufzeichnung der Situationen werden mehrere Methoden miteinander kombiniert, sodass auch bei der fokussierten Ethnografie Feldbeobachtungen durchgeführt werden und die Forschenden durch aktive Teilnahme am Feld bzw. durch teilnehmende Beobachtung („dichte Teilnahme"; Spittler, 2001) eventuell spezielle Handlungstechniken erlernen (z. B. handwerklicher Art). Ziel dieses Vorgehens ist es, das Hintergrundwissen hinsichtlich des zu untersuchenden Ausschnitts zu ermitteln. Es geht folglich nicht um die Analyse der gesamten Kultur und ihrer Handlungsmuster, sondern gezielt um die Analyse eines bestimmten Bereichs (Fokus), der durch die fokussierte Ethnografie analysiert werden soll. Fokussierte Ethnografie kann auch als „gesellschaftliche Selbstbeobachtung" beschrieben werden. In diesem Fall kennt der Forschende die zu untersuchende Gesellschaft und nutzt diese Erfahrung für die Ethnografie, denn die „Wahl des Ausschnitts [...] setzt die Kenntnis des Rahmens, des Feldes voraus" (Knoblauch, 2001, S. 134).

4.7.2 Durchführung ethnografischer Interviews

Verbale Daten können in der Ethnografie entweder als (1) informelle Gespräche oder in Form von (2) expliziten Interviews erhoben werden.

(1) *Informelle Gespräche* sind „friendly conversation[s]" (Spradley, 1979) mit den Zugehörigen des zu untersuchenden sozialen Feldes und werden nicht durch Fragen oder Leitfäden vorbereitet. Es handelt sich dabei um unstrukturierte Gespräche, die z. B. im Flur einer Institution, in der Teeküche, im Lift oder an anderen Orten spontan und beiläufig stattfinden können. Diese besitzen das Potenzial, dass oftmals Themen zur Sprache kommen, die vom Forschenden in der Vorstrukturierung von Interviews nicht bedacht wurden. Deswegen können die informellen Gespräche zusammen mit den Beobachtungen und anderen Datensammlungen im Feld eine gute Vorbereitung für eine Interviewerhebung darstellen.

(2) *Ethnografische Interviews* hingegen sind geplante Erhebungen verbaler Daten, die zumeist in einer späten Phase der Feldphase stattfinden, sodass bereits einige Daten zum Feld vorliegen und die Interviews gezielt, themenfokussiert und

anhand eines gewissen feldbezogenen Vorwissens stattfinden können (örtlich: auch außerhalb des Feldes). Das Vorwissen ist insofern relevant, als dass die zu stellenden Fragen kaum ohne Vorkenntnisse sinnvoll erarbeitet werden können, „so wie die Frage eines Schach-Laien, wie man beim Schach ein Tor schießt, sinnlos" wäre (Breidenstein et al., 2013, S. 81). Das Interview soll den Zweck erfüllen, durch die themenfokussierte Kommunikation mit dem Interviewten gezielt mehr über das Wissenssystem des zu untersuchenden Feldes zu erfahren. Hier bleibt festzuhalten, dass das ethnografische Interview nur eine Erhebungsmethode unter anderen darstellt und dass diese Methode nicht isoliert Verwendung findet. Häufig haben die Interviewdaten die Funktion, die durch den Forschenden gemachten Beobachtungen und Feldnotizen zu ergänzen, sodass z. B. der Sinn von Handlungen, der aus dem Beobachten nicht erschlossen werden konnte, nun transparent und für den Forschenden nachvollziehbar wird.

Das Ziel ethnografischer Forschung ist das Erkunden einer speziellen Kultur bzw. bestimmter sozialer Felder, seien dies geografisch entfernte Gesellschaften, Subkulturen (Emo, Punks), Angehörige spezieller Handlungspraxen (Menschen mit Tattoos, Bodybuilder) und/oder Gruppen mit bestimmten, von der Gesellschaftsnorm abweichenden Werten und Normen (Sektenmitglieder, Rockerbanden). Ziel ethnografischer Interviews ist demnach nicht die Erhebung subjektiver Sichtweisen, Meinungen oder Einstellungen, sondern das Ermitteln der kulturellen Wissensbestände des untersuchten sozialen Feldes.

Der Ablauf ethnografischer Forschung ist zumeist zyklisch, sodass sich die Prozesse der Datengenerierung und Datenanalyse häufig wiederholen, bis der Erkenntnisgewinn abgeschlossen ist (Sampling: theoretisches Sampling bis gesättigt). Bevor jedoch die ethnografischen Interviews durchgeführt werden können, muss der Forschende einen Zugang zum Feld gefunden haben. Des Weiteren muss der Forschende Zeit im Feld verbracht haben, um dadurch dessen Prinzipien und Strukturen, zumindest in Ansätzen, verstehen zu können. Durch die temporäre Zugehörigkeit des Forschers zum Feld besteht eine Beziehung zwischen dem Interviewten und dem Forscher, sodass bei der Erhebung der Wirklichkeitskonstruktion des Interviewten im Interviewprozess der Forscher durch seine (begrenzte) Kenntnis zum Co-Konstrukteur werden kann (Ortiz, 2003).

4.7.3 Rolle des Interviewenden

Die Rolle des Interviewenden ist beim ethnografischen Interview eine besondere, da dieser durch seine aktive Teilnahme im sozialen Feld diesem temporär und damit partiell zugehört. Diese Form der Teilnahme bezeichnet Spittler als „dichte Teilnahme" (in Anlehnung an das Konzept der „Dichten Beschreibung" des Kulturanthropologen Clifford Geertz) und definiert diese als eine besondere Form der sozialen Nähe, als eine „Nähe, die daraus resultiert, dass man an der Lebensweise der anderen zumindest ansatzweise teilhat" (ebd., 2001, S. 19). Durch diese soziale Nähe wird dem Forschenden eine komplexe Erfassung von Situationen ermöglicht, eine Kompetenz, die er durch sein „Miterleben" in dem speziellen sozialen Feld erlangt hat. In der Ethnografie besteht damit keine klare Trennung zwischen dem Forschungsobjekt und dem Forschungssubjekt. Es entsteht eine Hybridisierung auf beiden Seiten (Breidenstein et al., 2013, S. 85).

4.7.4 Distanzierung

Ethnografische Forschung vollzieht sich oftmals zyklisch und kann sich daher über einen Zeitraum von mehreren Wochen, Monaten oder gar Jahren erstrecken. Bis der Prozess der Datenerhebung vollständig abgeschlossen ist, ist es immer wieder sinnvoll, dass der Forschende Distanz zum untersuchten Feld einnimmt. Diese Distanz ist notwendig, um eine adäquate, d. h. nicht durch persönliche Erfahrungen beeinflusste Auswertung der Daten zu ermöglichen, mit dem Ziel des Verstehens der untersuchten speziellen kulturellen Praktiken.

4.7.5 Auswertung

Die Auswertung ethnografischer Interviews kann anhand verschiedener Methoden stattfinden. Eine Methode der Wahl ist das offene Codieren, bei dem die durch die Transkription der Daten entstandenen Texte inhaltlich durch kurze Codes gekennzeichnet werden. Diese Codes werden dann im Folgenden miteinander in Verbindung gebracht und im Zuge der Analyse thematisch vertieft.

4.7.6 Ablaufmodell ethnografischer Interviews

Fragestellung

Im ersten Schritt muss die Fragestellung erarbeitet werden, aus der sich das Design der Studie ergibt.

Feldauswahl und Feldzugang

Auswahl des zu untersuchenden Feldes, in dem dann auch Beobachtungen usw. stattfinden

Teilnahme am sozialen Feld und Sammlung von Daten

Teilnahme am zu untersuchenden sozialen Feld, Sammlung von Daten anhand verschiedener Erhebungsmethoden

Erarbeitung des Leitfadens

Festlegung der Fragestellung für die ethnografischen Interviews; Erarbeitung eines Leitfadens

Durchführung der ethnografischen Interviews

Durchführung der Interviews mit Teilnehmern des untersuchten sozialen Feldes

Transkription

Transkription der Daten; die Transkriptionsmethode ist abhängig von der Forschungsfrage und vom Erkenntnisziel.

Zyklisch wiederholen

Distanz

Durch Teilnahme am Feld läuft der Forscher Gefahr, zum Co-Konstrukteur zu werden. Deswegen ist die bewusste Distanzierung immer wieder notwendig, um die Objektivität der Analyse zu gewährleisten.

Datenauswertung

Die Auswertung vollzieht sich im zyklischen Prozess permanent parallel zum Datenerhebungsprozess.

Abb. 4.9: Ablaufmodell ethnografischer Interviews im Rahmen ethnografischer Studien (Quelle: eigene Darstellung)

Bei der Würdigung der Methode der ethnografischen Interviews muss immer berücksichtigt werden, dass diese Methode zumeist Teil einer Methodentriangulation darstellt und nicht isoliert eingesetzt wird. Deswegen erweist sich eine Würdigung als schwierig, da diese analytisch von den anderen im Rahmen der ethnografischen Studie durchgeführten Datenerhebung getrennt werden muss. Ethnografische Daten können Texte (Beobachtungsprotokolle, Transkripte, Notizen), Aufzeichnungen (Audio, Video), Dokumente (Akten, Karten, Wegbeschreibungen) oder Objekte (Gegenstände, Werkzeuge) umfassen.

4.7.7 Kritik

Die Durchführung ethnografischer Interviews ermöglicht im Rahmen ethnografischer Studien die gezielte und thematisch fokussierte Erhebung von Daten. Ethnografie ist im Allgemeinen durch große Offenheit gekennzeichnet und läuft deswegen immer Gefahr, zu große und diffuse Datenmengen zu produzieren. Ethnografische Interviews haben deswegen innerhalb dieser Forschungspraxis die Chance, nach Phasen der Beobachtung und des Notierens von Impressionen das Augenmerk auf bestimmte Themenbereiche zu richten.

Als Vorteil ethnografischer Interviews kann sich die Nähe und Vertrautheit des sozialen Feldes erweisen. Da der Forschende nicht nur für das Interview, sondern bereits vorher aktiv am Feldgeschehen teilnimmt, ist er für die Befragten keine unbekannte Person, sondern jemand, der ihnen bereits bekannt und eventuell zu einem gewissen Grad vertraut ist. Dieser Umstand kann von Vorteil sein, weil die Vertrautheit mit dem Forschenden dazu führen kann, dass sich der Interviewte schneller auf den Prozess und intensiver auf das Interviewgeschehen einlässt (und so eventuell sehr vertrauliche und/oder selbstoffenbarende Informationen gewonnen werden können).

Dieser Umstand der aktiven Feldteilnahme erweist sich im Datenerhebungsprozess jedoch nicht nur als Vorteil. Durch das Wissen um das Vorwissen des Interviewenden kann es dazu kommen, dass die Befragten dazu tendieren, selbst weniger Informationen im Interview preiszugeben, da sie diese als selbstverständlich ansehen und davon ausgehen, dass der Interviewende sowieso um diese Informationen weiß. So laufen Interviews durch Teilnehmende des sozialen Feldes Gefahr, weniger detailliert auszufallen, weil Informationen vorausgesetzt und nicht mehr explizit gegeben werden.

Die mögliche Vertrautheit mit dem Interviewenden kann, wie bei den Vorteilen geschildert, dazu führen, dass eine vermehrte Offenheit entsteht. Aber auch das Gegenteil ist möglich, sodass die Vertrautheit mit dem Interviewenden ein Hindernis für eine mögliche Offenheit darstellt, wenn die erfragten Informationen sehr persönlich oder potenziell stigmatisierend sein können, sodass die Preisgabe dieser Informationen unter Bedingungen der Anonymität leichter fällt.

4.7.8 Fazit

Ethnografische Interviews sind eine Methode zur Erhebung verbaler Daten, die nicht isoliert eingesetzt wird, sondern innerhalb eines ethnografischen Forschungsprojekts neben anderen Methoden, wie vor allem der aktiven Teilnahme am Feld und der Feldbeobachtung. Deswegen sind diese Interviews durch eine Nähe zum untersuchten sozialen Feld gekennzeichnet. Dies kann sich, je nach zu untersuchender Fragestellung in den Interviews, als Vorteil oder auch Nachteil erweisen. Das Verständnis der untersuchten Kultur wird durch die Teilnahme an den Interaktionen vor dem Interview auf jeden Fall gestärkt, voraussetzungsreiche Informationen können so besser vom Forschenden eingeordnet und interpretiert werden. Gleichzeitig ergibt sich durch die Vertrautheit die Gefahr, dass die zu untersuchenden Phänomene nicht aus einer objektiven Außenposition analysiert werden, sodass eine Verzerrung der Ergebnisse entstehen kann und der Forscher zum Co-Konstrukteur avanciert und die zu untersuchende Kultur aus ihrer Innenlogik heraus interpretiert. Um Phänomene wissenschaftlich analysieren zu können, muss eine Distanz des Forschenden zum Untersuchungsfeld bestehen. Diese muss bei ethnografischen Studien immer wieder bewusst hergestellt werden, um trotz der aktiven Teilnahme am sozialen Feld und der Wissenskonstruktion des Feldes die Wissenschaftlichkeit der Forschungsergebnisse und deren Interpretation zu gewährleisten.

Die Methode besitzt großes Potenzial, verlangt dem Forschenden jedoch viel methodologische und soziale Kompetenz und Fingerspitzengefühl ab, da dieser die Balance zwischen aktiver Teilnahme am Feld und der dazu notwendigen Einfühlung bei gleichzeitiger Fähigkeit zu innerer Distanz zum untersuchten Phänomen und den untersuchten Menschen benötigt.

4.7.9 Literatur

Breidenstein, G., Hirschauer, S., Kalthoff, H., & Nieswand, B. (2013*). Ethnografie. Die Praxis der Feldforschung*. Konstanz/München: UVK. [Breidenstein, G., Hirschauer, S., Kalthoff, H., & Nieswand, B. (2015). *Ethnografie. Die Praxis der Feldforschung* (2., aktual. Auflage). Konstanz/ München: UVK.]

Hammersley, M., & Atkinson, P. (2007). *Ethnography: Principles in practice*. London: Routledge.

Hitzler, R. (2009). Ethnographie. In R. Buber & H. H. Holzmüller (Hrsg.), *Qualitative Marktforschung. Konzepte – Methoden – Analysen* (2. Auflage), (S. 207–218). Wiesbaden: Gabler.

Hitzler, R., & Honer, A. (2012). Qualitative Verfahren zur Lebensweltanalyse. In U. Flick et al. (Hrsg.), *Handbuch Qualitative Sozialforschung* (3., neu ausgestattete Auflage), (S. 382–384). München: Beltz.

Honer, A. (1985). Beschreibung einer Lebens-Welt. Zur Empirie des Bodybuilding. *Zeitschrift für Soziologie 14*(2), 131–139.

Honer, A. (1989). Einige Probleme lebensweltlicher Ethnographie. Zur Methodologie und Methodik einer interpretativen Sozialforschung. *Zeitschrift für Soziologie 18*(4), 297–312.

Kalthoff, H. (1997). *Wohlerzogenheit. Eine Ethnographie deutscher Internatsschulen*. Frankfurt am Main: Campus Verlag.

Knoblauch, H. (2001). Fokussierte Ethnographie. *Sozialer Sinn 1*(2001), 123–143.

Knorr-Cetina, K. (1988). Das naturwissenschaftliche Labor als Ort der „Verdichtung" von Gesellschaft. *Zeitschrift für Soziologie 17*(2), 85–101.

Latour, B. & Woolgar, S. (1986). *Laboratory life. The construction of scientific facts*. New Jersey: Princeton University Press.

Malinowski, B. (1978). *Argonauts of the Western Pacific. An account of native enterprise and adventure in the archipelagoes of Melanesian New Guinea*. London: Routledge.

Ortiz, A. M. (2003). The ethnographic interview. In F. Stage & K. Manning (Hrsg.), *Research in the college context: Approaches and methods* (S. 35–48). New York: Routledge.

Spittler, G. (2001). Teilnehmende Beobachtung als Dichte Teilnahme. *Zeitschrift für Ethnologie 126*(1), 1–25.

Spradley, J. P. (1979). *The ethnographic interview*. Belmont: Wadsworth. [Spradley, J. P. (2016). *The ethnographic interview* (Reissue). Long Grove: Waveland Press.]

4.8 Das Experteninterview

„Das Experteninterview ist eines der am häufigsten eingesetzten Verfahren in der empirischen Sozialforschung" (Meuser & Nagel, 2009a, S. 465). Im Gegensatz zur Häufigkeit der forschungspraktischen Anwendung der Methode steht ihre definitorische (Un-)Schärfe. Es handelt sich dabei um eine Methode, die relativ unpräzise eine bestimmte Interviewform bezeichnet und unter welcher in der Forschungspraxis unterschiedlichste Formen semi-strukturierter Leitfadeninterviews subsumiert werden. Experteninterviews sind vom Begriff her nicht inhaltlich oder methodologisch bestimmt, sondern lediglich im Hinblick auf die Gruppe der zu interviewenden Personen. Dies ist ungewöhnlich, unterscheidet diese Methode von allen anderen und führt häufig dazu, dass „Experteninterviews [...] oft gemacht, aber selten durchdacht" werden (Bogner & Menz, 2001, S. 477).

Als Experten werden Personen bezeichnet, die durch „institutionalisierte Kompetenz zur Konstruktion von Wirklichkeit" und über ein spezielles Sonderwissen verfügen (Hitzler, 1994). Dieses Sonderwissen haben sich die entsprechenden Personen zumeist durch lange (Aus)Bildungswege erworben, die oftmals mit der Verleihung von Zertifikaten und anderen Formen der objektiven Kompetenzbescheinigung einhergehen, oder das Sonderwissen entsteht durch spezielle Tätigkeiten/ Funktionen z. B. innerhalb von Organisationen. Experten verfügen demnach über ein spezielles Wissen, das einen spezifischen Bereich betrifft und das nicht Teil des Allgemeinwissens ist (z. B. Teilchenphysik, Biotechnologie, Kardiologie). Gerade in (post-) modernen, industrialisierten oder nachindustriellen Gesellschaften haben Experten einen hohen Stellenwert, da diese Gesellschaften zunehmend Spezialwissen produzieren, welches sich seinerseits zunehmend ausdifferenziert. Durch dieses Anwachsen der Wissensbestände sowie deren interne Ausdifferenzierung bringen (post-) moderne Gesellschaften permanent Situationen hervor, die das Allgemeinwissen übersteigen und die professionelle Experten und professionelles Entscheidungswissen notwendig machen (Giddens, 1993).

Versucht man den Expertenbegriff von konkreten Berufsrollen und zertifiziertem Wissen zu lösen, kann man diesen erweitern und den Expertenstatus definieren als Personen, die für ein bestimmtes Wissensgebiet aufgrund ihrer eigenen Aktivität in diesem Bereich fundierte Auskunft geben können. Damit wird der Expertenbegriff von institutionalisierten Zugehörigkeiten gelöst und zu einem voluntaristischen Begriff erweitert (Bogner & Menz, 2001). Diese Erweiterung des Expertenbegriffs ist jedoch riskant, denn aus dieser Perspektive betrachtet könnte jeder Mensch Experte sein, insofern dieser über besondere Informationen und Fähigkeiten verfügt, durch die er sein Leben zu meistern vermag; damit wäre dieser ein Experte „des eigenen Lebens". Diese Konzeption würde den Expertenbegriff derart aufweichen, dass im Grunde die spezielle Methode der Experteninterviews ad absurdum geführt würde. Will man davon ausgehen, dass es eine spezielle Form der Interviews gibt, die als Experteninterviews bezeichnet werden können, muss der Expertenbegriff vom Alltagswissen abgegrenzt werden. Dies setzt voraus, dass eine Differenz zwischen dem Expertenwissen und dem Alltagswissen (oder Laienwissen) besteht. Diese Differenz wird u. a. an der Zugehörigkeit zu bestimmten Professionen festgemacht und bedeutet, dass das Wissen dieser Personengruppen innerhalb bestimmter Gesellschaften als durchsetzungsfähiger und wirkmächtiger eingestuft wird (Liebold & Trinczek, 2009). Diese konstruktivistische Sichtweise auf das Phänomen bedeutet, dass Experten und Expertenwissen gesellschaftliche Konstruktionen darstellen und kann nur gelingen, „wenn gleichzeitig die ‚Laien' die jeweilige Logik der spezifischen Wissensform ‚Expertenwissen' akzeptieren" (ebd., S. 34). So geht die Methode der Experteninterviews von der Prämisse aus, dass bestimmten Personen der Status als Experte für einen bestimmten Wissens/Erkenntnisbereich zugesprochen werden kann.

Im Experteninterview selbst stehen die Interviewten nicht als individuelle Personen im Vordergrund, so, wie dies normalerweise in qualitativen Interviews der Fall ist, sondern als Funktionsvertreter und somit als spezielle Wissensträger. Damit rücken subjektive Konstruktionen und Sinngebungen in den Hintergrund und institutionalisierte Wissensbestände und Problemlösungen stehen im Vordergrund. Experteninterviews sind somit keine biografischen Erhebungen, sondern die Befragten stehen als soziale Akteure eines bestimmten Funktionskontextes im Zentrum des Interesses. Je nach Untersuchungsfeld sind das andere Personen und Personengruppen, denen die Kenntnis des Bereiches sozial zugeschrieben wird: „Adressaten von Experteninterviews sind demnach Funktionseliten innerhalb eines organisatorischen und institutionellen Kontextes" (Liebold & Trinczek, 2009, S. 34).

Im Hinblick auf das Erkenntnisinteresse von Experteninterviews kann zwischen der Erhebung von (a) Kontextwissen oder (b) Betriebswissen differenziert werden (Meuser & Nagel, 2009a, S. 470f.). Bei der Erhebung von (a) Kontextwissen wird der Experte nicht im Hinblick auf sein eigenes Handeln befragt, sondern als Experte für das

Handeln anderer. Diese anderen sind dann jene Personen bzw. Personengruppen, auf die sich das Wissen und die spezielle Kompetenz des Experten beziehen (z. B. Befragung von Experten – Forschern – zum Lebensalltag von Arbeitslosen). Hierbei handelt es sich um explizites Wissen, das gut erhoben und analysiert werden kann. Bei der Erhebung von (b) Betriebswissen hingegen steht der Experte mit seinem Handeln im Zentrum des Forschungsinteresses. Es wird erhoben, wie dieses gestaltet ist, welchen Logiken dieses Handeln folgt und wie dieses strukturiert und/oder begründet wird (z. B. Werbefachleute werden zu der von ihnen produzierten Werbung interviewt). Hierbei handelt sich um explizites und implizites Wissen, sodass es in der Auswertung auch um die Rekonstruktion dieser Sinnebenen gehen wird.

4.8.1 Durchführung von Experteninterviews

Die Durchführung von Experteninterviews setzt nicht nur eine methodische, sondern auch thematisch-inhaltliche Vorbereitung seitens des Interviewenden voraus. Es hat sich gezeigt, dass die Bereitschaft der Experten, ihr Wissen im Interview mitzuteilen, entscheidend von der Kompetenz und dem Wissensstand des Interviewenden beeinflusst wird (Trinczek, 1995). Folglich ist es empfehlenswert, relevante Informationen zum zu untersuchenden Themenbereich vorab zu recherchieren. So wäre es vor einem Interview mit einem Vertreter einer bestimmten Partei sinnvoll, die aktuellen Nachrichten sowie alle mit der Partei, der Person und deren Funktion zusammenhängenden Informationen zur Kenntnis zu nehmen und als Basis für das durchzuführende Experteninterview anzusehen.

In der praktischen Durchführung von Experteninterviews hat sich des Weiteren gezeigt, dass Status und Geschlecht des Interviewenden eine entscheidende Rolle spielen können. So hat Trinczek (1995) anhand seiner Expertenstudie zu Managern herausgefunden, dass eine bestimmte Erwartungshaltung seitens der Befragten vorherrscht, sodass der Forschende als kompetent und erfahren wahrgenommen werden soll; außerdem wird ein hoher Status bei den Forschenden erwartet. Der Status des Interviewenden wird dann als Gradmesser für die Wertschätzung der eigenen Person genommen, wenn Führungskräfte aussagen, dass der Forschende wenigstens promoviert sein sollte (Meuser & Nagel, 2009a, S. 475). Hier spielt auch die Geschlechterzugehörigkeit eine wichtige Rolle, da in einer (immer noch) geschlechtshierarchisch strukturierten Gesellschaft die Experten vermehrt männlichen Geschlechts sind. Dies kann dazu führen, dass Interviewerinnen von manchen Experten als nicht kompetent eingeschätzt werden, was zu Problemen im Interviewprozess führen kann. Werden diese hingegen als nicht statusgleich und nicht gleich kompetent, aber als „akzeptabel inkompetent" (Gurney, 1985) anerkannt, so kann das dem Geschlecht zugeschriebene Kompetenzgefälle von Vorteil sein, weil dieses den Interviewten eventuell dazu veranlasst, mehr und detailliertere Informationen im Interview preiszugeben. Dieser Vorteil sollte nicht unterschätzt werden

Tab. 4.2: Unterschiedliche Interaktionskonstellationen beim Experteninterview (Quelle: nach Bogner & Menz 2001, S. 495, angepasst an neue deutsche Rechtschreibung)

	Typisierungsdimensionen	Indizien der Kommunikationssituation	(Zugeschriebene) Voraussetzungen aufseiten des Interviewers	Interviewstil, Frageformen	Mögliche Vorteile	Mögliche Nachteile	Primärer Anwendungsbereich
Interviewer als Co-Experte	Fachkompetenz (gleichwertige)	Symmetrische Interaktionssituation: zahlreiche Gegenfragen des Interviewten	Beherrschung der Fachterminologie, Fachwissen, institutioneller Background, wissenschaftliche Titel	Dialogorientiert, permanente Nachfragen, schneller Wechsel von Fragen und Antworten, „Informationshandel"	Hohes fachliches Niveau, Faktenreichtum	Verbleib im professionellen Referenzrahmen des Befragten; „technizistischer Einschlag"	Explorative oder systematisierende Experteninterviews; Fakten- und datenorientierte Erhebungen
Interviewer als Laie	Fachkompetenz (niedrige)	Asymmetrische Interaktionssituation zugunsten des Befragten: Monologe, demonstrative Gutmütigkeit, Paternalismus	Niedrigerer Status des Interviewers in Relation zum Befragten; Fachfremdheit	Interviewer primär als Rezipient, erzählgenerierende Fragen, engagierte, aber naive Nachfragen	Hohes Vertrauen des Befragten, Erzählzwang, Entlastung des Interviewers	Geringe Steuerbarkeit des Interviews	Theoriegenerierende Experteninterviews; Deutungswissensorientierte Untersuchungen
Interviewer als Autorität	„Evaluator": Macht; „Überlegener Fachexperte": Fachkompetenz (höhere)	Asymmetrische Interaktionssituation zugunsten des Interviewers; Legitimationsstrategien des Befragten	Institutioneller Background: fachlicher Autoritätsstatus oder machtpolitisch bedeutsame Position	Autoritärer Fragestil, kritische Nachfragen, Unterbrechen des Befragten	Expressive Selbstdarstellung des Befragten	„Soziale Folgenlosigkeit" verletzt; Verschweigen, „kritischer" Sachverhalte	Nicht empfehlenswerte Interviewsituation; bei Evaluation bisweilen unvermeidlich
Interviewer als Komplize	Normativer Hintergrund (geteilter)	Offenlegung von geheimem Wissen, „persönlicher" Redestil des Befragten (z. B. Duzen des Interviewers)	Persönliche Bekanntschaft, geteilter Erfahrungshintergrund (z. B. Mitgliedschaft in politischen Organisationen)	Alltagssprachlicher, „persönlicher" Interviewstil; permanente Bestätigung der Gemeinsamkeit; vielfache Frageformen möglich	Sehr hohes Vertrauen des Befragten; Zugang zu vertraulichen Informationen	Normative Prämissen bleiben unexpliziert	Explorative, systematisierende und theoriegenerierende Experteninterviews; Untersuchungen, die auf technisches und Prozesswissen zielen
Interviewer als potenzieller Kunde	Normativer Hintergrund (divergenter)	Ablehnung des Interviewers, kurze Antworten, kritische Gegenfragen	Interviewer öffentlich bekannt als „Kritiker"; institutioneller Background in nicht akzeptierten Organisationen	Tendenziöse Interviewerfragen, offensichtliche Suggestivfragen; keine verbale und nonverbale Bestätigung des Befragten	Ausführliche Präsentation der normativen Prämissen	Gefahr des Gesprächsabbruchs	Nicht empfehlenswerte Interviewsituation; kann bei Untersuchung in ethisch oder politisch umstrittenen Untersuchungsfeldern auftreten; teilweise nutzbringend in deutungswissensorientierten Untersuchungen

und kann zu einem entscheidenden Erkenntnisgewinn führen, da in diesen Fällen der Interviewende nicht als Konkurrent empfunden wird, sondern als Person, die der Interviewte mit seinem Wissen bereichern kann.

Es können aber auch unabhängig vom Status und Geschlecht des Forschenden verschiedene Typologien der Interaktionskonstellation beim Experteninterview aufgestellt werden, die jeweils Auswirkungen auf die Interviewsituation haben und entsprechend berücksichtigt werden müssen (siehe Tab. 4.2).

4.8.2 Leitfaden

Experteninterviews werden in den meisten Fällen als leitfadengesteuerte Interviews realisiert, da sie thematisch strukturiert sind und anhand von erzählgenerierenden Fragen versuchen, konkrete Themenbereiche zu untersuchen, die den speziellen Wissensbeständen der Experten zugerechnet werden können. Da hier nicht die Person des Experten, sondern dessen Wissen im Fokus steht, werden biografisch individuelle Inhalte im Experteninterview bewusst ausgeklammert.

Der Leitfaden besteht demnach aus den relevanten Themen, die – ausgehend von der Forschungsfrage – im Zuge der einzelnen Experteninterviews angesprochen werden sollen. Um eine möglichst natürliche Gesprächsführung zu ermöglichen, wird ein flexibler Umgang mit dem Leitfaden empfohlen. Zwar sind so die Themenkomplexe vorgegeben, die Fragereihenfolge bleibt aber dem Forschenden vorbehalten, sodass dieser die Themen je nach Gesprächsverlauf in das Interview einflechten kann.

4.8.3 Auswertung

Die Auswertung von Experteninterviews erfolgt zumeist als typologisierende Analyse. Diese besteht aus mehreren Schritten, die sukzessive aufeinander aufbauen und in denen das Material zunehmend verdichtet wird und sich in verschiedenen Ebenen der Abstraktion vom Einzelinterview ablöst. Die Auswertung von Experteninterviews orientiert sich an den thematischen Feldern, die in der Befragung angesprochen wurden, und verläuft von daher themenorientiert und nicht subjektorientiert, d. h. nur das Material, das das spezifische Thema betrifft, findet in der Auswertung Berücksichtigung. Dieses Vorgehen gliedert sich in fünf Schritte:

(1) *Transkription:* Aufgrund der thematischen Fokussierung werden die Audioaufnahmen von Experteninterviews meistens nicht vollständig, sondern lediglich selektiv transkribiert. Dies bedeutet forschungspraktisch, dass nur jene Passagen verschriftlicht werden, die von thematischer Relevanz für die untersuchte Fragestellung sind. Parasprachliche und prosodische Elemente werden nicht oder nur sehr begrenzt notiert, da der Fokus auf der Inhaltsebene liegt.

(2) *Paraphrase*[2]: Die thematisch relevanten Passagen werden nach der Transkription paraphrasiert. Dieses Vorgehen wird nach Meuser & Nagel als ein Vorgehen mittels des Alltagsverstands (ebd., 2000, S. 476) bezeichnet. Die Paraphrase soll dem Gesprächsverlauf folgen und die gemachten Aussagen inhaltsgetreu, aber komprimiert zusammenfassen.

(3) *Codierung:* Nach diesem Schritt erfolgt die Codierung, die das schriftliche Material weiter verdichtet. Die Codierung des Materials bedeutet eine thematische Zuordnung der einzelnen Interviewpassagen: Dieser Schritt sollte möglichst textnah erfolgen, sodass z. B. spezielle Terminologien der Befragten übernommen werden. Passagen können dann entweder einem oder mehreren Codes zugeordnet werden, je nach inhaltlicher Aussage.

(4) *Thematischer Vergleich:* Nach dem Codieren erfolgt der thematische Vergleich. Darunter wird die Bündelung verschiedener Textpassagen mehrerer Interviews zum gleichen Themenfeld bzw. Code verstanden.

(5) *Typologische Analyse:* Nach dem thematischen Vergleich folgt die typologische Analyse, in welcher das gesamte Material anhand der Teilthemen reorganisiert wird, sodass nicht mehr die Fälle, sondern die Themen die Dimension bestimmen.

Fall	Teilthemen (T 1–6)								
F 1	T 2	T 5	T 2	T 1	T 6	T 3	T 4	T 3	T 6
F 2	T 1	T 6	T 4	T 2	T 5	T 4	T 3		
F 3	T 5	T 1	T 6	T 1	T 4	T 3	T 2	T 6	T 4	T 2
F 4	T 4	T 5	T 2	T 1	T 6	T 3			
F 5	T 6	T 2	T 1	T 3	T 5	T 4	T 5	T 2	

Abb. 4.10: Vorher: Strukturierung anhand der Fälle (Quelle: nach Liebold & Trinczek, 2009, S. 42)

Teilthema	Fälle (1–5)				
T 1	F 1	F 2	F 3	F 4	F 5
T 2	F 1	F 2	F 3	F 4	F 5
T 3	F 1	F 2	F 3	F 4	F 5
T 4	F 1	F 2	F 3	F 4	F 5
T 5	F 1	F 2	F 3	F 4	F 5
T 6	F 1	F 2	F 3	F 4	F 5

Abb. 4.11: Nachher: Strukturierung anhand der Themen (Quelle: nach Liebold & Trinczek, 2009, S. 44)

Diese Neustrukturierung ist die Ausgangsbasis für die Erarbeitung von Typologien, die versuchen, das Typische verschiedener Wirklichkeitsausprägungen im empiri-

---

2 Hier gibt es jedoch auch Positionen, die der Ansicht sind, dass dieser Schritt der Paraphrasierung entfallen könne (Ullrich, 2006).

schen Material herauszuarbeiten. Dies geschieht anhand der Verdichtung des Materials zu jedem Teilthema, sodass am Ende differenzierte Typologien dargestellt werden können, unter anderem z. B. anhand der Rekonstruktion interner Logiken, die diesen Typologien zugrunde liegen.

4.8.4 Ablaufmodell von Experteninterviews

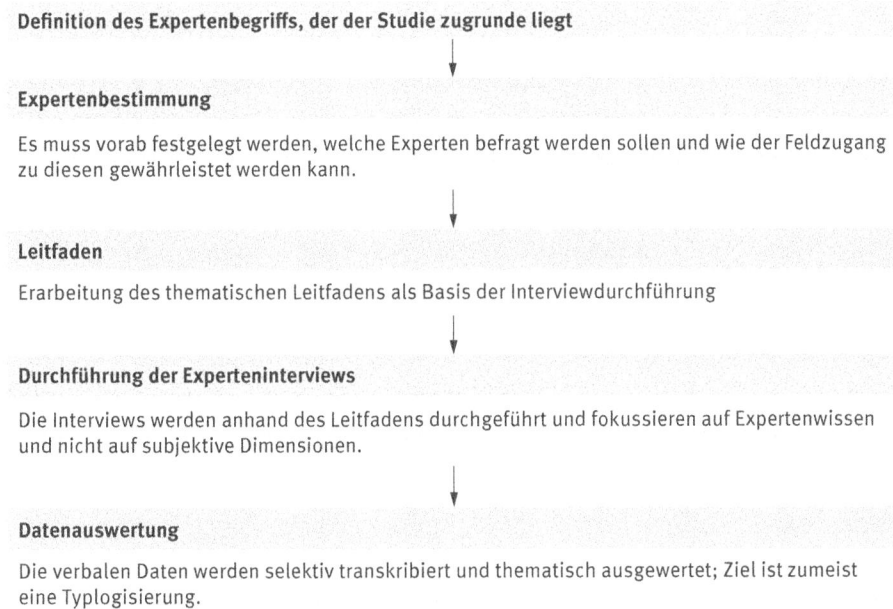

Definition des Expertenbegriffs, der der Studie zugrunde liegt

Expertenbestimmung

Es muss vorab festgelegt werden, welche Experten befragt werden sollen und wie der Feldzugang zu diesen gewährleistet werden kann.

Leitfaden

Erarbeitung des thematischen Leitfadens als Basis der Interviewdurchführung

Durchführung der Experteninterviews

Die Interviews werden anhand des Leitfadens durchgeführt und fokussieren auf Expertenwissen und nicht auf subjektive Dimensionen.

Datenauswertung

Die verbalen Daten werden selektiv transkribiert und thematisch ausgewertet; Ziel ist zumeist eine Typlogisierung.

Abb. 4.12: Ablaufmodell von Experteninterviews (Quelle: eigene Darstellung)

4.8.5 Kritik

Das Experteninterview gehört zu den bekanntesten und wohl am häufigsten angewendeten Methoden der qualitativen Sozialforschung; dies gilt vor allem für den deutschsprachigen Raum. Dieser intensive empirische Einsatz steht jedoch im Gegensatz zur methodischen Reflexion und Bestimmung dieser Interviewform, denn es liegt ein offensichtlicher Mangel an Theorie hinsichtlich der inhaltlichen Definition und Durchführung von Experteninterviews vor. Dies hat seine Ursache vermutlich darin, dass die Bezeichnung „Experteninterview" vorerst keine Methode, sondern lediglich eine bestimmte Zielgruppe für die Datenerhebung bezeichnet. Nun stellt sich die Frage, was unter dem Begriff zu verstehen ist.

Als erstes Problem tritt zutage, dass der Begriff des Experten nicht klar definiert ist. Experten werden von verschiedenen Autoren unterschiedlich definiert, sodass ein eng gefasster und ein weit gefasster Expertenbegriff vorzufinden sind: Geht die eng gefasste Definition davon aus, dass Experten durch Sonderwissen und institutionalisierte Kompetenz, d. h. ihre Berufsrolle, gekennzeichnet sind (in Anlehnung an Sprondel, 1979), so versteht der weite Begriff unter Experten viele verschiedene Formen des Spezialwissens über einen bestimmten sozialen Sachverhalt, sodass in dieser Sichtweise nicht nur institutionalisierte Formen der Kompetenz als Expertentum anerkannt werden, sondern alle zum Experten werden können (z. B. durch ein bestimmtes Hobby). Eine weit gefasste Definition des Expertenbegriffs bringt das Problem mit sich, dass auf dieser Grundlage die Begründung einer eigenständigen Methode der Experteninterviews problematisch wird. Wenn alle z. B. durch ihre Hobbys zu Experten werden können, ist diese Methode weniger durch die Expertise einer Person gekennzeichnet als vielmehr durch den thematischen Fokus. Unklar wäre, wie sich diese Methode von einem semistrukturierten Leitfadeninterview unterscheiden lässt. Die Zielsetzung von Experteninterviews liegt in der Analyse der befragten Experten, die ihrerseits als Medium fungieren, durch welches „der Sozialwissenschaftler Wissen über einen ihn interessierenden Sachverhalt erlangen will" (Gläser & Laudel, 2009, S. 12). Nicht der Experte als Person, mit individuellen Einstellungen, Gefühlen und Meinungen steht im Fokus, sondern der Experte wird als Repräsentant einer bestimmten Gruppe befragt. Gerade beim weiten Begriff, bei dem alle zu Experten des eigenen Lebens werden können, stehen damit auch subjektive Erfahrungen im Zentrum. Möchte man Experteninterviews als eigenständige Methode anhand eines speziellen Forschungsinteresses begründen, so muss der Begriff des Experten kompetenzbezogen und spezifiziert erfolgen, da ansonsten jegliche Abgrenzung gegenüber anderen Formen der Leitfadeninterviews problematisch wird.

Ausgehend von einer spezifischen und differenzierten (und damit engen) Definition des Expertenbegriffes stellt sich trotzdem die Frage, ob das Experteninterview eine eigenständige Methode darstellt, zumal diese Methode von einigen Forschern als semi-strukturiertes Leitfadeninterview und damit als Unterform der Leitfadeninterviews definiert wird (z. B. Flick, 2000; Liebold & Trinczek, 2009). Meuser und Nagel argumentieren, dass das Experteninterview eine eigenständige Methode darstellt, weil es zum einen auf die Erhebung einer speziellen Art des Wissens abzielt und zum anderen, weil „wir es mit einem Modus von Wissen zu tun haben, dessen Besonderheiten einen spezifischen methodischen Zugriff erfordern" (ebd. 2009a, S. 466). Auch Gläser und Laudel (2009) konzipieren Experteninterviews als eigenständige Methode, jedoch mit der Begründung, dass es sich um rekonstruktive Untersuchungen handelt. Rekonstruktive Untersuchungen wollen soziale Situationen oder Prozesse rekonstruieren, d. h. Kausalmechanismen innerhalb von Handlungssystemen untersuchen. Diese Begründung ist jedoch problematisch, weil sie nicht spezifisch ist, denn rekonstruktive Zielsetzungen sind nicht an einen „exklusiven" (d. h. einen engen und institutionen- oder berufsspezifischen) Expertenstatus gebunden.

Als ein weiteres Problem kann die Methode des selektiven Transkribierens benannt werden. Dieses Vorgehen setzt voraus, dass anhand der Audiodateien eine Entscheidung getroffen werden muss, welche Passagen als themenrelevant zu bezeichnen sind und welche aufgrund dieser Einschätzung folglich transkribiert werden sollen. Eine solche Entscheidung ist jedoch bereits ein Schritt der inhaltlichen Interpretation und damit Teil des Auswerteprozesses. Des Weiteren zeigt sich anhand der Forschungspraxis, dass relevante Passagen in einem Interview leicht überhört, jedoch bei vollständiger Transkription kaum überlesen werden können. Ein solches Vorgehen ist zwar pragmatisch im Hinblick auf Zeit-, Personal- und Kostenressourcen, beinhaltet jedoch das Risiko des Fehlers. Werden in diesem Schritt relevante Informationen übersehen, finden diese im gesamten weiteren Auswerteprozess keine Berücksichtigung mehr und sind somit epistemologisch verloren. Deswegen sollten keine Hilfskräfte, sondern nur erfahrene Forscher selbst den Schritt des Benennens der inhaltlich relevanten Passagen für die Transkription durchführen. Hier wäre auch eine Intersubjektivitätsprüfung notwendig, sodass z. B. zwei erfahrene Forscher jeweils unabhängig voneinander anhand der Audiodatei die inhaltlich relevanten Passagen kennzeichnen.

4.8.6 Fazit

Das Experteninterview sollte als eigenständige Methode anerkannt werden, jedoch nur unter der Prämisse, dass der Begriff des Experten genau spezifiziert wird und dass es sich bei Experten um Personen handelt, die über eine Form des spezialisierten Sonderwissens verfügen, welches mit der Berufsrolle und Formen der kompetenzbezogenen Institutionalisierung einhergeht (keine Experten des eigenen Lebens o. Ä.). Im Fokus der Erhebung stehen damit nicht die Personen als Individuum, sondern die Experten werden als Vertreter einer bestimmten Sozialgruppe mit einem speziellen Wissen interviewt, deren Kenntnisse zu einem bestimmten Sachverhalt von Interesse sind. Daraus ergeben sich besondere Formen der Auswertung, die mit einer speziell strukturierten Auswertung und selektiver Transkription einhergehen. Diese sind mit großer Sorgfalt auszuführen, weil sie sonst die Daten derart vorstrukturieren, dass relevante Informationen verloren gehen könnten. Bei entsprechend kompetenter Umsetzung können Experteninterviews eine gute Methode sein, um spezialisiertes Wissen zu erheben und strukturiert auszuwerten.

4.8.7 Literatur

Bogner, A., & Menz, W. (2001). „Deutungswissen" und Interaktion. Zu Methodologie und Methodik des theoriegenerierenden Experteninterviews. *Soziale Welt 52*(4), 477–500.
Giddens, A. (1993). Tradition in der post-traditionalen Gesellschaft. *Soziale Welt 44*(4), 445–485.

Gläser, J., & Laudel, G. (2009). *Experteninterviews und qualitative Inhaltsanalyse*. Wiesbaden: VS Verlag für Sozialwissenschaften. [Gläser, J., & Laudel, G. (2010). *Experteninterviews und qualitative Inhaltsanalyse* (4. Auflage). Wiesbaden: VS Verlag für Sozialwissenschaften.]

Gurney, J. N. (1985). Not One of the Guys: The Female Researcher in a Male-Dominated Setting. *Qualitative Sociology 8*(1), 42–62.

Hitzler, R. (1994). Wissen und Wesen des Experten. In R. Hitzler et al. (Hrsg.), *Expertenwissen: die institutionalisierte Kompetenz zur Konstruktion von Wirklichkeit* (S. 13–30). Wiesbaden: Vieweg + Teubner Verlag.

Liebold, R., & Trinczek, R. (2009). Experteninterview. In S. Kühl et al. (Hrsg.), *Handbuch Methoden der Organisationsforschung* (S. 32–56). Wiesbaden: VS Verlag für Sozialwissenschaften.

Meuser, M., & Nagel, U. (2009a). Das Experteninterview – konzeptionelle Grundlagen und methodische Anlage. In S. Pickel et al. (Hrsg.), *Methoden der vergleichenden Politik-und Sozialwissenschaft* (S. 465–479). Wiesbaden: VS Verlag für Sozialwissenschaften.

Meuser, M., & Nagel, U. (2009b). Experteninterview und der Wandel der Wissensproduktion. In A. Bogner et al. (Hrsg.), *Experteninterviews. Theorien, Methoden, Anwendungsfelder* (S. 35–60). Wiesbaden: VS Verlag für Sozialwissenschaften.

Sprondel, W. M. (1979): „Experte" und „Laie": Zur Entwicklung von Typenbegriffen in der Wissenssoziologie. In W. M. Sprondel & A. Grathoff (Hrsg.), *Alfred Schütz und die Idee des Alltags in den Sozialwissenschaften* (S. 140–154). Stuttgart: Enke.

Trinczek, R. (1995). Experteninterviews mit Managern. Methodische und methodologische Hintergründe. In C. Brinkmann et al. (Hrsg.), *Experteninterviews in der Arbeitsmarktforschung: Diskussionsbeiträge zu methodischen Fragen und praktische Erfahrungen* (S. 59–67). Nürnberg: Institut für Arbeitsmarkt- und Berufsforschung der Bundesanstalt für Arbeit.

Ullrich, P. (2006). Das explorative ExpertInneninterview: Modifikationen und konkrete Umsetzung der Auswertung von ExpertInneninterviews nach Meuser/Nagel. In T. Engartner et al. (Hrsg.), *Die Transformation des Politischen. Analysen, Deutungen, Perspektiven* (S. 100–109). Berlin: Karl Dietz Verlag.

4.9 Convergent Interviewing

Die Interviewmethode des *Convergent Interviewing* (CI), auf Deutsch am besten zu übersetzen als konvergierende bzw. zusammenführende Interviewtechnik, bezeichnet eine Methode, bei der mehrere Interviews mit dem Ziel der Themensondierung durchgeführt werden. Es handelt sich folglich um eine Erhebungsmethode, die der Erkundung eines bisher kaum wissenschaftlich untersuchten Bereichs dient und somit als explorativ zu bezeichnen ist. Entwickelt wurde die Methode des CI im Laufe der 1980er-Jahre von Bob Dick von der Universität in Queensland/Australien. Sie findet vor allem im englischsprachigen Raum sowie in der Marktforschung Anwendung. Inzwischen wird diese Interviewtechnik auch in den Sozial- und Gesundheitswissenschaften eingesetzt, vorrangig wenn es sich um bisher nicht untersuchte Felder handelt und/oder stärker anwendungsbezogene Daten ermittelt werden sollen.

4.9.1 Exkurs: Action Research

Convergent Interviewing wird als Interviewform beschrieben, die an der Technik des *Action Research* orientiert ist (Dick, 1990, S. 2). Die Wurzeln der Aktionsforschung, die wissenschaftliche Forschung und praktisches Interesse miteinander zu verbinden versucht, reichen bis in die 1930/40er-Jahre zurück. Dieser Ansatz wurde vom Sozialpsychologen Kurt Lewin aufgegriffen und zu einer Methode ausgearbeitet, deren Ziel die Lösung gesellschaftlicher Probleme durch praxisnahe Forschung des entsprechenden sozialen Feldes darstellt. Seine Konzeption des *Action Research* ist ein Miteinander von Praxis und Wissenschaft mit dem erklärten Ziel der Erarbeitung praxisrelevanter und praktisch umsetzbarer Lösungen: „[...] action research [is] a comparative research on the conditions and effects of various forms of social action, and reserach leading to social action" (Lewin, 1946, S. 35). Um Veränderungen herbeizuführen, sei wissenschaftliche Grundlagenforschung nicht ausreichend, sondern man benötige hierfür einen Ansatz, der praxisnah sei, sich praxisorientiert den Problemen im Feld annähere und anhand der Forschungsdaten Ansätze zur Verbesserung der sozialen Realität beitrage.

In den USA hat die Methode des *Action Research* seit den 1940er-Jahren eine ungebrochene Tradition und wird häufig eingesetzt (z. B. für die Untersuchung von sozialen Randgruppen und Minderheiten, Untersuchungen zur Partizipation von Arbeitern im Betrieb); die deutschsprachige Forschung entdeckte diese Methode im Zuge der kritischen Methoden- und Theoriediskussionen Ende der 1960er-Jahre. Der praxisnahe Ansatz wurde vor allem von der Pädagogik, den Erziehungswissenschaften, der Soziologie und der Sozialarbeit aufgegriffen. Grundparadigmen waren dabei, dass (1) die Forschenden an den untersuchten sozialen Prozessen selbst teilnehmen, dass (2) mit den Betroffenen im Feld gruppenweise gearbeitet wird und dass (3) auch die untersuchten Gruppen/Akteure in die konkreten Forschungstätigkeiten mit einbezogen werden. Dies hat zur Folge, dass es sich weniger um Befragte oder Beobachtete handelt als vielmehr um Subjekte, die sich in den Forschungsgesamtprozess aktiv einbringen können (siehe hierzu z. B. Unger et al., 2007). Damit setzt sich die *Action Research* bewusst von bisherigen Konzepten der wissenschaftlichen Forschung ab. Vor allem durch ihre Zielsetzung der Veränderung der sozialen Praxis und Realität stellt sie sowohl eine empirische Forschungsmethode als auch eine Methode zur Herbeiführung gesellschaftlicher Veränderung dar.

Dieser Ansatz blieb nicht frei von Kritik und *Action Research* wurde als theorielos kritisiert: dass eine einheitliche theoretische Basis fehle, dass diese Methode sich durch mangelnde Theoriebildung auszeichne, dass sie eine Fetischierung der Praxis betreibe (Schneider, 1980), bis hin zum Vorwurf, dass es – mit Blick auf Lewins Arbeiterstudien – nicht um eine Veränderung der gesellschaftlichen Praxis ginge, sondern um eine bessere Einpassung des Menschen und damit um die „Optimierung der Arbeitsmaschine Mensch" (Cremer, 1980). Der Erfolg des *Action Research* war im deutschsprachigen Raum aufgrund dieser Kritikpunkte begrenzt. Ab den 1990er-Jahren war diese Methode fast vollständig aus der Forschungslandschaft verschwunden. Zum Teil hat die Methode jedoch unter anderen Labels wie z. B. der Praxisforschung oder im Konzept der Selbstevaluation überdauert; einige deutschsprachige Forscher wenden heute ganz bewusst *Action Research* in der Tradition Lewins an.

4.9.2 Durchführung von Convergent Interviews

Die Methode des CI steht nun in dieser Tradition der *Action Research*, in dem die Praxisrelevanz und nähe des *Action Research* konzeptuell verankert und forschungspraktisch in den Interviews umgesetzt wird. Das konkrete empirische Vorgehen gliedert sich in 13 Schritte und kann wie folgt beschrieben werden (Dick, 1998):

(1) *Referenzgruppe:* Zuerst muss definiert werden, welche Bezugsgruppe für das konkrete Thema von Bedeutung ist. Die Referenzgruppe selbst wird aus der Gruppe der infrage kommenden Personen ausgewählt, jedoch nicht nach einem Zufallsprinzip, sondern anhand ihres Wissens über das zu untersuchende Thema.

(2) *Festlegung der relevanten Informationen:* Es muss vorab festgelegt werden, welche Art von Informationen im Fokus der Interviews stehen soll. Da es sich um eine sehr offene und flexible Technik handelt, ist es wichtig, diesen Fokus festzulegen, da ansonsten die Gefahr besteht, dass Interviews zu nicht relevanten Themenbereichen durchgeführt werden.

(3) *Zielgruppe:* Es muss des Weiteren vorab definiert werden, für welche Zielgruppe die Ergebnisse ermittelt werden. Dies unterscheidet das CI von anderen Interviewtechniken, die reines Forschungsinteresse haben – das CI ist anwendungsbezogen und hat immer eine bestimmte Zielgruppe im Blick. Zielgruppe und Referenzgruppe sollten möglichst keine personellen Überschneidungen haben.

(4) *Informieren der Interessentengruppe:* Es sollten alle Personen, die direkt oder indirekt betroffen sind, über das empirische Vorgehen informiert werden, um Irritationen und Missverständnisse zu vermeiden.

(5) *Sample:* Es müssen die Elemente festgelegt werden, die in den Interviews befragt werden sollen. Hierbei folgt das CI dem Prinzip der Relevanz, d. h. jene Personen, von denen angenommen wird, sie würden über die meisten Informationen zum Themenfeld verfügen, sollen zuerst befragt werden. In Reihenfolge der abnehmenden Relevanz werden dann die Personen befragt, wobei auch das Sampling mittels des Schneeballverfahrens (siehe hierzu Kap. 7.4.4) zulässig ist. Des Weiteren sollte ein möglichst heterogenes Sample (Prinzip der Varianzmaximierung) befragt werden: „Decide the person ‚most representative' of the population. She will be the first person interviewed. Then nominate the person ‚next most representative, but in other respects as unlike the first person as possible'; then the person ‚next most representative, but unlike the first two' ... And so on. This sounds ‚fuzzy'; but in practice most people use it quite easily" (Dick, 1998, o.S.).

(6) *Interviewerauswahl und -schulung:* In diesem Schritt werden die als Interviewende infrage kommenden Personen geschult. In der Praxis soll bei Anwendung der CI jeweils paarweise gearbeitet werden, sodass sich die Interviewenden nach den jeweils durchgeführten (1 × 1) Interviews austauschen können. Dieses Vorgehen soll das Risiko von Verzerrungseffekten bei den Interviewenden (*Interviewer Bias*) minimieren.

(7) *Planung der Interviewdurchführung:* Hier sollte vor allem die Eröffnungsfrage gut vorbereitet werden. Diese ist im CI eine Frage, die nicht zwingend zum Forschungsthema überleiten muss, die aber einen Einstieg in das Interview ermöglichen soll. Diese erste Einstiegsfrage sollte eine offene Frage sein, bei der der Interviewte zum Erzählen aufgefordert wird, ohne von dem Interviewenden unterbrochen zu werden („Erzählen Sie doch mal, wie ist es für Sie, in der Firma X zu arbeiten?"). Erst nachfolgend werden dann konkrete (Nach-)Fragen seitens des Interviewenden gestellt.

(8) *Interviewdurchführung:* In diesem Schritt werden die Interviews realisiert. Diese folgen dem Schema, dass zuerst (a) die Einstiegsfrage gestellt wird, daran anschließend (b) soll der Interviewte möglichst lange erzählen (ca. eine Stunde). Der Interviewende stellt in diesem Part lediglich Fragen, die den Erzählfluss anregen und aufrechterhalten sollen. Im darauffolgenden Schritt (c) erfolgt eine Zusammenfassung des bisher Gesagten. Hier wird (d) auf unklare oder uneindeutige Aussagen fokussiert und es werden (e) Ergänzungsfragen gestellt, um Klarheit zu schaffen.

(9) *Auswertung:* In diesem Schritt werden die Interviews individuell interpretiert. Dies bedeutet beim CI, dass ein schriftlicher Report zu jedem durchgeführten Interview vom Interviewenden verfasst wird, der ca. eine Seite Material umfasst.

(10) *Vergleich der Interviews:* Die verfassten Notizen zu allen durchgeführten Interviews werden verglichen. Anhand dieses Vorgehens sollen Themen erkannt werden, die in mehr als einem Interview zur Sprache kamen – diese werden dann im Hinblick auf die beinhaltenden Wertungen (Zustimmung, Diskrepanz) sortiert. Wenn sowohl zustimmende als auch ablehnende (Diskrepanz) Meinungen vorzufinden sind, müssen diese hinsichtlich der Argumentationen analysiert werden. Hierzu werden Probefragen entwickelt, die diese Aussagen genauer analysieren sollen (z. B. „Wo ist es Ihrer Meinung nach sinnvoll, Verkehrsberuhigungsmaßnahmen durchzuführen und wo nicht?").

(11) Überprüfung des gesamten Vorgehens: Das kritische Betrachten des bisherigen empirischen Vorgehens hat zum Ziel, etwaige Modifikationen innerhalb dieses Prozesses vorzunehmen, um diese dann in Schritt (12) umzusetzen.

(12 *Nochmalige Durchführung von Interviews (Recycle):* CI werden zyklisch durchgeführt, sodass der Prozess ab Stufe 8 nochmals durchgeführt wird. Dieser Vorgang wird so lange wiederholt, bis eine Sättigung eingetreten ist. Eine solche tritt ein, wenn zwei neu durchgeführte Interviews keinerlei neue Informationen ergeben. Dann wird der Prozess abgeschlossen.

(13) *Bericht:* Auf Grundlage der Ergebnisse aller erfolgten Befragungsdurchführungen wird ein Bericht erstellt.

Der zyklische Prozess in den Schritten von 8–11 ist eines der Kernelemente der Methode. Dick hat dieses Vorgehen als „successive approximation" beschrieben (ebd., 1990, S. 3), also als eine schrittweise Annäherung. Dies bedeutet, dass das empirische Vorgehen im Laufe des Prozesses angepasst wird; so werden zu Beginn offene Fragen gestellt und es wird unstrukturiert interviewt, mit der Zeit, d. h. mit zunehmendem Erkenntnisgewinn, nimmt der Grad an Strukturierung zu und die Fragen werden fokussierter im Hinblick auf das Kernthema. CI zeichnet sich durch Sukzessivität aus, sodass sich das Design, die Forschungsfrage(n) und das Vorgehen im Zuge der zyklischen Durchgänge immer deutlicher herauskristallisieren.

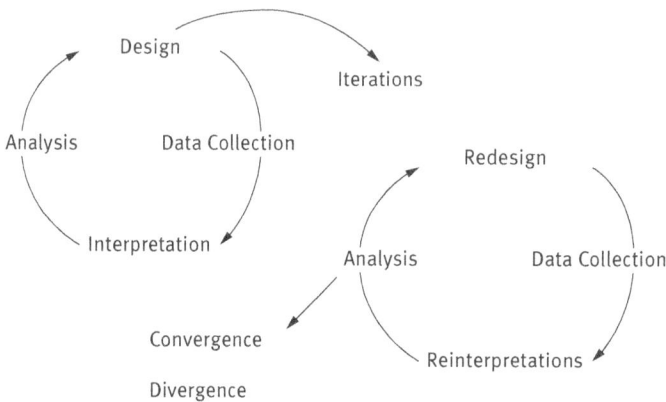

Abb. 4.13: Zyklisches Vorgehen beim Convergent Interviewing (Quelle: nach Williams & Lewis, 2005, S. 221)

Ein wichtiges Element der Methode des Convergent Interviewing ist zum einen die Technik, die Interviewten zu motivieren, über einen längeren Zeitabschnitt hinweg zu erzählen. Um dies zu unterstützen, werden Techniken wie nonverbale Rückmeldungen (Nicken) oder paraverbale Zeichen („hmm") angewendet, die die Interviewten darin bestärken, in ihrer Erzählung fortzufahren. Auch Rückfragen zu unklaren Aussagen oder zu Details sind zulässig (siehe Schritt 8). Zum anderen gehört die Eröffnungsfrage zu den wichtigen Techniken, da diese für den Erfolg der Befragungen von entscheidender Bedeutung ist.

4.9.3 Ablaufmodell des Convergent Interviewing

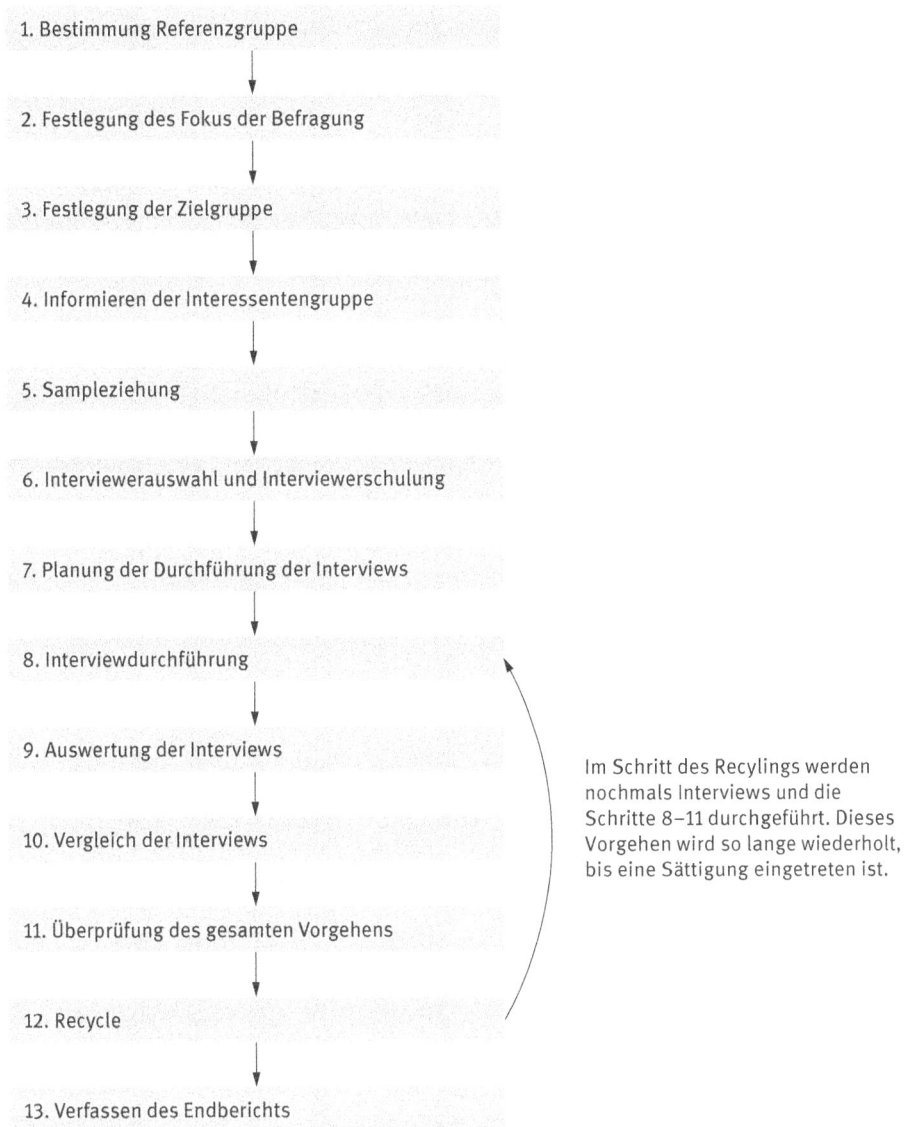

1. Bestimmung Referenzgruppe

↓

2. Festlegung des Fokus der Befragung

↓

3. Festlegung der Zielgruppe

↓

4. Informieren der Interessentengruppe

↓

5. Sampleziehung

↓

6. Interviewerauswahl und Interviewerschulung

↓

7. Planung der Durchführung der Interviews

↓

8. Interviewdurchführung

↓

9. Auswertung der Interviews

↓

10. Vergleich der Interviews

↓

11. Überprüfung des gesamten Vorgehens

↓

12. Recycle

↓

13. Verfassen des Endberichts

Im Schritt des Recylings werden nochmals Interviews und die Schritte 8–11 durchgeführt. Dieses Vorgehen wird so lange wiederholt, bis eine Sättigung eingetreten ist.

Abb. 4.14: Ablaufmodell des Convergent Interviewing (Quelle: eigene Darstellung)

4.9.4 Kritik

Als Vorteil des Convergent Interviewing kann benannt werden, dass damit effizient und ressourcenschonend praxisnahe Daten erhoben werden können. So müssen mit dieser Methode nur wenige Individuen befragt werden, da diese anhand eines kontrastierenden Prinzips gesampelt werden. Das gesamte Vorgehen ist zyklisch organisiert – wie bei der Grounded Theory (Glaser & Strauss) – sodass nach jedem Interview eine Auswertungs- und Interpretationsphase folgt, die dem weiteren Sampling vorangeht. Durch dieses schrittweise Vorgehen kann der Erhebungsprozess abgeschlossen werden, sobald eine „Sättigung" der Daten eingetreten ist, d. h. sobald anhand der Interviews keine neuen Erkenntnisse mehr erzielt werden.

Als Nachteil der Methode muss erwähnt werden, dass die Methode der Datenauswertung im Konzept keine Beachtung findet. Die Datenauswertung erfolgt beim CI direkt nach der Datenerhebung, da die Ergebnisse die Basis des weiteren Samplingprozesses darstellen. Zur eigentlichen Auswertungsmethodik werden jedoch keinerlei Angaben gemacht. Es wird lediglich festgehalten, dass jedes Interview in schriftlicher Form zusammenzufassen ist (*Report*), dass die Interviews selektiv ausgewertet werden und dass der *Report* die Basis des Vergleichs der Interviews bildet.

4.9.5 Fazit

Die Methode des Convergent Interviewing wird häufig im englischsprachigen Raum als Alternative zu Tiefeninterviews angewendet; im deutschsprachigen Raum findet diese Methode z. B. in der Markt- und Managementforschung Anwendung. Dies hat damit zu tun, dass es sich um eine sehr praxisbezogene Methode handelt, deren Ziel nicht nur in der Analyse, sondern auch in der Änderung bestimmter Abläufe oder Strukturen liegt. Es handelt sich folglich um ein strategisches Element, das vornehmlich für explorative und induktive Vorgehensweisen geeignet ist. Dies hat auch darin seinen Grund, dass hier anhand einer geringen Anzahl von Interviews schnell Ergebnisse erzielt werden können, da diese zyklisch erhoben werden und insgesamt progressiven Charakter haben, sodass sich der Fokus immer mehr zuspitzt (Rao & Perry, 2003). Dieses methodische Vorgehen wurde von Dick (1990; 1998) relativ klar beschrieben, zumindest was den formalen Ablauf und die Abfolge der verschiedenen Stufen des Prozesses des Convergent Interviewing angeht. Völlig unklar bleiben hingegen die Methoden, nach denen die dadurch entstandenen Daten ausgewertet werden sollen. Die Daten liegen beim CI lediglich in notizenhafter Form vor und sollen anschließend selektiv ausgewertet werden – hierfür müsste ein klares Konzept vorliegen, welches ein regelgeleitetes Vorgehen bei diesen Arbeitsschritten beschreibt.

So ist die Methode des Convergent Interviewing in erster Linie eine Struktur, die der Vorbereitung und Durchführung von praxisnahen Interviews dient und weniger eine strukturierte oder theoriegeleitete Methode für deren Auswertung.

4.9.6 Literatur

Cremer, C. (1980). *Transparenz wissenschaftlicher Prozesse durch Aktionsforschung?* Europäische Hochschulschriften, Band 43. Frankfurt am Main: Peter Lang.

Dick, R. (1990). *Convergent interviewing*. Interchange: Brisbane.

Dick, B. (1998). Convergent interviewing: a technique for qualitative data collection. Verfügbar unter URL: http://www.aral.com.au/resources/iview.html (letzter Aufruf: 05.07.2018).

Lewin, K. (1946). Action research and minority problems. *Journal of Social Issues 2*(4), 34–46.

Rao, S., & Perry, C. (2003). Convergent interviewing to build a theory in under-researched areas: principles and an example investigation of internet usage in inter-firm relationships. *Qualitative Market Research: An International Journal 6*(4), 236–247.

Schneider, U. (1980). Handlungsforschung. In R. Asanger & G. Weininger (Hrsg.), *Handwörterbuch der Psychologie* (S. 188–194). Weinheim: Beltz.

Unger, H. V., Block, M., & Wright, M. T. (2007). *Aktionsforschung im deutschsprachigen Raum: zur Geschichte und Aktualität eines kontroversen Ansatzes aus Public Health Sicht*. Wissenschaftszentrum Berlin für Sozialforschung.

Williams, W., & Lewis, D. (2005). Convergent interviewing: a tool for strategic investigation. *Strategic Change 14*(4), 219–229.

5 Qualitative Gruppeninterviewverfahren

5.1 Gruppen

Interviews können nicht nur mit Einzelpersonen, sondern auch mit Gruppen durchgeführt werden. Sie verbinden damit das Prinzip der Erhebung verbaler Daten mit Prozessen der Gruppeninteraktion und Gruppendynamik. Die Geschichte von Gruppenerhebungsmethoden reicht bis in die 1920er-Jahre zurück (Bogardus, 1926) und aktuell liegen verschiedene Ausdifferenzierungen von Gruppenerhebungsmethoden vor.

Eine Gruppe bedeutet im soziologischen Sinne, dass mehrere Menschen in einer sozialen Beziehung zueinander stehen, die regelmäßige Interaktionen, ein Gefühl der Zusammengehörigkeit („Wir-Gefühl"), ein System gemeinsam geteilter Werte und Normen, ein Geflecht aufeinander bezogener Rollen und eine gewisse Dauerhaftigkeit der Beziehung umfasst, sodass mit der Zeit eine Identifizierung der einzelnen Mitglieder mit der Gruppe stattfindet. Im Hinblick auf gruppenbezogene Datenerhebungsmethoden muss jedoch beachtet werden, dass nicht nur Gruppen im soziologischen Sinne befragt werden, sondern auch Gruppen von Personen, die nur zum Zweck der Datenerhebung, d. h. temporär als Gruppe bezeichnet werden können, und die sich nur in der Laborsituation der Befragung als Gruppe zusammenfinden. Deswegen muss differenziert werden zwischen:

- *Realgruppen*: Hierunter werden alle Gruppen subsumiert, die unabhängig von der Datenerhebung als Gruppe bezeichnet werden können. Realgruppen sind damit Gruppen im soziologischen Sinne, die über einen längeren Zeitraum hinweg miteinander in Kontakt stehen, gemeinsame Erfahrungen, Werte und Normen vertreten und eine kollektive geteilte Erfahrungs- und Handlungsbasis haben. Realgruppen sind bzgl. bestimmter Eigenschaften sehr homogen, wie z.B. hinsichtlich des sozialen Status, des Bildungshintergrunds usw.
- *Künstliche Gruppen*: Künstliche Gruppen sind z.B. unter den Fragstellungen der Gruppendiskussion zusammengestellte Gruppen, die ansonsten nicht miteinander interagieren würden. Die soziale Interaktion der Gruppenteilnehmenden ist hier auf die temporäre Labor- oder Erhebungssituation beschränkt.
- *Milieugruppen*: Hierbei handelt es sich um Gruppen, die vor allem für Gruppendiskussionen zur Erhebung kollektiver Orientierungen (siehe Kap. 5.3) eingesetzt werden. Unter einer Milieugruppe werden Personen verstanden, die sich persönlich nicht kennen, die aber durch gleiche soziale Lage oder soziales Schicksal (z.B. Flüchtlingsstatus) miteinander verbunden sind. Milieugruppen haben ähnliche Lebenslagen und zeigen deswegen relative Wert-, Handlungs- und Einstellungshomogenität.

Der Begriff der Gruppe kann folglich im methodologischen Kontext sowohl eine Gruppe im soziologischen Sinne bezeichnen als auch rein pragmatische Bedeutung

https://doi.org/10.1515/9783110545982-005

haben, wenn Menschen mit gleichen Merkmalen, die nur zum Zweck der gemein-schaftlichen Datenerhebung versammelt werden, als Gruppe bezeichnet werden.

Neben dieser Unterscheidung von realen (auch „natürliche") und künstlichen Gruppen können Gruppen weiter unterschieden werden nach ihrer Zusammenset-zung:

- *Homogene Gruppen*: Als homogene Gruppen werden jene Gruppen bezeichnet, deren Teilnehmer im Hinblick auf die Verteilung der für die Untersuchung rele-vanten Merkmale homogen sind. Eine homogene Gruppe wäre z. B. eine Diskussi-onsgruppe, die ausschließlich aus männlichen akademischen Arbeitslosen einer bestimmten Fachdisziplin zusammengesetzt ist, oder aus Probanden, die alle ein bestimmtes Medikament einnehmen. Homogene Gruppen sollen durch die Ähn-lichkeit der Teilnehmenden möglichst viele Anknüpfungspunkte für eine gemein-same Diskussion bieten und verfolgen ein anderes Erkenntnisziel als heterogene Gruppen. Durch die Homogenität ist eine tiefer gehende Analyse jener Situation, die von den Teilnehmenden geteilt wird (z. B. Erfahrung der Arbeitslosigkeit als Akademiker einer bestimmten Fachdisziplin), eher möglich und Binnendifferen-zierungen können herausgearbeitet werden.
- *Heterogene Gruppen*: Heterogene Gruppen sind jene Gruppen, bei denen sich die Teilnehmenden hinsichtlich relevanter Merkmale für die zu untersuchende Fragestellung unterscheiden. Ziel einer heterogenen Gruppendiskussion ist es, durch die Heterogenität der Teilnehmenden eine möglichst große Vielfalt an Mei-nungen und Erfahrungen zu aktivieren. Des Weiteren kann Heterogenität eine Strategie darstellen, bewusst Differenzen zu provozieren und damit die Teilneh-menden zu klaren Stellungnahmen und Begründungen ihrer Standpunkte zu bringen. Eine heterogene Gruppe wäre z. B. eine Gruppe von Erwerbslosen (ohne Übereinstimmung der Qualifikation, des Alters, des Geschlechts oder anderer Merkmale). Es gilt jedoch, darauf zu achten, dass die Heterogenität nicht zu groß ausfällt, da ansonsten die Möglichkeit besteht, dass aufgrund einer fehlenden gemeinsamen Erfahrungs- oder Handlungsbasis keine konstruktive Diskussion zustande kommt. Heterogene Gruppen sind geeignet, um Meinungsbildungspro-zesse zu untersuchen, da diese durch die Interaktionen hinterfragt und begrün-det werden müssen und es gegebenenfalls auch zu einem Meinungswechsel im Zuge der Diskussion kommen kann. Sie sind auch geeignet, um ein breites Spek-trum an Meinungen hinsichtlich einer bestimmten Fragestellung generieren zu können.

Gruppenmethoden der Datenerhebung sind die Gruppendiskussion, Fokusgruppen oder das Gruppeninterview. Diese Methoden werden in der akademischen Forschung erst in den letzten Jahren vermehrt zur Kenntnis genommen, wohingegen Datenerhe-bungsmethoden unter Einsatz von Gruppen seit Langem intensiv in der Markt- und Meinungsforschung eingesetzt werden. Der Grund für die lange Vernachlässigung dieser Methoden in der akademischen Forschung liegt darin, dass Gruppenmethoden kaum methodologisch fundiert sind; die intensive Anwendung dieser Methoden in der kommerziellen Forschung ist demnach weniger der methodologischen Fundierung der Methode als vielmehr ökonomischen und forschungspragmatischen Gründen zuzuschreiben. Zu den ausführlichen Darstellungen der einzelnen Methoden, deren Anwendung, Herausforderungen und Problematiken siehe Kap. 5.2, 5.3, 5.4 und 5.5.

5.2 Fokusgruppen

Die Methode, mit Fokusgruppen zu arbeiten, stammt aus den USA und wurde von Merton, Fiske und Kendall (1956) im Rahmen der Entwicklung von Methoden zur Analyse der Propagandawirkung begründet (siehe auch fokussiertes Interview, Kap. 4.4). Unter Fokusgruppen werden alle Gruppenverfahren subsumiert, die anhand eines moderierten und strukturierten Verfahrens (anhand der Verwendung eines Leitfadens) eine zeitlich begrenzte und thematisch orientierte Gruppeninteraktion zu einem bestimmten Thema mittels eines Stimulus initiieren, wobei die Teilnehmenden vorab anhand bestimmter Kriterien zusammengestellt wurden. Die Themenstellung der Interaktion wird dabei vom Forschenden vorgegeben und die anhand des thematischen Stimulus entstehenden Gruppeninteraktionen generieren die Datenbasis für die Auswertung. Gruppenverfahren dienen der Erhebung von Meinungen und Einstellungen und werden mit einer begrenzten Anzahl von Teilnehmenden zu einem konkret vorgegebenen Thema durchgeführt. Der gesamte Gruppenprozess wird anhand eines bestimmten Fokus (Stimulus oder Informationsinput) angeregt (Merton et al., 1956), der zu Beginn dargeboten wird (Bild, Film, Zeitungsartikel usw.). Die Methode hat sich ab den 1960er-Jahren vor allem in der Marktforschung etabliert, wurde im deutschsprachigen Raum bisher kaum verwendet und wird nun zunehmend in der Gesundheitsförderung, in den Gesundheitswissenschaften und im Sozialwesen eingesetzt. Als die etablierten Einsatzbereiche von Fokusgruppen lassen sich nennen: Markt- und Meinungsforschung, akademische Forschung, öffentliche und Nonprofit-Organisationen und partizipatorische Ansätze (Krueger & Casey, 2015). Im englischsprachigen Raum wird diese Methode als *Focus Group* oder als *Focus Group Interviews* bezeichnet (siehe hierzu u. a. Perecman & Curran, 2006).

In Bezug auf diese Methode bzw. in Bezug auf alle Gruppenerhebungsmethoden herrscht definitorische Unschärfe, da die Begriffe Fokusgruppe, Gruppeninterview und Gruppendiskussion in der Literatur sehr unterschiedlich definiert und zum Teil sogar als synonym angesehen werden. In diesem Abschnitt wird versucht, die Methode der Fokusgruppe (nach Merton et al., 1956) von den Methoden der Gruppendiskussion und der Gruppeninterviews möglichst trennscharf abzugrenzen, sodass klare Kriterien benannt werden, die die Fokusgruppe als eigenständige Methode kennzeichnen. In Anlehnung an Merton et al. wird davon ausgegangen, dass ein entscheidendes Kriterium bei Fokusgruppen die thematische Fokussierung anhand eines dargebotenen konkreten Stimulus ist (auch wenn einige Autoren davon ausgehen, dass eine Fokusgruppe dadurch als fokussiert zu bezeichnen ist, wenn die Teilnehmenden auf ein bestimmtes Thema fokussiert sind [Kitzinger & Barbour, 2001]).

Bei Fokusgruppen wird als Einführung in die Diskussion bzw. als Diskussionsanregung ein thematischer Stimulus verwendet, wie z. B. ein Bild, ein Film, ein Zeitungsartikel oder ein Vortrag zum zu behandelnden Thema. Ziel dieses Verfahrens ist es, die Teilnehmenden zur Diskussion eines bestimmten Themas anhand des dargebotenen Stimulus zu motivieren; die Diskussion selbst wird von einem Moderator geleitet. Bei dieser Methode wird die entstehende kommunikative Interaktion nicht nur zur Datensammlung genutzt, sondern auch die kommunikative Interaktion selbst ist entscheidender Teil des Ganzen, denn die Gruppensituation führt dazu, dass die Diskutanten ihre Meinungen und Positionen den anderen Teilnehmenden gegenüber erklären und gegebenenfalls verteidigen müssen. Diese Methode ist also geeignet, um das Wissen, die Meinungen und Einstellungen von Personen zu untersuchen und um zu untersuchen „not only what people think but how they think and why they think that way" (Kitzinger, 1995, S. 299). Daraus folgt, dass Fokusgruppen vor allem durch folgende Kriterien definiert werden können:
(1) Fokusgruppen sind eine Methode zur Erhebung von Daten.
(2) Die Diskussion ist auf ein Thema fokussiert und wird durch einen konkreten Stimulus initiiert.
(3) Die Gruppeninteraktionen selbst stellen die Datenquelle dar.
(4) Fokusgruppen bestehen aus einer Gruppe von 6–10 Personen.
(5) Fokusgruppen sind moderiert und der Moderator nimmt eine aktive Rolle ein.
(6) Der Moderator moderiert die Gruppe auf Basis eines vorab erstellten Leitfadens.
(7) Fokusgruppendiskussionen dauern ca. 1–2 Stunden.

Ausgehend von diesen Prämissen ergeben sich folgende Konsequenzen: Fokusgruppen können von anderen Gruppen unterschieden werden, da es sich bei ihnen um fokussierte Gruppendiskussionen handelt, die nur mit dem Ziel der Datenerhebung durchgeführt werden. Folglich sind sie von therapeutischen Gruppen oder anderen Diskussionsgruppen wie z. B. Gruppen zur Entscheidungsfindung abzugrenzen. Des Weiteren sind Fokusgruppen von anderen Formen der Datenerhebung zu unterscheiden, die keine interaktiven Diskussionen zwischen den Akteuren zulassen (wie z. B. die Delphi-Befragung einer Expertengruppe), oder von Formen der Gruppendiskussion, die ohne Moderator und ohne Leitfaden stattfinden.

Fokusgruppen werden neben kommerzieller Anwendung sehr häufig im Bereich der Gesundheitsforschung eingesetzt. So etablierte sich diese Methode auch für sehr sensible Themenbereiche wie Familienplanung, Sexualität und HIV/AIDS (in den 1980/1990er-Jahren), weil diese Methode die freie Meinungsäußerung aller, z. B. auch der Mitglieder marginalisierter Gruppen, ermöglicht: „to give them a voice" (Morgan, 1996, S. 133).

Als bewährte Einsatzbereiche der Fokusgruppen können benannt werden (nach Schulz, 2012):

- *Testverfahren:* Fokusgruppen werden eingesetzt, um die Wirkung bestimmter medial vermittelter Inhalte zu untersuchen. Dies geschieht inzwischen vor allem im Rahmen von Marktforschungsstudien, in denen eine Optimierung hinsichtlich der Medienwirkung der zu vermittelnden Botschaft angestrebt wird.
- *Meinungsvielfalt:* Fokusgruppen können eingesetzt werden, um die Vielfalt an Meinungen zu einer bestimmten Themenstellung zu eruieren. Die Diskussion der verschiedenen Teilnehmenden soll dabei die Artikulation verschiedener Positionen unterstützen.
- *Akzeptanzanalyse:* Fokusgruppen können eingesetzt werden, um die Akzeptanz eines bestimmten Produkts oder einer Entscheidung vorab zu untersuchen. Hier wird die Diskussion dafür genutzt, um nicht nur rationale, sondern auch emotionale Argumente zu erheben.
- *Konfliktschlichtung:* Fokusgruppen können im Rahmen der Konfliktschlichtung zum Einsatz kommen. Hierbei bietet die moderierte Gruppensituation eine gute Basis für den Austausch der konfligierenden Interessen, beinhaltet aber auch die Gefahr der unsachlichen Diskussion, die trotz guter Moderation eintreten kann. Auch zeigt sich das Problem, dass widersprüchliche Standpunkte im Zuge der Fokusgruppe nicht gelöst werden können.
- *Evaluation:* Hierbei handelt es sich um einen neueren Einsatzbereich der Methode der Fokusgruppe. Die Gruppensituation wird hierbei genutzt, um verschiedenen Positionen zu einer bestimmten Veranstaltung, zu einem Programm oder einer Kampagne Raum zu geben, sodass diese in der Gruppe diskursiv evaluiert werden können.

Fokusgruppen sind eine Methode, die meist nicht isoliert, sondern im Kontext anderer Methoden im Rahmen von methodentriangulierenden Designs eingesetzt wird. Häufige Anwendungsgebiete sind explorative Studien, bei denen der Einsatz von Fokusgruppen neue und unerwartete Ergebnisse erzielen kann, wodurch Hypothesen generiert werden können. Dabei ist der Einsatz dieser Methode weniger zeit-, personal- und damit kostenaufwendig, als dies z. B. fokussierte Interviews wären.

Tab. 5.1: Beispiel eines Forschungsdesigns unter Einsatz verschiedener Fokusgruppen (Quelle: nach Henseling et al., 2006, S. 26)

Anzahl Fokusgruppen	Zielgruppe	Definition
2 Fokusgruppen	Passive Mitglieder	Mitglieder von Umwelt- und Naturschutzorganisationen, die einen regelmäßigen Mitgliedsbeitrag zahlen und/oder regelmäßig spenden, aber nicht ehrenamtlich im Umweltbereich tätig sind.
2 Fokusgruppen	Passive Mitglieder des Umweltverbands XX	Mitglieder des Verbands XX, die einen regelmäßigen Mitgliedsbeitrag zahlen und/oder regelmäßig spenden, aber nicht ehrenamtlich dort tätig sind.
1 Fokusgruppe	Potenziell Interessierte	Personen, die sich vorstellen können, im Umweltbereich ehrenamtlich aktiv zu werden, bisher ein solches Engagement aber (noch) nicht ausüben.
2 Fokusgruppen	Neue Ehrenamtliche	Personen, die punktuell und projektbezogen ehrenamtlich engagiert sind, oft zeitlich befristet und möglicherweise bei unterschiedlichen Organisationen und Projekten.
1 Fokusgruppe	Uninteressierte/ Uninformierte	Personen, die kein explizites Interesse am Thema Umwelt haben und nicht ehrenamtlich im Umweltbereich engagiert sind.

5.2.1 Auswahlkriterien

Fokusgruppen bestehen in der Regel aus 6–10 teilnehmenden Personen und dauern ca. 1–2 Stunden (oder inkl. Pause 2–3 Stunden). Da es sich um eine kleine Gruppe von Personen handelt, wird im Normalfall nicht anhand eines *Random Sampling* vorgegangen, sondern es werden bewusst bestimmte Personen oder Personengruppen für die Teilnahme angesprochen. Die Auswahl der Teilnehmenden für eine Fokusgruppe erfolgt anhand des Aspekts der Eignung (*Applicability*), d. h., es werden Personen ausgewählt, von denen man ausgeht, dass sie etwas zum Thema beizutragen haben – unter der Berücksichtigung der Verfügbarkeit dieser Personen. Es handelt sich folglich um eine bewusste Auswahl, in der die Teilnehmenden neben ihrer thematischen Passung als Elemente einer bestimmten Grundgesamtheit evtl. nach Geschlecht, Einkommen, Beruf, Wohnort usw. ausgewählt werden.

Es hat sich gezeigt, dass Fokusgruppen die besten Ergebnisse erzielen, wenn die Teilnehmenden in Bezug auf sozioökonomische und demografische Aspekte relativ homogen sind, da die gemeinsame Erlebnis- und Handlungsbasis die Kommunikationsbereitschaft der Teilnehmenden erhöht (Block et al., 2010). Des Weiteren wird auch davon ausgegangen, dass der gemeinsame Erfahrungshintergrund dazu führt, dass die Antworten ehrlicher und offener ausfallen (Schulz, 2012, S. 14). Möchte man hingegen untersuchen, wie divergente Gruppen bestimmte Phänomene erleben oder bewerten, empfiehlt es sich, heterogene Gruppen auszuwählen, um die eventuell bestehende Vielfalt an Meinungen und Einstellungen zu erheben. Es können, je nach Forschungsinteresse, Realgruppen oder auch künstliche Gruppen eingesetzt werden (siehe hierzu Kap. 5.1.1). In der Markt- und Meinungsforschung werden Gruppen von Konsumierenden oder Betroffenen, in der Wissenschaft hingegen Angehörige einer bestimmten Grundgesamtheit ausgewählt (Schulz, 2012, S. 14).

5.2.2 Durchführung

Die Durchführung von Fokusgruppen gliedert sich in drei Hauptphasen, die Vorbereitungsphase (1–6), die Durchführungsphase (7) und die Auswertungsphase (8); diese Phasen können wie folgt binnendifferenziert werden (angelehnt an Bürki, 2000, S. 104):

(1) *Problemdefinition, Themenfestlegung, Forschungsfrage:* Die Themenfelder für den Einsatz von Fokusgruppen sind sehr breit und variabel. So können Fokusgruppen zum einen für konkrete Fragestellungen (z. B. im Hinblick auf ein Produkt) für Markt- und Meinungsforschungen eingesetzt werden, zum anderen aber auch für die explorative Erkundung eines bisher noch kaum erforschten Bereichs. Iterative Konzepte sind denkbar, sodass anhand der ersten Ergebnisse einer Fokusgruppe das Vorgehen modifiziert (ggf. präzisiert wird) und danach weitere Fokusgruppen durchgeführt werden.

(2) *Festlegung der zu befragenden Gruppe:* Nach der Festlegung der zu untersuchenden Forschungsfrage muss entschieden werden, welche Gruppe von Personen (homogen, heterogen, Realgruppe, künstliche Gruppe) sich als geeignet erweist und wie viele Personen die zu befragenden Gruppen umfassen sollen. In der Forschungspraxis zeigt sich, dass Fokusgruppen zumeist homogene künstliche Gruppen sind, die aus 6–10 Personen bestehen. Innerhalb eines Projekts werden häufig 3–5 Fokusgruppen gebildet, um eine Vergleichbarkeit der Daten zu ermöglichen. Die Gruppengröße bestimmt die darin stattfindenden Interaktionen maßgeblich: Kleine Gruppen (5 Personen oder weniger) laufen Gefahr, zu wenig Interaktionen zu generieren. Große Gruppen (mehr als 10 Teilnehmende) bergen das Risiko, dass sich weniger aktive Teilnehmende zurückziehen. Allgemein lässt sich sagen, dass die Anforderungen an den Moderator mit der Gruppengröße steigen. Da für eine Studie mehrere Fokusgruppen durchgeführt werden können, können diese, je nach Forschungsinteresse, auch unterschiedlichen Samplepirnzipien folgen. So kann in jeder Gruppe eine andere Zielgruppe zu Wort kommen, wenn diese als projektrelevant definiert wurde. Beispielsweise könnten in einer Studie zur Akzeptanz einer bestimmten Technologie im Bereich der Altenpflege das Fachpflegepersonal, betroffene Senioren, Institutionenleitung und die Entwickler der Technologie als Fokusgruppen zusammengestellt werden.

(3) *Auswahl und Schulung der Moderatoren:* Der Moderator nimmt bei Fokusgruppen eine zentrale Rolle ein, da er das gesamte Gespräch im Hinblick auf Themenstellung, Forschungsinteresse und Dynamik der Gruppe steuert. Steuerung beinhaltet, die Dynamik der Gruppe aufzugreifen und einzubinden, sie muss sensibel und unter Berücksichtigung der Gruppenprozesse erfolgen und orientiert sich inhaltlich am vorab erstellen Leitfaden. Die Aufgabe des Moderators ist mit der eines Dirigenten vergleichbar, der sowohl die Einstimmung in das Thema als auch das gesamte Zusammenspiel aller Teilnehmenden leiten muss (Greenbaum, 1998). Der Moderator darf nicht selbst an der Diskussion teilnehmen und hat die Aufgabe, den gesamten Prozess anhand des Leitfadens sensibel zu steuern. Um dies leisten zu können, muss er über verschiedene Kompetenzen verfügen: (a) Begrenzte Sachkompetenz. Er muss in der zu diskutierenden Thematik insoweit bewandert sein, als dass die diskutierten Themen und Argumente von ihm inhaltlich verstanden werden können, sodass die Leitung und Lenkung der Diskussion möglich ist. (b) Soziale Kompetenz. Der Moderator muss Empathie und Verhandlungsgeschick mitbringen und die Gruppen sozial kompetent leiten. Auch (c) kommunikative Kompetenz erweist sich als relevantes Merkmal, sodass der Moderierende die Gruppe dabei unterstützt, konstruktiv, nicht missverständlich, effektiv und empathisch zu kommunizieren.

(4) *Leitfadenerstellung und Festlegung des Stimulus:* Der Leitfaden bestimmt die thematische Ausrichtung der gesamten Fokusgruppe und damit auch den Grad der Strukturierung. Er kann stichwortartig und damit sehr offen und flexibel aufgebaut sein kann oder auch konkret vorformulierte Fragen und vorgegebene Fragenreihenfolgen (höherer Grad der Strukturierung) enthalten.

Die Wahl des Stimulus ist von entscheidender Bedeutung für das Gelingen von Fokusgruppen. Der Stimulus sollte so gewählt werden, dass er eine angeregte und tiefgründige Diskussion anzuregen vermag, weswegen dieser gut geplant und gewählt werden muss. Der Stimulus kann z. B. ein Film oder Video, ein Bild oder ein Foto, ein Text, ein Vortrag oder ein Objekt sein. Er wird meist zu Beginn der Diskussion dargeboten, um den gesamten Diskussionsprozess anzuregen. Es gibt jedoch auch Formen von Fokusgruppen, bei denen zu verschiedenen Zeitpunkten verschiedene Stimuli dargeboten werden.

(5) *Pretest:* In der wissenschaftlichen Forschung ist das Vorabtesten der einzusetzenden Instrumente selbstverständlich; in der Markt- und Meinungsforschung wird darauf zumeist aus zeitökonomischen Gründen verzichtet. Der Pretest soll vor allem den erarbeiteten Leitfaden, den darzubietenden Stimulus und das Verhalten des Moderators einer empirischen Prüfung unterziehen.

(6) *Rekrutierung der Teilnehmenden:* Die Rekrutierung der Teilnehmenden richtet sich nach der zu untersuchenden Forschungsfrage. Je nach Fragestellung soll die Gruppe homogen, heterogen, eine Realgruppe oder eine künstliche Gruppe, zusammengesetzt nach bestimmten sozio-demografischen oder anderweitigen Kriterien (Wohnort usw.) sein. In der Praxis hat sich gezeigt, dass die Teilnah-

mebereitschaft recht gering ist, sodass viele Personen nach dem jeweiligen Re-krutierungsschlüssel angefragt werden müssen; eine Daumenregel besagt, dass circa 20 Anfragen notwendig sind, um einen Teilnehmenden zu gewinnen, und dass es schwieriger ist, zu weiten Themenstellungen interessierte Personen zu finden (z. B. zum Thema Politik), als wenn es sich um eine Fokusgruppe zu einem sehr konkreten Bereich handelt (z. B. Karrieren von Frauen in der Wissenschaft) (Bürki, 2000, S. 109). Aber auch nach der Rekrutierung und Zusage der Teilneh-menden ist damit zu rechnen, dass nicht alle zum Zeitpunkt der Durchführung erscheinen, sodass eine partielle Überrekrutierung empfohlen wird. Die Rekru-tierung erfolgt zumeist durch schriftliche Vorabinformation und Einladung zur Teilnahme, durch telefonische Kontaktaufnahme, durch die konkrete Termin-absprache bei Interesse und eine schriftliche Bestätigung der Teilnahme. Kurz vor dem Termin der Fokusgruppe empfiehlt sich ein Erinnerungsanruf oder eine Reminder-E-Mail an die Teilnehmenden.

(7) *Durchführung der Diskussion:* Nachdem alle Vorarbeiten, der Pretest und die Rekrutierung erfolgreich realisiert wurden, kann die eigentliche Durchführung der Fokusgruppe erfolgen. Der Ort für die Durchführung sollte neutral sein. Es sollten keine Störungen von außen zu befürchten sein, die den Prozess der Dis-kussion beeinflussen könnten. Die Diskussion sollte in einem Raum stattfinden, der für die jeweilige Gruppengröße geeignet ist. Erfrischungen sollten angeboten werden. In der Markt- und Meinungsforschung werden entsprechende Räume häufig mit Spiegelwand oder Videokamera ausgestattet, die auf die professio-nelle Durchführung von Fokusgruppen ausgerichtet sind. Wichtig ist, dass der dargebotene Stimulus von allen Teilnehmenden gleichermaßen wahrgenommen werden kann, weshalb sich eine hufeisenförmige Platzierung der Diskutanten, z. B. um einen Tisch herum mit der Darbietung des Stimulus am Kopfende bzw. am offenen Teil des Hufeisens, empfiehlt. Wichtig für das Gelingen der Fokus-gruppe ist eine entspannte und offene Diskussionsatmosphäre. Hierfür spielt der Moderator eine zentrale Rolle, der für die Herstellung der Diskussionsatmo-sphäre sowie für die themenorientierte konstruktive und offene Diskussion ver-antwortlich ist.

(8) *Erstellung eines Protokolls:* Es empfiehlt sich, während der Durchführung der Dis-kussion ein schriftliches Protokoll anzufertigen. Insbesondere die Reihenfolge der Gesprächsbeiträge oder besondere Ereignissen (z. B. heftige Wortgefechte) in der Fokusgruppe sollten auf diese Weise festgehalten werden. Damit der Modera-tor sich auf seine eigentliche Rolle konzentrieren kann, wird empfohlen, die Pro-tokollierung durch eine andere Person vornehmen zu lassen (z. B. Hilfsassistenz).

(9) *Datenanalyse und Interpretation:* Die mittels Fokusgruppen erhaltenen Daten müssen im Anschluss an die Datenerhebung transkribiert werden. Handelt es sich um audiovisuelle Dateien, müssen eventuell – je nach Erkenntnisinteresse – nicht nur verbale Äußerungen, sondern auch nicht-verbale Elemente transkri-biert werden, sodass diese in die Analyse einfließen können. Meist besteht das

Hauptinteresse bei der Durchführung von Fokusgruppen an den diskutierten Inhalten, sodass eine inhaltliche Auswertung der Verbaldaten, z. B. mittels qualitativer Inhaltsanalyse (nach Mayring), durchgeführt wird.

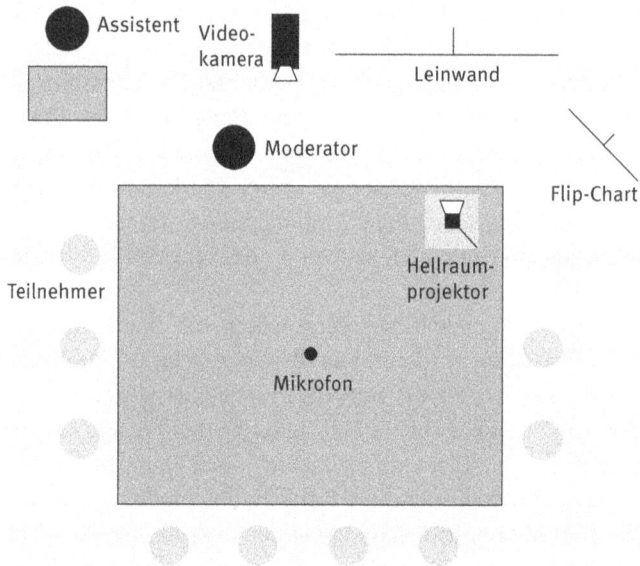

Abb. 5.1: Mögliches Arrangement einer Fokusgruppe (Quelle: nach Bürki, 2000, S. 110)

5.2.3 Ablaufmodell von Fokusgruppen

1. Forschungsfrage und Forschungsdesign

Festlegung der zu bearbeitenden Forschungsfrage und dadurch Festlegung des Forschungsdesigns

2. Bestimmung der Gruppe

Bestimmung der für die Forschungsfrage am besten geeigneten Gruppe (homogen, heterogen, Realgruppe, künstliche Gruppe etc.)

3. Moderatorauswahl und -ausbildung

Auswahl der Person, die die Moderation übernehmen wird, und Schulung der Moderatoren

4. Leitfadenerstellung, Stimulusfestlegung

Erarbeitung des Leitfadens für die Durchführung der Fokusgruppe (bestimmt den Grad der Flexibilität) und Festlegung des darzubietenden Stimulus

5. Pretest

Empirische Testung des Leitfadens, des Stimulus und Einübung des Moderators

6. Teilnehmerrekrutierung

Rekrutieren der Teilnehmenden, Terminierung Fokusgruppe, Informationen zum Forschungsfokus für Teilnehmende; Überrekrutierung notwendig

7. Durchführung der Diskussion, Speicherung und Protokollierung

Durchführung der Fokusgruppe, parallele Protokollierung des Prozesses und audio(visuelle) Aufnahme der gesamten Diskussion

8. Datenanalyse

Auswertung der Daten nach Transkription der audio(visuellen) Daten (z.B. mittels Inhaltsanayse).

Abb. 5.2: Ablaufmodell von Fokusgruppen (Quelle: eigene Dartstellung)

5.2.4 Kritik

Fokusgruppen sind eine vor allem in der Markt- und Meinungsforschung häufig eingesetzte Methode. Dies kann darauf zurückgeführt werden, dass diese Methode den Ruf genießt, *„quick and easy"* zu sein, sodass diese zeit- und damit ressourcenschonende Methode der qualitativen Datenerhebung gerade für kommerzielle Forschungen attraktiv ist.

Fokusgruppen erlauben es, verschiedene Meinungen zum gleichen Zeitpunkt zu erheben und diese verschiedenen Positionen in der Diskussion miteinander interagieren zu lassen: „Focus groups give the participants an opportunity to narrate their personal experiences and to test their interpretations of events and processes with others, and whether confirmed or disputed, the result is a *polyvocal* production, a multiplicity of voices speaking from a variety of subject positions" (Hervorh. i. O.; Goss & Leinbach 1996, S. 118). Dieses Potenzial wurde von partizipativen Forschungsdesigns aufgegriffen, die die Zielgruppe aktiv mit in den Forschungsprozess einbinden; hierzu zählen z. B. Studien zu bestimmten Krankheiten (HIV/AIDS, Krebs), Schwangerschaftsvorsorge oder allgemeine Gesundheitsförderung. Fokusgruppen werden eher selten im Rahmen akademischer Forschung, sondern vielmehr von Unternehmen, Fachgesellschaften oder anderen Institutionen (z. B. NGOs) eingesetzt. Gerade weil die Realisierung von Fokusgruppen einfach und unkompliziert erscheint und das partizipatorische Moment als Plus angesehen wird, wird diese Methode gerne in nicht-akademischen Kontexten eingesetzt.

Handelt es sich um Themen, die gewinnbringend in einer Gruppe kommuniziert werden können, können Fokusgruppen sehr gut im Bereich der Handlungs- und Meinungsforschung eingesetzt werden. Von Vorteil ist hier, dass sich die Teilnehmenden gegenseitig motivieren können und sie Gesagtes ergänzen können. Somit kann in relativ kurzer Zeit ein breiteres und umfassenderes Meinungsbild erhoben werden, als dies im Rahmen von Einzelbefragungen möglich ist. So eröffnet die Methode der Fokusgruppe die Möglichkeit, sehr reichhaltige Ergebnisse zu erzielen und durch die Interaktion der Teilnehmenden tief gehende Aussagen zu evozieren.

Dieses Potenzial hängt jedoch auch von der Gruppenzusammensetzung ab: So erhöhen homogen zusammengesetzte Gruppen die Bereitschaft zu selbstoffenbarendem Verhalten, vor allem dann, wenn der Fokus auf eher gesellschaftlich stigmatisierten Themen liegt, wie z. B. Homosexualität. In Realgruppen kann sich mehr Offenheit zeigen, wenn die verhandelten Themen zur Gruppennorm gehören. Sollen eventuelle von der Gruppennorm abweichende Verhaltensweisen oder Einstellungen ermittelt werden, erweist sich die Methode der Fokusgruppe unter Verwendung einer Realgruppe als nicht geeignet, da Äußerungen gegen die geltende Gruppennorm unter Anwesenheit anderer Gruppenmitglieder kaum evoziert werden können (Exklusionsgefahr).

Durch die interaktive Situation in Fokusgruppen, in der alle Teilnehmenden gleichermaßen die Chance haben, etwas zum Prozess beizutragen, können bei einer positiven und offenen Gesprächsatmosphäre auch stillere Teilnehmende zur aktiven Teilnahme motiviert werden. Gerade durch die vorhergegangenen Redebeiträge können sie ihre Wortmeldungen eventuell an bereits Gesagtes anschließen, sodass die Redeangst oder die Angst, Falsches zu sagen, minimiert werden kann. Dies ist jedoch abhängig von der Diskussionsatmosphäre in der Fokusgruppe und liegt in den Händen des Moderators, dessen Aufgabe u. a. darin besteht, für eine offene, freundliche und konstruktive Diskussionsstimmung zu sorgen.

Fokusgruppen eignen sich gut für das Testen von Ideen, von Produkten oder der Wirkung bestimmter Medieninhalte (Kampagnen). Dieses Potenzial wird häufig im Rahmen der Produktentwicklung oder der Entwicklung von Werbekampagnen genutzt. Damit eröffnet die Methode der Fokusgruppe die Möglichkeit, noch Unfertiges zu testen, das anhand der in der Diskussion gewonnenen Ergebnisse weiterentwickelt werden kann.

Mittels des Einsatzes von Fokusgruppen können neue Informationen gewonnen werden. Oft empfiehlt es sich, verschieden zusammengesetzte Fokusgruppen zu einem bestimmten Thema durchzuführen, um somit eine größere Bandbreite an Informationen zu erhalten. Diese Informationen können in wissenschaftlichen Studien zur Hypothesengenerierung verwendet werden, in der kommerziellen Forschung fließen die Ergebnisse zumeist in die Produktwerbung, -produktion oder -entwicklung ein, in praxisorientierter Handlungsforschung in konkrete Handlungsempfehlungen (z. B. sexuelles Verhalten bei HIV/AIDS) für Zielgruppen oder Kampagnen.

Nachteil von Fokusgruppen ist, dass es in der Gruppendiskussion dazu kommen kann, dass ein einzelner Teilnehmender die gesamte Situation dominiert. Dies wirkt sich negativ auf die Ergebnisse aus, weshalb es Aufgabe des Moderators ist, dies während des gesamten interaktiven Prozesses zu verhindern. Tritt eine solche Situation ein, muss der Moderator versuchen, die dominierende Person sanft, aber bestimmt, zu etwas mehr Zurückhaltung zu bewegen und gleichzeitig die anderen Teilnehmenden zu einer verstärkten Teilnahme aufzufordern. Denn die Dominanz kann sich u. a. aus einer Situation der geringen Beteiligung der Teilnehmenden heraus entwickelt und dann verselbstständigt haben.

Ein weiteres potenzielles Problem in Fokusgruppen stellt bei einer großen Anzahl an Teilnehmenden die Koordination der Redebeiträge dar. Es obliegt dem Moderator, jedem Teilnehmenden genügend Raum zu geben, ohne dass dadurch andere Teilnehmende unberücksichtigt bleiben. Dies ist ein Balanceakt, der hoher Konzentration und sozialer Kompetenz bedarf.

Die Daten, die nach der Durchführung von Fokusgruppen vorliegen, werden im Normalfall vollständig transkribiert. Dies ist ein zeit- und kostenintensiver Arbeitsschritt, der deswegen vor allem im Rahmen anwendungsbezogener und/oder kommerzieller Forschung problematisiert wird.

5.2.5 Fazit

Fokusgruppen sind eine im deutschsprachigen Raum kaum für die akademische Forschung, sondern vor allem für praxisorientierte Forschung sowie Markt- und Meinungsforschung genutzte Methode. Dies ist zu bedauern, birgt die Methode doch viel Potenzial, welches nicht nur für praxisorientierte, sondern auch für Grundlagenforschung genutzt werden kann. So kann diese Methode gut im Rahmen explorativer Untersuchungen eingesetzt werden, als Testverfahren, zur Meinungsanalyse oder zur Analyse von Akzeptanz sowie allgemein zur Erhebung verbaler Daten, wenn die Themenstellung für eine Diskussionsgruppe geeignet ist. Voraussetzung ist in jedem Anwendungsfall, dass ein Stimulus die Diskussion einleitet und dass das Erkenntnisinteresse mehr auf den Inhalten als auf den Prozessen der sozialen Interaktion liegt.

5.2.6 Literatur

Block, M., Unger, H., & Wright, M. (2010). *Fokusgruppe*. Verfügbar unter URL: http://www.pq-hiv.de/sites/default/files/Fokusgruppe_Qualitaet_Aidshilfe_11247.pdf (letzter Aufruf: 05.07.2018).

Bürki, R. (2000). *Klimaänderung und Anpassungsprozesse im Wintertourismus* (Vol. 6). St. Gallen: Ostschweizerische Geographische Gesellschaft.

Goss, J.D., & Leinbach, T. (1996). Focus group as alternative research practice: experience with transmigrants in Indonesia. *Area 28(2), 115–123*.

Greenbaum, T. L. (1998). *The handbook for focus group research*. Thousand Oaks: Sage.

Henseling, C., Hahn, T., & Nolting, K. (2006). *Die Fokusgruppen-Methode als Instrument in der Umwelt-und Nachhaltigkeitsforschung*. IZT (Institut für Zukunftsstudien und Technologiebewertung; Werkstattberichte. Verfügbar unter URL: https://www.izt.de/fileadmin/downloads/pdf/IZT_WB82.pdf (letzter Aufruf: 16.05.2018).

Kitzinger, J. (1995). Qualitative research. Introducing focus groups. *BMJ 311*(7000), 299–302.

Kitzinger, J., & Barbour, R. (2001). Introduction: the challenge and promise of focus groups. In R. Barbour & J. Kitzunger (Hrsg.), *Developing focus group research: Politics, theory and practice* (S. 1–20). London: Sage.

Krueger, R. A., & Casey, M. A. (2015). *Focus groups. A practical Guide for Applied Research* (5th edition). Thousand Oaks: Sage.

Merton, R. K., Fiske, M., & Kendall, P. Z. (1956). *The Focused Interview. A Manual of Problem and Procedures*. Glencoe, Ill.

Morgan, D. L. (1996). Focus groups. *Annual Review of Sociology 22*, 129–152.

Perecman, E., & Curran, S. R. (Eds.). (2006). *A handbook for social science field research: Essays & bibliographic sources on research design and methods*. London: Sage.

Schulz, M. (2012). Quick and easy!? Fokusgruppen in der angewandten Sozialwissenschaft. In M. Schulz et al. (Hrsg.), *Fokusgruppen in der empirischen Sozialwissenschaft* (S. 9–22). Wiesbaden: VS Verlag für Sozialwissenschaften.

5.3 Gruppendiskussion

Die Methode der Gruppendiskussion, die vor allem seit den 1970er-Jahren intensiv in der Markt- und Meinungsforschung eingesetzt wird, wurde ursprünglich zur sozial-psychologischen Analyse von interaktiven Gruppenprozessen (Kurt Lewin) und zur sozialwissenschaftlichen Ideologieforschung (Friedrich Pollock) entwickelt. Sie ist methodologisch wenig fundiert und wird hauptsächlich in der anwendungsbezoge-nen Forschung eingesetzt.

Die Wurzeln der Methode können in die 1930er-Jahre in den USA datiert werden, als Kurt Lewin diese Methode im Kontext von Forschungen zur Analyse von Grup-penprozessen entwickelte. Der Sozialpsychologe führte experimentelle Untersu-chungen durch, in denen er sich auf die Dynamik von Kleingruppen fokussierte und versuchte, jene Variablen zu ermitteln, die Gruppendynamiken (Führungspersonen etc.) entscheidend beeinflussen. Er ging dabei von zwei Prämissen aus: Dass eine Gruppe mehr als die Summe ihrer Mitglieder darstellt und dass das Verhalten von Individuen nur im Kontext ihres natürlichen Lebensraums sinnhaft zu erfassen ist, weswegen Meinungen immer im Kontext des sozialen Lebensraums (der Gruppe) erhoben werden sollten. Nach dem Zweiten Weltkrieg und vor dem Hintergrund des Nationalsozialismus in Deutschland wurde dieser gruppendynamische Ansatz vor allem von Vertretern der Kritischen Theorie (der sogenannten Frankfurter Schule) aufgegriffen und von Friedrich Pollock (1955) zur Ideologieforschung weiterentwi-ckelt. Dies war die Geburtsstunde der deutschen Gruppendiskussionsforschung. War die Methode bei Lewin darauf ausgerichtet, Gruppenprozesse und -dynamiken sowie die dafür relevanten Faktoren herauszuarbeiten (also eine spezielle Form der quan-titativen Sozialforschung), so entwickelte Pollock seine Methode, um das politische Klima im Nachkriegsdeutschland zu untersuchen. Pollock ging dabei von der Prä-misse aus, dass Meinungen nicht isoliert in den Subjekten entstehen, sondern nur in Wechselbeziehung zur sozialen Umwelt. Damit sei die „öffentliche Meinung" nicht als Summe aller Einzelmeinungen zu verstehen, da Meinungen zumeist eine latente Struktur seien – und damit ein eher diffuses Potenzial darstellen (als Dispositio-nen bezeichnet) – und erst in sozialen Situationen, d. h. in der Auseinandersetzung mit anderen Akteuren, würden diese dann konkreter und könnten als Meinungen bezeichnet werden (Pollock, 1955). Die Methode der Gruppendiskussion könne damit die Entstehung der sogenannten „öffentlichen Meinung" *in statu nascendi* durch das Initiieren von kommunikativer Interaktion ermöglichen und damit die Barriere der Oberflächenmeinung zu tiefen Schichten durchbrechen.

Als Gruppendiskussion werden demnach Methoden bezeichnet, die folgende Merk-male besitzen:
- eine bestimmte Anzahl von Personen (ca. 6–12)
- Diese Personengruppe wird zu einer gemeinsamen Diskussion zu einem Thema angeregt.

- Die sich im Zuge der kommunikativen Interaktionen entwickelnden Dynamiken dienen als Erkenntnisquelle.
- Die Moderation erfolgt nicht-direktiv und zurückhaltend.

Dies bedeutet, dass die Teilnehmenden der Gruppendiskussion den Diskussionsverlauf selbst strukturieren und dass sich die Dynamik während der Gruppeninteraktion frei entwickeln kann. Die sich entwickelnde Gruppeninteraktion wird vom Forschenden weder gesteuert noch durch einen Stimulus im Vorfeld angeregt, es werden auch nicht „in alltäglichen Situationen entstehende Unterhaltungen der Erforschten dokumentiert, sondern es werden ‚in einer Gruppe fremdinitiiert Kommunikationsprozesse angestoßen [...], die sich in ihrem Ablauf und der Struktur zumindest phasenweise einem ‚normalen' Gespräch annähern" (Liebig & Nentwig-Gesemann, 2009, S. 104).

Da sich verschiedene Autoren im Laufe der letzten Jahrzehnte mit der Methode der Gruppendiskussion auseinandergesetzt haben und diese jeweils inhaltlich geprägt haben, lassen sich vier unterschiedliche Zielsetzungen bei der Anwendung von (soziologischen und sozialpsychologischen) Gruppendiskussionen unterscheiden:

(1) *Gruppendynamik:* Lewin (1947, 1953) hat die Methode der Gruppendiskussionen entwickelt, um die Dynamiken innerhalb von Kleingruppen empirisch zu erfassen. Dieser Ansatz ist sozialpsychologisch orientiert. Er fokussiert darauf, wie die einzelnen Gruppenmitglieder durch das Verhalten der anderen beeinflusst werden, sodass es z. B. zur Herausbildung kollektiver Gruppennormen innerhalb der Untersuchungssituation kommt. Im Zentrum stehen bei dieser Methodenanwendung die Analyse von gruppenspezifischen Dynamiken und weniger die Inhalte des Kommunizierten.

(2) *Individuelle Meinungen:* Das Ziel der Gruppendiskussion liegt bei Pollock (1955) in der Rekonstruktion der individuellen Meinungen sowie in der Analyse, wie sich diese vom latenten Zustand im Zuge der kommunikativen Interaktionen zu einer manifesten Einstellung entwickeln. Pollock hatte das Instrument der Gruppendiskussion vor allem dazu eingesetzt, um politische Einstellungen und Ideologien zu untersuchen, und geht davon aus, dass sich Meinungen nicht isoliert, sondern erst in der Auseinandersetzung mit anderen sozialen Akteuren entwickeln. Erst durch diesen Prozess der Wechselwirkung sei es möglich, die latenten Einstellungen zum Vorschein zu bringen und diese in Form von Meinungen zu analysieren.

(3) *Kollektive Meinungen bzw. informelle Gruppenmeinung:* Mangold (1973, 1988) entwickelt in seiner Dissertation von 1960 einen eigenen Ansatz der Gruppendiskussion. In Abgrenzung zu Pollock geht er davon aus, dass das empirische Vorgehen mittels Gruppendiskussion nicht dazu geeignet ist, individuelle Meinungen zu erheben. Mangold postuliert, dass das, was in diesen Settings erhoben wird, nicht individuelle Einzelmeinungen, sondern informelle Gruppenmeinungen

sind. Diese ließen sich mit keiner anderen Methode als der Gruppendiskussion untersuchen, da es den sozialen, interaktiven Kontext benötige, um diese Meinungen überhaupt erst zum Vorschein zu bringen. Mangold geht es bei seiner Anwendung der Gruppendiskussionsmethode nicht um die Erhebung individueller Meinungen, sondern um die Analyse kollektiver Orientierungen bzw. informeller Gruppenmeinungen, die sich im Verlauf der kommunikativen Interaktion herauskristallisieren und/oder manifestieren. Handlungsleitende Prämisse ist dabei, dass diese kollektiven Orientierungen auch außerhalb und vor der Gruppensituation bestehen und lediglich im Gruppenkontext konkretisiert und deutlich verbalisiert werden.

(4) *Konjunktiver Erfahrungsraum bzw. kollektive Orientierungsmuster.* Bohnsack (2014) entwickelte den Ansatz von Mangold weiter. Ziel der Gruppendiskussion ist hier nicht die Analyse kollektiver Meinungen, sondern die Untersuchung kollektiver Orientierungsmuster. Diese kollektiven Orientierungsmuster sind ihrerseits auf „konjunktive Erfahrungsräume" zurückzuführen. Dieses Konzept, das ursprünglich von Karl Mannheim (1980) entwickelt wurde, bezeichnet gruppen- oder milieuspezifisches Wissen, bestimmte Handlungspraxen und Orientierungswissen. Dadurch rückt das gemeinsam Erlebte bzw. der gemeinsame Erfahrungsraum, auch als soziale Milieus bezeichnet, in den Mittelpunkt. Diese milieuspezifische Basis des (Er-)Lebens erweist sich für die darin lebenden Individuen als Grundlage für deren Meinungsbildung. Damit wird bei Bohnsack nicht auf Meinungen (seien diese individuell oder kollektiv), sondern auf die soziale Umwelt (Milieu) fokussiert, die die Metaebene für Prozesse der Meinungsbildung darstellt. Das Subjekt ist dabei ein „Gemeinschaftssubjekt", das – im Sinne Karl Mannheims – über auf das Kollektiv bezogene und über das einzelne Subjekt hinausragende Sinnstrukturen verfügt. In Gruppendiskussionen gehe es folglich darum, diese kollektiv geteilten Wissensbestände zu rekonstruieren; dies könne besonders gut gelingen, wenn die Teilnehmenden dem gleichen Milieu entstammen und somit in der Interaktion das Kollektive als verbal manifestierter Inhalt zum Tragen komme. Im Fokus stehen damit Milieugruppen, deren meinungs- und handlungsbildende Strukturen, d. h. deren gemeinsame Wissens-, Wert- und Handlungsbasis, die empirisch untersucht wird. Milieugruppen sind dabei Gruppen von Personen, die nicht durch persönliche Bekanntschaft, sondern durch eine gemeinsame soziale Lage oder ein gemeinsames Schicksal (z. B. Flüchtlinge) miteinander verbunden sind (siehe Kap. 5.1.1).

Je nach Ansatz kann die Methode der Gruppendiskussion angewendet werden, um individuelle Meinungen zu ermitteln, um Prozesse der Entstehung sogenannter „öffentlicher Meinung" zu rekonstruieren, um kollektive Meinungen bzw. Meinungen einer bestimmten Gruppe zu ermitteln, um Milieus und damit „konjunktive Erfahrungsräume" (gruppen-/milieuspezifische Lebensräume) zu untersuchen oder um gruppenspezifische Verhaltensweisen zu analysieren.

5.3.1 Durchführung

Die Durchführung von Gruppendiskussion erfolgt in acht oder auch neun Schritten:

(1) *Festlegung der Forschungsfrage:* In der Planungsphase des Projekts muss festgelegt werden, was genau die Zielsetzung ist und worin das Erkenntnisinteresse besteht. Erst durch die Festlegung der Forschungsfrage kann über das Studiendesign, d. h. die Erhebungsmethode, die zu befragenden Teilnehmenden und die Auswertungsmethode entschieden werden.

(2) *Auswahl der Teilnehmenden:* Die Auswahl der Teilnehmenden erfolgt anhand der Forschungsfrage. Die Zielsetzung der Studie entscheidet darüber, ob Realgruppen, Milieugruppen oder künstliche Gruppen, homogene oder eher heterogene Gruppen für die Gruppendiskussion herangezogen werden. Der Erfolg einer Gruppendiskussion hängt entscheidend von der Auswahl der Teilnehmenden in Übereinstimmung mit der Zielsetzung der Studie ab.

(3) *Vorstellung des Projekts, Stimulus, Anregung zur Diskussion:* In der Phase der Eröffnung der Gruppendiskussion stellt der Forschende sich und sein Projekt vor und erläutert den Ablauf der Gruppendiskussion. Um die Diskussion anzuregen, wird ein Erzählstimulus verwendet. Dies kann ein Plakat, ein Text oder lediglich eine thematische Rahmung sein, die derart dargeboten wird, dass sie die Interaktion zwischen den Teilnehmenden anzuregen vermag. Der Erfolg einer Gruppendiskussion hängt entscheidend davon ab, inwiefern es gelingt, den Gruppeninteraktionsprozess der Diskussion erfolgreich zu evozieren.

(4) *Diskussion:* Die Diskussion der Teilnehmenden wird von diesen selbst strukturiert und gesteuert, sodass sich die im Rahmen der Interaktionen entstehende Dynamik frei entwickeln kann. Dies ist besonders dann von Bedeutung, wenn das zentrale Erkenntnisinteresse der durchgeführten Gruppendiskussion in der Analyse dieses interaktiven Gruppenprozesses besteht. Es hat sich gezeigt, dass es von Vorteil ist, wenn die Aufstellung der Stühle von den Teilnehmenden selbst vorgenommen wird – dies führt zu einer Auflockerung der Anfangsphase. Der Moderator hat lediglich die Aufgabe, aufmerksam zuzuhören und die Diskussion zu verfolgen, er soll nicht aktiv in die Gruppendiskussion und den Interaktionsprozess eingreifen.

(5) *Exmanentes Nachfragen:* Erst wenn sich zeigt, dass sich die interaktive und von der Gruppe selbstgesteuerte Diskussion ihrem Ende nähert, d. h. nach der Ausschöpfung des immanenten Potenzials (Loos & Schäffer, 2018), indem z. B. längere Pausen auftreten und keine aussagekräftigen und inhaltlich sinnvollen Beiträge mehr eingebracht werden, kann der Moderator auf exmanente Nachfragen zurückgreifen. Dies bedeutet, dass nun Fragen zu Themenbereichen gestellt werden können, die nicht in der Diskussion angeschnitten wurden, die sich aber für die Forschungsfrage als relevant erweisen. Entweder folgt nach dieser Phase der Abschluss der Gruppendiskussion, oder es wird eine direktive Phase angeschlossen (dies ist abhängig vom Forschungsinteresse).

(6) *Direktive Phase:* Wenn an eine Gruppendiskussion eine direktive Phase angeschlossen wird, bedeutet dies, dass die Diskutanten zu den in der Diskussion aufgetretenen Widersprüchen oder anderen Auffälligkeiten befragt werden.

(7) *Kurzfragebogen:* Nach Abschluss der Gruppendiskussion wird pro Teilnehmen-
dem je ein Kurzfragebogen zu den soziodemografischen Angaben ausgefüllt. Dies
wird dem Erhebungsprozess nachgeordnet, um diesen davon unbelastet durchführen zu können.

(8) *Beobachtungsprotokoll:* Möglichst zeitnah nach der Durchführung der Gruppendiskussion wird ein Beobachtungsprotokoll erstellt. Notiert werden Sprecherwechsel, besondere Vorkommnisse während der Diskussion usw.

(9) *Datenauswertung:* Nach der Erhebung und der vollständigen Transkription der
Daten erfolgt deren Analyse. Diese kann inhaltsanalytisch erfolgen, oder, wenn
z. B. die Diskussionsdynamik bestimmter Themen analysiert werden soll, auch
gruppendynamisch, indem der gesamte Prozess der sozialen Interaktion im
Fokus steht.

5.3.2 Rolle des Moderators/Forschenden

Der Forschende oder der Moderator nimmt bei Gruppendiskussionen eine sehr
zurückhaltende Rolle ein, da er den entstehenden interaktiven Prozess, der sich im
Rahmen der Gruppensituation entwickelt, nicht beeinflussen soll. Die Diskussion soll
sich frei entfalten und nicht vom Moderator gesteuert werden. Dies bedeutet, dass
die Aufgabe des Moderators vor allem darin besteht, eine Diskussion zu initiieren,
die möglichst einem „normalen" Gespräch gleichen soll (Loos & Schäffer, 2018) und
an der alle Teilnehmenden gleichermaßen beteiligt sein sollen. Sollte sich im Zuge
dieses Prozesses für den Moderator die Notwendigkeit ergeben, eine Frage stellen zu
müssen, so muss diese vorsichtig eingebracht werden, um die Teilnehmenden nicht
zu beeinflussen und die natürliche Interaktionssituation nicht zu stören. Des Weiteren sollen auch inhaltliche Aussagen durch den Moderator vermieden werden, da
diese eine Begrenzung, Einengung oder Bewertung des Themas beinhalten können;
es muss darauf geachtet werden, die Teilnehmenden der Gruppendiskussion dazu
zu ermuntern, das Thema möglichst vorurteilsfrei und lebendig zu diskutieren. Der
Moderator hat die Aufgabe, sich im Falle der Notwendigkeit von Interventionen an
die gesamte Gruppe zu wenden, denn jede Zuwendung zu einem der Teilnehmenden würde die Situation beeinflussen und somit das Forschungsergebnis verzerren;
dies gilt auch für die eigentliche Diskussion: Auch hieran darf der Moderator, aus
den bereits genannten Gründen, nicht aktiv teilnehmen (siehe hierzu z. B. Przyborski & Riegler, 2010). Insgesamt soll sich der Moderator sehr zurücknehmen, um den
interaktiven, gruppendynamischen Prozess in keiner Weise zu stören oder zu beeinflussen.

5.3.3 Aufzeichnung

Die gesamte Gruppendiskussion wird mittels Audiodatei oder mittels Videoaufnahme aufgezeichnet. Da es sich meistens um mehrere Stunden Gruppendiskussion handelt, entstehen hier große Datenmengen. Diese müssen transkribiert werden, wobei sich die Transkriptionsregeln nach dem Forschungsziel richten. Dies bedeutet, dass die Transkription, z. B. im Falle der Analyse der kollektiven Aushandlung und Entstehung von Meinungsstrukturen, differenzierter erfolgen muss, als wenn es sich um die reine inhaltsbezogene Analyse der verbalisierten Meinungen handelt. Videoaufzeichnungen haben den Vorteil, dass zusätzlich zur verbalen Ebene auch Nonverbales in der Analyse Berücksichtigung finden kann.

5.3.4 Auswertung

Eine Auswertung von Gruppendiskussionen kann anhand verschiedener Methoden erfolgen. Zum einen können diese inhaltsanalytisch (nach Mayring) ausgewertet werden, sodass anhand der thematischen Stränge Kategorien gebildet werden können. Sie können auch anhand dokumentarischer Methoden ausgewertet werden, um die Rekonstruktion von kollektiven Bedeutungsmustern zu leisten. Liegen Videodaten vor, können Prozesse der Gruppendynamik nicht nur anhand verbaler Daten, sondern auch anhand visueller Daten analysiert werden, sodass Gesten und andere nonverbale Elemente der Kommunikation in die Analyse mit einfließen. Dies bedeutet dann eine Kombination aus textuellen Auswertemethoden und visuellen Analysemethoden.

5.3.5 Ablaufmodell von Gruppendiskussionen

1. Festlegung der Forschungsfrage, Auswahl der Gruppe

Anhand der Fragestellung und des Erkenntnisinteresses wird entschieden, welche Teilnehmenden für die Gruppendiskussion geeignet sind.

2. Diskussionsvorbereitung

Vor der Durchführung muss die Gruppendiskussion vorbereitet werden: Es müssen die potenziellen Teilnehmer angefragt werden, Termine abgesprochen werden usw.

3. Diskussionsbeginn

Der Raum für die Durchführung wird evtl. zusammen mit den Teilnehmenden vorbereitet; das Projekt wird vorgestellt; die Diskussion wird durch die Vorgabe des Themas eingeleitet.

4. Diskussion

Bei der eigentlichen Diskussion der Teilnehmenden hält sich der Moderator im Hintergrund; die Diskussion soll sich frei entwickeln können, sodass eine Gruppendynamik entstehen kann.

5. Exmanentes Nachfragen und Abschluss

Falls relevante Themen nicht in der Diskussion zur Sprache kamen, können diese nachgängig vom Moderator als Fragen eingebracht werden.

6. Direktive Phase

Gruppendiskussionen können widersprüchliche Aussagen hervorbringen; die Teilnehmenden werden damit in dieser Phase konfrontiert; auch andere Auffälligkeiten bei der Durchführung der Gruppendiskussion werden hier zur Sprache gebracht.

7. Kurzfragebogen

Jeder Teilnehmende füllt nach der Gruppendiskussion einen Kurzfragebogen zu soziodemografischen Angaben aus.

8. Protokoll

Die gesamte Gruppendiskussion wird protokolliert; vor allem Sprecherwechsel und andere Auffälligkeiten werden hier vermerkt.

9. Datenauswertung

Nach der Transkription der Daten werden diese, je nach Erkenntnisziel, entweder inhaltsanalytisch, anhand der dokumentarischen Methode, oder im Hinblick auf Gruppendynamiken ausgewertet.

Abb. 5.3: Ablaufmodell von Gruppendiskussionen (Quelle: eigene Darstellung)

5.3.6 Kritik

Positiv ist zu vermerken, dass Gruppendiskussionen es ermöglichen, soziale Prozesse, insbesondere Gruppendynamiken, anhand einer konkret initiierten Situation mit ausgewählten Personen exemplarisch zu untersuchen. Durch die initiierte Diskussion und die Interaktionen der sozialen Akteure können damit soziale Dynamiken *in situ* analysiert werden. Die zurückhaltende Rolle des Moderators soll trotz der an sich künstlichen Situation eine möglichst spontane und natürliche Diskussionsatmosphäre ermöglichen. Die stattfindende Diskussion ist in diesem Fall weniger in inhaltlicher Hinsicht als vielmehr in Bezug auf gruppendynamische Prozesse auswertungsrelevant; gruppendynamisch können z. B. Meinungsänderungen in diesem Kontext untersucht werden.

Durch die Zeitspanne des gemeinsamen Diskutierens und die selbst strukturierte Diskussion der Teilnehmenden ist damit zu rechnen, dass die Diskussionsbeiträge relativ spontan ausfallen, sodass diese Methode die Chance bietet, nicht nur elaborierte Aussagen, sondern auch spontane Äußerungen zu evozieren. Dadurch können nicht nur manifeste, sondern auch latente Meinungen im Prozess ihrer Begründung und Argumentation erfasst werden.

Die Methode der Gruppendiskussion ist ein ressourcenschonendes Vorgehen, da der Personal- und Zeitaufwand in Relation zum Ertrag als sehr gering einzustufen ist. Damit können kosten- und zeitsparend reichhaltige Daten erhoben werden. Durch das Interagieren mehrerer Teilnehmender wird eine größere Bandbreite an Ansichten und Meinungen hervorgebracht, als dies im Rahmen von mehreren Einzelinterviews der Fall wäre.

Als Nachteil ist zu benennen, dass bei Gruppendiskussionen, wie bei allen gruppenorientierten Prozessen, das Problem der ungleichen Beteiligung der Akteure entstehen kann, da nicht alle Personen im gleichen Ausmaß fähig oder dazu bereit sind, sich in Gruppensituationen zu Wort zu melden. Dies kann dazu führen, dass eine Verzerrung der Ergebnisse durch die redeaktiven Teilnehmenden entsteht, wenn das Interesse mehr auf den Inhalt fokussiert ist. Liegt das Erkenntnisinteresse auf den gruppendynamischen Prozessen, so erweist sich dieser Nachteil als irrelevant, da er ein Element eben jener zu untersuchenden sozialen Prozesse darstellt.

Als weiterer Nachteil der Methode muss das aufwendige Transkribieren genannt werden, das den Vorteil der kosten- und zeitsparenden Datenerhebung relativiert. Je nach Erkenntnisinteresse können die Transkriptionsregeln variieren, sodass entweder nur die thematischen Stränge, alle Verbalaussagen, alle Lautäußerungen, alle Gesten und Mimiken (bei Videoaufzeichnung) mit in die Verschriftlichung einfließen.

5.3.7 Fazit

Gruppendiskussionen sind eine in der aktuellen Forschungspraxis der Sozialwissenschaften kaum zur Anwendung kommende Methode. Dem steht deren häufiger Einsatz in der praxisnahen Forschung sowie in der Markt- und Meinungsforschung gegenüber, wobei hier der Einsatz vor allem pragmatischen Überlegungen zuzuschreiben ist. Sehr häufig wird die Methode zwar als Gruppendiskussion bezeichnet, sie erweist sich aber bei genauerem Hinsehen als Fokusgruppe. So ist das Forschungsinteresse bei der Durchführung von Gruppendiskussionen auf die sich in diesen Gruppen vollziehenden kollektiven Prozesse gerichtet und nicht auf die Erhebung von möglichst vielen verschiedenen Meinungen und Ansichten zu einem bestimmten Thema, wie dies z. B. beim Einsatz von Fokusgruppen oder bei Gruppeninterviews der Fall ist. Dies ist bedauerlich, bietet diese Methode doch die Möglichkeit, vielfältige soziale Phänomene exemplarisch zu untersuchen, wie z. B. individuelle Meinungen und deren Entwicklung vom Latenten zum Manifesten, Gruppendynamiken, kollektive Meinungen bzw. Prozesse der Meinungsbildung oder auch kollektive Muster und gemeinsame Erfahrungsräume.

Ausgehend vom Forschungsinteresse muss entschieden werden, wie transkribiert werden soll (vollständig, selektiv, inklusive Paraverbalem oder nicht usw.). Dieser Arbeitsschritt ist bei der Methode der Gruppendiskussion sehr arbeitsintensiv und Aufwand und Ertrag sollten hier in einem vernünftigen Verhältnis zueinander stehen.

Es handelt sich um eine Methode mit viel Potenzial, die jedoch sehr voraussetzungsreich ist. Sie sollte nur von erfahrenen Forschenden angewendet werden, da die Rolle des Moderators in diesem Prozess nicht unterschätzt werden sollte und die Auswertung sozialer Interaktionsgefüge und -dynamiken sich als komplex erweist.

5.3.8 Literatur

Bohnsack, R. (2014). Gruppendiskussionsverfahren und Gesprächsanalyse. In R. Bohnsack (Hrsg.), *Rekonstruktive Sozialforschung* (9. Auflage), (S. 107–130). Opladen: Verlag Barbara Budrich.

Lewin, K. (1947). Group decision and social change. *Readings in Social Psychology 3*, 197–211. New York: Holt.

Lewin, K. (1953). Studies in group decision. In D. Cartwright & A. Zander (Eds.), *Group Dynamics: Research and Theory* (pp. 287–301). Evanston: Row, Peterson and Company.

Liebig, B., & Nentwig-Gesemann, I. (2009). Gruppendiskussion. In S. Kühl et al. (Hrsg.), *Handbuch Methoden der Organisationsforschung* (S. 102–123). Wiesbaden: VS Verlag für Sozialwissenschaften.

Loos, P., & Schäffer, B. (2018). *Das Gruppendiskussionsverfahren. Theoretische Grundlagen und empirische Anwendung* (2. Auflage). Wiesbaden: Springer VS.

Mangold, W. (1973). Gruppendiskussionen. In R. König (Hrsg.), *Handbuch der empirischen Sozialforschung* (S. 228–259). Stuttgart: Ferdinand Enke Verlag.

Mangold, W. (1988). Gruppendiskussionen als Instrument der Untersuchung von kollektiven Orientierungen in Gruppen von Jugendlichen. In W. Mangold & R. Bohnsack (Hrsg.), *Kollektive

Orientierungen in Gruppen von Jugendlichen (S. 8–63). Bericht für die Deutsche Forschungsgemeinschaft, Erlangen.

Mannheim, K. (1980). *Strukturen des Denkens*. Frankfurt am Main: Suhrkamp.

Pollock, F. (1955). *Gruppenexperiment* (2. Auflage). Frankfurt am Main: Europäische Verlags-Anstalt.

Przyborski, A., & Riegler, J. (2010). Gruppendiskussion und Fokusgruppe. In G. Mey & K. Mruck
(Hrsg.), *Handbuch Qualitative Forschung in der Psychologie* (S. 436–448). Wiesbaden:
VS Verlag für Sozialwissenschaften.

5.4 Gruppeninterview

In Bezug auf die Methode der Gruppeninterviews herrscht begriffliche Unschärfe,
denn es zeigt sich, dass Gruppeninterviews in der Literatur immer wieder als Fokusgruppen, *Focus Group Interviews* oder als Gruppendiskussionen bezeichnet werden;
einige Werke führen den Begriff des „Gruppeninterviews" im Titel, jedoch handelt es
sich dabei um Ausführungen zur Gruppendiskussion (z. B. Goldman, 1962). Aufgrund
dessen ist es an dieser Stelle besonders wichtig, eine klare Definition des Terminus
Gruppeninterview vorzunehmen.

Als Gruppeninterviews werden im Nachfolgenden all jene Methoden bezeichnet,
die folgende Kennzeichen haben:

(1) Forschender interviewt eine Gruppe von mehreren Personen am selben Ort und
zur selben Zeit zu einer bestimmten Themenstellung
(2) Interviewende leiten die Gruppeninterviews
(3) kontrollierter Kommunikationsprozess der Interviewten
(4) Erhebung anhand offener und/oder teilstandardisierter Fragen
(5) Leitfaden mit konkreten Themen oder Fragen zur Steuerung des Prozesses;
(6) Erkenntnisinteresse liegt in den Inhalten des Kommunizierten
(7) Erkenntnisinteresse liegt nicht in der Analyse kollektiver Orientierungen oder in
gruppendynamischen Aspekten
(8) Auswertung erfolgt zumeist inhaltsanalytisch anhand der Themenstränge

Die forschungspraktische Umsetzung von Gruppeninterviews stellt für den Forschenden eine große Herausforderung dar, da dessen Aufmerksamkeit auf alle Teilnehmenden zugleich gerichtet sein muss und er den gesamten Prozess steuern muss.
Die Methode wird als sehr effizient eingestuft, da das Gruppeninterview im Vergleich
zu Einzelinterviews als zeitökonomisch angesehen wird. Zudem wird davon ausgegangen, dass sich die Befragten gegenseitig ergänzen, korrigieren, zum Erzählen
und Detaillieren anregen und durch die gemeinsame Erzählbasis weniger inhaltlich redundante Beiträge hervorbringen, als dies z. B. bei mehreren durchgeführten
Einzelinterviews der Fall wäre. Eingesetzt werden Gruppeninterviews nicht nur zur
Durchführung von Forschungsstudien, sondern auch zur Vorbereitung wie zur Entwicklung von Fragebögen oder Leitfäden, bei dem diese Form des Kollektivinterviews

die für eine Themenstellung relevanten Fragen aufzudecken ermöglicht. Häufige Anwendung finden Gruppeninterviews im Bereich der Gesundheitsforschung oder im Bereich der Evaluation; auch für die Bewerberauswahl (*Job Interviews*) setzen Unternehmen, vor allem im angloamerikanischen Raum, verstärkt auf den Einsatz von Gruppeninterviews, sodass mehrere Bewerber zur gleichen Zeit interviewt werden.

Gruppeninterviews werden durchgeführt, wenn das Forschungsinteresse rein thematisch-inhaltlicher Natur ist und entweder wissenschaftliche oder alltägliche Wissensstände zu bestimmten Themen anhand einer strukturierten Methode (Leitfaden) bei gleichzeitiger Offenheit (qualitativ) erhoben werden sollen. Gruppeninterviews haben nicht zum Ziel, kollektive Orientierungen oder Gruppendynamiken zu untersuchen, wie dies bei Methode der Gruppendiskussion der Fall ist (siehe hierzu Kap. 5.3). Deswegen werden Gruppeninterviews auch nicht moderiert, sondern durch Interviewende durchgeführt, was eine stärkere, nicht nur inhaltliche, sondern auch strukturelle Steuerung des gesamten Prozesses bedeutet.

Anhand von Gruppeninterviews können verschiedene Meinungen und Standpunkte zu vielfältigen Themen eingeholt werden, die sich für eine Bearbeitung in der Gruppe eignen; als eher ungeeignet erweisen sich Gruppeninterviews, wenn die Teilnehmenden in einer asymmetrischen Beziehung zueinander stehen (Vorgesetzte – Mitarbeiter), da davon auszugehen ist, dass diese Statusdifferenz sich im Antwortverhalten der Beteiligten bemerkbar machen wird. Des Weiteren ist zu beachten, dass die Gruppenteilnehmenden Angehörige einer Gruppe mit gemeinsamen Interessen, Zielen, Merkmalen usw. sind (z. B. Studierende eines bestimmten Faches; Fahrradfahrer in der Stadt; Experten zum Thema Atomstrom; Patienten mit einer bestimmten Krankheit). Denn es zeigte sich bereits in den ersten Forschungen zu dieser Methode, dass das Potenzial im Hinblick auf die Qualität der Ergebnisse von Gruppeninterviews dann am größten ist, wenn die Gruppen im Hinblick auf Sozialstatus und Bildungshintergrund der Beteiligten homogen sind (Merton et al., 1990). So erweisen sich ein gemeinsamer Erfahrungshintergrund und eine gemeinsame Handlungsbasis als relevant für die Zusammensetzung der Gruppe, da die Aussagen der Teilnehmenden füreinander ansonsten nicht verstehbar und nachvollziehbar sind und die Interaktionen in der Gruppe somit gefährdet sind.

5.4.1 Rolle des Interviewenden

Der Interviewende hat bei der Durchführung von Gruppeninterviews eine entscheidende Rolle inne. Diese kann wie folgt zusammengefasst werden:
(1) Themenorientierung
(2) Steuerung, Regulierung, Leitung
(3) Motivierung
(4) Begrenzung

Gruppeninterviews sind thematisch orientierte Gruppengespräche. Aufgabe des Interviewenden ist es, diese Themenorientierung permanent sicherzustellen (1). Dies geschieht anhand des Einsatzes eines Leitfadens, der vorab erarbeitet wird und der alle für das Gruppeninterview wichtigen Themen und Fragestellungen enthält. Aufgabe des Interviewenden ist es, mithilfe dieses Leitfadens die Gruppensituation zu leiten und zu steuern, sodass Themenabweichungen sanft, aber wirksam abgewendet werden können und wieder zum eigentlichen Thema des Gruppeninterviews zurückgeführt werden kann. Dies bedeutet auch, dass der Interviewende die Teilnehmenden zur aktiven Teilnahme motivieren muss (3). Er muss mit Pausen, die sich zwangsläufig ergeben, produktiv umgehen können und den gesamten Gruppenprozess regulierend leiten. Aufgabe des Interviewenden ist es des Weiteren, die gesamte Situation zu steuern (2), was nicht nur eine thematische, sondern auch eine prozessuale Steuerung im Hinblick auf Redebeiträge, Redebeteiligung usw. bedeutet. Themenbezogen ist Steuerung notwendig, wenn ein Thema erschöpfend diskutiert wurde und der Interviewende zum nächsten Thema weiterleiten muss oder wenn Beiträge abschweifen und vom eigentlichen Thema fortführen. Insgesamt soll eine möglichst ausgewogene Beteiligung aller Teilnehmenden erreicht werden, damit die Ergebnisse möglichst reichhaltig ausfallen. Der Interviewende muss demnach auch ein Auge darauf haben, dass jene Diskutanten, die sich sehr intensiv an der Diskussion beteiligen, nicht die gesamte Situation dominieren (4) und dadurch die Meinungsvielfalt eingrenzen. Dies bedeutet umgekehrt, dass jene, die sich sehr zurückhalten, immer wieder (ohne dass dies als aufdringlich empfunden wird) zur aktiven Teilnahme motiviert werden sollten (3), sodass eine möglichst ausgewogene soziale Situation entsteht. Dies ist nicht so leicht zu bewerkstelligen. Hier ein Beispiel:

Int.: Warum denken Sie, haben die Russen diesen Pakt abgeschlossen?

A: [schildert lange und ausführlich seine Ideen hierzu]

Int.: Hat irgendjemand von Ihnen eine andere Idee hierzu?

A: [führt seine Ausführungen fort]

[einige der anderen Interviewten werfen ein paar Bemerkungen ein]

A: „Ich denke […]"

Int.: Lassen Sie uns doch erst mal die Ideen der anderen sammeln und dann wieder zu Ihren Ausführungen [A] zurückkommen. Welche Gründe haben die Russen bewogen, diesen Pakt abzuschließen, was glauben Sie, B?

B.: Keine Ahnung.

(Quelle: Merton et al., 1990, S. 154; übersetzt durch SM)

Diese kurze Sequenz zeigt die Schwierigkeit, mit dominanten Sprechern in Gruppeninterviews umzugehen. Der Interviewende in diesem Beispiel steht vor dem Problem, den dominanten Sprecher A etwas bremsen zu müssen, ohne diesen dadurch zu demotivieren, und gleichzeitig die anderen Diskutanten zur aktiven Teilnahme zu motivieren. Der im Beispiel gewählte Weg, eine konkrete Person anzusprechen, ist riskant. Im Beispiel war diese Strategie nicht geeignet, das Problem zu lösen. Geschickter wäre es eventuell gewesen, jene Themen, die von einigen Teilnehmenden (trotz der Dominanz von A) erwähnt wurden, aufzugreifen, sodass durch eine neue Themenfokussierung die bisher unterrepräsentierten Sprecher auch die Möglichkeit gehabt hätten, sich aktiv einzubringen. Die Ansprache einer bestimmten Person kann die geeignete Strategie darstellen, jedoch muss sich der Interviewende in diesem Fall sicher sein, dass diese Person auch tatsächlich etwas zum Thema beizutragen hat. Hätte sich z. B. Person B vorher konkret inhaltlich geäußert, hätte der Interviewende hierauf Bezug nehmen können. Im vorliegenden Beispiel bestand weiterhin das Risiko, dass A die Diskussion an sich reißen würde, und dass B die konkrete Frage, auf die er keine Antwort hatte, als unangenehm empfinden und sich deswegen in der Folge umso mehr zurückziehen würde.

Um eine Beteiligung aller an der Kommunikation zu erhöhen und diese möglichst von Beginn an zu aktivieren, kann es empfehlenswert sein, zu Beginn Fragen zu stellen, die z. B. die Meinung aller einzelnen Teilnehmenden zu einem bestimmten Punkt einholen. Wenn der Interviewende von Beginn an darauf achtet, dass niemand die Diskussion dominiert und dass alle möglichst gleichermaßen am Gruppeninterview beteiligt sind, lassen sich die vorher am Fallbeispiel geschilderten Probleme vermeiden. Die aktive Teilnahme an der Diskussion kann gerade für Teilnehmende schwierig sein, die im Sprechen in der Gruppe oder im Formulieren von Meinungen in halböffentlichen Situationen nicht geübt sind. Des Weiteren sollte der Interviewende dazu beitragen, dass die Beträge möglichst aussagekräftig und im Falle von sensiblen Themen möglichst offen sind und sich nicht lediglich im Rahmen des sozial Erwünschten bewegen. Um dies leisten zu können, sollte der Interviewende Folgendes berücksichtigen:
(1) Bekunden von Interesse am Gesagten
(2) keine negative Beurteilung des Gesagten
(3) Versuch, eine positive, vertrauensvolle und offene Gesprächsatmosphäre in der Gruppe herzustellen
(4) das Unterstützen von Offenheit
(5) Versuch, diese Offenheit zu verstärken sowie den anderen Teilnehmenden Mut zu machen, selbst auch offen zu sprechen

Die Rolle des Interviewenden ist beim Gruppeninterview von entscheidender Bedeutung für das Gelingen der Datenerhebung und kann gar nicht hoch genug eingeschätzt werden.

5.4.2 Durchführung

Bei der Durchführung von Gruppeninterviews sollte bei der räumlichen Anordnung darauf geachtet werden, dass der Interviewende mit den Teilnehmenden am selben Tisch sitzt, dass er jedoch keine Sonderposition (wie z. B. am Kopfende des Tisches) einnimmt, da dies den Redefluss der Teilnehmenden hemmen könnte. Es wird empfohlen, möglichst einen Gesprächskreis zu bilden. Sollte dies nicht möglich sein, ist eine Hufeisenform anzustreben, bei welcher der Forscher selbst nicht in der Mitte sitzen sollte.

Um die verschiedenen Redebeiträge den einzelnen Teilnehmenden bei rein auditiver Aufnahme zuordnen zu können, sollten diese sich zu Beginn der Gruppeninterviewsituation kurz vorstellen, sodass dieser Teil der Aufzeichnung eine nachträgliche Zuordnung erlaubt. Da Stimmen von ihrem Klang her nicht immer deutlich voneinander zu unterscheiden sind, ist es empfehlenswert, einen Protokollanten damit zu beauftragen, jeden erfolgten Sprecherwechsel auf einem Protokollbogen zu vermerken, sodass in der anschließenden Transkription die Beiträge eindeutig den Sprechenden zugeordnet werden können. Der Einsatz einer weiteren Person hierfür hat den Vorteil, dass die Interviewenden sich auf den inhaltlichen Verlauf der Diskussion konzentrieren können.

Die forschungspraktische Umsetzung von Gruppeninterviews kann in acht Schritte binnendifferenziert werden. Diese reichen von der Schulung des Interviewenden bis hin zur Auswertung der erhobenen Daten.

(1) *Interviewerschulung*: Bei der Durchführung von Gruppeninterviews erweist sich der Interviewende als zentrale Person. Er muss den gesamten Prozess steuern und es bewerkstelligen, ein Interview mit gleichzeitig bis zu 10 Personen durchführen zu können, sodass valide und auswertbare Daten entstehen.

(2) *Leitfadenentwicklung:* Gruppeninterviews werden anhand eines Leitfadens durchgeführt, der die gesamte Situation thematisch strukturiert. Der Leitfaden enthält die wichtigsten Themenbereiche, die im Rahmen der konkreten Forschungsfrage in der Gruppensituation behandelt werden sollen. Dies sollten nicht zu viele Bereiche sein, da ein Gruppeninterview möglichst nicht länger als ca. 2 Stunden dauern sollte. Ansonsten ist zu befürchten, dass die Konzentration der Teilnehmenden rapide abnimmt und sich damit die Qualität der Daten vermindert.

(3) *Auswahl der Gruppe:* Je nach Themenstellung muss eine für das Gruppeninterview geeignete Gruppe (entweder eine Realgruppe oder eine künstliche Gruppe zum Zwecke der Datenerhebung) zusammengestellt werden. Hierbei ist darauf zu achten, dass die Teilnehmenden einen Beitrag zum Thema leisten können. Es wird eine eher homogene Zusammensetzung der Gruppe empfohlen, da sonst die Gefahr besteht, dass die Gruppeninterviewsituation zu komplex wird und aufgrund sehr divergenter Meinungen auseinanderdriftet. Da es sich bei Gruppeninterviews um eine Erhebungsform handelt, die vom Interviewenden geleitet und strukturiert wird, darf die Gruppe der zu Interviewenden nicht zu groß (möglichst ca. 3–7 Personen) und nicht zu divers sein.

(4) *Einführung in das Thema:* Bevor das eigentliche Gruppeninterview beginnt, stellt sich der Interviewende der Gruppe vor und führt in das Thema sowie in das weitere konkrete Vorgehen ein. Um den Gruppenprozess anzuregen, wird empfohlen, das Gruppeninterview mit einer eher breit angelegten Frage zu beginnen,

die die Funktion des Warm-up hat und die dazu führen soll, dass alle Teilnehmenden einen ersten Redebeitrag zum Gruppeninterview leisten können.

(5) *Durchführung des Gruppeninterviews:* Das Gruppeninterview wird anhand eines Leitfadens durchgeführt und vom Interviewenden geleitet. Es handelt sich um eine Erhebungsform, in der sich die Kommunikation zwischen den Teilnehmenden insofern nicht frei entwickeln kann, als dass der gesamte Prozess unter der Vorgabe des Themas steht und der Interviewende diesen Prozess strukturiert. Dies bedeutet, dass es weniger um eine freie Diskussion der Teilnehmenden geht als um die Durchführung von mehreren Interviews zur selben Zeit am selben Ort. Dies hat den Vorteil, dass sich die Teilnehmenden durch die von ihnen gegebenen Antworten gegenseitig motivieren, ergänzen und gegebenenfalls auch widersprechen können. Wurden alle im Leitfaden genannten Themen erschöpfend diskutiert und merkt der Interviewende, dass eine inhaltliche Sättigung (oder gar beginnende Erschöpfung der Beteiligten) eintritt, müssen noch jene Fragen gestellt werden, die bislang nicht angesprochen wurden. Danach ist das Gruppeninterview durch einen Ausklang abzuschließen, in dem die Interviewthemen und damit die Gruppeninterviewsituation wieder verlassen werden.

(6) *Protokoll:* Es empfiehlt sich, während des Gruppeninterviews einen Protokollbogen zu führen, der den jeweiligen Sprecherwechsel anzeigt, denn im Anschluss an das Gruppeninterview kann es schwierig sein, anhand der Audiodatei eindeutig den jeweils Sprechenden zu identifizieren. Wird das Gruppeninterview hingegen audiovisuell gespeichert, entfällt diese Notwendigkeit des Protokollierens. Für das Protokollieren wird der Einsatz einer weiteren Person empfohlen, sodass sich der Interviewende vollkommen auf das Gruppeninterview konzentrieren kann.

(7) *Kurzfragebogen:* Nach der Durchführung der Gruppeninterviews werden die sozialstatistischen Daten der Teilnehmenden per Kurzfragebogen erhoben. Dies gilt nur für den Fall, dass die Teilnehmenden für das Gruppeninterview nicht anhand sozialstatistischer Kriterien ausgewählt wurden, ansonsten erfolgt dieser Schritt selbstverständlich vor Schritt (3).

(8) *Datenauswertung:* Anschließend werden die Daten vollständig transkribiert, wobei hier das eventuell vorliegende Protokoll gute Dienste leisten kann, um die Redebeiträge eindeutig den jeweiligen Teilnehmenden zuordnen zu können. Je nach Erkenntnisinteresse wird unterschiedlich transkribiert, sodass entweder Partitursysteme angewendet werden, in denen die sequenzielle Struktur der Sprechbeiträge mehrerer Sprecher klar dargestellt werden, oder das Zeilensystem, in dem keine Sprechüberlappungen gekennzeichnet werden (siehe hierzu Kap. 11.3.3). Die Auswertung erfolgt danach in der Regel themenbezogen, d.h. inhaltsanalytisch.

5.4.3 Ablaufmodell von Gruppeninterviews

1. Forschungsfrage und Leitfadenentwicklung

Zu Beginn steht die Festlegung des Erkenntnisinteresses und die daran anknüpfende Entwicklung des Leitfadens.

2. Interviewerschulung

Da die Rolle des Interviewenden bei der Methode der Gruppeninterviews zentral über Erfolg und Misserfolg entscheidet, empfiehlt es sich, den Interviewer im Vorfeld seriös zu schulen.

3. Auswahl der Gruppe

Ja nach Forschungsfrage wird eine Gruppe an Personen ausgewählt, die zur Teilnahme angefragt werden.

4. Durchführung des Gruppeninterviews

Das Gruppeninterview wird anhand des Leitfadens durchgeführt und vom Interviewenden strukturiert, sodass es sich um einen kontrollierten Interviewprozess handelt.

5. Protokoll

Während bzw. nach Abschluss des Gruppeninterviews sollte ein Protokoll verfasst werden, das die wichtigsten Ereignisse während der Interviewsituation und die Sprecherwechsel anzeigt.

6. Kurzfragebogen

Nach Abschluss der Gruppeninterviews werden die sozialstatistischen Daten per Kurzfragebogen schriftlich erhoben.

7. Datenauswertung

Nach Transkription der Daten werden diese im Einklang mit dem Erkenntnisinteresse ausgewertet.

Abb. 5.4: Ablaufmodell von Gruppeninterviews (Quelle: eigene Darstellung)

5.4.4 Kritik

Die Methode des Gruppeninterviews hat den Vorteil, dass mehrere Personen zur selben Zeit zu einem bestimmten Forschungsthema befragt werden können. Damit können vielfältige Meinungsbilder relativ effizient erhoben werden mit dem entscheidenden Vorteil, dass sich Aussagen nicht wiederholen, weil die Teilnehmenden an die bereits gemachten Aussagen der anderen Gruppenteilnehmer anknüpfen.

Gruppeninterviews werden durch einen Leitfaden sowohl thematisch als auch prozessual gerahmt. Durch dieses leitfadenorientierte Vorgehen wird der gesamte Prozess gesteuert. Durch die aktive Rolle des Interviewenden ergibt sich bei dieser Methode nicht das Problem der ungleichen Beteiligung der Teilnehmenden, da diese jeweils direkt durch den Interviewenden angesprochen werden.

Da es sich bei Gruppeninterviews um eine stark strukturierte Gruppensituation handelt, verlaufen die Interaktionen der Teilnehmenden nicht spontan und entwickeln sich nicht selbstläufig. Dies kann Auswirkungen auf die Qualität der Äußerungen haben, sodass eventuell weniger tief gehende oder kaum selbstoffenbarende Aussagen durch diese Methode erzielt werden.

Durch die zentrale Rolle des Interviewenden besteht die Gefahr, bei geringer Schulung und fehlender kommunikativer und fachlicher Kompetenz nicht auswertefähige Daten zu erhalten. Das Gelingen eines Gruppeninterviews ist zentral von der Person des Interviewenden abhängig und die Qualität der Daten hängt nicht nur von den Teilnehmenden, sondern auch vom kommunikativen und sozialen Geschick des Interviewenden ab.

5.4.5 Fazit

Gruppeninterviews stellen eine Forschungsmethode dar, die kaum theoretisch fundiert ist und die in der Forschungspraxis, sei diese akademisch oder mehr praxis- und anwendungsorientiert, kaum vorzufinden ist. Dies hat seine Ursache zum Teil in der mangelnden theoretischen Fundierung dieses Ansatzes, hängt aber sicherlich auch damit zusammen, dass andere Gruppenerhebungsmethoden (wie die Gruppendiskussion und Fokusgruppe) geeigneter scheinen, um vielschichtige Meinungsbilder zu erheben.

5.4.6 Literatur

Goldman, A. E. (1962). The group depth interview. *The Journal of Marketing 26*(3), 61–68.
Merton, R. K., Fiske, M., & Kendall, P. Z. (1990). The Group Interview. In R. K. Merton et al. (Eds.), *Focused Interview. A Manual of Problem and Procedures* (pp. 135–169). New York: Free Press.

5.5 Vergleich: Gruppendiskussion, Gruppeninterview und Fokusgruppe

Vergleicht man diese drei Methoden miteinander, so wird deutlich, dass sich inhaltliche und strukturelle Schnittstellen zwischen den einzelnen Ansätzen aufzeigen lassen und dass eine trennscharfe Abgrenzung oftmals nicht vorgenommen werden kann oder sich in der Praxis als schwierig erweist:

–   Fokusgruppen werden sehr häufig in der Literatur (fälschlicherweise) mit Gruppendiskussionen gleichgesetzt.
–   Wendet man die Methode der Gruppendiskussion zur inhaltsanalytischen Analyse von Meinungen (und nicht zur Analyse von Gruppendynamiken) an, so hat diese Methode viele Ähnlichkeiten mit der Fokusgruppe, auch im Hinblick auf die Rolle des Moderators. Als Unterschied bleibt jedoch festzuhalten, dass Fokusgruppen immer stimulusangeregt stattfinden und dass das Erkenntnisinteresse bei dieser Methode immer inhaltlicher Natur ist (und nicht prozessual, wie dies zumeist bei Gruppendiskussionen der Fall ist).

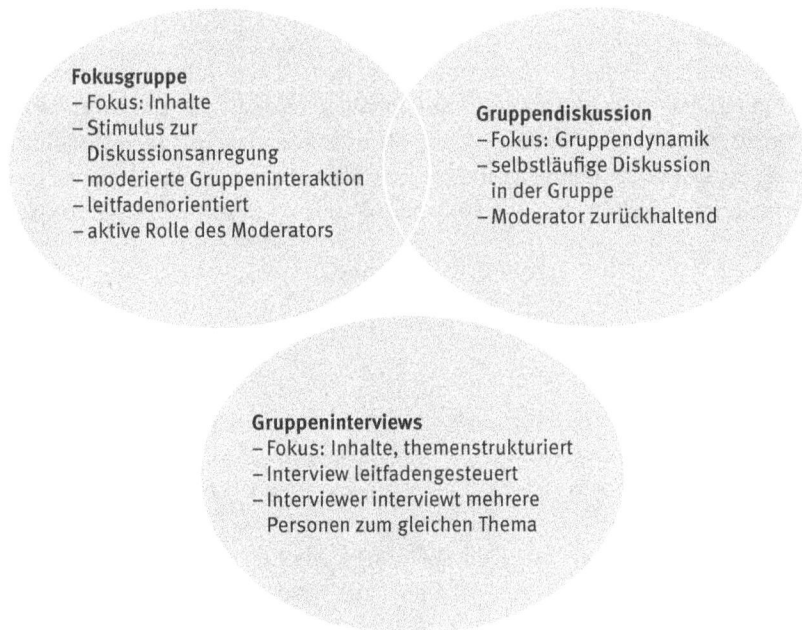

Fokusgruppe
– Fokus: Inhalte
– Stimulus zur
  Diskussionsanregung
– moderierte Gruppeninteraktion
– leitfadenorientiert
– aktive Rolle des Moderators

Gruppendiskussion
– Fokus: Gruppendynamik
– selbstläufige Diskussion
  in der Gruppe
– Moderator zurückhaltend

Gruppeninterviews
– Fokus: Inhalte, themenstrukturiert
– Interview leitfadengesteuert
– Interviewer interviewt mehrere
  Personen zum gleichen Thema

Abb. 5.5: Vergleich Gruppendiskussion, Gruppeninterview und Fokusgruppe (Quelle: eigene Darstellung)

5.5.1 Literatur

Bogardus, E. S. (1926). The group interview. *Journal of Applied Sociology 10*(4), 372–382.

6 Spezialformen

6.1 Das Telefoninterview

Als Telefoninterviews werden Formen der Datenerhebung bezeichnet, die mittels technisch vermittelter interpersonaler Kommunikation ohne Übertragung visueller Daten stattfinden. Unter technisch vermittelter interpersonaler Kommunikation werden hierbei alle Situationen subsumiert, „in denen ein technisches Medium in den Prozeß der Kommunikation zwischengeschaltet wird" (Höflich, 1996, S. 57). Meist wird hierfür ein Telefon genutzt, doch können auch andere technische Medien eingesetzt werden, über die eine direkte, auditive Kommunikation möglich ist (z. B. Skype ohne Einsatz der Bildübertragung).

Der Einsatz eines technischen Mediums für Datenerhebungen setzt dessen gesellschaftlich breite Verwendung voraus, zumindest für die Zielgruppe der Erhebung, um einen Bias durch dieses Vorgehen bei der Datenerhebung zu verhindern. Dies ist auch der Grund dafür, dass die telefonischen Formen der Datenerhebung in den USA bereits eine lange Tradition haben und sich dort bis in die 1940er-Jahre zurückverfolgen lassen. Dies ist darauf zurückzuführen, dass bereits Mitte des 20. Jahrhunderts das Telefon in den USA relativ weit verbreitet war. Schon in den 1960er-Jahren verfügten 75 % der US-amerikanischen Haushalte über ein Telefon; im Vergleich dazu waren das in Deutschland nur 14 % (Blasius & Reuband, 1995). Da die Verbreitung des Telefons in Europa inzwischen in fast allen Ländern 98–100 % beträgt, können Telefonumfragen problemlos durchgeführt werden, ohne eine Vorselektion befürchten zu müssen – eine solche würde entstehen, wenn nicht inzwischen alle Haushalte über ein Telefonanschluss verfügen würden.

In den ersten Jahrzehnten galten Telefoninterviews als „quick and dirty" und damit als eine Methode, mit der zwar zeit- und ressourcenschonend Daten erhoben werden konnten, bei der aber die erhobenen Daten im Hinblick auf ihre Qualität als minderwertig eingestuft wurden. Nachdem Studien gezeigt hatten, dass die Datenqualität von seriös durchgeführten Telefoninterviews mit denen von Face-to-Face-Interviews vergleichbar ist (Metastudie von de Leeuw, 1992; bezogen auf quantitative Daten), hat sich diese Einschätzung geändert, und seit den 1980er-Jahren ist die Methode des Telefoninterviews für die Durchführung standardisiert-quantitativer Erhebungen international anerkannt. Telefoninterviews sind inzwischen die am häufigsten angewendete Methode der Datenerhebung in der Markt- und Meinungsforschung. Sie haben sich in der Datenerhebung gegen face-to-face durchgeführte Formen durchgesetzt, was nicht zuletzt dadurch begünstigt wird, dass diese Art der Datenerhebung kostengünstiger und zeitsparender ist.

Demgegenüber haben sich Telefoninterviews im Bereich der Erhebung qualitativer Verbaldaten bislang nicht durchgesetzt. Vielmehr gelten Face-to-Face-Interviews relativ unumstritten als der ideale Modus der Durchführung für qualitative, d. h. tief

https://doi.org/10.1515/9783110545982-006

gehende und sensible Datenerhebungen: „Die fundamentale Erfahrung des Anderen ist die von Angesicht zu Angesicht. Die Vis-à-vis-Situation ist der Prototyp aller gesellschaftlichen Interaktion. Jede andere Interaktionsform ist von ihr abgeleitet" (Berger & Luckmann, 2009, S. 31). Da qualitative Forschung versucht, die Probanden in einer möglichst „natürlichen" Situation zu interviewen, wird dem Interview unter Anwesenheit der Beteiligten vor technisch mediierten Formen der Kommunikation zumeist der Vorzug gegeben.

Seit Ende der 1990er-Jahre ist jedoch zu beobachten, dass zunehmend auch technisch vermittelte Formen der interpersonalen Kommunikation für die Erhebung qualitativ-verbaler Daten eingesetzt werden, wie z. B. das Interview per Telefon oder per Videotelefonie (Skype; siehe hierzu Kap. 6.2). Trotz dieser Tendenz muss festgehalten werden, dass der Einsatz dieser Formen der Datenerhebung bei qualitativen Interviews nach wie vor die Ausnahme bildet. Bislang wurde sie in methodologischer Hinsicht wenig diskutiert, sodass diese Form der qualitativen Datenerhebung zumeist in den methodischen Übersichtsbüchern weder dargestellt noch kritisch gewürdigt wird (hierzu zusammenfassend Novick, 2008, S. 393).

Es liegen daher auch kaum Vergleichsstudien vor, die die Durchführung qualitativer Interviews per Telefon oder face-to-face im Hinblick auf die Datenqualität (Tiefe, Ausmaß der sozialen Erwünschtheit, Offenheit usw.) systematisch untersucht haben (die Ausnahmen sind Sturges & Hanrahan, 2004; Opdenakker, 2006; Schulz & Ruddat, 2012). Auch hinsichtlich der Eignung technisch vermittelter Kommunikation für bestimmte Interviewmethoden liegen bislang keine Untersuchungen vor.

Auf Basis der verschiedenen Zielsetzungen, Abläufe und speziellen kommunikativen Bedingungen der jeweiligen Erhebungstechniken können Telefoninterviews vor allem für folgende qualitative Interviewmethoden empfohlen werden:
– alle Formen der semi-strukturierten Leitfadeninterviews
– episodische Interviews

Für narrative Interviewformen erweist sich eine telefonische Durchführung als problematisch, da sich die dadurch initiierte soziale Interaktion bereits in einem Face-to-Face-Setting als extrem asymmetrisch und künstlich erwiesen hat (siehe hierzu Kap. 3.1.5). Zudem handelt es sich um eine Methode, bei der nonverbale Signale besonders bedeutsam sind und sich der Interviewende in der narrativen Phase des Interviews strikt zurückhalten muss. Überträgt man die Spezifitäten dieser Methode auf die technisch mediierte Situation per Telefon, entfallen die nonverbalen und nur visuell wahrnehmbaren Zeichen der Ermunterung zum Weitersprechen oder der Zustimmung, wodurch sich die Asymmetrie der Kommunikationssituation noch weiter verstärkt. Daher ist mit einer hohen Abbruchquote bei telefonischen, narrativen Interviews zu rechnen. Dies führt zu dem Schluss, dass narrative Interviews nicht ohne visuelle Wahrnehmbarkeit oder räumliche Anwesenheit der Beteiligten durchgeführt werden sollten (auch wenn der telefonische Modus von Holt (2010) für narrative Interviews propagiert wird).

6.1.1 Kritik

Für die Durchführung von Telefoninterviews im Rahmen von qualitativen Forschungen sprechen folgende Vorteile:

(1) *Partielle Reduktion des Einflusses des Interviewenden:* Bei qualitativen Methoden zur Erhebung verbaler Daten wird der Interviewende selbst zum entscheidenden Erhebungsinstrument. Dadurch können Effekte eintreten, die den Interviewprozess beeinflussen und die auf die Person des Interviewenden zurückzuführen sind, wie dessen Aussehen, Alter, Konstitution (z. B. Gewicht), Stimme, Ausstrahlung usw. (sog. Interviewereinfluss). Diese Variablen haben, bewusst oder unbewusst, Einfluss auf das Interviewgeschehen (siehe hierzu ausführlich Kap. 8). Bei einer rein telefonischen Interviewdurchführung wird dieser Einfluss minimiert, da alle visuell wahrnehmbaren Zeichen entfallen und lediglich die Stimme, die Sprechweise, Wortwahl und Betonung sowie das kommunikative Verhalten übermittelt werden.

(2) *Reisekosten:* Qualitative Interviewstudien gehen, je nach Forschungsfrage und zu untersuchenden Personengruppen, für den Interviewenden oft mit einer regen Reisetätigkeit einher. Um „Laborsituationen" zu vermeiden und die Interviewten in einer möglichst „natürlichen" Situation zu interviewen, werden diese häufig in ihren eigenen Wohn- oder Arbeitsräumen oder an anderen Orten (z. B. in Cafés) aufgesucht. Diese Reisen sind nicht nur zeit-, sondern auch kostenintensiv und erschweren die Durchführung mancher Studien. Bei telefonischer Befragungsdurchführung entfallen diese Kosten.

(3) *Geografische Entgrenzung:* Bei der Durchführung von Face-to-Face-Interviews besteht eine geografische Eingrenzung der Befragung. Diese kann bei telefonischer Durchführung der Interviews überwunden werden, da auch geografisch weit entfernt lebende Stichproben leicht und ressourcenschonend befragt werden können. Dies erweist sich als großer Vorteil bei geografisch dispersen Stichproben, die oftmals entstehen, wenn die Stichprobe mehrere seltene Merkmale aufweisen muss (z. B. männliche Erkrankte mit Morbus Crohn unter 30 Jahre alt).

(4) *Zeitersparnis:* Der Zeitaufwand für die Durchführung eines Telefoninterviews ist geringer als bei der Durchführung eines Face-to-Face-Interviews. Bei Face-to-Face-Interviews muss entweder der Interviewende zum Interviewten reisen, der Interviewende muss den verabredeten Interviewort aufsuchen oder es müssen die Räumlichkeiten für das Interview vorbereitet werden; all diese Vorbereitungen entfallen, wenn das Interview per Telefon durchgeführt wird.

(5) *Effizienz:* Die Kontaktaufnahme zu den zu interviewenden Personen gestaltet sich recht einfach und bequem. Wenn diese nicht vorab per Brief angefragt werden,

kann der Schritt der Erstkontaktierung auch per Telefon stattfinden und, im positiven Fall, kann direkt ein Termin für das Telefoninterview vereinbart werden.

(6) *Vermehrte Offenheit:* In Studien hat sich gezeigt, dass die Bereitschaft, über sehr sensible und intime Themen zu sprechen, bei telefonisch durchgeführten Interviews höher ist als bei Face-to-Face-Erhebungen (Weissman et al., 1986 Schulz & Ruddat, 2012). Die Forschungslage hierzu ist jedoch nicht eindeutig, da andere Vergleichsstudien zu dem Schluss kommen, dass keine signifikanten Unterschiede zwischen telefonisch ermittelten Daten und durch andere Erhebungstechniken erhobenen Daten bestehen (Janofsky, 1971; Bermack, 1989). Andere Studien wiederum zeigen, dass der Grad an sozial erwünschten Antworten bei Telefoninterviews höher ausfiel als bei den Face-to-Face-Interviews (Tourangeau & Yan, 2007).

Der Grund für diese zu beobachtende Erhöhung der Bereitschaft zu selbstoffenbarendem Verhalten könnte auf den Modus der Nichtangesichtigkeit bei Telefoninterviews zurückgeführt werden. Zum einen minimiert die Telefonsituation den Einfluss des Interviewenden, was von entscheidender Bedeutung ist, da das Sprechen über z. B. sexuelle Themen durch das Geschlecht und das Alter sowohl des Befragten als auch des Interviewenden entscheidend beeinflusst wird. Zum anderen erleichtert es die visuelle Anonymität den Probanden, über mögliche intime oder gegebenenfalls stigmatisierende und abweichende Verhaltensweisen oder Kognitionen zu sprechen. Dieser Effekt kann auch in anderen Kontexten aufgezeigt werden, in denen die Nichtangesichtigkeit (und damit – visuelle – Anonymität) der Situation zur Erhöhung der Bereitschaft zu selbstoffenbarendem Verhalten eingesetzt wird, so wie dies z. B. beim katholischen Beichtritual der Fall ist. Eine höhere Bereitschaft zu selbstoffenbarendem Verhalten bei Nichtangesichtigkeit der sozialen Akteure konnte auch für computervermittelte Kommunikation nachgewiesen werden – hier interessanterweise sogar in Settings, die keine visuelle Anonymität der Akteure unterstützten (z. B. in Videos; Misoch, 2014; vgl. hierzu das Skype-Interview, Kap. 6.2).

(7) *Anonymität:* Werden Interviews telefonisch durchgeführt, eröffnet sich den Befragten die Möglichkeit, (visuell) anonym zu bleiben, auch wenn eine komplette Anonymität zumeist aufgrund der Registrierung der Telefonnummern nicht möglich ist. Visuelle Anonymität kann hier gegebenenfalls bewusst eingesetzt werden. Telefonische Interviewdurchführung kann die Identität des Interviewten (und partiell auch die des Forschenden) schützen, falls dies erwünscht sein sollte (z. B. bei Interviews mit Mitgliedern krimineller und/oder gewalttätiger Vereinigungen und Banden [Blee, 2003]).

(8) *Sicherheit des Interviewenden:* Qualitative Forschung kann sich mit speziellen, d. h. auch abweichenden Verhaltensweisen oder sozialen Gruppen auseinandersetzen, deren Untersuchung die Sicherheit des Forschenden gefährden kann, wie z. B. eine Studie über rassistische (z. B. Ku-Klux-Klan) oder kriminelle Geheimbünde. Ist das zu untersuchende Feld unsicher und eventuell gefährlich, so ist es

empfehlenswert, die Interviews nicht face-to-face, sondern telefonisch durchzuführen.

Als Nachteile beim Einsatz von telefonisch durchgeführten Interviews müssen genannt werden:

(1) *Reduzierung der Social Cues:* Unter *Social Cues* werden jene sozialen Zeichen verstanden, die in Situationen körperlicher Anwesenheit der Akteure übertragen werden und die sich für soziale Interaktionen als relevant erweisen. Dies sind z. B. Körperzeichen (Geschlecht, Größe, Gewicht, Alter, Hautfarbe usw.), Mimik, Gestik, räumliches Verhalten, aber auch Kleidung und Auftreten. Werden bei technisch vermittelter Kommunikation (via Telefon) die visuellen Kanäle nicht übertragen, kommt es zu einer begrenzten Übertragung der *Social Cues.* Das Fehlen dieser visuellen Informationen kann in der sozialen Situation zu Verunsicherung führen, da weder der Interviewende noch der Interviewte die Mimik oder den Blick des anderen wahrnehmen können. Aufgrund dessen besteht die Gefahr, dass es durch die situative Kanalreduktion (siehe hierzu Misoch, 2006, S. 63ff.) zu Fehlinterpretationen kommt, die den Interviewprozess nachhaltig negativ beeinflussen können.

Dieses Fehlen der visuellen *Social Cues* kann aber auch von Vorteil sein, und zwar dann, wenn sich durch das Fehlen der visuellen Merkmale des Interviewenden die Bereitschaft zu selbstoffenbarendem Verhalten erhöht.

(2) *Geringere Kontrolle über den Kommunikationsfluss:* Der Fluss der Kommunikation zwischen Personen wird ganz entscheidend durch nonverbale Zeichen beeinflusst, die anzeigen, wer als Nächstes das Wort ergreifen möchte, wer noch etwas zum Gesagten hinzufügen möchte, wer dem Gesagten zustimmt oder widersprechen möchte: „[...] channel control is effected by small non-verbal signals, mainly head-nods, and eye movements" (Argyle, 2009, S. 72). Diese Steuerung des Kommunikationsprozesses über Nonverbales ist bei Telefoninterviews nicht möglich: Hier müssen Sprecherwechsel, Zustimmung oder Ablehnung während des Zuhörens auf andere Art und Weise zum Ausdruck gebracht werden, sodass z. B. mehr paralinguistische Zeichen („hmmmm" oder „okay") zum Einsatz kommen müssen. Insgesamt kann sich die Reduktion auf auditive Zeichen negativ auf die Situation auswirken, da der Interviewende durch fehlende visuelle Zeichen den Prozess schlechter einschätzen kann und dieser daher schwieriger adäquat zu steuern ist.

(3) *Fehlende Kontrolle über die Interviewsituation:* Werden Interviews face-to-face durchgeführt, dann werden diese vom Forschenden so umgesetzt, dass sie in einer störungsfreien, angenehmen Umgebung stattfinden. Auf diese Weise soll eine vertrauensvolle Gesprächsatmosphäre geschaffen werden, in der der Interviewte möglichst offen reden kann. Werden qualitative Interviews hingegen telefonisch durchgeführt, so hat der Interviewende keine Kenntnis von den aktuellen Umfeldbedingungen des Befragten (ob dieser sich gerade ein Steak brät oder in

der Badewanne liegt). Er hat keinen Einfluss darauf, ob eventuell noch andere Personen anwesend sind, die die Atmosphäre des Interviews entscheidend beeinflussen können (z. B. bei Interviews mit Jugendlichen). Dem Forschenden verbleibt daher einzig die Möglichkeit, über den auditiven Kanal eine angenehme und vertrauensvolle Atmosphäre herzustellen. Ob dies gelingt, hängt von Faktoren ab, die z. T. außerhalb des Kontrollbereiches des Interviewenden liegen (z. B. Klang der Stimme).

(4) *Aushalten von Pausen/Stille:* In Interviews, die face-to-face durchgeführt werden, ergeben sich immer wieder mehr oder weniger lange Passagen der Stille. Solche Pausen müssen kein negatives Zeichen sein, sondern sie sind oft Ausdruck der Konzentriertheit der Befragten, die bei komplexen Befragungen Zeit benötigen, um auf die Fragen des Interviewenden adäquat antworten zu können. Der Interviewende muss diese Pausen aushalten können, ohne den Befragten bei dessen Reflexionen und Innenschau zu stören. Diese Redepausen auszuhalten, erweist sich in einer Kommunikationssituation per Telefon als schwieriger, denn längere Pausen werden hier als unhöflich angesehen und eher vermieden als in Face-to-Face-Konversationen: „There is a marked tendency to avoid silences in a telephone conversation, and long silences over the telephone are considered inproper and rude" (de Leeuw, 1992, S. 15).

(5) *Zunahme des Einflusses der Stimme:* Durch die Kanalreduktion kommt es zu einer intensiveren Wahrnehmung der auditiven Zeichen. Diese sind der Klang der Stimme, die Wortwahl, paraverbale Zeichen (zustimmendes „ahmmm" oder ablehnendes „hm") sowie Tempo und Rhythmus des Sprechens. Einige Studien haben sich mit dem Einfluss der Stimme bei standardisierten Telefoninterviews auf die Bereitschaft zur Befragungsteilnahme auseinandergesetzt. Es konnte festgestellt werden, dass der Erfolg von Interviewenden, d. h. hohe bzw. niedrige Teilnahmeraten, u. a. von objektiven stimmlichen Eigenschaften abhängen (v. a. Tonhöhe, Lautstärke, Sprechgeschwindigkeit). Diese Eigenschaften führen bei den Zielpersonen zu subjektiven Zuschreibungen und dazu, dass der Interviewende als attraktiv, angenehm und sympathisch oder als unattraktiv, unangenehm und unsympathisch wahrgenommen wird (z. B. Oksenberg et al., 1986; Steinkopf et al., 2010). Da keine visuellen Zeichen wie etwa das Aussehen des Forschenden, dessen Körperhaltung, Kleidung usw. übertragen werden, die diesen auditiven Eindruck relativieren oder revidieren könnten, wird die Stimme bei Telefoninterviews zu einem der entscheidenden Faktoren für die Bereitschaft zur Teilnahme an der Interviewstudie.

6.1.2 Fazit

Der Einsatz von Telefoninterviews wird in qualitativen wissenschaftlichen Studien – im Gegensatz zum Bereich der Marktforschung – nach wie vor selten praktiziert und von vielen Forschenden mit großer Skepsis betrachtet. Hier wird zumeist am Primat des nicht durch technische Medien vermittelten Interviews festgehalten. So raten einige Autoren dezidiert davon ab, qualitative Erhebungen anhand telefonischer Interviews durchzuführen: „Given the need to build a relationship and the importance of visible cues in conversations, you'd rightly expect that telephones are not a major way of conducting qualitative interviews" (Rubin & Rubin, 1995; zitiert nach Novick, 2008, S. 394). Andere Autoren geben der Methode trotz aller geäußerten Skepsis eine Chance, sich in der konkreten Situation zu bewähren. So berichtet eine Forscherin, dass sie zuerst mit viel Skepsis an diese Methode herangegangen ist, jedoch nach der Datenerhebung und -auswertung von den Forschungsergebnissen positiv überrascht war: „[...] was skeptical about the quality of the data she [the researcher] would obtain via telephone because she had always believed in the importance of face-to-face interviewing. Yet, she found that her data were unexpectedly rich. [...] telephone interviews surpassed her expectations for them [...]" (Novick, 2008, S. 394).

Bislang liegen wenige Studien vor, die qualitative Interviews per Telefon und Face-to-Face-Interviews systematisch miteinander vergleichen. Die wenigen Vergleichsstudien zeigen widersprüchliche Ergebnisse: Einige Studien wollen nachgewiesen haben, dass telefonisch geführte qualitative Interviews eine bessere Datenqualität hervorbringen, weil der Anteil sozial erwünschter Antworten geringer als bei face-to-face durchgeführten sei (z. B. Metastudie von de Leeuw & von der Zouwen, 1992). Andere hingegen gehen davon aus, dass telefonisch durchgeführte Interviews zu einer vermehrten Offenheit der Probanden führen und deswegen qualitativ bessere Daten erzielen (z. B. Schulz & Ruddat, 2012). Wiederum andere zeigen, dass der Grad der sozialen Erwünschtheit (und damit das Gegenteil von Offenheit) bei telefonischen Interviews höher ausfällt als bei Face-to-Face-Interviews (Tourangeau & Yan, 2007). Bei dieser widersprüchlichen Datenlage stellt sich die Frage, ob die aufgezeigten Effekte (wie z. B. die geringere soziale Erwünschtheit der Antworten oder die größere Offenheit) tatsächlich dem Modus der Datenerhebung zuzuschreiben sind, oder ob dies auf andere Variablen zurückzuführen ist, die nicht reflektiert wurden, wie z. B. auf die Person des Interviewenden (Geschlecht, Alter, Hautfarbe usw.), dessen Stimme oder die Thematik der Studie (sensible oder heikle Themen).

Zusammenfassend kann festgehalten werden, dass es keine Gründe gibt, bestimmte Formen der qualitativen Interviews nicht telefonisch durchzuführen, wenn die Restriktionen dieses Modus und die gegebenenfalls eintretenden Wirkeffekte der technisch vermittelten Durchführung kritisch reflektiert und in der Auswertung der Daten entsprechend berücksichtigt werden. So eignen sich für diese Technik vor allem strukturierte Formen der Interviews oder Interviews mit Personen, die schlecht erreichbar sind (z. B. Militär), die eventuell (visuell) anonym bleiben wollen oder bei denen ein realweltlicher Kontakt den Forschenden gefährden könnte (z. B. violente Gangs; Ku-Klux-Klan).

6.1.3 Literatur

Argyle, M. (2009). *Social interaction* (2. Auflage). New Jersey: Transaction Publishers.

Berger, P. L., & Luckmann, T. (2009). *Die gesellschaftliche Konstruktion der Wirklichkeit*. Frankfurt am Main: Fischer Verlag.

Bermack, E. (1989). Effect of telephone and face-to-face communication on rated extent of self-disclosure by female college students. *Psychological Reports 65*(1), 259–267.

Blasius, J., & Reuband, K.-H. (1995). Telefoninterview in der empirischen Sozialforschung: Ausschöpfungsquoten und Antwortqualität. *ZA-Information / Zentralarchiv für Empirische Sozialforschung 37*, 64–87.

Blee, K. M. (2003). *Inside organized racism: Women in the hate movement*. London: University of California Press.

de Leeuw, E. D. (1992). *Data Quality in Mail, Telephone and Face to Face Surveys*. Amsterdam: TT Publikaties.

Holt, A. (2010). Using the telephone for narrative interviewing: a research note. *Qualitative Research 10*(1), 113–121.

Höflich, J. R. (1996). *Technisch vermittelte interpersonale Kommunikation. Grundlagen, organisatorische Medienverwendung, Konstitution elektronischer Gemeinschaften*. Opladen: Westdeutscher Verlag.

Janofsky, A. I. (1971). Affective self-disclosure in telephone versus face to face interviews. *Journal of Humanistic Psychology 11*(1), 93–103.

Misoch, S. (2006). *Online-Kommunikation*. Konstanz: UVK.

Misoch, S. (2014): Card stories on YouTube: A new frame for online self-disclosure. *Media and Communication 2*(1). Verfügbar unter URL: http://www.cogitatiopress.com/ojs/index.php/mediaandcommunication/article/view/16 (letzter Aufruf: 05.07.2018).

Novick, G. (2008). Is there a bias against telephone interviews in qualitative research? *Research in Nursing & Health 31*(4), 391–398.

Oksenberg, L., Coleman, L., & Cannell, C. F. (1986). Interviewers' voices and refusal rates in telephone surveys. *Public Opinion Quarterly 50*(1), 97–111.

Opdenakker, R. (2006). Advantages and disadvantages of four interview techniques in qualitative research. *Forum Qualitative Sozialforschung 7*(4), Art. 11.

Rubin, H. J., & Rubin, I. S. (1995). *Qualitative interviewing: The art of hearing data*. London: Sage.

Schulz, M., & Ruddat, M. (2012). „Let's talk about sex!" Über die Eignung von Telefoninterviews in der qualitativen Sozialforschung. *Forum Qualitative Sozialforschung 13*(3), Art. 2. Verfügbar unter URL: http://nbn-resolving.de/urn:nbn:de:0114-fqs120329 (letzter Aufruf: 16.05.2018).

Steinkopf, L., Bauer, G., & Best, H. (2010). Nonresponse und Interviewer-Erfolg im Telefoninterview: Empirische Untersuchungen zum Einfluss stimmlicher Eigenschaften der Interviewer. *Methoden – Daten – Analysen 4*(1), 3–26.

Sturges, J. E., & Hanrahan, K. J. (2004). Comparing telephone and face-to-face qualitative interviewing: a research note. *Qualitative Research 4*(1), 107–118.

Tourangeau, R., & Yan, T. (2007). Sensitive questions in surveys. *Psychological Bulletin 133*(5), 859–893.

Weissman, A. N., Steer, R. A., & Lipton, D. S. (1986). Estimating illicit drug use through telephone interviews and the randomized response technique. *Drug and Alcohol Dependence 18*(3), 225–233.

6.2 Das Skypeinterview

Mit zunehmender Durchdringung unseres Lebensalltags mit digitalen Medien ändern sich auch die wissenschaftlich angewandten Methoden der empirischen Sozialforschung. Hat sich in der quantitativen Sozialforschung bereits die Online-Erhebung als gute Methode für Erhebungen bei online-affinen Personengruppen oder online-bezogenen Fragestellungen bewährt, so zeigt sich auch in der Datenerhebung bei qualitativer Forschung ein zunehmender Trend zum Einsatz digitaler Erhebungsmethoden. Manche Forscher postulieren sogar, dass sich qualitative Forschung der neuen, digitalen Kommunikationsmittel bedienen müsse, um aktuell und damit überlebensfähig zu bleiben: „[...] there have been dramatic changes in communication technology and qualitative interviewing must adapt if its to survive" (Edwards & Holland, 2013, S. 95).

Skype ist ein Internetdienst, der 2003 eingeführt wurde und inzwischen der am weitesten verbreitete Dienst ist, der audiovisuelle interpersonelle Kommunikation (per gesprochener Sprache) mittels Internetverbindung ermöglicht. Der Einsatz von Skype unterstützt Videokonferenzen oder auch Video-Interviews durch die zeitgleiche Übertragung sowohl auditiver als auch visueller Daten. Seit 2010 gibt es eine Android-Version von Skype – damit wurde diese Form der Videotelefonie auch auf mobilen Endgeräten ermöglicht. Weitere Softwareprogramme, die vor allem im privaten Bereich eingesetzt werden und Alternativen zu Skype darstellen, sind z.B. ooVoo, ICQ, Jitsi, Yahoo Messenger, Viber oder FaceTime.

Es liegen bislang nur wenige Studien vor, die sich mit dem Einsatz von Videotelefonie für qualitative Interviews auseinandersetzen. Auch Vergleichsstudien, die die Datenqualität von Skype-Interviews mit Face-to-face-Studien systematisch vergleichen, sind kaum vorhanden (Ausnahme z.B. Deakin & Wakefield, 2013). Die zentrale Frage dabei lautet: „[H]ow might online interviewing change the very sense of the interview as we traditionally know it?" (Deakin & Wakefield, 2013, S. 5).

Ein mittels Skype oder eines anderen Dienstes für audiovisuelle Online-Kommunikation (Videotelefonie) geführtes Interview hat folgende Besonderheiten:
- Vermittelte Kommunikationssituation: Die Kommunikation erfolgt vermittelt, d.h. die Interviewsituation findet mittels eines Softwaredienstes online statt und beide Parteien müssen die gleiche Software zur Kommunikation installiert haben.
- Die Kommunikationssituation ist eine vermittelte, aber durch das Vorhandensein von Ton und Video handelt es sich um eine relativ reichhaltige und dem Face-to-face-Austausch ähnliche Kommunikationssituation, denn diese findet synchron statt und es werden sowohl die auditiven als auch visuellen Kanäle in Echtzeit übertragen. So können z.B. neben der akustischen Wahrnehmung der anderen Akteure auch deren Körperzeichen gelesen werden. Die häufigste Kameraeinstellung zeigt die Akteure im Portrait, sodass das Gesicht und eventuell die Schultern gut sichtbar sind und damit die Mimik in die Kommunikation mit einfließen

kann. Zwar ist diese Form der Kommunikation im Vergleich zu face-to-face weiterhin kanalreduziert (so fehlen z.B. Olfaktorik, Haptik und Gustatorik), durch die Übertragung des Auditiven und Visuellen ist diese Methode aber gegenüber der rein auditiven Interviewtechnik reichhaltiger (im Sinne der medialen Reichhaltigkeit; Misoch, 2006, S. 76ff.). Durch diese Reichhaltigkeit erhöht sich die soziale Präsenz in der Situation (Short et al., 1976; Misoch, 2006, S. 63ff.), d.h. die Teilnehmenden haben das Gefühl, mit der anderen Person zusammen zu sein, und die Tatsache der Mediierung tritt in den Hintergrund. Dies erlaubt es dem Interviewer, einen von Intimität und sozialer Nähe geprägten Rahmen zu schaffen, um so eine vertrauensvolle Beziehung zum Befragten herzustellen.

– Enträumlichung: Interviews mittels Videokonferenzsoftware sind nicht ortsgebunden. So müssen Interviewender und Interviewter nicht am gleichen Ort sein, um ein Interview durchzuführen und es sind mit dieser Methode Interviews mit geografisch weit verstreuten Stichproben unkompliziert und kostensparend möglich.

– Digitalisierung: Alle Interviews, die mittels Videokonferenzdiensten durchgeführt werden, können zeitgleich gespeichert werden und liegen dann als digitale audiovisuelle Datei vor.

6.2.1 Kritik

Die Durchführung von qualitativen Interviews online anhand z.B. des Dienstes Skype bringt verschiedene Vor- und Nachteile mit sich. Als Vorteile können genannt werden:

(1) Erreichbarkeit geografisch disperser Gruppen: Durch den Einsatz von Internettechnologien werden auch geografisch disperse Gruppen oder Einzelpersonen erreichbar: „[O]nline methods mitigate the distance of space" (Deakin & Wakefield, 2013, S. 3). So ist es bei einer Studie mittels Skype-Interviews nicht relevant, wo die einzelnen Interviewten leben, denn alle sind gleichermaßen erreichbar, wenn diese über eine Internetverbindung und die entsprechende Software verfügen.

(2) Erreichbarkeit von nicht mobilen und schwer erreichbaren Personen: Werden qualitative Interviews mittels Skype ortsunabhängig durchgeführt, so ergibt sich die Möglichkeit, schwer erreichbare Personen unaufwendig zu befragen. So sind z.B. Körperbehinderte, Gefängnisinsassen, stationäre Krankenhauspatienten, Angehörige des Militärs oder Personen aus dem oberen Kader einfacher mittels dieser Interviewtechnik zu befragen, da der Zugang zu diesen oft erschwert, limitiert oder aufgrund der Zugänglichkeit (z.B. Astronauten) oder des Gefährdungspotenzials (z.B. Patienten auf einer medizinischen Isolationsstation) für den Forschenden gar nicht möglich ist.

(3) Größeres Sample möglich: Durch die bessere Erreichbarkeit disperser Gruppen per Skype können in qualitativen Studien große Samples ressourcenschonend

befragt werden, da die Stichprobenziehung nicht mehr lokal begrenzt ist. So kann in Studien zu sehr seltenen Phänomenen global nach Interviewpartnern gesucht werden, die einzigen Limitationen sind, neben denen technischer Natur, diejenigen, die durch sprachliche und kulturelle Unterschiede entstehen.

(4) Gruppeninterviews: Mittels Skype können relativ unproblematisch Gruppenerhebungen durchgeführt werden, wenn alle Teilnehmenden über die entsprechende Software verfügen. Die Software erlaubt es, dass bis zu 25 Teilnehmende miteinander kommunizieren; diese Gruppengröße sollte jedoch aus forschungspraktischen Gründen vermieden werden, sodass eine Gruppengröße von bis zu 10 Personen nicht überstiegen werden sollte. Durch die Möglichkeit der Gruppenkommunikation können z.B. Gruppenmitglieder oder auch Meinungsgegner gemeinsam interviewt werden, wodurch sich für die Methode des Skype-Interviews die Option eröffnet, nicht nur Meinungen, spezielle Erzählungen oder biografische Passagen zu erheben, sondern auch die online entstehenden Gruppendynamiken zu untersuchen.

(5) Höhere Flexibilität: Die Flexibilität bei der Durchführung des Interviews nimmt für beide Seiten zu (Deakin & Wakefield, 2013), weil Interviews z.B. in den Abendstunden, von zu Hause aus oder mittels mobilem Empfang auch unterwegs durchgeführt werden können. Sowohl für den Forschenden als auch für den Interviewten ist angenehm, dass der Ort, an dem sie sich während des Interviews befinden, selbst bestimmen können.

(6) Einfache Kontaktaufnahme: Die zu interviewenden Personen können mittels Online-Kommunikation kontaktiert werden oder online mittels Aufruf aktiv zur Teilnahme an der Studie aufgefordert werden. Einzige Voraussetzung für die direkte Kontaktaufnahme ist die Kenntnis der Kontaktdaten (z.B. E-Mail-Adresse).

(7) Geringerer Zeitaufwand: Die Durchführung eines Interviews per Skype ist zeitökonomischer als die Durchführung eines Interviews face-to-face. Denn bei einem im realweltlichen Kontext durchgeführten Interview muss entweder der Interviewer zum Interviewten reisen oder den verabredeten Interviewort aufsuchen und/oder es müssen die Räumlichkeiten für die Durchführung des Interviews vorbereitet werden; all diese Vorbereitungen entfallen, wenn das Interview online durchgeführt wird.

(8) Erhöhte Teilnahmebereitschaft: Es hat sich in Studien gezeigt, dass Personen, die an einem face-to-face durchgeführten Interview nicht teilnehmen wollten, sich häufig bereit erklärten, an einem Skype-Interview teilzunehmen (Deakin & Wakefield, 2013). Dies kann dadurch erklärt werden, dass diese Variante auch für den Befragten zeit- und aufwandsökonomischer ist als ein face-to-face durchgeführtes Interview. So konnte festgestellt werden, dass es bei Skype-Interviews weniger Interviewausfälle durch Nichteinhalten der Termine (no show) gibt als bei face-to-face geführten Interviews (Weller, 2015, S. 13).

(9) Möglichkeit der Anonymität: Werden Interviews computervermittelt per Skype durchgeführt, so hat der Befragte (wie auch der Forschende) die Möglichkeit,

unproblematisch namentlich anonym zu bleiben. Denn für das Videointerview ist nicht der reale Name relevant, sondern der Skype-Name, und dieser muss nicht der Realname sein. Zwar kann auch im Face-to-face-Interview der Realname ausgespart bleiben oder durch einen anderen Namen ersetzt werden, es ist aber im Falle von Skype im Gegensatz zum realweltlichen Kontext sozial akzeptiert, nicht den Realnamen zu verwenden. Diese Möglichkeit kann für manche Interviewte angenehm sein, die z.B. Informationen im Interview preisgeben können, die eventuell strafrechtliche Folgen haben könnten (z.B. Drogenmissbrauch; Aktionen militanter Tierschützer). So ist der Interviewte zwar visuell erkennbar, hat aber die Option, hinter dem Pseudonym seines Skypenamens anonym zu bleiben. Auch die Kontaktaufnahme per E-Mail und Anwendungen wie z.B. Chat ermöglichen die Anonymität.

(10) Digitale Aufzeichnung: Wenn online durchgeführte qualitative Videos per Skype realisiert werden, so können diese unkompliziert parallel zur Durchführung digital aufgezeichnet werden. Da bei einem Skype-Interview bereits zur Vermittlung der audiovisuellen Kommunikationssituation eine Kamera benötigt wird, erweist sich dieser Interviewmodus mit gleichzeitiger Videoaufzeichnung für den Befragten meist als weniger irritierend als die Videokameraaufzeichnung eines Interviews, das face-to-face geführt wird. Skypeinterviews können in andere Formate wie z.B. Word exportiert werden und somit auch weiter elektronisch verarbeitet werden, wie z.B. durch automatische Stichwortsuche (Moylan et al., 2015). Programme wie der Evaer Video Recorder für Skype ermöglichen es, den Audio- oder Videoinhalt in das Format MP4/AV1 zu konvertieren (Moylan et al., 2015).

(11) Per Videotelefonie geführte Interviews üben auf die Interviewten weniger sozialen Druck aus, als dies in einer Situation der Angesichtigkeit der Fall sein kann: „[...] there's less of a pressure of presence if you like [...] nothing against you or anything (laughs). It's like when you doing interviews for unis [...] when you're sitting in a room with someone opposite you you feel a lot more under pressure than when it's over the computer, so I guess it does give you the freedom to sit back and actually think so in that way I think it was quite nice actually as pressure does get to me a little" (Carl, interviewee, Weller 2015, S. 17).

(12) Per Skype oder mittels anderer Videotelefoniedienste sind mobile Interviews möglich. Diese haben Potenzial, zum einen die Teilnahmebereitschaft zu erhöhen, da die Interviewten das Interview auch mobil von unterwegs aus führen können, zum anderen eröffnen mobile Interviews auch die Chance, andere audio-visuelle Eindrücke wie z.B. die Umgebung (Zimmer des Interviewten oder Stadtquartier) zu zeigen und diese Daten in das Interview zu integrieren (Iacono et al., 2016, S. 8). Damit sind per Skype unter anderem raum-ethnografische Studien möglich wie z.B. Stadtteilbegehungen mit verschiedenen Akteuren. Damit können Daten „in situ" erhoben werden: „The mobility associated with this approach also allows for interviews to be conducted in situ [...]" (Palys & Atchison, 2012, S. 358).

(13) Von einigen Befragten wurde betont, dass es bei Skype möglich sei, das Interview an einem sicheren Ort zu führen. Damit erlauben Interviews per Videotelefonie mehr Sicherheit und Kontrolle, dies sowohl für die Interviewenden als auch für die Interviewten: „I'm in my own room and I'm on my own" (Izzy, interviewee, Weller 2015, S. 18). "Both, the researcher and the researched are able to remain in a 'safe location' without imposing on each other's personal space" (Hanna, 2012, S. 241).

Neben den erwähnten Vorteilen der medial vermittelten Interviewdurchführung müssen aber auch die Nachteile und Probleme reflektiert werden, die durch im Rahmen von online durchgeführten Interviews auftreten können:

(1) Technische Voraussetzungen: Um ein qualitatives Interview per Skype durchführen zu können, müssen bestimmte technische Voraussetzungen erfüllt sein. So müssen beide, Interviewende und Interviewte, über das Internet miteinander verbunden sein, die entsprechende gleiche Software (Skype oder einen anderen Dienst) installiert haben und über eine stabile Internetverbindung mit genügendem Datendurchsatz verfügen.

(2) Technische Probleme: Wenn ein Interview nicht unvermittelt, also face-to-face stattfindet, sondern anhand technischer Medien, kann es während des Interviewprozesses immer zu technischen Problemen kommen. Bei Skype-Interviews können dies u.a. Probleme mit der Bildübertragung sein, sodass die Kamera nicht funktioniert oder die Bildübertragung mangels ungenügendem Datendurchsatz nicht zuverlässig funktioniert, oder es können time lags (Verzögerungen bei der Übertragung) eintreten, die eine Kommunikation erschweren, weil der natürliche Fluss der Kommunikation durch das Warten auf die Übertragung behindert wird. Es kann gar dazu kommen, dass die Verbindung vollständig unterbrochen wird. Solche technischen Probleme können ein qualitatives Interview erschweren oder dessen Durchführung letztlich verunmöglichen, wenn die technischen Störungen schwerwiegend sind und/oder den Kommunikationsprozess nachhaltig beeinträchtigen. Technische Störungen können auch negative Auswirkungen auf die Vertrauensbildung online haben (Iacono et al., 2016, S. 7) und somit den gesamten Interviewprozess gefährden.

(3) Geringerer Grad an Verbindlichkeit: Es zeigte sich in einer Studie, dass einige Interviews bei einer Skype-Verabredung nicht zustande kamen, weil die potenziellen Befragten sich nicht zur verabredeten Zeit eingeloggt haben. In der Studie von Deakin & Wakefield (2013) konnten aus diesen Gründen zwischen 5% und 40% der geplanten Skype-Interviews nicht durchgeführt werden; bei den face-to-face durchgeführten Interviews erschienen alle Teilnehmer zur verabredeten Zeit am verabredeten Ort. Dieser Umstand kann damit erklärt werden, dass die zu interviewenden Personen teilweise anonym sind und sie die mit dem Forscher vereinbarten Skype-Termine als weniger verbindlich ansehen, weil sie die sonst befürchteten sozialen Nachteile der Terminabsage online nicht befürchten

müssen. Dieser Zusammenhang zeigte sich in der erwähnten Studie, in welcher nur Interviewpartner, die dem Forschenden nicht bekannt waren, die vereinbarten Skype-Termine nicht einhielten (Deakin & Wakefield, 2013). Eine Strategie, um dem entgegenzuwirken, kann sein, vor den Skype-Interviews ein Treffen im realweltlichen Kontext durchzuführen (Weller, 2015). Es zeigte sich z.B. in einer Studie, dass nur 42% der interviewten Jugendlichen bereit gewesen wären, an der Studie teilzunehmen, wenn diese ausschließlich aus Skype-Interviews ohne vorheriges persönliches Kennenlernen face-to-face bestanden hätte (Weller, 2015, S. 15), und dies trotz der Tatsache, dass es sich bei Jugendlichen um sogenannte Digital Natives handelt, die mit digitalen Kommunikationsmedien, wie z.B. Skype, sozialisiert wurden. Wenn ein solches Treffen aufgrund geografischer Distanz nicht möglich ist, so hat sich vorheriges E-Mailing oder Austausch von Fotos als gut erwiesen, um die Basis für ein offenes und somit gelingendes Interview zu legen (Weller, 2017, S. 616).

(4) Einfache Abbruchmöglichkeit: Interviews sind für eine Studie nur verwertbar, wenn diese vollständig durchgeführt werden. Ein vorzeitiger Abbruch ist bei face-to-face durchgeführten Interviews für den Befragten zwar möglich, online ist dies aber sehr viel einfacher und ohne Angst vor negativen sozialen Folgen zu realisieren: Hier genügt ein Klick auf die rote Schaltfläche „Auflegen", und die Verbindung via Skype sowie das qualitative Interview sind beendet.

6.2.2 Fazit

Im Zuge der zunehmenden Verbreitung von Online-Kommunikation werden auch verschiedene Dienste und Anwendungen des Internets seit den 1980er-Jahren zunehmend zum Zwecke der empirischen Datenerhebung eingesetzt. Der Einsatz von Online-Surveys für quantitative Studien hat sich inzwischen vor allem in der Markt- und Meinungsforschung, aber weniger für wissenschaftliche Forschung, durchgesetzt.

Für die Erhebung qualitativer verbaler Daten zeigt sich, dass hier der goldene Weg weiterhin in der Durchführung von Interviews in einem Face-to-face-Modus gesehen wird. Die wenigen Studien, die Skype als Erhebungsmethode für qualitative Verbaldaten eingesetzt hatten, haben dies nicht aus konzeptionellen Gründen, sondern aus pragmatischen Gründen getan, wenn sich im Zuge des Sampling gezeigt hatte, dass bestimmte Personen nicht zu einem Face-to-face-Interview bereit waren.

Im Hinblick auf die Qualität der mittels Skype-Interviews erhobenen Daten liegen bislang nicht ausreichend zuverlässige und systematische Vergleichsstudien vor, sodass hierzu keine empirisch validen Aussagen möglich sind. Aufgrund der Forschungslage zu mediierten Kommunikationssituationen und deren Auswirkungen auf soziale Präsenz und das Empfinden der Anwesenheit der Akteure und dessen Effekte auf den Kommunikationsprozess lässt sich jedoch festhalten, dass technisch vermittelte Kommunikation mit audiovisuellen Kanälen von den Befragten als reichhaltiger empfunden wird als z.B. nur die Übertragung des auditiven Kanals (Telefon). Es ist aber auch zu bedenken, dass die soziale Präsenz, auch wenn diese von der Kanalanzahl des Mediums abhängt, immer auch mit den persönlichen Erfahrungen des Nutzers mit einem bestimmten Kommunikationsmedium zusammenhängt (Misoch, 2006, S. 63ff.). So ist davon auszugehen, dass ein Skype-Interview von Häufignutzern dieses Mediums anders empfunden wird als von Wenignutzern oder von Personen, die dieses zum ersten Mal im Kontext des Videointerviews verwenden. Medieneffekte sind dann vor allem bei den mit der Technik unvertrauten Befragten zu erwarten und entsprechend in der Auswertung zu berücksichtigen. Was die Auswirkungen von computervermittelter Kommunikation z.B. auf die Offenheit der Befragten betrifft (z.B. Joinson, 2001), so weisen die Ergebnisse einiger Untersuchungen darauf hin, dass die Bereitschaft, selbstoffenbarendes Verhalten zu zeigen, bei computermediierter audiovisueller und symmetrischer Kommunikation höher ist, als dies face-to-face der Fall ist. Es ist davon auszugehen, dass per Skype durchgeführte Interviews sich zumindest für die jüngere Stichprobe der sogenannten Digital Natives als geeignetes Medium erweist: „Youth researchers have been particulary active in developing new ways of working with young people, honing in on popular methods of communication" (zusammenfassend Weller, 2015, S. 10). „[...] for most younger people, this is not a problem, but if you were interested in elderly [...] many might not have or want access to such a thing" (Sullivan, 2012, S. 57). Es liegen jedoch auch Studien vor, die zeigen, dass dies nicht immer der Fall ist und dass jüngere Probanden durchaus Schwierigkeiten mit Skype hatten als auch, dass ältere Interviewte souverän mit diesem Medium umgingen (Iacono et al., 2016, S. 5). Hier ist also sorgfältig im Vorfeld zu erwägen, ob die anvisierte Zielgruppe gut über diesen Kanal erreicht werden kann, ohne dass gravierende Verzerrungseffekte entstehen.

Per Skype oder durch andere Videotelefoniesoftware durchgeführte Interviews erweisen sich als große Chance, vor allem in einer zunehmend mobilen Gesellschaft. Da die Qualität von Skype-Interviews in vieler Hinsicht mit face-to-face durchgeführten Interviews vergleichbar ist und diese zudem eventuelle Vorteile mit sich bringen – wie die erhöhte Bereitschaft der Teilnahme, der Selbstoffenbarung usw. –, erweist sich diese Methode nicht nur als gute Alternative zu Face-to-face-Interviews, sondern auch als Methode der Wahl, um z.B. eine geografisch disperse, schwer erreichbare Zielgruppen zu erreichen oder Personen mobil zu interviewen. Wichtig ist jedoch, dass diese Form der Datenerhebung ausreichend reflektiert wird und dass gegebenenfalls eintretende Probleme oder Verzerrungseffekte rechtzeitig erkannt werden.

6.2.3 Literatur

Deakin, H., & Wakefield, K. (2013). Skype interviewing: Reflections of two PhD researchers. *Qualitative Research*, URL: http://qrj.sagepub.com/content/14/5/603 (letzter Aufruf: 30.07.2018).

Edwards, R., & Holland, J. (2013). *What is qualitative interviewing?* London: A&C Black.

Hanna, P. (2012). Using internet technologies (such as Skype) as a research medium: A research note. *Qualitative Research 12*(2), 239–242.

Iacono, V. L., Symonds, P., & Brown, D. H. (2016). Skype as a tool for qualitative research interviews. *Sociological Research Online 21*(2), 1–15.

Joinson, A. N. (2001). Self-disclosure in computer-mediated communication: The role of self-awareness and visual anonymity. *European Journal of Social Psychology 31*(2), 177–192.

Misoch, S. (2006). Online-Kommunikation. Konstanz: UVK.

Moylan, C. A., Derr, A. S., & Lindhorst, T. (2015). Increasingly mobile: How new technologies can enhance qualitative research. *Qualitative Social Work 14*(1), 36–47.

Palys, T., & Atchison, C. (2012). Qualitative research in the digital era: Obstacles and opportunities. *International Journal of Qualitative Methods 11*(4), 352–367.

Short, J., Williams, E., & Christie, B. (1976). *The social psychology of telecommunications*. London: Wiley.

Sullivan, J. R. (2012). Skype: An appropriate method of data collection for qualitative interviews? *The Hilltop Review 6*(1), 10.

Weller, S. (2015). The potentials and pitfalls of using Skype for qualitative (longitudinal) interviews. National Centre for Research Methods Working Paper 4/15. URL: http://eprints.ncrm.ac.uk/3757/1/Susie%20Weller.pdf (letzter Aufruf: 29.07.2018).

Weller, S. (2017). Using internet video calls in qualitative (longitudinal) interviews: Some implications for rapport. *International Journal of Social Research Methodology 20*(6), 613–625.

6.3 Das E-Mail-Interview

Die zunehmende Digitalisierung macht sich auch in der Praxis der qualitativen Forschung bemerkbar, u.a. in Form einer neuen Interviewmethode – der Durchführung von Interviews mittels E-Mail. Diese verschriftlichte elektronische Form qualitativer Interviews wird dann als E-Interview, E-Mail-Interview oder als Electronic Interview bezeichnet (Gibson, 2017; Bampton et al., 2013; Bampton & Cowten, 2002).

Beim E-Interview werden sowohl die Fragen des Interviewenden als auch die Antworten des Interviewten in schriftlicher Form mittels Nutzung des Internetdienstes E-Mail ausgetauscht (zum E-Mail-Dienst siehe u.a. Misoch, 2006, S. 45). Mittels des Dienstes E-Mail können Textnachrichten, aber auch Dateianhänge in Form von Text, Bildern, Ton oder Video verschickt werden. E-Mail-Interviews können asynchron oder synchron durchgeführt werden. Auch wenn der Dienst E-Mail kommunikationstheoretisch als asynchron definiert wird (siehe u.a. Misoch, 2006, S. 45), ist die quasi synchrone Interviewführung mittels E-Mail prinzipiell möglich.

Asynchrone E-Mail-Interviews werden zeitversetzt geführt: Ein Interviewender schickt eine Reihe von Fragen, normalerweise nicht alle auf einmal, dem zu Interviewenden per E-Mail zu. Dieser beantwortet die Fragen innerhalb eines (zumeist konkreten) Zeitrahmens und sendet die Antworten per E-Mail an den Interviewenden zurück. Es können auch *synchrone E-Mail-Interviews* durchgeführt werden, wenn sowohl der Interviewende als auch der Interviewte gleichzeitig online sind und in ihrem E-Mail-Account eingeloggt sind. Dadurch ist ein synchroner Austausch möglich, sodass der Interviewende die Fragen per E-Mail schickt und der Interviewte diese sogleich beantwortet und per E-Mail zurückschickt. So kann per E-Mail ein synchrones, textuelles Interview geführt werden, wie sonst z.B. mittels Instant-Messaging-Diensten wie z.B. WhatsApp (Gibson, 2017).

Ein mittels E-Mail geführtes Interview hat folgende spezielle Kennzeichen:
- Schriftlichkeit
  - Das Interview vollzieht sich vornehmlich im Modus der Schriftlichkeit. Diese Tatsache setzt voraus, dass sowohl die Interviewenden als auch die Zu-Interviewenden sich mittels des Mediums Schriftlichkeit gut ausdrücken können. Sind Interviewte nicht sicher oder routiniert im Verwenden von Schriftlichkeit, so wird es schwierig sein, diese zu einer Teilnahme an einer E-Interviewstudie zu motivieren. Durch die ausschließliche Schriftlichkeit müssen alle verbalen und nonverbalen Inhalte verschriftlicht werden, um kommunikativ wirksam werden zu können.
  - Da das Verschriftlichen aller Inhalte notwendig ist und dies für die meisten Menschen zeitaufwendiger ist als das mündliche Ausdrücken des gleichen Kommunikationsinhaltes, ist die Beantwortung von Interviewfragen zeitintensiver als beim Face-to-face-Interview. Zudem müssen durch die kanalreduzierte Situation etwaige nonverbale Zeichen dezidiert verschriftlicht werden, um in der Kommunikation «sichtbar» zu werden.
- Körperlosigkeit
  - Die miteinander kommunizierenden Personen bleiben füreinander körperlos und die Kommunikation findet ohne Kopräsenz der Teilnehmenden statt. Diese Tatsache führt dazu, dass keine Körperzeichen in der Kommunikation detektiert und als bedeutungsvoll in die Datenanalyse mit einbezogen werden können (wie z.B. Schwitzen, Rotwerden oder Zittern bei bestimmten Themen/Fragen).
  - Des Weiteren birgt die Körperlosigkeit der Akteure die Chance, dass die Kommunikation potenziell vollkommen anonym verlaufen kann, so dass weder der Interviewende noch der Interviewte für den anderen identifizierbar ist. Diese Option besteht aber nur in der Theorie, denn der Forschende muss identifizierbar sein, schon um der Seriosität der Studie willen.
- Kanalreduzierung
  - Die Kommunikation vollzieht sich ausschließlich anhand des Kanals der Schriftlichkeit. Dies hat zur Folge, dass die Kommunikation kanalreduziert stattfindet, sodass alle nonverbalen Zeichen wie Gestik, Mimik, Körperhaltung, Blick oder Tonfall nicht übertragen werden bzw. dezidiert verschrift-

licht werden müssen, um in der Situation wirksam zu werden. Aber auch Taktilität, Akustik, Olfaktorik oder Gustatorik werden hier nicht übertragen und können nicht in die Kommunikation einfließen (Misoch, 2006, S. 69) – das Hauptsinnesorgan der Kommunikation ist das Auge.

–   Enträumlichung und Entzeitlichung
    •   Interviews mittels E-Mail sind nicht ortsgebunden. So müssen Interviewender und Interviewter nicht am gleichen Ort sein, um ein Interview zu führen, und es sind mit dieser Methode Interviews mit geografisch weit verstreuten Stichproben unkompliziert und kostensparend möglich.
    •   Durch E-Mail wird die Zeitgebundenheit der Kommunikation aufgehoben und ein zeitversetzter Austausch (Asynchronizität) ermöglicht, sodass Interviewende und Interviewte nicht zeitgleich online sein müssen. Dies führt dazu, dass das Interview nicht an einem Tag geführt werden muss, so wie dies bei face-to-face geführten Interviews der Fall ist. Das Durchführen von Interviews via E-Mail kann sich dann über Wochen und Monate hinziehen.
–   Digitalisierung
    •   Alle Interviews, die mittels E-Mail durchgeführt werden, liegen sowohl von Seiten des Interviewenden als auch das Interviewten für die Datenauswertung bereits in digitalisierter Form vor, sodass der sonst in qualitativen Interviewstudien zeit-, personal- und kostenintensive Prozess der Transkription vollständig entfällt.

Wann E-Interviews einsetzen?

Um E-Mail-Interviews erfolgreich durchführen zu können, ist wichtig darauf zu achten, dass (1) die Stichprobe über dieses Medium gut erreicht werden kann; dass (2) die Stichprobe dieses Medium als alltäglich und selbstverständlich nutzt und dass (3) die Zielgruppe fähig ist, sich schriftsprachlich zu artikulieren. Damit erweist sich die Methode für manche Personengruppen als weniger geeignet, die nicht E-Mail-affin sind und diesen Dienst kaum nutzen sowie auch für Personen, denen es schwerfällt, sich schriftsprachlich zu äußern.

Unter speziellen Umständen kann ein E-Mail-Interview eine sinnvolle Methode zur Erhebung qualitativer Daten sein. Dies zum Beispiel, wenn man eine geografisch disperse und damit schwer erreichbare Zielgruppe interviewt. Personen, die zeitlich sehr eingebunden sind und sich Interviewtermine schwer einrichten können, könnten über die Methode des E-Interviewing besser erreicht werden als durch klassische Face-to-face-Interviews. Auch finanzielle Erwägungen können in Forschungsprojekten dazu führen, dass die Datenerhebung elektronisch durchgeführt wird, da damit jegliche Reisekosten entfallen, die in einem Forschungsvorhaben einen großen Teil der Kosten zu verschlingen vermögen – jeweils abhängig davon, wie groß die geografischen Distanzen sind, die für das Interviewführen überwunden werden müssen. Zusätzlich erweist sich beim E-Interview die weitere Verarbeitung der Daten als sehr effizient, da das gesamte Interview bereits in elektronischer (also digitalisierter) Form vorliegt und die verbalen Daten nicht mehr transkribiert werden müssen. Dies ist ein großer ökonomischer Vorteil, da die Erfahrung zeigt, dass man mit ca. 6 Stunden Transkriptionszeit für eine Interviewstunde rechnen muss, was sich im Budget qualitativer Studien entsprechend bemerkbar macht.

Nicht nur forschungspragmatische oder ökonomische Überlegungen können das E-Interview zur geeigneten Methode der Wahl für ein Forschungsvorhaben machen. In Bezug auf bestimmte Themen hat sich dieses Vorgehen in der Praxis bewährt. So hat sich gezeigt, dass sich das Führen von elektronischen Interviews bei sensiblen Themen als vorteilhaft erweisen kann. So zeigte eine Interviewstudie zur Bewältigung eines aufgrund fötaler Fehlbildung vorgenommenen Schwangerschaftsabbruches (McCoyd & Kerson, 2006), dass die Befragten sehr ausführlich und offen auf die Fragen per E-Mail antworteten und dass sich das Medium „E-Mail" gerade bei dieser hoch emotionalen und für die Befragten sehr belastenden Fragestellung als geeignet erwies, um reichhaltige Daten zu produzieren. So sagte eine der befragten Frauen aus:

"I'm looking forward to doing the interview [...] it is a much more relaxed and productive way to do it [through email]. This way, I can do it when things are quiet and I'm in the right frame of mind. I love to write and by sharing my story, it really helps me. Each time I do it, I learn something new about myself. I notice things I've resolved, things I'm still working on and things that still bring out strong emotions even years later" (zitiert nach McCoyd & Kerson, 2011, S. 397).

Auch eine Studie zu Prä- und Perinatalverlust (Kindsverlust während Schwangerschaft, Geburt und erster Lebenszeit) zeigte, dass es von den interviewten Frauen als deutlich angenehmer empfunden wurde, per E-Mail und nicht face-to-face interviewt zu werden (Ratislavová & Ratislav, 2014).

Thank you very much for giving me the opportunity to write things down [...] there is so much more I would like to say, but nobody at home listens to me. (Zora, age 38)

A lot of people do not want to hear the story, they act as if nothing happened, when the conversation about our baby begins, they change the subject – they act as if it never existed [...] So I am very glad that I can express myself at least this way [...]. (Jarka, age 33, zitiert nach Ratislavová & Ratislav, 2014, S. 455)

Auf der anderen Seite hat sich gezeigt, dass die Antworten bei per E-Mail geführten Interviews kürzer ausfallen, dies auch, weil es für die meisten Interviewten zeitintensiver ist, eine lange Antwort zu schreiben, als diese in einem face-to-face geführten Interview mündlich zu formulieren (u.a. Hawkins, 2018; Fritz & Vandermouse, 2017). E-Mail-Interviews scheinen kürzer zu sein als die Transkripte von face-to-face oder telefonisch durchgeführten Interviews (Hawkins, 2018; Fritz & Vandermause, 2017; Bowden & Galindo-Gonzalez, 2015). Doch ist die Studienlage nicht eindeutig, da sich in einer Vergleichsstudie, in der der gleiche Leitfaden für face-to-face, telefonische und E-Mail-Interviews eingesetzt wurde, zeigte, dass die Transkripte der per E-Mail geführten Interviews im Vergleich zu den face-to-face oder telefonisch geführten Interviews länger waren und somit die E-Mail-Interviews die meisten Daten erzeugt hatten (McCoyd & Kerson, 2006).

Besondere Effekte des E-Interviewing

a) *Selbstoffenbarendes Verhalten*
Dass das E-Interviewing für sensible, tabuisierte und emotional aufwühlende Themen als die „geeignetere" Methode im Vergleich zu Face-to-face-Interviews empfunden wird, kann darauf zurückgeführt werden, dass es sich durch die Dazwischenschaltung des Kommunikationsmediums/-dienstes E-Mail um eine vermittelte, schriftbasierte, zeitversetzte und ohne direkte Wahrnehmung des Gegenübers stattfindende Interviewsituation handelt. Online-Kommunikation hat durch ihre Kennzeichen der Entkörperlichung (und dadurch potenzielle Anonymität), Verschriftlichung und Nichtangesichtigkeit (Misoch, 2006) das Potenzial, Prozesse der Selbstoffenbarung (Self Disclosure) hervorzurufen bzw. zu verstärken: "In my research, for instance, a number of interviewees frankly discussed recreational drug consumption and other similar activities concerning intoxication, and this tended to happen in the email rather than face-to-face interviews; although drug use was briefly alluded to during some face-to-face interviews, it typically occurred once the tape recorder had been switched off!" (Gibson, 2017, S. 217).

Unter Selbstoffenbarung wird das Preisgeben von persönlichen, d.h. die eigene Person betreffenden (sensiblen, vertraulichen) Informationen anderen gegenüber verstanden (Archer, 1980, S. 183). Es zeigte sich in Studien, dass die Bereitschaft, derartige Informationen von sich preiszugeben, in Online-Kommunikationen signifikant höher ist als bei Face-to-face-Interaktionen (zusammenfassend siehe hierzu Misoch, 2015). Dies kann auf verschiedene Eigenschaften und daraus resultierende Effekte der computervermittelten Kommunikation zurückgeführt werden:
- Social Presence:
  - bei online vermittelten Kommunikationen ist die soziale Präsenz, also „the degree of salience of the other person in the interaction" (Short et al., 1976, S. 64) geringer als in Face-to-face-Situationen.
- Restriktionsmodell/Kanalreduktion:
  - Die beteiligten Sinneskanäle sind bei Online-Kommunikation reduziert (Misoch, 2006, S. 68f.). Bei E-Mail verläuft die Kommunikation nur über den visuellen Kanal, zumeist anhand von Verschriftlichung.
- Self-awareness/Selbstaufmerksamkeit:
  - Die Theorie der Objektiven Selbstaufmerksamkeit (Duval & Wicklund, 1972) geht von der Grundannahme aus, dass beim Individuum generell zwei dichotome Aufmerksamkeitszustände unterschieden werden können: die Aufmerksamkeit des Individuums ist entweder vermehrt auf Aspekte der Umwelt oder vermehrt auf das eigene Selbst gerichtet. Wenn das eigene Selbst Objekt der Beobachtung ist, d.h. wenn die Aufmerksamkeit des Individuums auf das

eigene Selbst gerichtet ist, so wird dies als *objektive Selbstaufmerksamkeit* bezeichnet. Ist die Aufmerksamkeit temporär auf das eigene Selbst gerichtet, so kann diese weiter differenziert werden in öffentliche und private Selbstaufmerksamkeit (Froming et al., 1982): Ersteres bedeutet, dass die Aufmerksamkeit auf öffentliche, nach außen sichtbare Merkmale des Selbst gerichtet ist, letzteres bezieht sich mehr auf innere (private) Aspekte des Selbst wie das subjektive Erleben, Meinungen, Einstellungen, Gedanken und Gefühle.

- Forschungsergebnisse haben gezeigt, dass das Kommunizieren im Internet zu einem Anstieg der privaten Selbstaufmerksamkeit d.h. der Konzentration auf die privaten, inneren (verborgenen) Aspekte des Selbst führt (private Self-Awareness; Joinson, 1999), d.h. eine Konzentration auf eigene Gefühle, Meinungen und Einstellungen fördert.

- Self-disclosure/Selbstoffenbarung
  - Man hat in verschiedenen Studien festgestellt (zusammenfassend siehe Joinson, 2001; Misoch, 2015), dass die Bereitschaft von Individuen, selbstoffenbarendes Verhalten zu zeigen d.h. verborgene Seiten von sich zu zeigen, sensible Informationen und vertrauliches Persönliches preiszugeben, bei Online-Kommunikation signifikant höher ist als bei Face-to-face-Kommunikationen (auch wenn dieser Effekt bislang nicht vollständig theoretisch erklärt werden kann).

b) *Selbstreflexion, therapeutischer Effekt und Kontrollgewinn*
Die Kommunikation mittels des Mediums Schriftlichkeit verläuft zumeist überlegter, konstruierter und reflektierter als verbale Kommunikation. Dadurch ist die Informationsdichte von Schriftlichkeit im Normalfall höher als die von reiner Mündlichkeit (Misoch, 2006, S. 16). Ein Kennzeichen schriftlicher Kommunikation ist auch, dass diese weniger schnell oder spontan verläuft, zumal wenn diese per E-Mail stattfindet. Da dieser Dienst von den Nutzenden im Normalfall als asynchroner Dienst verstanden wird (als was dieser ja auch angelegt ist), wird dadurch die Antwortgeschwindigkeit beeinflusst und es ist für die Nutzenden normal, auf eine E-Mail nicht sofort zu reagieren, sondern hier etwas Zeit verstreichen zu lassen. (Dies ist bei synchronen Diensten anders, wie z.B. in einem Online-Chat: Da sich hier die Kommunikation unter Realzeit vollzieht, muss schnell geantwortet werden, da sonst der Fluss der Kommunikation gestört wird.) Durch die Möglichkeit der zeitversetzten Kommunikation bei E-Mail wird den Kommunizierenden die Möglichkeit gegeben, ihre Rückantwort vor dem Absenden entsprechend zu reflektieren. Dies kann sowohl zu besseren im Sinne von reichhaltigeren Daten führen als auch eine schlechtere Datenqualität (im Sinne von nicht authentisch) zur Folge haben (siehe Abschnitt c).

Die Asynchronizität und Schriftlichkeit dieser Erhebungsform kann zu einer Verbesserung der Datenqualität führen, wenn sich die Interviewten intensiv mit dem Thema auseinandersetzen und offene Antworten geben, die dann durch das Medium bedingt reflektierter ausfallen als bei Face-to-face-Interviews.

I had time out of the scene from about 1970 to about 1995 – I know it sounds a long time but in 1970 I was getting worn out from the all-nighters and the pills – I happened to start playing rugby union and also got married and bought a house which meant I couldn't pursue the 'scene' [...] Music and events that I have been involved with in my youth have certainly stuck with me through the years, but interestingly most of us whether it be northern soul or Ibiza sound or punk or whatever, seem to take some sort of break from it at some point. Whether or not this is to recovered as we have feasted on it and need a break or maybe other things appear like buying houses, getting married, having children getting more responsibility in the jobs I don't know. Although we go along the path of different relationships, different social scenes and different music I don't think anybody forgets their 'roots' and as I have found, once the children are grown up (and you have paid for the little sods to go through university – sorry Lucy) and the mortgage is small or paid for and you retire or control your job easily you find you have a little more time to do what you want [...]

(Male, 59, engineer; zitiert nach Gibson, 2010, S. 3)

In diesem Beispiel aus einer Studie zu Musik-Fans zeigt sich in der schriftsprachlichen Antwort auf die Interviewfrage trotz zum Teil umgangssprachlicher Formulierungen ein hoher Grad an (Selbst-)Reflexion bei der Beantwortung der Frage. Dieses Beispiel illustriert sehr gut eine Erkenntnis, dass die Datenqualität bei E-Interviews als sehr hoch und dicht beschrieben werden kann, zumal die Antworten bei E-Mail-Interviews sich als klarer, konziser und passender zur gestellten Frage erweisen, als dies sehr häufig bei face-to-face geführten Interviews der Fall ist (Hawkins, 2018), bei denen auch viele nicht interviewrelevante Kommunikationsinhalte zu verzeichnen sind.

Des Weiteren zeigte sich, dass die intensive Auseinandersetzung der Interviewten mit den Fragen der Forschenden im Modus der Schriftlichkeit nicht nur die Selbstreflexion befördert, sondern im Rahmen dessen auch einen therapeutischen Effekt haben kann (Beck, 2005). Dies gilt vor allem für Themen, die sich als sehr belastend für die Interviewten erweisen:

I feel by writing about it my story is outside me and not inside filling me up with anxiety. It has taken a couple of months to get my story out but it's been a very therapeutic exercise doing so. (zitiert nach Beck, 2005).

Ein anderer positiver Effekt des E-Interviewing ist, dass die Befragten sich frei fühlen können, über ihre Gefühle und Befindlichkeiten zu schreiben, ohne Sorge haben zu müssen, dass der Interviewende in der Situation auf dieses negativ reagieren könnte. So gibt das Medium Schriftlichkeit den Interviewten die Chance, offen über sich zu reden, geschützt durch die Situation der Nichtangesichtigkeit:

I think part of the stress that is suffered comes out by the lack of being heard or acknowledged (and the sense of alienation that comes as a consequence of this and the expectation to just carry on leading a normal life after such an event). Being asked to write down my experience without being deflected (because people don't know how to react) helps acknowledge the tough time that it was (zitiert nach Beck, 2005).

Durch die Schriftlichkeit der gesamten Kommunikation bekommen die Interviewten mehr Kontrolle über die Gesamtsituation, als dies die bei klassischen face-to-face durchgeführten Interviews der Fall ist. Dies vor allem, weil sie nicht im gleichen

Moment antworten müssen (Bampton et al., 2013), sondern sich Zeit nehmen können, die Antwort zu reflektieren und diese erst loszuschicken, wenn sie mit der Formulierung vollkommen zufrieden sind. Dies ist ein entscheidender Unterschied zu face-to-face geführten qualitativen Interviews, in denen viele Informationen enthalten sind, die nicht wirklich zur Forschungsfrage gehören und bei denen die Antworten im Normalfall nicht zu elaboriert ausfallen (je nach Erfahrungsgrad der Befragten mit Interviewsituationen).

Der Umstand des Kontrollgewinns seitens der Befragten kann die Datenqualität negativ beeinflussen, da Antworten besser zurechtgelegt werden können und das Interview somit Gefahr laufen kann, nur sozial erwünschte Antworten zu generieren oder dass die Antworten mehr dem Impression Management der Interviewten geschuldet sind als der Forschungsfrage der Studie. Da die Befragten ausreichend Zeit haben, auf die vom Interviewenden gestellten Fragen schriftlich zu antworten und diese Antwort erst zurücksenden, wenn sie auch mit dieser zufrieden sind, stellt sich die Frage, wie authentisch die Antworten in E-Mail-Interviews sind (James, 2007). Denn die Antworten müssen nicht nur die eigenen Meinungen, Einstellungen oder Gefühle abbilden, sondern können auch durch Internet oder andere Recherche beeinflusst sein und damit weniger authentischen als artifiziellen Charakter haben. Bedingt durch das Medium sind die Antworten bei E-Interviews nicht spontan und unterliegen damit mehr dem Verdacht des Unauthentischen, als dies bei Face-to-face-Interviews der Fall ist (auch wenn hier in gleichem Maße Unauthentisches kommuniziert werden kann, nur nicht befördert durch Medieneigenschaften).

6.3.1 Kritik

Im Zuge der zunehmenden Digitalisierung verschiedener Handlungsfelder werden zunehmend digitale Forschungsmethoden diskutiert und in der Praxis eingesetzt. Betrachtet man hier die Durchführung von qualitativen Interviews mittels des Dienstes E-Mail, so lässt sich konstatieren, dass diese Methode viele Vorteile, aber auch zu berücksichtigende Nachteile mit sich bringt.

Als Vorteile können benannt werden, dass es sich um eine Methode handelt, mit der sehr kosteneffizient qualitative Daten erhoben werden können. Durch die orts- und zeitunabhängige Kommunikation können disperse Zielgruppen weltweit problemlos erreicht werden und in die Studie einbezogen werden. Kostspieliges Reisen entfällt vollkommen und es können geografisch und auch zeitlich schwer zu erreichende Personen gut erreicht werden. Durch die Digitalisierung der Kommunikation liegen alle Daten bereits in elektronischer Form verschriftlicht vor und können weiterverarbeitet werden. Damit entfällt das zeit-, personal- und kostenintensive Transkribieren der Audiodateien, wie dies sonst bei qualitativen Studien der Fall ist.

Ein weiterer Vorteil des E-Interviewing ist, dass sich durch die Schriftlichkeit und Asynchronizität der Kommunikation eine reichhaltige Kommunikation entfalten kann. Da die Respondenten zumeist viel konkreter auf die Fragestellungen der Studie eingehen, ergeben sich dadurch reichhaltige Daten mit oft sehr hohem Reflexionsgrad. Durch die Entkörperlichung und reine Schriftlichkeit der Kommunikation erweist sich das E-Mail-Interview als geeignete Methode für sehr emotionale, aufwühlende und sensible Themen, bei denen die Befragten sonst große Hemmschwellen wie Scham und Peinlichkeit, aber auch emotionale Belastungen haben, die sonst eher gegen die Teilnahme an einer Interviewstudie sprechen würden. In diesen Fällen kann sich das Vorgehen mittels E-Mail und damit das Schaffen eines geschützten Raumes für die Befragten bewähren. Zudem hat sich bei Studien zu sensiblen Themen gezeigt, dass das Schreiben darüber therapeutischen Effekt haben kann und von den Befragten als sehr positiv erlebt werden kann.

Gerade für schüchterne oder sozial ängstliche Befragte kann sich das vermittelte Interviewen mittels E-Mail als geeignet erweisen, da hier durch den Wegfall des direkten Kontakts kein sozialer Druck entsteht.

Als problematisch bei der Durchführung von Interviews per E-Mail erweist sich die Tatsache, dass der Forschende keine Kontrolle darüber hat, wer das interviewte Gegenüber ist. Sind im realweltlichen Kontext Zeichen wie Alter, Geschlecht usw. in der Interviewsituation sichtbar, so werden im virtuellen Raum keine Zeichen übertragen außer jenen, die das Individuum bewusst verwendet: Alles muss bewusst verschriftlicht oder auf anderem Wege digitalisiert und gesendet werden, um für das kommunikative Gegenüber „sichtbar" und kommunikativ wirksam zu sein. Interessanterweise wird dieses Problem in den bislang vorliegenden Beiträgen zur neuen Methode des E-Interviewing kaum reflektiert oder problematisiert.

Die Asynchronizität der gesamten Kommunikationssituation kann dazu führen, dass Spontaneität verloren geht und damit auch die Atmosphäre des Interviews zum Negativen beeinflusst wird. In einem face-to-face geführten Interview handelt es sich um eine Situation, in der ein mehr oder weniger steter Kommunikationsfluss evoziert und aufrechterhalten wird. Dies ist bei einer asynchronen Durchführung nicht möglich, da hier kein Kommunikationsfluss entstehen kann (nur wenn der Dienst E-Mail durch die zeitgleiche Anwesenheit des Interviewenden und des Interviewten als synchrone Kommunikation genutzt wird). Durch die Situation der Nichtangesichtigkeit und Asynchronizität ist es für den Interviewer schwierig abzuschätzen, wie das Interview am besten geführt werden soll (wie viele Fragen jeweils senden usw.), sodass hier zwar im Gegensatz zum realweltlichen Interview mehrere Fragen zugleich gestellt werden können, aber aufgrund der verzögerten und medial gefilterten Rückmeldung empfohlen wird, nicht zu viele Fragen auf einmal zu stellen, um die Zu-Interviewenden nicht abzuschrecken oder zu überfordern.

Verschiedene Forscher konstatieren, dass es schwierig sei, mittels E-Mail ein Verhältnis des Vertrauens herzustellen. "[...] with the CAOI [computer assisted on-line interview] it was quite difficult to establish a clear sense of trust and rapport [...]" (Palys & Atchinson, 2012, S. 359). Dem steht aber gegenüber, dass die Situation des

E-Mail-Interviews durch Medienvermittlung, Entkörperlichung, Verschriftlichung und Nichtangesichtigkeit dazu angelegt ist, mehr Offenheit bis hin zum Self-Disclosure bei den Befragten hervorzurufen und somit auch eine wirkliche Chance für qualitative Datenerhebungen darzustellen vermag.

6.3.2 Fazit

Möchte man eine qualitative Interviewstudie mittels E-Mail durchführen, so ist zentral darauf zu achten, dass die anvisierte Stichprobe wirklich über dieses Medium zu erreichen ist und dass durch die Verwendung dieses Dienstes keine Verzerrung der Stichprobe stattfindet. Die Probanden müssen mit der Nutzung von E-Mail vertraut sein, sicher damit umgehen können und sich auch schriftsprachlich gut ausdrücken können. Wenn all diese Kriterien gegeben sind, dann können E-Interviews eine gute Lösung sein, um geografisch disperse Gruppen ressourcensparend zu interviewen. Bedacht werden muss dabei jedoch immer, dass durch den Wegfall des Face-to-face-Kontaktes bestimmte Restriktionen gegeben sind: die Kommunikation verläuft vermittelt und im Modus der Schriftlichkeit. Dies kann verschiedene Effekte hervorrufen, wie etwa die Bereitschaft, vermehrt selbstoffenbarendes Verhalten zu zeigen, reflektierte und teilweise sehr elaborierte Antworten auf die Fragen zu senden, kann aber auch zu Schwierigkeiten des Aufbaus von Vertrauen oder zu mangelndem Commitment seitens der Befragten führen. Es sollten die Limitationen und Chancen dieser Interviewmethode im Vorfeld gut gegeneinander abgewogen werden und Strategien zur Überwindung potenzieller Schwierigkeiten beim E-Mail-Interview erarbeitet werden. E-Interviews können unter Berücksichtigung und theoretischer Reflexion ihrer Limitationen gut eingesetzt werden, wenn Face-to-face-Interviews aus geografischen Gründen keine Option darstellen, die Zielgruppe mittels E-Mail gut erreichbar und mit diesem Medium vertraut ist und für die Thematik der Studie keine nonverbalen Zeichen auswerterelevant sind.

Tab. 6.1: Vor- und Nachteile von E-Mail-Interviews mit Lösungsvorschlägen (Quelle: Bowden C. & Galindo-Gonzalez S., 2015, S. 81; Meho L. I. 2006, S. 1292, übersetzt durch die Autorin)

	Vorteile	Nachteile/Herausforderungen	Lösungsvorschläge
Interviewer und Teilnehmer	Erlaubt den Zugang zu sonst schwer-erreichbaren oder nicht erreichbaren Personen Erlaubt den Zugang zu vielfältigen Forschungsthemen Ermöglicht den Zugang zu Personen unabhängig ihres geografischen Standorts Ermöglicht das Interviewen von Personen, die sich besser schriftlich als mündlich ausdrücken können Ermöglicht das Interviewen von Personen, die die Online-Interaktion einem Face-to-face-Interview vorziehen	Teilnehmer und Interviewer müssen Zugang zum Internet haben und über ausreichend Computerkenntnisse verfügen	Der Digital Divide schrumpft zunehmend, da Technologien günstiger und ubiquitär werden. Bieten Sie Alternativen zum E-Mail-Interview an.
Kosten/Aufwand	Keine Telefon- und Reisekosten Kostenaufwand für Transkription entfällt Senkt Kosten für die Rekrutierung von großen/geografisch weitentfernten Samples	Können für die Teilnehmer hoch sein	
Zeit	Zeitaufwand für Transkription entfällt Zeitaufwand für die Koordination von Terminen entfällt Ermöglicht das Interviewen von mehr als einem Teilnehmer zur gleichen Zeit	Es dauert mehrere Tage oder Wochen, um ein Interview zu komplettieren	Informieren Sie die Teilnehmenden über den Zeitplan des aktuellen Interviews. Senden Sie Erinnerungsmails mit der Bitte, die Fragen zu beantworten (Meho, 2006).

	Vorteile	Nachteile/Herausforderungen	Lösungsvorschläge
Rekrutierung	Möglich via E-Mail, Mailinglisten, Online-Foren, Diskussionsgruppen und/ oder Webseiten	Einladung an Teilnehmer könnten ungelesen gelöscht werden	
Teilnahme	Via E-Mail	Hohe Anzahl an unzustellbaren E-Mails (z.B. durch inaktive E-Mail-Adressen)	
		Manche Teilnehmer können vor Beendigung des Interviews die Teilnahme abbrechen	Informieren Sie die Teilnehmer darüber, dass die Forschung durch die zeitliche Länge oder/und die Anzahl der Sitzungen begrenzt ist (Meho, 2006).
Medien-Effekte	Erlaubt die Teilnahme am Interview in einem gewohnten Umfeld (z.B. Zuhause oder im Büro)	Höhere Macht der Teilnehmer. Das Medium erlaubt ihnen insbesondere, den Verlauf des Interviews zu kontrollieren.	
	Gibt Teilnehmern die Möglichkeit, auf Fragen im eigenen Tempo zu antworten	Der Beziehungsaufbau kann erschwert sein	Bauen Sie bewusst eine Beziehung auf, bevor Sie sie anfangen, Interviewfragen zu stellen (Illingworth, 2001; Kivitis, 2005; Mann & Stewart, 2002).
	Erlaubt Teilnehmern, ihre Meinung und Gefühle ehrlicher auszudrücken (aufgrund höherer Anonymität)	Höheres Risiko von Missverständnissen und Misskommunikation	Verwenden Sie mehr selbsterklärende Fragen (Meho, 2000).
	Bestärkung der Teilnehmer, sich zu öffnen	Unsicherheit, ob der Teilnehmende auch ist, wer er vorgibt zu sein	Evaluieren Sie den Aufbau und die Kohärenz des Gesagten, um die Vertrauenswürdigkeit zu sichern (James & Busher, 2009).

	Vorteile	Nachteile/Herausforderungen	Lösungsvorschläge
	Schließt Unterbrechungen, die im Face-to-face- oder Telefoninterview auftreten können, aus	Fehlende soziale Interaktion, um aktives Zuhören und Verständnis zu signalisieren	Zeigen Sie aktives Engagement innerhalb des Dialogs, um Zuhören und Verständnis zu signalisieren (Mann & Stewart, 2002).
	Schließt Transkriptionsfehler aus	Lässt Interpretationsspielraum für Teilnehmer und könnte damit das Antwortverhalten beeinflussen	
	Schließt Interviewer-Effekte/Halo-Effekte aus, die aus visueller oder nonverbaler Kommunikation oder Statusunterschieden zwischen beiden resultieren (z.B. ethnische Gruppe, Geschlecht, Alter, Stimmlage, Kleidung, Gesten, Behinderungen)	Erfordert genaue Aufmerksamkeit und Detailgenauigkeit	
	Soziale Interaktion und Gefühle können durch den Gebrauch von bestimmten Symbolen oder Texten hergestellt werden	Teilnehmer könnten den Fokus verlieren	
Datenqualität	Antworten werden mehr überdacht, bevor sie abgesendet werden	Eindimensional (nur textbasiert)	
	Erleichtert eine engere Verbindung mit den persönlichen Gefühlen, Überzeugungen und Werten des Teilnehmers	Vertiefte Information ist nicht immer einfach zu erhalten	
	Daten sind mehr auf die Interviewerfragen fokussiert		

6.3.3 Literatur

Archer, R. L. (1980). Self-disclosure. In D. M. Wegner & R. R. Vallacher (Eds.), *The self in social psychology* (pp. 183–204). New York: Oxford University Press.

Bampton, R., & Cowton, C.J. (2002). The E-Interview. *Forum Qualitative Sozialforschung/Forum: Qualitative Social Research 3*(2), Art. 9. Verfügbar unter URL: http://nbn-resolving.de/urn:nbn:de:0114-fqs020295.

Bampton, R., Cowton, C., & Downs, Y. (2013). The E-Interview in Qualitative Research. In N. Sappleton (Ed.), *Advancing Research with New Technologies* (pp. 329–343). Hershey: Information Science Reference.

Beck, C. T. (2005). Benefits of participating in Internet interviews: Women helping women. *Qualitative Health Research 15*(3), 411–422.

Bowden, C., & Galindo-Gonzalez, S. (2015). Interviewing when you're not face-to-face: The use of email interviews in a phenomenological study. *International Journal of Doctoral Studies 10*(12), 79–92.

Duval, S., & Wicklund R. (1972). A Theory of objective Self Awareness. New York: Academic Press.

Fritz, R. L., & Vandermause, R. (2017). Data Collection via In-Depth Email Interviewing: Lessons From the Field. *Qualitative Health Research 28*(10), 1640–1649.

Froming, W. J., Walker, G. R., & Lopyan, K. J. (1982). Public and private self-awareness: When personal attitudes conflict with societal expectations. *Journal of Experimental Social Psychology 18*(5), 476–487.

Gibson, L. (2010). Using email interviews, NCRM Realities Toolkit 9. Verfügbar unter URL: http://eprints.ncrm.ac.uk/1303/1/09-toolkit-E-Mailinterviews.pdf (letzter Aufruf: 09.04.2019).

Gibson, L. (2017). "Type Me Your Answer". Generating Interview Data via EMail. In V. Braun, V. Clarke, & D. Gray (Eds.), *Collecting Qualitative Data. A Practical Guide to Textual, Media and Virtual Techniques* (pp. 213–234). Cambridge: Cambridge University Press.

Hawkins, J. E. (2018). The Practical Utility Suitability of EMail Interviews in Qualitative Research. *The Qualitative Report 23*(2), 493–501.

James, N. (2007). The use of email interviewing as a qualitative method of inquiry in educational research. *British Educational Research Journal 33*(6), 963–976.

Joinson, A. N. (1999). Social desirability, anonymity, and Internet-based questionaires. Behavior Research Methods, Instruments, & Computers *31*(3), 433–438.

Joinson, A. N. (2001). Self-disclosure in computer-mediated communication: The role of self-awareness and visual anonymity. *European Journal of Social Psychology 31*(2), 177–192.

McCoyd, J. L., & Kerson, T. S. (2006). Conducting intensive interviews using email: A serendipitous comparative opportunity. *Qualitative Social Work 5*(3), 389–406.

Meho, L. I. (2006). E-mail interviewing in qualitative research: A methodological discussion. *Journal of the Association for Information Science and Technology 57*(10), 1284–1295.

Misoch, S. (2006). *Online-Kommunikation* (Vol. 2835). Konstanz: UTB.

Misoch, S. (2015). Stranger on the internet: Online self-disclosure and the role of visual anonymity. *Computers in Human Behavior 48*, 535–541.

Palys, T., & Atchison, C. (2012). Qualitative research in the digital era: Obstacles and opportunities. *International Journal of Qualitative Methods 11*(4), 352–367.

Ratislavová, K., & Ratislav, J. (2014). Asynchronous email interview as a qualitative research method in the humanities. *Human Affairs 24*(4), 452–460.

Short, J., Williams, E., & Christie, B. (1976). The social psychology of telecommunications. New York: Wiley.

7 Samplingverfahren in qualitativer Forschung und der Zugang zum Feld

7.1 Allgemeines

Unter *Sampling* (engl. Stichprobe, Auswahl) wird die Auswahl der zu befragenden Personen bezeichnet, die im Hinblick auf bestimmte Merkmalsausprägungen einen Teil der zu untersuchenden Grundgesamtheit darstellen. Grundgesamtheit bedeutet in diesem Sinne die Menge aller Elemente, die diese speziellen Kriterien besitzen. Werden nicht alle Elemente dieser Grundgesamtheit befragt (wie dies bei einer Vollerhebung der Fall wäre), muss eine Stichprobe gezogen werden. Dieses Ziehen das Samples bedeutet einen Auswahlprozess, in dem bestimmte Subjekte aus der Gruppe aller Individuen, die die Grundgesamtheit im Hinblick auf die Merkmalsausprägung ausmachen, für die Datenerhebung ausgewählt werden: „[...] sampling is a process of selecting subjects to take part in a research investigation on the ground that they provide information considered relevant to the research problem" (Oppong, 2013, S. 203).

Das konkrete Vorgehen der Auswahl unterscheidet sich bei quantitativen und qualitativen Methoden grundlegend. Bei quantitativer Forschung ist unabdinglich, dass die Stichprobe ein möglichst genaues Abbild der zu untersuchenden Grundgesamtheit im Hinblick auf bestimmte Phänomene darstellt, um damit statistisch kontrollierbare Rückschlüsse auf die Grundgesamtheit zu ermöglichen. Denn Ziel „der Durchführung einer systematischen Teilerhebung ist es, über die aktuellen Untersuchungsfälle hinaus zu Aussagen über die Gesamtheit der möglichen Fälle zu kommen" (Kromrey, 2002, S. 258). Den Königsweg bildet hier das Ziehen der sogenannten Zufallsstichprobe (*Random Sample*; siehe hierzu u. a. Diekmann, 2016).
   In qualitativer Forschung muss die Auswahl der zu untersuchenden Fälle anders gezogen werden, da hier oft das Spezielle im Fokus des Interesses steht. Dieser Umstand hat zu einer gewissen Vernachlässigung der Reflexion von Auswahl/ Sampletechniken in der qualitativen Forschung geführt: „Klassische qualitative Untersuchungen haben das Besondere zum Thema. Insofern ist Auswahlverfahren keine besondere Aufmerksamkeit geschenkt worden, weil das Besondere des Falls bereits über die Wahl des Gegenstands gegeben war" (Merkens, 2010, S. 287). Andere kommen zu dem Schluss: „Da qualitative Forschung nicht darauf abzielt, generalisierende Aussagen zu treffen, die über die befragten Personen hinaus Gültigkeit besitzen sollen, entsteht schnell der Eindruck, dass es egal ist, wer mittels qualitativer Interviews befragt wird" (Reinders, 2005, S. 134). Dieser Kritik ist zuzustimmen, fristen Sampletechniken in der qualitativen Sozialforschung oftmals leider immer noch ein unberechtigtes Schattendasein. Häufig wird dem Zufall überlassen, wer befragt wird und wer nicht – somit bleibt der Erkenntnisgewinn vollkommen kontingent, denn

https://doi.org/10.1515/9783110545982-007

ein solcher kann ohne sorgfältige Überlegungen zum Sampling nicht erzielt werden. Auch wenn qualitative Forschung oft das Besondere, d. h. nicht alltäglich vorkommende Phänomene, zum Thema hat, so bedeutet dieser Umstand nicht, dass der Zugang zu diesen Phänomenen nicht intersubjektiv nachvollziehbar, transparent und möglichst systematisch erfolgen muss.

Sampling bedeutet in qualitativer Forschung die Ziehung derjenigen Subjekte, die sich als inhaltlich adäquat im Hinblick auf die Forschungsfrage erweisen und die reichhaltige Informationen zu dieser zu liefern versprechen. Damit rückt eine Strategie in das Zentrum, die als bewusste Fallauswahl bezeichnet wird: „The logic and power of purposeful sampling lies in selecting in formation-rich cases for study in depth. Information-rich cases are those from which one can learn a great deal about issues of central impor-tance to the purpose of the research, thus the term purposeful sampling" (Patton, 1990, S. 169).

Die bewusste Fallauswahl und das Arbeiten mit geringen Fallzahlen implizieren, dass gerade deswegen der Prozess des Samplings intensiv reflektiert werden muss. Werden beim Sampling Fehler gemacht und Fälle gezogen, die keinen oder nur einen geringen Aussagewert für die zu untersuchende Forschungsfrage haben, oder werden nur ganz spezielle Fälle berücksichtigt, so lassen sich die durch das Sampling entstandenen Fehler und Verzerrungen im Fortgang des Erhebungs- und Auswertungsprozesses nicht beheben. Im Gegenteil, die Verzerrungen werden sich bei fehlender Reflexion verstärken und zu irreführenden oder falschen Forschungsergebnissen führen.

Um bewusst und inhaltlich systematisch die zu befragenden Elemente zu ziehen, haben sich in der qualitativen Sozialforschung verschiedene Sampletechniken etabliert (siehe Kap. 7.4), die je nach Forschungsziel und zu untersuchendem Feld unterschiedliche Vorgehensweisen empfehlen.

7.2 Zugang zum Feld

Unter einem Feld werden alle „natürlichen" sozialen Handlungsfelder verstanden, die die potenziellen für eine konkrete Forschungsfrage relevanten Personen und Personengruppen beinhalten (in Abhebung von künstlichen Laborsituationen; Wolff, 2010, S. 335). Ein Feld im empirischen Sinne kann eine bestimmte Gruppe von Personen (z. B. Parteimitglieder), eine bestimmte Institution (z. B. ein Unternehmen), eine spezifische Kultur oder Subkultur (z. B. Emos, Punks, Hipster) oder Personen mit bestimmten Kennzeichen, Lebenshintergründen oder Erfahrungskontexten (z. B. Angehörige von Demenzkranken; Überlebende des Holocaust) sein. Qualitative Forschung hat zum Ziel, die Personen in möglichst natürlichen, d. h. für sie gewohnten Umgebungen, zu befragen, weswegen Interviews teilweise im Feld selbst stattfinden (z. B. bei ethnografischen Interviews).

Um qualitative Interviews durchführen zu können, muss im Vorfeld ein Zugang zu den potenziell interessierenden Personen gefunden werden. Dies bedeutet, dass die entsprechenden Personen bereit sein müssen, sich die Zeit für ein Interview zu nehmen und sich auf diesen intensiven Prozess einzulassen. Intensität bezieht sich hier nicht nur auf den Faktor Zeit – der Kontakt ist zeitextensiv, da die Interviews häufig mehr als eine Stunde in Anspruch nehmen – es geht auch um Intensität im emotionalen Sinne. Ein qualitatives Interview bedeutet eine dichte Kommunikation und oftmals auch eine emotional intensive Situation und die Befragten sind damit intensiv involviert und gefordert. Dies ist vor allem dann der Fall, wenn emotional belastende Themen im Fokus des Interviews stehen, wie z. B. Essstörungen, Depressionen oder das Treffen eines medizinischen Vertreterentscheids für einen nicht mehr entscheidungsfähigen Angehörigen. Deswegen stellt sich bei qualitativer Forschung zentral das Problem „Wie gelingt es ihm [dem Forschenden, SM], mit seinem Forschungsfeld in Kontakt zu treten und sein Gegenüber zur Mitwirkung zu bewegen? Damit Forschung als soziale Veranstaltung überhaupt zustande kommen kann, sollten die angesprochenen Vertreter des Feldes von sich aus bereit sein, nicht nur ungewohnte Zumutungen in Kauf zu nehmen" (Wolff, 2010, S. 335). Mit „Zumutungen" ist z. B. gemeint, dass sich der Befragte Zeit nimmt, dass er bereit ist, die kommunikativ ungleiche Situation anzunehmen und über das Thema (auch wenn dieses für sie/ihn belastend sein sollte) offen mit dem Interviewenden zu sprechen. Dem Zugang zum Feld und der Auswahl des Samples müssen deswegen gerade in der qualitativen Sozialforschung viel Aufmerksamkeit zukommen. Diese Prozesse müssen nachvollziehbar und begründet erfolgen unter der Prämisse der inhaltlichen Adäquanz.

Es gibt keinen goldenen Weg, wie der Feldzugang für alle Forschungsfragen realisiert werden kann, da die zu untersuchenden Felder jeweils zu heterogen und sowohl die Forschungsfragen als auch die Interviewenden und Interviewten zu unterschiedlich sind.

Einen wichtigen und in den meisten Fällen weiterführenden Ansatz bildet der Zugang zum Feld mittels eines *Gatekeepers*. Unter einem *Gatekeeper* (engl. Pförtner) wird eine Schlüsselperson verstanden, die dem Interviewenden den Zugang zum Feld ermöglicht. Der *Gatekeeper* ist z. B. eine Person, die aufgrund ihrer (Berufs) Position selbst Teil des Feldes ist und deswegen die Möglichkeit hat, anderen den Zugang hierzu zu gewähren sowie die Angehörigen des Feldes zur Mitarbeit am Forschungsprojekt direkt oder indirekt zu motivieren. Das Vorgehen anhand eines *Gatekeepers* ist vor allem dann empfehlenswert, wenn es schwierig ist, einen Zugang zu finden, so etwa wenn Institutionen untersucht werden sollen oder wenn bestimmte (Sub-/Teil-) Kulturen Gegenstand der Untersuchung sind, die sich stark gegen Außen abgrenzen (z. B. Emo-Subkultur). Die Verbindung zu einem *Gatekeeper* hat überdies den Vorteil, dass der Interviewende weitere Informationen über das Feld erhält, über die er als Außenstehender sonst nicht verfügen könnte, und die sich für den Prozess als hilfreich erweisen können. Diese Informationen sind jedoch kritisch zu hinterfragen, da sie Ausdruck sehr persönlicher Meinungen und Erfahrungen sein können, die das Feld nur bedingt kennzeichnen. *Gatekeeper* können z. B. Lehrer (Zugang zu Schülern), Leiter von Institutionen oder Institutionsabteilungen (Zugang zu den Mitarbeitenden oder Personen in den Institutionen [z. B. Patienten]) oder einflussreiche Mitglieder in Subkulturen (Zugang zu den Mitgliedern der Subkultur) sein.

7.3 Inhaltliche Repräsentativität

Qualitative Sozialforschung wird von ihren Kritikern häufig pauschal durch „fehlende Repräsentativität" als nicht aussagekräftig angesehen. Dieser Vorwurf übersieht dabei aber zweierlei: Zum einen gibt es keine allgemeine Repräsentativität, auch nicht in der quantitativen Sozialforschung, denn statistische Repräsentativität kann es immer nur bedingt und nur im Hinblick auf die Verteilung bestimmter Merkmale geben. „Eine Stichprobe ‚repräsentiert' aber niemals sämtliche Merkmalsausprägungen einer Population. [...] Die Redeweise von der ‚repräsentativen Stichprobe' ist nicht mehr als eine Metapher, eine bildhafte Vergleichung. In der Statistik ist der Begriff der ‚repräsentativen Stichprobe' kein Fachbegriff. Man spricht von Zufallsstichproben oder einer Wahrscheinlichkeitsauswahl, aber strenggenommen nicht von repräsentativen Stichproben" (Diekmann, 2002, S. 368). Zum anderen muss der Begriff der Repräsentativität deshalb differenziert betrachtet werden, weil für qualitative Forschung nicht die erwähnte statistische Repräsentativität, sondern vielmehr eine inhaltliche Repräsentativität im Zentrum steht. Qualitative Sozialforschung geht demnach von einem anderen Begriff der Repräsentativität aus, der inhaltlich und nicht statistisch definiert ist.

Inhaltliche Repräsentativität bedeutet die inhaltliche Entsprechung und Adäquanz der untersuchten Elemente, d. h. im Sample müssen alle relevanten Merkmale und Merkmalskombinationen ausreichend vertreten sein. Dies ist Voraussetzung dafür, dass eine abschließende und umfassende Fallbeschreibung und Typenbildung möglich ist, da das Ziel qualitativer Forschung nicht in der quantitativen Abschätzung der Verteilung eines Phänomens liegt, sondern in dessen retative Sozialforschng inddruck, dass es egal ist, le anderen Fälle auch anwendbainhaltlich dichter Beschreibung und dessen Verstehen. Dabei ist ein Vorgehen anhand eines *Random Sampling* kaum möglich (z. B. Krankheitstheorien der Eltern von Kindern mit Pseudo-Krupp; Biografien von Prostituierten). „So geht es weder darum, die Repräsentativität der Stichprobe durch Zufallsauswahl ihrer Mitglieder zu gewährleisten, noch um ihre geschichtete Zusammensetzung. Vielmehr werden Personen, Gruppen etc. nach ihrem (zu erwartenden) Gehalt an Neuem für die zu entwickelnde Theorie aufgrund des bisherigen Standes der Theorieentwicklung in die Untersuchung einbezogen" (Flick, 2000, S. 82), wie dies z. B. beim Vorgehen anhand des theoretischen Samplings (siehe Kap. 7.4.2) der Fall ist.

Um inhaltliche Repräsentativität zu leisten, haben sich in der qualitativen Sozial-forschung spezielle Samplingprinzipien etabliert, wie z. B. das theoretische Sampling oder die verschiedenen Formen des gezielten Samplings. Je nach Forschungsfrage, Grundgesamtheit und anzuwendender qualitativer Forschungsmethodik erweisen sich jeweils andere Sampletechniken als geeignet.

7.4 Samplingverfahren

7.4.1 Übersicht über Samplingverfahren

Strauss & Corbin (1990)	Theoretical Sampling – three stages – Open Sampling – Relational and Variational Sampling – Discriminate Sampling
Patton (1990)	All sampling is purposeful – 15 strategies – Extreme or Deviant Case Sampling – Intensity Sampling – Maximum Variation Sampling – Homogeneous Samples – Typical Case Sampling – Stratified Purposeful Sampling – Critical Case Sampling – Snowball or Chain Sampling – Criterion Sampling – Theory-based or Operational Construct Sampling – Confirming and Disconfirming Cases – Opportunistic Sampling – Purposeful Random Sampling – Sampling Politically Important Cases – Convenience Sampling
Moses (1991)	Four types – Purposeful Sample – Nominated Sample – Volunteer Sample – Total Population Sample
Sandelowski et al. (1992)	– Selective Sampling – Theoretical Sampling
Sandelowski (1995)	All sampling is purposeful – three kinds – Maximum Variation – Phenomenal Variation – Theoretical Variation

Abb. 7.1: Übersicht verschiedener Samplestrategien qualitativer Forschung (Quelle: nach Coyne, 1997, S. 627)

In der qualitativen Forschung kann eine Vielzahl an Vorgehensweisen der Stichprobengewinnung unterschieden werden, wobei je nach Autor unterschiedliche Techniken propagiert werden, und diese auch teilweise unterschiedlich systematisiert und definiert werden (s. Abb. 7.1).

In Abb. 7.2 werden die qualitativen Samplingmethoden dann systematisch in einer Übersicht dargestellt.

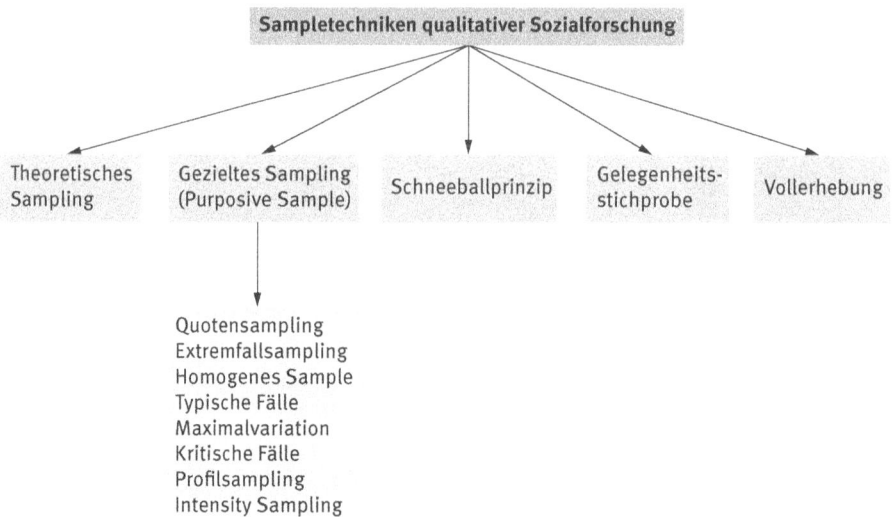

Sampletechniken qualitativer Sozialforschung

Theoretisches Sampling

Gezieltes Sampling (Purposive Sample)

Schneeballprinzip

Gelegenheitsstichprobe

Vollerhebung

Quotensampling
Extremfallsampling
Homogenes Sample
Typische Fälle
Maximalvariation
Kritische Fälle
Profilsampling
Intensity Sampling

Abb. 7.2: Techniken der Stichprobenziehung bei qualitativer Forschung (Quelle: eigene Darstellung)

7.4.2 Theoretisches Sampling

Der Begriff des Theoretischen Samplings stammt aus der Grounded Theory (Glaser & Strauss, 2010; auch als gegenstandsorientierte Theoriebildung bezeichnet) und „meint den auf die Generierung von Theorie zielenden Prozess der Datenerhebung, währenddessen der Forscher seine Daten parallel erhebt, codiert und analysiert sowie darüber entscheidet, welche Daten als nächstes erhoben werden sollen" (Glaser & Strauss, 2010, S. 61). Es handelt sich dabei um einen Prozess, bei dem die Sampleauswahl nicht vorab festgelegt ist, sondern jeweils schrittweise auf Basis der bereits erhobenen Daten und deren vorläufiger Auswertung erfolgt. So kann bei diesem Vorgehen erst am Ende des Projekts angegeben werden, wie viele Personen oder Personengruppen konkret befragt wurden. Ziel dieses komplexen interativ-zyklischen Prozesses ist die Entwicklung einer Theorie, die sich sukzessive anhand der durchgeführten Datenerhebungen und Datenauswertungen herausbildet.

Der Samplingprozess erfolgt sukzessive auf Basis der bereits durchgeführten Datenerhebung (Interviews) und deren Auswertung und wird mit der Zeit immer spezifischer. Es handelt sich um einen interaktiven Prozess, der zyklisch erfolgt, sodass sich die Arbeitsschritte des Samplings, der Befragungsdurchführung, der Transkription, der Codierung und Datenauswertung so oft wiederholen, bis die Daten in den einzelnen Kategorien „gesättigt" sind und der Prozess der Theoriebildung abgeschlossen ist. Dieser Prozess kann anhand von drei Schritten skizziert werden:

(1) *Start:* Um mit der Datenerhebung initial beginnen zu können, orientiert sich der Forschende allgemein am Themenbereich der Untersuchungsfrage, der dann zur Generierung der ersten Interviewpartner führt (z. B. Untersuchung, was Lehrer unter „gutem Unterricht" verstehen).

(2) *Zyklisch sich wiederholende Durchführung:* Im Zuge dieser ersten durchgeführten Interviews und deren Datenauswertung liegen Daten vor, deren Ergebnisse das weitere Sampling bestimmen; dieses erfolgt dann nach dem Prinzip des Theoretischen Samplings, wobei die zentrale Frage lautet: „[W]elchen Gruppen oder Untergruppen wendet man sich zwecks Datenerhebung nächstes zu? Und mit welcher theoretischen Absicht?" (Glaser & Strauss, 2010, S. 63). Da die potenzielle Gruppen-/Personenauswahl im Grunde unbegrenzt ist, muss diese Auswahl jeweils nach theoretischen Kriterien erfolgen. „Praktisch stellt sich das theoretische Sampling als eine Kette aufeinander aufbauender Auswahlentscheidungen entlang des Forschungsprozesses dar, wobei die Auswahlkriterien im Verlauf der [recte: des] Projektes zunehmend spezifischer und eindeutiger werden" (Strübing, 2014, S. 29).

(3) *Theoretische Sättigung:* Der zyklisch-iterative Erhebungs- und Auswertungsprozess wiederholt sich so lange, bis die sogenannte theoretische Sättigung einer Kategorie eintritt. Theoretische Sättigung bedeutet, dass „keine zusätzlichen Daten mehr gefunden werden können, mit deren Hilfe der Soziologe weitere Eigenschaften der Kategorie entwickeln kann" (Glaser & Strauss, 2010, S. 77). Um diesen Punkt zu erreichen, müssen jedoch ausreichend Daten erhoben werden, sodass die Sättigung auf einer breiten Datenbasis gründet. Strategien dieses Vorgehens sind das Suchen von möglichst kontrastreichen Fällen, sodass alle möglichen Variationen des Merkmals empirisch untersucht wurden und in die Theoriebildung eingegangen sind.

Ein anschauliches Beispiel hierfür bildet das Forschungsprojekt zur „Awareness of Dying", bei welchem Glaser & Strauss (im Jahre 1965) die Grounded Theory entwickelten und Vorgehen folgendermaßen umschrieben:

Die „Besuche bei den verschiedenen medizinischen Diensten wurden wie folgt schematisiert: Ich wollte zuerst einen Blick auf Einrichtungen werfen, in denen das Bewusstsein des Patienten nur eingeschränkt gegeben ist (und so schaute ich mir zuerst eine Frühgeborenenstation und dann eine neurochirurgische Station an, auf der die Patienten sich häufig im Koma befinden). Als nächstes wollte ich Sterben in einer Situation beobachten, in der das Personal und oft auch die Patienten mit dem Tod rechnen und dieser auch schnell eintritt. Also beobachtete ich auf einer Intensivstation. Dann wollte ich meine Beobachtungen in Einrichtungen anstellen, in denen das Personal den Tod durchaus, der Patient ihn aber nicht unbedingt erwartet, und dieser in der Regel langsam eintritt. So schaute ich mir eine Krebsstation an. Dann wollte ich Bedingungen kennen lernen, unter denen der Tod unerwartet und schnell eintritt, und so sah ich mir eine Notaufnahme an. Während wir uns verschiedene Einrichtungen ansahen, beobachteten wir die obigen Situationen ebenfalls in anderen Krankenhaustypen. So wurde unsere Schematisierung von Situationen sowohl von einem allgemeinen konzeptuellen Schema gelenkt – das Hypothesen über Todesbewusstsein, Todeserwartung und -rate beinhaltete – als auch von einer erst im Entstehen begriffenen konzeptuellen Struktur, die zunächst gar nicht ins Auge gefasste Probleme mit einzubeziehen erlaubte. Manchmal kehrten wir nach zwei, drei oder vier Wochen kontinuierlicher Beobachtung einer Einrichtung oder Situation zu ganz anderen, schon vorher untersuchten Einrichtungen zurück, um Fragen zu überprüfen, die wir zunächst übergangen hatten" (Glaser & Strauss, 2010, S. 74/75).

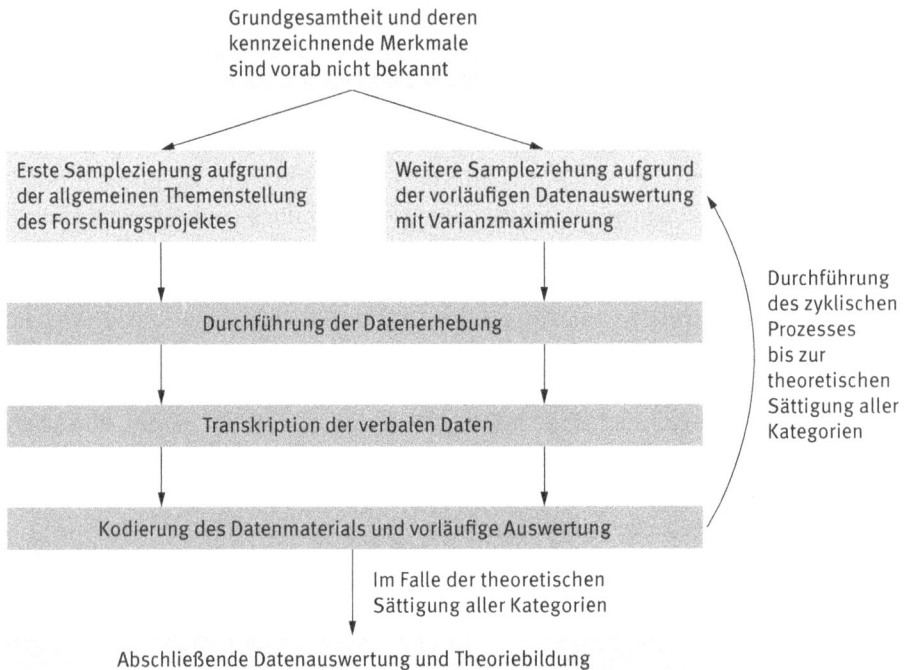

Abb. 7.3: Ablaufprozess des Theoretischen Samplings (Quelle: eigene Darstellung)

Durch den Prozess des parallelen Erhebens und Auswertens der Daten unter der Prämisse der Maximierung der Verschiedenheit der Kategorienausprägungen wird irgendwann die theoretische Sättigung der Kategorien erreicht und damit der Samplingprozess beim Theoretischen Sampling abgeschlossen (siehe Abb. 7.3).

7.4.3 Convenience Sample, Gelegenheitsstichprobe

Unter einer Gelegenheitsstichprobe (*Convenience Sample*) wird eine Stichprobe verstanden, die dem Prinzip der einfachen Verfügbarkeit entspricht. So sind z. B. die sehr häufige Verwendung studentischer Stichproben für psychologische Studien oder Befragungen von Personen in städtischen Fußgängerzonen gute Beispiele für das Vorgehen anhand eines *Convenience Sample*. Das *Convenience Sampling* ist sowohl bei quantitativen als auch bei qualitativen Studien nur bedingt und für besondere Zwecke zu empfehlen.

Wenn in der qualitativen Forschung Personen unter der Prämisse ihrer Erreichbarkeit interviewt werden, so ist dieses Vorgehen zwar zeit-, aufwands- und damit kosteneffizient, wirkt sich jedoch negativ auf die Datenqualität aus. Es ist davon auszugehen, dass ein solches Sample in der Regel nicht die erforderlichen Kriterien der Merkmalsausprägung erfüllt, und dass die Ergebnisse einer Studie mit einem zufälligen Gelegenheitssample einen nur geringen Aussagewert haben.

Das Vorgehen anhand eines Gelegenheitssamples kann lediglich für die Erstellung eines *Initial Samples* für eine Vorstudie sinnvoll sein; bei der Hauptstudie empfiehlt es sich, eine andere Samplingtechnik anzuwenden.

7.4.4 Schneeballverfahren

Sampling anhand des Schneeballprinzips bedeutet, dass der Interviewende eine Person aus der interessierenden Grundgesamtheit befragt und diese anschließend bittet, ihm eine weitere Person oder mehrere Personen zu nennen, die nach Ansicht des Interviewten auch für die Studie relevant sein könnten und interviewt werden sollten.

So setzt sich die dieserart gesampelte Stichprobe aus Personen zusammen, die miteinander bekannt sind und die jeweils auf Empfehlung einer vorher befragten Person interviewt werden. Dieses Vorgehen hat den entscheidenden Vorteil, dass der Zugang zu den Befragten durch Nennung der Kontaktperson zumeist sehr einfach ist und die anhand des Schneeballprinzips rekrutierten Befragten deswegen meistens zu einem Interview bereit sind. Überdies kann dadurch schneller eine Vertrauensbasis für das Interview geschaffen werden. Es kann durch dieses Verfahren auch ganz gezielt nach Personen mit bestimmten Kriterien gesucht werden, da die Befragten Teilnehmende des Feldes sind und somit über Feldinformationen verfügen, über die der Forschende (außer bei teilnehmender Beobachtung) nicht verfügt.

Problematisch ist bei diesem Vorgehen, dass die befragte Stichprobe Verzerrungen durch die jeweils die Empfehlung aussprechende Person erfährt. Diese leistet eine bewusste oder unbewusste Vorselektion, indem sie bestimmte Personen nennt und andere wiederum nicht nennt. Dies muss nicht unbedingt auf die inhaltliche Passung für die Forschungsfrage zurückzuführen sein, sondern kann auch Ausdruck persönlicher Zu- und Abneigungen sein. Die Befragung hängt damit zum einen ganz entscheidend von der Qualität der von den bereits Befragten gegebenen Empfehlungen ab, und zum anderen davon, inwiefern der Forscher deren Aussagen im Kontext des Feldes einzuordnen vermag, sodass kein Bias durch das Schneeballverfahren eintritt, und die Stichprobe dadurch verzerrt wird.

Trotz der Kritik an diesem Verfahren ist das Vorgehen mittels Schneeballprinzip eine häufig eingesetzte und effiziente Methode, um bei schwer zugänglichen Populationen (z. B. Obdachlose) eine qualitative Interviewstudie realisieren zu können.

7.4.5 Vollerhebung

Vollerhebung bedeutet, dass sämtliche Individuen einer bestimmten Grundgesamtheit befragt werden, sodass keine Stichprobe ausgewählt werden muss. Manche qualitativen Studien streben eine Vollerhebung an. Diese kann jedoch nur dann realisiert werden, wenn die zu untersuchende Grundgesamtheit räumlich und von der Anzahl her so begrenzt ist, dass die Befragung aller Personen möglich ist (z. B. Befragung aller Patienten auf der Psychiatrischen Station einer konkreten Klinik oder Vollerhebung aller Mitarbeitenden eines bestimmten Unternehmens). Es müssen auch alle Mitglieder der Zielgruppe bereit sein, sich für ein solches Interview zur Verfügung zu stellen. Die Teilnahme muss freiwillig erfolgen, da sonst ethische Grundprinzipien qualitativer Forschung verletzt werden (siehe Kap. 1.4) und keine sinnvoll auszuwertenden Daten erzielt werden, da Vertrauen die entscheidende Basis für das Gelingen eines qualitativen Interviews darstellt. Da eine Vollerhebung mit erheblichem Aufwand verbunden ist, vor allem dann, wenn die Grundgesamtheit umfangreich ist, wird diese Form der Erhebung kaum realisiert.

7.4.6 Gezieltes (selektives) Sampling, Vorabfestlegung des Samples

Das Vorgehen anhand eines vorab festgelegten Samples bzw. gezieltes Sampling setzt voraus, dass die Grundgesamtheit dem Forschenden zumindest in den Grundzügen bekannt ist. Dieses Vorgehen wird auch als *Purposive Sampling* bezeichnet und bedeutet, dass ganz gezielt bestimmte Fälle aus der Grundgesamtheit gezogen und in der qualitativen Studie analysiert werden (Patton, 1990).

Um ein Sample gezielt zu ziehen, müssen Informationen über die Verteilung der für die Forschungsfrage relevanten Merkmale in der Grundgesamtheit vorliegen, sodass diese Informationen für die Zusammenstellung der zu Befragenden eingesetzt werden können. Das Vorgehen bedeutet dann, dass die zu befragenden Elemente nach bestimmten Kriterien aus der Grundgesamtheit gezogen werden (z. B. alle Mütter aus München, die unter 30 Jahren alt sind und ein Kind mit Trisomie 21 haben).

Auch wenn dieses Verfahren sicherstellt, dass die inhaltliche Entsprechung der untersuchten Stichprobe sehr groß ist, muss doch darauf geachtet werden, dass eventuell relevante Merkmale nicht übersehen werden, weil sie durch den Plan der Stichprobenziehung systematisch vermieden wurden. Dieser potenzieller Bias, der sich auch bei quantitativen Erhebungen leicht ergeben kann, sollte im Rahmen der jeweiligen quantitativen Studie sorgfältig beachtet werden.

Es können verschiedene Strategien der gezielten Sampleziehung unterschieden werden. Diese sind:

(1) *Quotensampling:* Die Quotenstichprobe (oder Quotenauswahl) bedeutet die systematische und bewusste Stichprobenziehung nach der festgelegten Verteilung bestimmter Merkmale innerhalb der Zielgruppe. Diese Merkmale werden quotiert, sodass der Forschende eine bestimmte Anzahl von Personen mit vorab definierten Merkmalsausprägungen befragt.

Quotensampling wird häufig in der Marktforschung angewendet, wobei durch das Quotensampling spezifische Verteilungen eines Merkmals in der Bevölkerung abgebildet werden sollen. Damit soll erreicht werden, dass das untersuchte Sample hinsichtlich bestimmter Merkmale strukturell der Grundgesamtheit gleicht. Das Sampling wird anhand eines Quotenplanes realisiert, in dem die Zusammensetzung der Quote genau festgelegt wird. So kann der Quotenplan z. B. fordern, dass 2 männliche und 3 weibliche Angestellte im Alter von 40–50 und 6 männliche und 8 weibliche Angestellte im Alter von 20–30 aus einem bestimmten Stadtteil interviewt werden sollen. Je detaillierter der Quotenplan, desto schwieriger ist es für den Forschenden, die passenden Interviewpartner ausfindig zu machen. Wenn das Quotensampling jedoch gelingt, eröffnet sich damit die Möglichkeit der inhaltlichen und statistischen Repräsentativität im begrenzten Umfang auch für die erhobenen qualitativen Daten.

(2) *Profilsampling:* Ein Profilsampling baut im Normalfall auf einer vorher durchgeführten quantitativen Datenerhebung auf und ist damit eine Methode des methodentriangulierenden Forschens. Dabei liefert die quantitative Erhebung die Basisinformationen, welche dann im Detail als Grundlage für das Sampling der qualitativen Datenerhebung dienen.

Mittels Profilsampling kann gezielt nach Personen mit bestimmten Merkmalsausprägungen aus der Grundgesamtheit gesucht werden, die anschließend einer tiefen Analyse unterzogen werden. So können anhand dieses Vorgehens z. B. im Rahmen einer Studie zur Internetnutzung Jugendlicher gezielt Probanden mit sehr spezifischen Nutzungsmustern befragt werden, wenn diese anhand der quantitativen Daten klar identifizierbar sind (z. B. Internetnutzung vornehmlich zur Selbstdarstellung, Nutzer vordefinierter Computerspiele). Dieses Vorgehen anhand von Profilsampling besitzt großes Potenzial, da es quantitative und qualitative Forschung miteinander zu verbinden vermag und die gewonnenen Erkenntnisse den quantitativen Studien mehr Dichte und Tiefe verleihen. Die quantitative Erhebung ermöglicht dem Forschenden, Aussagen über die Häufigkeit des Auftretens eines bestimmten Phänomens zu machen, im Anschluss versucht die qualitative Studie dem Verstehen bestimmter Phänomene näherzukommen.

(3) *Extremfallsampling:* Bei dieser Form des Samplings werden gezielt Extremfälle oder abweichende Fälle gesucht (nach Patton, 1990). Damit geraten jene Fälle aus der Grundgesamtheit in den Blick, die im Hinblick auf die interessierende Merkmalsausprägung ungewöhnlich sind und bei denen dieses Merkmal extrem ausgeprägt ist.

Ein Extremsampling könnte z. B. die Auswahl der jeweils klassenbesten und klassenschlechtesten Schüler sein. Durch die gezielte Analyse dieser Extremfälle im Hinblick auf die interessierende Merkmalsausprägung können damit sehr informationsreiche Daten gewonnen werden.

(4) *Ziehung eines homogenen Samples:* Das Vorgehen anhand eines homogenen Samples bedeutet die gezielte Minimierung von Varianz. So wird bei dieser Technik versucht, Personen mit ähnlichen Hintergründen und Erfahrungen zu sampeln und zu befragen. Oftmals werden homogene Samples für Gruppenverfahren eingesetzt, da die Gleichheit oder Ähnlichkeit des Erfahrungshintergrunds die Gruppenatmosphäre positiv beeinflusst.

Im Hinblick auf eine Studie zum Lebensalltag von Alleinerziehenden könnten z. B. nur Frauen im Alterssegment von 30–35 Jahren mit einem bestimmten Berufsstatus gesampelt werden. Diese Auswahl würde eine relativ große Übereinstimmung in bestimmten Merkmalen bedeuten und könnte als Basis für eine Gruppenerhebungsmethode eingesetzt werden. Ansonsten kann ein homogenes Sample verwendet werden, um einen bestimmten Typus zu konstruieren (immer unter Berücksichtigung der entsprechenden Samplekriterien).

(5) *Maximalvariation:* Die Ziehung eines Samples mit dem Ziel der Varianzmaximierung wird auch als heterogenes Sample bezeichnet. Ziel ist es, möglichst unterschiedliche Fälle im Hinblick auf die zu untersuchende Merkmalsausprägung zu finden (Heterogenitätsmaximierung), die dann das Sample der zu Befragenden bilden. Dies kann bei sehr kleinen Stichproben ein Problem darstellen, da die Merkmalsausprägungen evtl. weniger Varianz aufweisen, als dies bei einem zahlenmäßig größeren Sample der Fall wäre.

Ein Beispiel für ein Sampling mit dem Ziel der Varianzmaximierung wäre z. B. in einer Studie zur Internetnutzung, gezielt die Geringnutzer und Intensivnutzer (bis zu Süchtigen) zu untersuchen, um reichhaltige Informationen über diese extremen Ausformungen des zu untersuchenden Phänomens „Internetnutzung" zu erhalten.

(6) *Sampling typischer Fälle:* Voraussetzung für das Ziehen typischer Fälle ist die Definition dessen, was als „typisch" für die zu untersuchende Merkmalsausprägung zu verstehen ist. Um typische Fälle zu finden, ist es in der Praxis oft hilfreich, Zugehörige zum Feld als Informanten zu haben, die einem den Zugang zu diesen, ihrer Ansicht nach typischen Fällen ermöglichen. Typische Fälle sind

jene Fälle, die im Hinblick auf die interessierende Merkmalsausprägung überein-stimmen und in der Praxis durch häufiges Vorkommen entsprechende Relevanz besitzen.

Kampagnen und Programmbeschreibungen arbeiten häufig mit der Beschreibung typischer Fälle, sodass alle Personen, die das Programm (z. B. Hilfsprogramm für aidskranke Kinder in Afrika) nicht kennen, dieses anhand der Darstellung typischer Fälle exemplarisch kennenlernen können (Patton, 1990, S. 173/174).

(7) *Sampling kritischer Fälle:* „Critical cases are those that can make a point quite dra-matically or are, for some reason, particularly important in the scheme of things" (Patton, 1990, S. 174). Als kritische Fälle sind demnach jene Fälle zu bezeichnen, die im Hinblick auf die Ausprägung bestimmter Merkmale extreme Ausprägun-gen haben und deswegen von besonderer Bedeutung sein können. Kritische Fälle stellen eine Seite im Kontinuum des interessierenden Phänomens dar und erwei-sen sich vor allem dann als relevant, wenn z. B. bei der Evaluation eines Pro-gramms aus Kostengründen nicht alle Extremfälle untersucht werden, sondern lediglich einige kritische Fälle analysiert werden können. Um dies zu illustrieren, verwendet Patton das Beispiel der Studien Galileis zur Fallgeschwindigkeit von Körpern. Anhand des kritischen Falls der Feder zeigte er auf, dass die Fallge-schwindigkeit im luftleeren Raum vom Material und der Größe des Körpers unab-hängig ist. Im Kontext qualitativer Sozialforschung kann ein Fall kritisch sein, dessen Zugehörigkeit zum Sample zwar von den interessierenden Merkmalsaus-prägungen her gegeben ist, der sich aber durch seine sonstigen Kennzeichen im Kontinuum der Merkmalsausprägung am oberen oder unteren Rand befindet.

(8) *Intensity Sampling:* Unter diesem Vorgehen wird das gezielte Sampeln nach Per-sonen mit einer intensiven Ausprägung des zu untersuchenden Merkmals ver-standen (Patton, 1990). Dieses Vorgehen entspricht der gleichen Logik wie das Sampeln der Extremfälle, umfasst aber all jene Fälle, die das Merkmal in inten-siver, aber nicht extremer Form haben. Es handelt sich folglich um informations-reiche Fälle, „excellent or rich examples of the phenomenon of interest, but not unusual cases" (Patton, 1990, S. 171).

Bei einer Studie zu Computerspielsucht wären z. B. jene Probanden, die mehr als 5 Stunden täglich spielen, als Extremfälle zu bezeichnen. Fälle mit intensi-ver Ausprägung wären jene mit 3–4 Stunden täglichen Spielens. In einer Studie mit einem *Intensity Sample* würden genau diese Probanden der weiteren Analyse unterzogen werden.

7.4.7 Fazit

Die Generierung der Stichprobe ist bei allen empirischen Studien, seien diese quan-titativ oder qualitativ orientiert, entscheidend für die Qualität der Daten und die Aussagekraft der davon abgeleiteten Interpretationen. Die Samplegewinnung im Forschungsprozess kann deswegen gar nicht genug Aufmerksamkeit geschenkt werden, gerade wenn es sich um zahlenmäßig eher kleine Stichproben handelt, wie dies bei qualitativer Forschung der Fall ist.

Es empfiehlt sich daher die Ziehung dieses Samples transparent und intersubjektiv nachvollziehbar zu gestalten, um damit der Gefahr der Beliebigkeit entgegenzuwirken. Gerade wenn die Samplegrößen eher klein sind, muss bei der Ziehung des Samples versucht werden, je nach Forschungsziel und Vorkenntnissen über die Grundgesamtheit, durch die Sampletechnik das zu untersuchende Phänomen inhaltlich adäquat und möglichst in seinem gesamten Facettenreichtum zu erfassen. Nur durch dieses Vorgehen kann sichergestellt werden, dass das untersuchte Phänomen in seiner Vielfalt und seinen inneren Strukturen nachgezeichnet und verstanden werden kann, worin letztlich das eigentliche Erkenntnisziel qualitativer Forschung liegt.

7.5 Literatur

Coyne, I. T. (1997). Sampling in qualitative research. Purposeful and theoretical sampling; merging or clear boundaries? *Journal of Advanced Nursing 26*(3), 623–630.

Diekmann, A. (2002). *Empirische Sozialforschung: Grundlagen, Methoden, Anwendungen* (9. Auflage). Reinbek bei Hamburg: Rowohlt Verlag. [Diekmann, A. (2016). *Empirische Sozialforschung: Grundlagen, Methoden, Anwendungen* (10. Auflage). Reinbek bei Hamburg: Rowohlt.]

Flick, U. (2000). *Qualitative Sozialforschung. Theorie, Methoden, Anwendung in Psychologie und Sozialwissenschaften* (5. Auflage). Reinbek bei Hamburg: Rowohlt.

Glaser, B.G., & Strauss, A. L. (2010): *Grounded Theory. Strategien qualitativer Forschung* (3. Auflage). Bern: Hans Huber Verlag.

Kromrey, H. (2002). *Empirische Sozialforschung* (10. Auflage). Opladen: Leske + Budrich. [Kromrey, H., Roose, J. & Strübing, J. (2016). *Empirische Sozialforschung* (13. Auflage). Konstanz/München: UVK.]

Merkens, H. (2010). Auswahlverfahren, Sampling, Fallkonstruktion. In U. Flick et al. (Hrsg.), *Qualitative Forschung* (8. Auflage), (S. 286–299). Reinbek bei Hamburg: Rowohlt.

Oppong, S. H. (2013). The Problem of Sampling in qualitative research. *Asian Journal of Management Sciences & Education 2*(2), 202–210.

Patton, M. Q. (1990). *Qualitative evaluation and research methods*. Thousand Oaks: Sage. [Patton, M. Q. (2015). *Qualitative Evaluation and Research Methods* (4. Auflage). Thousand Oaks: Sage Publications.]

Reinders, H. (2005). *Qualitative Interviews mit Jugendlichen führen: Ein Leitfaden*. München: Oldenbourg Verlag.

Strübing, J. (2014). *Grounded Theory. Zur sozialtheoretischen und epistemologischen Fundierung eines pragmatistischen Forschungsstils* (3. Auflage). Wiesbaden: Springer

Strübing, J. (2018). Theoretisches Sampling. In R. Bohnsack et al. (Hrsg.), *Hauptbegriffe Qualitativer Sozialforschung* (4. Auflage), (S. 227–230). Opladen: Verlag Barbara Budrich.

Wolff, S. (2010). Wege ins Feld und ihre Varianten. In U. Flick et al. (Hrsg.), *Qualitative Forschung. Ein Handbuch* (8. Auflage), (S. 334–349). Reinbek: Rowohlt.

8 Der Interviewende als Erhebungsinstrument

Qualitative Sozialforschung zeichnet sich dadurch aus, dass der Forschende selbst das eigentliche Erhebungsinstrument darstellt. Er trägt daher nicht nur die Verantwortung für die methodologische und theoretische Konzeption, Vorbereitung, Durchführung, Transkription und Auswertung der Daten, sondern er wird selbst zum wichtigsten Faktor für die Güte und Qualität der erhobenen Daten.

Qualitative Interviews werden offen, flexibel und gegenstandsorientiert durchgeführt und als soziale Interaktion zwischen dem Forschenden und dem Befragten (oder einer Gruppe von Personen im Falle von Gruppeninterviews) realisiert. Somit hängt der gesamte Prozess der Datenerhebung in hohem Maß vom Interviewer und dessen Kompetenzen ab: „Qualitative research in general does not claim to be objective; all research is carried out from a particular ‚standpoint' [...] by researchers who bring their subjective values and meanings to their endeavours. This subjectivity is not treated as a problem to be avoided, but as a resource that can be developed in ways that augment and intensify social research" (King & Horrocks, 2010, S. 126). Die Person des Forschenden ist damit eine entscheidende Variable in der Erhebung qualitativer, verbaler Daten und stellt einen impliziten Teil des Ganzen dar. Deswegen kann es in qualitativer Forschung auch nicht darum gehen, diesen Faktor auszuschalten, sondern diesen zu kontrollieren und zu reflektieren: „Interviews sind immer beeinflusst, es fragt sich nur, wie. Es geht darum, diesen Einfluss kompetent, reflektiert, kontrolliert und auf eine der Interviewform und dem Gegenstand angemessene Weise zu gestalten" (Helfferich, 2009, S. 129).

8.1 Interviewereffekte in standardisierter Forschung

Der Einfluss des Forschenden auf die Ergebnisse von Studien konte in standardisierten quantitativen Befragungen nachgewiesen werden (z. B. als Antwortbereitschaft und Antwortverhalten der Befragten). Dieser Effekt wird in der quantitativen Sozialforschung als nicht-intendierter Einfluss auf die Datenqualität bezeichnet (*Interviewer Effect*): „Es gehört zu den Selbstverständlichkeiten der Umfrageforschung, daß die Antworten der Befragten nicht notwendig nur deren ‚Meinung' zu der jeweiligen Frage darstellen müssen. In zahlreichen Untersuchungen wurde gezeigt, daß z. B. Merkmale des Interviewers [...] Einfluß auf die Äußerungen der Befragten haben können [...]" (Hoag & Allerbeck, 1981, S. 426). Studien zu den Interviewereffekten bei standardisierten Erhebungen liegen seit den 1970er-Jahren vor; in den USA wurde hierbei vor allem dem Effekt der Hautfarbe des Forschenden auf die Befragung (*Race-of-Interviewer-Effect*) große Aufmerksamkeit gewidmet (z. B. Schaeffer, 1980; Anderson et al., 1988; Finkel et al., 1991). Andere Studien konnten belegen, dass (auch) in standardisierten Befragungen das Geschlecht, das Alter oder die Verwendung eines speziellen regionalen Dialekts einen Einfluss auf das Antwortverhalten der Befragten

https://doi.org/10.1515/9783110545982-008

hatten (z. B. Brosius et al., 2012). So erwies sich in einer Telefonbefragung zur Auftei-
lung der Hausarbeit zwischen den Partnern das Geschlecht des Interviewenden als
entscheidende Variable: Wurden Männer von Interviewerinnen befragt, überschätz-
ten sie ihr Engagement im Haushalt; wurden sie hingegen von einem Mann interviewt, wurde die eigene Mitarbeit im Haushalt unterschätzt oder gar heruntergespielt
(Klein & Kühhirt, 2010). Da die Daten möglichst objektiv und unbeeinflusst erhoben
werden sollen, liegt ein Ziel quantitativer Untersuchungen im Ausschalten der Störvariable „Interviewereffekt".

8.2 Einfluss des Interviewenden in qualitativer Forschung

Überträgt man diese Erkenntnis auf den Bereich qualitativer Sozialforschung, so verstärken sich diese Effekte, da der Forschende, wie vorstehend dargelegt, selbst zum
zentralen Erhebungsinstrument wird. Dies liegt darin begründet, dass mit offenen
Fragen gearbeitet wird und die Datenerhebung selbst eine soziale Situation darstellt.
Der Forschende muss die soziale Situation zum einen herstellen, zum anderen muss
er über die kommunikative und soziale Kompetenz verfügen, um diese Situation für
den Forschungsprozess fruchtbar machen zu können. Es wurde bereits dargestellt,
dass die zentrale Aufgabe des Interviewenden bei qualitativen Datenerhebungen
darin besteht, eine intensive Beziehung zum Befragten herzustellen (Adler & Adler,
2002; Kvale, 1996), um dadurch eine möglichst gute Interviewatmosphäre herzustellen, sodass tiefe, aussagekräftige und authentische Daten erhoben werden können.

Das Ziel qualitativer Datenerhebungen kann somit nicht im Vermeiden von Interviewereffekten liegen, sondern in einem adäquaten, reflektierten und kontrollierten
Umgang mit der Rolle von Subjektivität und des Einflusses des Interviewenden innerhalb des qualitativen Forschungsprozesses.

Mit Blick auf die Bedeutung dieses Aspekts innerhalb von qualitativen Intervie-
werhebungen überrascht es, dass kaum Studien vorliegen, die sich mit dem Einfluss
des Interviewenden auf qualitative Datenerhebungen und auf Datenqualität auseinandersetzen. Dies mag zwar methodologische Gründe haben, kann aber auch als
„blinder Fleck" bezeichnet werden, dem sehr wenig Beachtung geschenkt wird.
Eine Auseinandersetzung mit dem Thema des Interviewereinflusses bei qualitativen Studien fehlt in den meisten Fachbüchern oder Fachartikeln. Meist wird recht
pauschal darauf verwiesen, dass der Interviewer einen erheblichen Einfluss auf den
gesamten Forschungsprozess hat, ohne die methodologischen Aspekte angemessen
zu reflektieren (siehe z.B. die Metastudie von Hoddinott & Pill, 1997).

Trotz der ungenügenden Datenbasis zum Interviewereinfluss in qualitativen
Erhebungen kann aufgrund der dargelegten zentralen Rolle des Interviewenden
bei Datenerhebungen, bei denen offen, flexibel und gegenstandsangemessen vorgegangen wird, davon ausgegangen werden, dass der Einfluss des Interviewenden
auf den gesamten Forschungsprozess groß ist. Dies ist einer der Gründe dafür, dass

in der Markt- und Meinungsforschung qualitative Studien nur beschränkt eingesetzt werden: „Die Zuverlässigkeit und die Gültigkeit der Ergebnisse wird durch die geringe Standardisierbarkeit und dem damit verbundenen Intervievereinfluss stark beeinträchtigt" (Böhler, 2004, S. 88). „A researcher's background and position will affect what they choose to investigate, the angle of investigation, the methods judged most adequate for this purpose, the findings most appropriate, and the framing and communication of conclusions" (Malterud, 2001, S. 483/484).

Diese mannigfaltigen Einflüsse des Interviewenden in qualitativen Forschungen werden als *Researcher Impact* oder *Interviewer Impact* bezeichnet und beeinflussen alle Stufen des Forschungsprozesses:

(1) *Vorurteile und Vorwissen:* Die Wissensbasis des Forschers und eventuelle Vorurteile gegenüber dem zu untersuchenden Themenbereich müssen kritisch reflektiert werden. Es ist entscheidend, was der Forscher meint, bereits über den zu untersuchenden Bereich an Vorwissen zu verfügen und welche Kognitionen er diesbezüglich hat: „[...] beliefs about how things are and what is to be investigated" (Malterud, 2001, S. 484). Dieses Vorwissen oder eventuelle Vorurteile müssen bereits im Vorfeld der Studie bewusst gemacht werden, denn sie beeinflussen das Studiendesign und den gesamten Prozess der Datenerhebung und auswertung.

(2) *Epistemologischer Einfluss:* Durch die Auswahl der Forschungsfrage, die Auswahl der anzuwendenden Theorien und Methoden zur Durchführung der empirischen Studie hat der Forschende den gesamten Prozess erkenntnistheoretisch entscheidend beeinflusst (siehe hierzu ausführlich das Kap. 10.5; Willig, 2013, S. 10). Diese Entscheidungen haben nicht nur inhaltliche Gründe, sondern sind auch auf die Person des Forschenden, dessen Forschungserfahrung und ausrichtung zurückzuführen.

(3) *Datenqualität:* Der Forschende hat bei qualitativen Studien entscheidenden Einfluss auf die erhobenen Daten: „[G]iven the task of investigating the same non-trivial research question, ten different researchers would come up with ten different results" (King & Horrocks, 2012, S. 127). Auch wenn diese Pauschalaussage als übertrieben anzusehen ist, muss immer bedacht werden, dass der Forschende durch seine Person, seine Ausstrahlung und seine Art zu kommunizieren die Interviewsituation entscheidend beeinflusst. Relevante Faktoren sind z. B. Geschlecht, Alter, Hautfarbe, Stimme, Auftreten, aber auch unterschwellige Meinungen und Einstellungen des Forschenden, die die soziale Interaktion zwischen Interviewer und Befragtem unbewusst beeinflussen.

(4) *Datenauswertung:* Auch die Auswertung der Daten, d. h. deren Transkription, Kodierung und Interpretation, kann nicht von der Persönlichkeit des Forschenden unbeeinflusst durchgeführt werden. Der Forschende ist derjenige, der entscheidet, welche Passagen des Interviews bedeutungsrelevant sind, welche Kategorien anzuwenden sind und welche Schlüsse aus diesen Daten zu ziehen sind.

Aufgrund der intensiven Beeinflussung des gesamten qualitativen Forschungsprozesses durch das forschende Subjekt – von der Konzeption bis zur Auswertung der Studie – und der davon abgeleiteten Erkenntnisse, ist es gerade für qualitative Forschung unverzichtbar, im Rahmen durchgeführter empirischer Studien den potenziellen Einfluss dieser Subjektivität immer im Blick zu haben und zu jedem Zeitpunkt der Projektdurchführung kritisch zu reflektieren.

8.2.1 Fremdheit/Vertrautheit mit dem Feld

Bei der Vorbereitung und Durchführung qualitativer Studien ist jeweils zu beachten, ob das zu untersuchende Feld dem Forschenden sehr vertraut oder gänzlich fremd ist.

Werden in einer Studie vertraute Themen bzw. soziale Felder untersucht, die der Forschende selbst sehr gut kennt und die einen Teil seiner Lebenswelt darstellen, so besteht die Gefahr, dass

- der Forschende durch sein Vorwissen und seine Vorkenntnisse das Studiendesign und die forschungspraktische Realisierung beeinflusst;
- es dazu kommt, dass eventuell von bestimmten Basisprämissen ausgegangen wird, die das gesamte Forschungsprogramm prägen und die dann zu einer Verzerrung der Ergebnisse führen;
- durch die Vertrautheit der Forschende bestimmte Phänomene als selbstverständlich ansieht und diese deswegen in seinem Forschungsdesign übersieht;
- Rollenkonflikte entstehen, wenn der Forschende nicht als Teilnehmender des sozialen Feldes, sondern als Investigator in diesem tätig wird;
- es für die Befragten unter Umständen schwieriger sein kann, offen und unbefangen auf Themen einzugehen, wenn sie den Interviewer kennen und mit diesem auch außerhalb der Interviewsituation sozialen Kontakt haben.

Die Vertrautheit des Forschenden mit dem Forschungsumfeld kann sich durchaus auch positiv auswirken, indem

- sich die Kenntnis des sozialen Feldes und dessen Personen im Interview als Vorteil erweisen und dies zu detaillierteren und umfangreicheren Informationen führt, weil der Forschende durch seine eigene Kenntnis gezielter nachzufragen vermag;
- der Zugang zum Feld vereinfacht wird, weil der Forschende selbst Teil des zu untersuchenden Feldes ist;
- der Interviewer selbst als Gatekeeper für seine Forschungen fungiert und somit Befragte einfacher rekrutieren kann.

Ist der Forschende nicht mit dem zu untersuchenden sozialen Feld vertraut, so birgt dies verschiedene Vor- und Nachteile.

Als Nachteile wären zu nennen, dass

– der Feldzugang erschwert sein kann, wenn der Forschende über keine Kontakt-
personen im zu untersuchenden Feld verfügt;

– im Prozess des Forschens durch Unkenntnis eventuell relevante Informationen
übersehen oder falsch eingeschätzt werden, sodass z. B. bestimmte feldrelevante
„Mythen" nicht erkannt und forschungspraktisch nicht adäquat eingeordnet
werden können;

– das Auslassen relevanter Informationen bei der Fremdheit zum Feld unbemerkt
bleiben kann, sodass damit relevante Informationen verloren gehen;

– es zu unbegründeten Kontaktängsten kommen kann, so z. B. beim Kontakt mit
stationären Psychiatriepatienten oder Gefängnisinsassen, wenn einem der
Umgang mit diesem Feld ungewohnt und fremd ist.

Die Fremdheit des Forschenden kann sich aber auch epistemologisch als Vorteil
erweisen, sodass

– der Forschende seine Fremdheit in der Erhebungssituation aktiv einsetzen
kann und damit den Befragten mit entschuldbarer Naivität zu eventuell heiklen
Themen zu befragen vermag;

– der Forschende den Befragten ohne Statusverlust zu einem hochkomplexen,
fremden Handlungsfeld (z. B. Herzchirurgie) interviewen und ihn um sehr detaillierte Antworten bitten kann. Er kann sich seine Unkenntnis explizit zunutze
machen und den Interviewten bitten, hier als Experte Abhilfe zu leisten: Dieses
Vorgehen kann sehr umfangreiche und engagierte Interviews zur Folge haben,
gerade weil die Interviewten sich bemühen, den Forschungsgegenstand dem
fachfremden Forschenden nahezubringen.

8.2.2 Einfluss äußerlich wahrnehmbarer Merkmale (Geschlecht, Hautfarbe, Alter)

Der Einfluss von äußerlich wahrnehmbaren Zeichen des Interviewenden kann in der
qualitativen Forschungspraxis gar nicht hoch genug eingeschätzt werden. Gleichwohl
wurde in der qualitativen Forschung diesem Einfluss kaum Beachtung geschenkt. Es
liegen nur wenige Forschungsberichte und Publikationen vor, die den potenziellen
Einfluss der Person des Forschenden auf die Datenerhebung kritisch reflektieren oder
überhaupt thematisieren. Lediglich in der Markt- und Meinungsforschung sowie in
der feministischen Soziologie setzt man sich mit dem Einfluss des Geschlechts auf
empirische Forschungsstudien auseinander.

In Bezug auf die Bereitschaft von Personen, sich für eine Befragung zur Verfügung zu stellen, haben sich in Studien zum Einfluss des Interviewenden folgende
Tendenzen gezeigt (Koch, 1991):

– Interviewerinnen haben größere Zusagequoten.

– Ältere Interviewende sind erfolgreicher als jüngere Interviewende.

- Interviewende mit mittlerem Bildungsabschluss sind am erfolgreichsten.
- Professionelle und erfahrene Interviewende sind erfolgreicher als unerfahrene Interviewende.

Diese Ergebnisse beziehen sich auf die Teilnahmebereitschaft bei standardisierten Befragungen. Es ist jedoch davon auszugehen, dass diese Einflüsse bei qualitativen Interviews nicht vermindert wirksam sind, sondern dass sich der Einfluss des Interviewenden bei qualitativen Erhebungen noch verstärken wird, schließlich handelt es sich dabei um intensive soziale Situationen, in der unter Umständen sehr sensible Themen behandelt werden. Der Interviewer ist dabei (im Normalfall) für den Interviewten eine vollkommen fremde Person, dergegenüber sich der Interviewte im Rahmen der Datenerhebung vertrauensvoll öffnen und im Zuge des Interviewgeschehens Elemente seines Inneren (Gedanken, Gefühle, Erlebnisse usw.) anvertrauen soll.

Im Folgenden sollen drei wesentliche Einflussfaktoren reflektiert werden: Geschlecht, Hautfarbe und Alter.

(1) *Geschlecht*: Das Geschlecht des Forschenden spielt in Befragungen eine erhebliche Rolle. Dies lässt sich nur unschwer nachvollziehen, wenn man sich z. B. eine Befragung von Männern zu ihren Sexualpraktiken vorstellt und diese entweder von einer Interviewerin oder von einem Mann durchgeführt wird.

Vor allem bei intimen Themen wie Sexualität wird daher ein geschlechtshomogenes Setting (Interviewender und Befragter von gleichem Geschlecht) empfohlen, da dies bislang die besten Ergebnisse erzielt hat (Davis et al. 2010, S. 22). Auch bei einer Studie z. B. zur gesellschaftlichen Machtverteilung der Geschlechter (d. h. konkret zur politischen Macht von Männern; quantitative Studie) zeigte sich, dass das Geschlecht der interviewenden Person großen Einfluss auf die Antworttendenzen der Befragten hatte (siehe Tab. 8.1).

Tab. 8.1: Geschlecht des Forschenden als Einflussgröße (Quelle: Möhring & Schlütz, 2010, S. 51)

Frage: „Wenn Sie einmal an Männer als Gruppe denken, würden Sie sagen, Männer haben viel Einfluss, gerade das richtige Maß an Einfluss oder zu wenig Einfluss in der Gesellschaft?" (in Prozent)

	Männliche Befragte		Weibliche Befragte	
	Interviewer	*Interviewerin*	*Interviewer*	*Interviewerin*
zu viel	37,6	48,1	56,9	66,4
gerade das richtige Maß	55,3	46,5	38,1	29,0
zu wenig	7,1	5,4	4,9	4,6

In diesen Beispiel zeigt sich deutlich, dass die Aussagen mit dem Geschlecht des Befragten und des Interviewenden zusammenhängen: Wurden Frauen von Interviewerinnen befragt, zeigte sich eine klare Tendenz, den Einfluss der Männer als zu groß einzuschätzen (66,4 %); wurden Frauen von Interviewern befragt, zeigte sich eine abgeschwächte Tendenz (56,9 %); wurden Männer von Interviewerinnen befragt, gaben 48,1 % an, dass der Einfluss der Männer in der Gesellschaft zu groß sei, wurden dagegen Männer von Interviewern befragt, sagten nur gut ein Drittel aus, dass der Einfluss zu groß ist (37,6 %). Hier zeigt sich mit großer Deutlichkeit der Einfluss der Variable Geschlecht auf das Interviewergebnis.

(2) *Hautfarbe/Ethnie:* Neben dem Geschlecht erweist sich die Hautfarbe des Interviewenden als entscheidender Faktor, der das Antwortverhalten der Befragten beeinflusst. Dieser Effekt wurde bereits in den 1970er-Jahren in den USA nachgewiesen und wird (in der quantitativen Sozialforschung) als *Race-of-Interviewer-Effect* bezeichnet (z. B. Anderson et al., 1988). Interviewereffekte, die auf die Hautfarbe des Interviewenden und des Befragten zurückzuführen sind, zeigen sich jedoch nicht bei allen Befragungsthemen, sondern konnten nur für Themen nachgewiesen werden, die sich mit Diskriminierung, sozialer Ausgrenzung oder Gleichstellung von bestimmten Bevölkerungsgruppen oder Ethnien auseinandersetzten. Bei diesen Studien zeigte sich, dass es zu einem veränderten Antwortverhalten kam: „respondants give more liberal or pro-black opinions when the interviewer is black" (Hatchett & Schuman, 1975, S. 525). Des Weiteren wurde in ethnisch ungleichen Settings weniger oft von Erfahrungen der Diskriminierung berichtet, als wenn diese von ethniengleichen Interviewern durchgeführt wurden (Krysan & Couper, 2003, S. 372). Um solche Effekte zu vermeiden, wurde in Studien vermehrt darauf geachtet, dass Interviewer und Befragte ethnisch gleich sind bzw. das ein „racial matching of interviewer and subject" hergestellt wird (Rhodes, 1994). Da sich diese Effekte vor allem bei sozial benachteiligten und unterqualifizierten Befragten zeigten (Hatchett & Schuman, 1975, S. 525), kann davon ausgegangen werden, dass mit zunehmendem Abbau gesellschaftlicher Benachteiligung, zunehmender Bildung und dem Abbau sozialer Vorurteile weniger ethnisch begründete Effekte in Interviewsituationen auftreten.

(3) *Alter:* In verschiedenen (quantitativen) Erhebungen hat sich das Alter der Interviewenden als erheblicher Einflussfaktor gezeigt: Eine Metastudie zur systematischen Erfassung von Interviewereffekten konnte zeigen, dass der Einsatz älterer Interviewender zu tendenziell konservativeren Antworten führt und dass diesen Interviewern weniger nonkonforme Verhaltensweisen berichtet werden (Schanz, 1981, S. 39). Des Weiteren konnte gezeigt werden, dass die Wertorientierungen von Befragten nicht unbeeinflusst vom Alter der Interviewenden sind. So wurden Personen zu ihren Werten befragt, wobei hier vor allem jüngere Befragte angaben, dass „Selbstverwirklichung" ein wichtiger Wert für ihr Leben sei. Wurden diese Personen von älteren Interviewern befragt, sank die Bereitschaft, Selbstverwirklichung als relevanten Wert für ihr persönliches Leben anzugeben. Es ist davon auszugehen, dass dieser Alterseffekt der Interviewenden intensiver ausfällt, wenn speziell altersbezogene Themen untersucht werden, wie z. B. die

Frage nach der Inklusion und Exklusion älterer Menschen oder die Frage nach dem Sexualverhalten von Senioren.

Insgesamt zeigt sich, dass die sichtbaren Merkmale des Interviewenden einen Einfluss auf die Datenerhebung haben, vor allem wenn das Merkmal des Interviewenden mit der Themenstellung der Studie der Befragung korreliert (Sudman & Bradburn, 1974). Die bislang vorliegenden Ergebnisse (aus standardisierten Studien) zum Einfluss dieser Variablen „weisen insgesamt darauf hin, dass Ähnlichkeit zwischen Interviewer und Befragtem zu geringerer Verzerrung Richtung soziale Erwünschtheit führt" (Möhring & Schlütz, 2010, S. 52).

8.2.3 Einfluss stimmlicher Merkmale

Als weitere wichtige Einflussvariable bei der Durchführung von Interviews erweist sich die Stimme des Interviewenden. Der Einfluss der Stimme konnte bereits für allgemeine soziale Situationen belegt werden: Zum einen trägt die Stimme die bedeutungsrelevanten sprachlichen Zeichen, zum anderen erzeugt sie durch ihren Klang und ihre Intonation unmittelbare Wirkungen und ruft beim gegenüber Sympathie oder Antipathie hervor (Dittmar, 2004, S. 59). So hat sich gezeigt, dass die Beurteilung einer Person zu ca. 38 % von deren Stimme abhängen (55 % von der Körperhaltung und lediglich 7 % von den kommunizierten Inhalten; Misoch, 2006, S. 31).

Der Einfluss stimmlicher Merkmale auf Befragungssituationen wurde bislang ausschließlich für den Bereich der Telefoninterviews untersucht (z. B. Hüfken & Schäfer, 2003; Hoag & Allerbeck, 1981; siehe hierzu Kap. 6.1), während für den Bereich der Face-to-Face-Interviews keine systematischen Untersuchungen vorliegen. Grund hierfür ist, dass die Bedeutung der Stimme bei körperlicher Anwesenheit beider sozialer Akteure hinter der Übertragung anderer durch die Sinne wahrnehmbaren *Social Cues* (Aussehen, Körperhaltung, Mimik, Gestik usw.) zurücktritt.

Dennoch ist davon auszugehen, dass sich die Stimme als relevantes Merkmal erweist, vor allem, wenn es um die Zuschreibung von Sympathie oder Antipathie geht (Amon, 2003). Bislang liegen keine direkten Forschungsergebnisse dazu vor, „welche [stimmlichen] Merkmale einen Menschen sympathisch klingen lassen. Es ist aber zu erwarten, dass sichere Sprecher, also nicht zu angespannte, jedoch kräftige Anregung sympathisch wirkt; ebenso eine klangvolle Stimme, also beispielsweise eine obertonreiche Anregung der Indifferenzlage" (Weiss et al., o. J, o. S.). Empirisch nachgewiesen wurde immerhin, dass Stress die Stimmqualität negativ beeinflusst, sodass diese als nicht angenehm empfunden wird (Jessen, 2006). So wurde in einer experimentellen Studie festgestellt, dass neben der physischen Attraktivität die Stimme von besonderer Relevanz ist und dass „[r]egardless of the sex of the person, a bright, generous and low-tones voice, with a small range of pitch, was evaluated as being attractive" (Oguchi & Kikuchi, 1997, S. 60).

8.2.4 Einfluss des Status

Im Kontext der forschungspraktischen Durchführung von Interviewstudien steht es dem Forschenden frei, wie dieser sich den Interviewten vorstellt. Der Forschende kann sich als Vertreter einer bestimmten Institution vorstellen und dabei alle akademischen Grade nennen, dieser kann sich aber auch als Forschender bezeichnen, ohne dass konkrete formale Qualifikationen oder Statuselemente wie Promotion etc. genannt werden.

In Studien zur Auswirkung von Statusmerkmalen auf das Verhalten von Interviewten zeigte sich, dass Interviewende mit hohen Statusmerkmalen in den jeweiligen Interviewsituationen von den Befragten als „Agenten sozialer Kontrolle" wahrgenommen werden und dass dadurch deren Bereitschaft sinkt, im Interview z. B. normabweichendes und nonkonformes Verhalten zuzugeben (Schanz, 1981, S. 39). Auch wurde deutlich, dass der offizielle Status persönliche Eigenschaften überstrahlt und sich damit als dominantes Merkmal erweist, das die Wahrnehmung des Forschenden durch den Befragten rahmt. Letzteres zeigte sich in einer Studie, in denen Interviews von den Forschenden entweder in der Rolle als Mediziner oder in der sozialen Rolle als Forscher durchgeführt wurden (Richards & Emslie, 2000, S. 73). Die sozialen Rollen der Forschenden beeinflussten den Interviewprozess und prägten die Kommunikation nachhaltig. Gab die Interviewerin vor, Medizinerin zu sein, wurde sie als Person mit hohem Berufsstatus wahrgenommen. Ihr wurden während der Datenerhebung viel mehr medizinische Fragen gestellt. Im Falle der Rolle als Forscherin fiel es den Interviewten schwerer, die soziale Rolle und deren Status überhaupt einzuordnen. Die Interviewerin wurde vielmehr als Individuum mit konkreten Eigenschaften und Merkmalen wahrgenommen. Dies zeigt, dass der Status als beeinflussende Variable nur wirksam wird – und damit andere Merkmale überstrahlt – wenn dieser von den Befragten eingeordnet werden kann. In diesem Fall wird er das Persönliche überstrahlen und kann als Agent sozialer Kontrolle wirksam werden.

8.2.5 Einfluss innerer Merkmale (Meinungen, Einstellungen)

Zwar soll jeder Forschende das Interview neutral führen und keine Informationen über sich preisgeben, die diese Situation in irgendeiner Form beeinflussen könnten, doch können unbewusst – z. B. durch Intonation – Meinungen des Interviewenden kommuniziert werden, die das Antwortverhalten der Befragten beeinflussen. Diese Effekte werden als Interaktionseffekte bezeichnet. Dabei handelt es sich um Effekte, die sich auf das Zusammenspiel zwischen Interviewenden- und Befragtenmerkmalen zurückführen lassen. Diese können z. B. gleiche politische Ansichten, gleicher Wohnort, gleiche Konfession oder gleicher Dialekt sein. Solche gemeinsamen Merkmale können in der Interviewsituation aufseiten des Befragten eventuell zu spontaner Sympathie oder Ablehnung führen. So konnte in standardisierten Befragungen nachgewiesen werden, dass die Ansichten des Interviewenden Einfluss auf das Antwortverhalten der Befragten haben. Dieser Interviewereffekt nimmt zu, wenn sich das Thema für den Interviewenden als besonders und für den Befragten als gering relevant erweist (Hermann, 1983, S. 247). Da sich dieser Effekt bereits bei standardisierten Studien, bei denen die Antwortmöglichkeiten stark reglementiert sind, nachweisen lässt, ist davon auszugehen, dass er bei einer offenen kommunikativen Interaktion zwischen Interviewenden und Interviewten stärker zum Tragen kommt. Ist diese Kombination aus Interviewer- und Befragtenmerkmalen gegeben, nimmt der Einfluss der Interviewenden auf die Aussagen der Befragten zu.

Bei qualitativen Interviewstudien ist es daher besonders wichtig, dass der Interviewer diesen möglichen Effekt bereits in der Vorbereitung der Interviews reflektiert, um damit seine eigenen nicht intentionalen Reaktionen im Forschungsprozess zu kontrollieren. Aber auch in der Phase der Auswertung der Interviews sollte dieser Faktor kritisch reflektiert werden, da ansonsten eigene Meinungen des Forschenden einen Bias in der Datenauswertung herbeiführen könnten.

8.2.6 Einfluss des Ortes/Settings

Nicht nur der Interviewer und dessen Merkmale beeinflussen die Interviewsituation, sondern auch der Ort, an dem das Interview durchgeführt wird. Diesem Aspekt sollte genügend Aufmerksamkeit geschenkt werden, da er die Datenqualität erheblich zu beeinflussen vermag. Darüber hinaus ist auch der Umstand maßgeblich, ob dritte Personen beim Interview anwesend sind. Auch diesem Umstand wird in der bisherigen Forschung zu wenig Beachtung geschenkt (dies kritisiert z. B. Herzog, 2005).

„Was den Interviewort anbetrifft, legt das qualitative Paradigma nahe, Interviews in der ‚natürlichen Umgebung'" durchzuführen (Reinders, 2005, S. 183). Dies bedeutet, dass die Interviews an Orten durchgeführt werden sollen, die zur Lebenswelt der untersuchten Subjekte gehören. Diese Lebenswelten können damit, je nach anvisierter Zielgruppe, sehr unterschiedlich sein: So können Jugendliche z. B. zu Hause, in ihrem Jugendclub/-zentrum oder in einem von ihnen frequentierten Café interviewt werden; Senioren z. B. in ihrem Zimmer in der Altersresidenz oder bei sich zu Hause. Der Ort sollte so gewählt werden, dass ein weitestgehend ungestörtes Interview möglich ist. Gleichzeitig sollte der Ort für die Interviewten nicht fremd sein, damit diese in der Datenerhebungssituation möglichst spontan, offen und unverkrampft sind. Orte, die für den Interviewten nach einer Laborsituation „riechen", sollten vermieden werden (Reinders, 2005, S. 184).

In Vergleichsstudien hat sich gezeigt, dass Interviews je nach örtlichem Setting anders verlaufen und sich damit in Hinblick auf ihre Datenqualität und tiefe unterscheiden. So zeigte sich, dass z. B. freiwillige Helfer, die am Ort ihrer Freiwilligentätigkeit interviewt wurden, deutlich selbstsicherer auftraten und selbstbewusstere Aussagen machten, als wenn sie in ihrem eigenen Zuhause interviewt wurden. Dies wurde auf die unterschiedlichen Identitäten zurückgeführt, und es wurde argumentiert, dass im Freiwilligenkontext die berufliche Identität im Vordergrund stand, in der Wohnung hingegen eher die private Identität der Befragten salient war (Elwood & Matin, 2000, S. 655).

Die Entscheidung, welcher Ort gewählt wird, sollte in Absprache mit den Interviewten entschieden werden. Dabei sind verschiedene Gesichtspunkte zu berücksichtigen:

– Das Interview sollte an einem Ort durchgeführt werden, der dem Befragten angenehm ist, sonst kann dies einen negativen Einfluss auf die erwünschte Tiefe der Datenqualität haben und das Potenzial eines Interviews kann allenfalls nicht ausgeschöpft werden.
– Es wird empfohlen, die Befragten bei besonders sensiblen und emotionalen Themen zu Hause zu interviewen (Adler & Adler, 2003), denn die eigene Wohnstatt ist für die Interviewten ein Ort der Geborgenheit und des Geschütztseins.
– Schließlich fällt es vielen Menschen weniger schwer, an einem nicht-öffentlichen, privaten Ort offen über Emotionales zu sprechen, da sie wissen, dass sie dort ungestört und unbeobachtet sind.

Zur Auswirkung der Anwesenheit Dritter in der Interviewsituation liegen kaum Studien vor: „Zu den am stärksten vernachlässigten Aspekten der Interviewsituation gehört die Existenz dritter Personen und ihre Bedeutung für das Antwortverhalten der Befragten" (Reuband, 1984). Diese Kritik stammt aus dem Jahr 1984 (bezieht sich auf standardisierte Studien) und gilt nach wie vor, auch für den Bereich der qualitativen Forschung. Diesem Aspekt wird in der Forschung immer noch kaum Beachtung geschenkt, obwohl die Anwesenheit anderer Personen während eines Interviews auf die Datenqualität großen Einfluss hat.

Sind bei einem Interview Drittpersonen anwesend, so muss zwischen direkten und indirekten Effekten unterschieden werden. Direkte Effekte „erwachsen aus direkten Formen der Intervention, die indirekten ergeben sich aus der bloßen Präsens [recte: Präsenz] des Dritten" (Reuband, 1984, S. 36). Ein direkter Effekt wäre, wenn die anwesende Drittpersonen sich selbst im Interview mittels verbaler Beiträge einbringt; indirekte Effekte entstehen dadurch, dass sich die Interaktionssituation nachhaltig verändert, wenn eine weitere Person außer dem Interviewer und dem Befragten anwesend ist.

Deswegen ist es dringend zu vermeiden, dass dritte Personen – auch nur temporär – bei einem Interview anwesend sind, weil diese die dyadische Interaktion zwischen Forschenden und Befragten und die sich im Zuge dieser engen Interaktion herausbildende Offenheit und das Vertrauen des Interviewten nachhaltig beeinträchtigen, denn „[d]er engere Kontext von Vertrauen [...] sind Alter-Ego-Sozialbeziehungen" (Fuhse, 2002, S. 414).

Grundsätzlich ist es daher Aufgabe des Interviewenden, die Anwesenheit anderer Personen beim Interview zu verhindern. Dem können aber besondere Umstände entgegenstehen, so dass die/der Befragte z. B. Kinder hüten muss oder die Eltern eines interviewten Jugendlichen das Interview unterbrechen (Reuband, 1984). In diesen Fällen muss situativ entschieden werden, ob das Interview trotzdem realisiert wird oder ob ein neuer Termin vereinbart werden soll.

8.3 Fazit

Es zeigt sich, dass die Reflexion des Einflusses des Forschenden auf die Datenerhebung und die Datenauswertung zwar methodologisch gefordert wird, bislang aber in den Forschungsberichten qualitativer Studien noch nicht genügend Beachtung findet.

Dies ist erstaunlich, da es sich hier um eine der entscheidenden Reflexionen zur Sicherstellung der Datengüte handelt (siehe hierzu u. a. Kap. 10.1.2 und 10.5). So hat sich bei quantitativen Forschungsprojekten gezeigt, dass zwischen 12 % und 38 % der Varianz auf Interviewereffekte zurückgeführt werden können (Hermann, 1983, S. 247 und S. 249). Ausgehend von diesen Ergebnissen kann angenommen werden, dass der Einfluss des Interviewenden in der qualitativen Forschung, die eine enge soziale Interaktion mit dem Forschenden bedeutet, größer ausfallen wird, als dies bei quantitativen Studien der Fall ist.

Einflüsse des Interviewenden sind in der qualitativen Sozialforschung nicht zu vermeiden. Wenn zwei Subjekte miteinander interagieren, kann deren Subjektivität nicht aus diesem Prozess ausgeschlossen werden. Es geht vielmehr um einen bewussten und kontrollierten Umgang damit, sodass während des gesamten Forschungsprozesses die Rolle des Forschenden und potenzielle Einflüsse des Interviewenden kritisch reflektiert werden: „Subjectivity arises when the effect of the researcher is ignored" (Malterud, 2001, S. 484).

Bei qualitativen Studien sind folgende Grundregeln im Umgang mit dem Interviewereinfluss zu beachten:
(1) Der Einfluss sollte nicht bewusst erfolgen (meinungsbeeinflussend).
(2) Die Grundhaltung des Interviewenden muss offen und neutral sein.
(3) Der Interviewende sollte Offenheit bei den Befragten evozieren können (um z. B. auch Aussagen zu eventuell abweichenden Handlungspraktiken zu ermöglichen).
(4) Geschlecht, Alter, Hautfarbe, Meinungen und das Setting der Interviewdurchführung haben Einfluss auf die Datenqualität. Diese Einflüsse können unter Umständen auch intentional genutzt werden, so dass z. B. eine Befragung zur „Karriereplanung von Wissenschaftlerinnen" hauptsächlich von Forscherinnen durchgeführt wird.
(5) Um den Einfluss der Interviewendenmerkmale zu minimieren, wird z. B. forschungspraktisch empfohlen, jeweils verschiedene Interviewer mit unterschiedlichen sichtbaren Merkmalen (z. B. junge Frau, junger Mann, ältere Frau, älterer

Mann) einzusetzen, sodass die Ergebnisse der Erhebung nicht zu intensiv durch Interviewereinflüsse tangiert werden (Forschertriangulation);

(6) Der mögliche Einfluss des Interviewenden muss während des gesamten Forschungsprozesses kritisch reflektiert werden. Methoden hierfür sind z. B. kontrollierte Subjektivität, Forschertriangulation, Herstellung von Intersubjektivität, regelgeleitetes Vorgehen und *Peer Debriefing* (siehe Kap. 10.4.2).

Es ist folglich eine Illusion, „that researchers, their informants, and the research setting do not influence each other reciprocally" (Ambert et al., 1995, S. 882). Im Rahmen qualitativer Forschungsprojekte muss man sich zu jedem Zeitpunkt des Forschungsprozesses dessen bewusst sein, dass der Interviewende eine relevante Einflussgröße darstellt und dass er von der Konzeption über die Durchführung der Interviews bis hin zu deren Auswertung eine zentrale Rolle einnimmt. Des Weiteren muss reflektiert werden, dass die Auswahl der Befragten, der Ort und das Setting der Interviewdurchführung Einfluss auf die erhobenen Daten haben. Durch die kritische Reflexion und die forschungspraktische Anwendung verschiedener Techniken zur Verminderung potenziell verzerrender Einflüsse (Forschertriangulation, Herstellung von Intersubjektivität usw.) kann dieser Einfluss bewusst gemacht, kritisch reflektiert und gegebenenfalls kontrolliert werden.

8.4 Literatur

Adler, P. A., & Adler, P. (2002). The reluctant respondent. In J. F. Grubrium & J. A. Holstein (Eds.), *Handbook of interview research: context and method* (pp. 515–536). Thousand Oaks: Sage.

Adler, P. A., & Adler, P. (2003). The reluctant respondent. In J. A. Holstein & J. F. Grubrium (Eds.), *Inside interviewing: New lenses, new concerns* (pp. 153–173). Thousand Oaks: Sage.

Ambert, A. M., Adler, P. A., Adler, P., & Detzner, D. F. (1995). Understanding and evaluating qualitative research. *Journal of Marriage and the Family 57*(4), 879–893.

Amon, I. (2003). *Die Macht der Stimme Persönlichkeit durch Klang, Volumen und Dynamik* (2., überarb. Auflage). Wien: Redline.

Anderson, B. A., Silver, B. D., & Abramson, P. R. (1988). The effects of race of the interviewer on measures of electoral participation by Blacks in SRC National Election Studies. *Public Opinion Quarterly 52*(1), 53–83.

Böhler, H. (2004). *Marktforschung* (3. Auflage). Stuttgart: Kohlhammer. [Böhler, H. & Fürst, A. (Hrsg.) (2014). *Marktforschung* (4., aktual. und erw. Auflage). Stuttgart: Kohlhammer.]

Brosius, H.-B., Koschel, F., & Haas, A. (2012). *Methoden der empirischen Kommunikationsforschung* (6. Auflage). Wiesbaden: VS Verlag für Sozialwissenschaften.

Davis, R. E., Couper, M. P., Janz, N. K., Caldwell, C. H., & Resnicow, K. (2010). Interviewer effects in public health surveys. *Health Education Research 25*(1), 14–26.

Dittmar, N. (2004). *Transkription*. Wiesbaden: VS Verlag für Sozialwissenschaften. [Dittmar, N. (2009). *Transkription* (3. Auflage). Wiesbaden: VS Verlag für Sozialwissenschaften.]

Elwood, S. A., & Martin, D. G. (2000). "Placing" interviews: location and scales of power in qualitative research. *The Professional Geographer 52*(4), 649–657.

Finkel, S. E., Guterbock, T. M., & Borg, M. J. (1991). Race-of-Interviewer Effects in a Preelection Poll Virginia 1989. *Public Opinion Quarterly 55*(3), 313–330.

Fuhse, J. A. (2002). Kann ich dir vertrauen? Strukturbildung in dyadischen Sozialbeziehungen. *Österreichische Zeitschrift für Politikwissenschaft 31*(4), 413–426.

Hatchett, S., & Schuman, H. (1975). White respondents and race-of-interviewer effects. *Public Opinion Quarterly 39*(4), 523–528.

Helfferich, C. (2009). *Die Qualität qualitativer Daten. Manual für die Durchführung qualitativer Interviews* (3. Auflage). Wiesbaden: VS Verlag für Sozialwissenschaften. [Helfferich, C. (2011). *Die Qualität qualitativer Daten. Manual für die Durchführung qualitativer Interviews* (4. Auflage). Wiesbaden: VS Verlag für Sozialwissenschaften.]

Hermann, D. (1983). Die Priorität von Einstellungen und Verzerrungen im Interview. Eine Methoden-untersuchung anhand der Daten der Allgemeinen Bevölkerungsumfrage 1980. *Zeitschrift für Soziologie 12*(3), 242–252.

Herzog, H. (2005). On home turf: Interview location and its social meaning. *Qualitative Sociology 28*(1), 25–47.

Hoag, W. J., & Allerbeck, K. R. (1981). Interviewer-und Situationseffekte in Umfragen: eine log-lineare Analyse. *Zeitschrift für Soziologie 10*(4), 413–426.

Hoddinott, P., & Pill, R. (1997). A review of recently published qualitative research in general practice. More methodological questions than answers? *Family Practice 14*(4), 313–319.

Hüfken, V., & Schäfer, A. (2003). Zum Einfluss stimmlicher Merkmale und Überzeugungsstrategien der Interviewer auf die Teilnahme in Telefonumfragen. *Kölner Zeitschrift für Soziologie und Sozialpsychologie 55*(2), 321–339.

Jessen, M. (2006). *Einfluss von Stress auf Sprache und Stimme. Unter besonderer Berücksichtigung polizeidienstlicher Anforderungen*. Idstein: Schulz-Kirchner Verlag.

King, N., & Horrocks, C. (2012). *Interviews in qualitative research*. London: Sage.

Klein, M., & Kühhirt, M. (2010). Sozial erwünschtes Antwortverhalten bezüglich der Teilung häuslicher Arbeit: die Interaktion von Interviewergeschlecht und Befragtenmerkmalen in Telefoninterviews. *Methoden, Daten, Analysen 4*(2), 79–104. Verfügbar unter URL: http://nbn-resolving.de/urn:nbn:de:0168-ssoar-210124 (letzter Aufruf: 16.05.2018).

Koch, A. (1991). Zum Zusammenhang von Interviewermerkmalen und Ausschöpfungsquoten. In *ZUMA Nachrichten 15*(28), 41–53. Verfügbar unter URL: http://nbn-resolving.de/urn:nbn:de:0168-ssoar-209791 (letzter Aufruf: 16.05.2018).

Krysan, M., & Couper, M. P. (2003). Race in the live and the virtual interview: Racial deference, social desirability, and activation effects in attitude surveys. *Social Psychology Quarterly*, 364–383.

Kvale, S. (1996). *Interviews: an introduction to qualitative research interviewing*. Thousand Oaks: Sage.

Malterud, K. (2001). Qualitative research: standards, challenges, and guidelines. *The Lancet 358*(9280), 483–488.

Misoch, S. (2006). *Online-Kommunikation*, Konstanz: UTB.

Möhring, W., & Schlütz, D. (2010). Das Interview als soziale Situation. In W. Möhring & D. Schlütz (Hrsg.), *Die Befragung in der Medien-und Kommunikationswissenschaft* (S. 41–66). Wiesbaden: VS Verlag für Sozialwissenschaften.

Oguchi, T., & Kikuchi, H. (1997). Voice and interpersonal attraction. *Japanese Psychological Research 39*(1), 56–61.

Reinders, H. (2005). *Qualitative Interviews mit Jugendlichen führen: Ein Leitfaden*. München: Oldenbourg Verlag. [Reinders, H. (2016). *Qualitative Interviews mit Jugendlichen führen. Ein Leitfaden* (3. Auflage). Berlin: De Gruyter.]

Reuband, K. H. (1984). Dritte Personen beim Interview – Zuhörer, Adressaten oder Katalysatoren der Kommunikation? In H. Meulemann & K. H. Reuband (Hrsg.), *Soziale Realität im Interview: empirische Analysen methodischer Probleme* (S. 117–156). Frankfurt am Main: Campus.

Rhodes, P. J. (1994). Race-of-interviewer effects: A brief comment. *Sociology 28*(2), 547–558.

Richards, H., & Emslie, C. (2000). The 'doctor'or the 'girl from the University'? Considering the influence of professional roles on qualitative interviewing. *Family Practice 17*(1), 71–75.

Schaeffer, N. C. (1980). Evaluating race-of-interviewer effects in a national survey. *Sociological Methods & Research 8*(4), 400–419.

Schanz, V. (1981). Intervieweffekte: zusammenfassende Darstellung von Arbeiten, die im Rahmen zweier von ZUMA betreuten Projekte entstanden sind. *ZUMA Nachrichten 5*(9), 36–46. Verfügbar unter URL: http://nbn-resolving.de/urn:nbn:de:0168-ssoar-210860 (letzter Aufruf: 05.07.2018).

Sudman, S., & Bradburn, N. M. (1974). *Response effects in surveys: A review and synthesis*. Chicago: Aldine.

Weiss, B., Möller, S., & Polzehl, T. (o. J.). Zur Wirkung menschlicher Stimme auf die wahrge-nommene Sympathie – Einfluss der Stimmanregung. *Elektronische Sprachsignalverarbeitung*, Tagungsband der 21. Konferenz. TUD press, 1–6. Verfügbar unter: http://www.qu.tu-berlin.de/fileadmin/fg41/publications/weiss_2010_zur-wirkung-menschlicher-stimme-auf-die-wahrge-nommene-sympathie-..-einfluss-der-stimmanregung.pdf (letzter Aufruf: 16.05.2018).

Willig, C. (2013). *Introducing qualitative research in psychology*. Berkshire: McGraw-Hill International.

9 Durchführung qualitativer Interviews

Die Durchführung von qualitativen Interviews gleicht einer Kunst, die auch als „the art of hearing data" (Rubin & Rubin, 2012) bezeichnet werden kann. Diese Position wird jedoch von einigen Forschenden relativiert (z. B. Gläser & Laudel, 2009), die davon ausgehen, dass es sich bei der Interviewdurchführung um erlernbare Kommunikationstechniken handelt. Gleichwohl wird vorliegend daran festgehalten, dass für die erfolgreiche Durchführung von qualitativen Interviews mehr als die gelungene Anwendung bestimmter Techniken benötigt wird. Dies findet seinen Grund im anspruchsvollen Ziel qualitativer Interviews, das in der differenzierten Beschreibung von Phänomenen aus der Perspektive der Subjekte, im Ermitteln subjektiver Sichtweisen und Bedürfnisse, im Sinnverstehen und in der Sinnrekonstruktion liegt. Zur Erreichung dieser Ziele muss der Forschende einen Zugang zum Inneren des Interviewten erhalten, und hierfür muss er über bestimmte Kompetenzen und Eigenschaften verfügen, die in der Summe mehr sind als nur das konkrete Anwenden von Kommunikationstechniken.

Der Interviewende muss daher, neben kommunikativen und basalen sozialen Kompetenzen, vor allem sensibel, einfühlsam und empathisch sein, um wirklich gute qualitative Interviews durchführen zu können, sodass er einen inneren Zugang zum Subjekt erhält und damit reichhaltige Daten erheben kann. Trotzdem müssen auch bestimmte Techniken angewendet und Fehler vermieden werden, da Interviews ansonsten zu scheitern drohen. Der Interviewende muss geübt, mit dem Forschungsthema und dem Forschungsziel vertraut oder offen für dieses sein sowie in hohem Maße flexibel und fähig sein, „die Probleme des Befragten nicht innerhalb seines eigenen Bezugsrahmens zu sehen" (Hopf, 1978, S. 98). Er muss über kommunikative Kompetenzen und eine gewisse Eloquenz verfügen, sowie die Fähigkeit besitzen, Ruhe, Wärme und Offenheit auszustrahlen (Hopf, 1978) sowie letztlich dazu in der Lage sein, einen guten Rapport herzustellen.

In diesem Kapitel werden die basalen Anforderungen an den Interviewenden ausführlich dargestellt sowie potenziell auftretende Probleme bei der Interviewdurchführung aufgezeigt.

9.1 Kommunikative und soziale Kompetenz

Der Begriff der sozialen Kompetenz ist nur unzureichend definiert (siehe hierzu z. B. Kanning, 2007). Er umfasst eine Vielzahl von Fertigkeiten, die für die soziale Interaktion von Individuen notwendig sind und umfasst damit die „Verfügbarkeit und Anwendung kognitiver, emotionaler und motorischer Verhaltensweisen [...], die zu einem langfristig günstigen Verhältnis positiver und negativer Konsequenzen in sozialen Situationen" führen (Jerusalem & Klein-Heßling, 2002, S. 164). Für die Individuen bedeutet dies, dass sie eine Balance finden müssen zwischen dem Bestreben, ihre persönlichen Ziele zu erreichen, und der sozialen Akzeptanz dieses Verhaltens durch andere. Die Definitionen

https://doi.org/10.1515/9783110545982-009

von sozial kompetentem Verhalten variieren berufs- und situationsspezifisch: „So kann das betont dominante Verhalten eines Polizeibeamten gegenüber einem randalierenden Fußballfan als durchaus angemessen erscheinen, während dasselbe Verhalten im Hinblick auf einen Rat suchenden Bürger wohl kaum akzeptabel wäre. Für den Anführer eines Bautrupps wird ein anderes Führungsverhalten sozial angemessen sein als für den Leiter einer Projektgruppe einer großen Werbeagentur" (Kanning, 2007, S. 14).

Für einen Interviewenden bedeutet soziale Kompetenz, dass dieser sein Ziel – die Durchführung eines möglichst tiefen und ergiebigen Interviews zu einer vorgegebenen Themenstellung – nur im sozialen Miteinander mit dem Befragten realisieren kann. Dieses Ziel kann nur dann erreicht werden, wenn das Verhalten zum einen einfühlsam und sensibel ist (je nach Themenstellung sind diese Eigenschaften umso bedeutsamer), zum anderen aber muss der Interviewende das Befragungsziel immer klar vor Augen haben und zielgerichtet vorgehen. Zu den sozialen Kompetenzen werden auch die Fähigkeit der Perspektivübernahme (die sich dann in empathischem Verhalten zeigt; siehe 9.2) sowie sprachliche Kompetenzen gezählt.

Eine sprachliche oder kommunikative Kompetenz liegt vor, wenn (a) ein Individuum über eine Dialogfähigkeit verfügt, (b) es sich sowohl mündlich als auch schriftlich in adäquater Weise (grammatikalisch, strategisch, diskursiv) ausdrücken kann, (c) es sich der Sprache zu bedienen und (d) sich die Wirklichkeit mittels Sprache anzueignen vermag. Kommunikative Kompetenz bedeutet demnach, dass ein Individuum die Fähigkeiten besitzt, sich in interaktiv-kommunikativen Situationen zu bewähren und es sowohl die Sprecherposition als auch die Hörerposition (sozial) erfolgreich einzunehmen vermag. Damit ist das Individuum befähigt, soziale Interaktionen „sprachlich, inhaltlich und situativ zu bewältigen, das heißt neben sprachliche und inhaltliche Korrektheit tritt soziale und situative Angemessenheit, die durch Kenntnis und Berücksichtigung soziokultureller Konventionen und Einbeziehung von Inhalts- wie Beziehungsebene in unterschiedlichen Sprechsituationen gewonnen wird" (Luchtenberg, 1999, S. 193f.).

9.2 Empathie und Vertrauen

Empathie wird als ein multidimensionales Konstrukt verstanden, das aus kognitiven und affektiven Anteilen besteht. Die kognitiven Anteile bezeichnen das Verstehen (und gegebenenfalls Antizipieren) mentaler Zustände anderer Personen. Unter affektiven Anteilen wird die emotionale Reaktion auf diese Emotionen des sozialen Gegenübers, das Sich-Einfühlen und Mitfühlen verstanden. „In der Einfühlung [oder Empathie; SM] sind wir durchlässig für das ‚Fremdpsychische'. Wir öffnen unsere Ich-Grenzen und erleben in uns selbst, was der andere fühlt, vielleicht auch, was er denkt und plant" (Körner, 1998, S. 6).

In Bezug auf die sensible Durchführung von qualitativen Interviews ist die Fähigkeit zur Empathie elementar, vor allem, wenn es sich um Interviews handelt, die sich mit sehr sensiblen, emotionalen und psychisch belastenden Themen auseinandersetzen (Missbrauch, Depressionen, Sterben). Wenn der Forschende hier nicht die Fähigkeit zur Perspektivübernahme besitzt, also „die Kompetenz, sich in die innere und soziale Situation eines anderen [...] Menschen hineinzuversetzen, seine Lage mit seinen Augen zu betrachten und zu verstehen [...]" (Körner, 1998, S. 12), dann werden die durchgeführten Interviews wenig ergiebig sein. Denn ohne Empathie und emotionales „Mitschwingen" mit dem Befragten wird sich dieser bei sensiblen Themen kaum öffnen, sondern mit seinen Aussagen an der Oberfläche bleiben. (Eine Ausnahme bilden Personen, die unabhängig von der Reaktion des Gegenübers ein starkes Mitteilungsbedürfnis haben und sich trotz mangelnder Empathie öffnen.)

Empathie ist ein wichtiges Element für Vertrauen, das seinerseits wiederum ein soziales Konstrukt darstellt: „Trust is a social construct for it emerges from the interactions of two or more people and influences those interactions" (Weber & Carter, 2003, S. 12). Vertrauen ist notwendige Voraussetzung dafür, dass der Interviewte sich dem Forschenden gegenüber öffnet, trotz der Tatsache, dass dies den Befragten vulnerabel macht. Daher ist es gerade diese eine enge Korrelation zwischen Vertrauen und der Bereitschaft, sich zu öffnen bzw. selbstoffenbarendes Verhalten zu zeigen, für die die Empathie die Brücke darstellt (z. B. Cozby, 1973).

9.3 Interview als soziale Beziehung

„Jede Befragung stellt eine soziale Situation dar. Dazu gehören nicht nur die Menschen, die miteinander sprechen, sondern auch die jeweilige Umgebung. Von sozialer Situation ist selbst dann zu sprechen, wenn jemand für sich allein auf einen schriftlichen Fragebogen Antwort gibt oder wenn er telefonisch befragt wird. Gegenseitige Erwartungen, Wahrnehmungen aller Art beeinflussen Verhalten und verbale Reaktion" (Atteslander, 2003, S. 123). Dies gilt umso mehr für die Durchführung qualitativer Interviews, denn diese finden in einer sozialen Situation statt, die durch Kommunikation, Vertrauen und Offenheit geprägt sein sollte. In diesem Sinne gehen der Forschende und der Interviewte während des Forschungsprozesses eine temporäre soziale Beziehung ein.

Soziale Beziehung bedeutet, dass zwei oder mehr Personen ihr Verhalten aufeinander einstellen und aneinander orientieren: „Soziale Beziehung soll ein seinem Sinngehalt nach aufeinander gegenseitig eingestelltes und dadurch orientiertes Sichverhalten mehrerer heißen. Die soziale Beziehung besteht also durchaus und ganz ausschließlich: in der Chance, dass in einer (sinnhaft) angebbaren Art sozial gehandelt wird, einerlei zunächst: worauf diese Chance beruht" (Weber, 2002, S. 13). Eine soziale Beziehung im Kontext einer qualitativen Datenerhebung ist in ihrer Dauer begrenzt, sie besteht nur für den Zeitraum der Interviewdurchführung oder für den Zeitraum, in dem der Forschende Element des untersuchten sozialen Feldes ist.

Soziale Beziehung bedeutet darüber hinaus, dass sich die Personen in ihrem Verhalten aneinander orientieren. Konkret heißt dies, dass sich sowohl der Forschende als auch der Interviewte diesem Einfluss in einer Interviewsituation nicht zu entziehen vermögen und ihr Verhalten am jeweiligen Gegenüber ausrichten. So ist es unabdingbar, dass sich der Interviewende in seiner Sprachverwendung am Sprachstil des Befragten orientiert. Konkret hat dies zur Folge, dass die Verwendung von Fachbegriffen oder Fremdwörtern im Interview zu vermeiden ist, sofern der Interviewte keinen ausgeprägten elaborierten Code verwendet; auch das Sprechen eines Dialekts oder der Hochsprache sollte sich an der Sprachverwendung des Interviewten orientieren (wenn dies für den Interviewenden möglich ist). Aber auch der Interviewte wird sein Verhalten (unbewusst) an das des Forschenden angleichen und sich z.B. in seiner Sprachverwendung an diesen anpassen.

9.4 Aktives Zuhören

„Listening is the most important skill in interviewing. The hardest work for most is to keep quiet and to listen actively" (Seidman, 1991, S. 56). Ein wichtiges Element der erfolgreichen Durchführung von Interviews ist das sogenannte aktive Zuhören. Dieses Prinzip wurde vom Psychologen C. Rogers (2003) im Rahmen seiner klientenzentrierten Psychotherapie entwickelt und als ein Element der Empathie definiert.

Mit aktivem Zuhören ist gemeint, dass die Gesprächshaltung folgenden Axiomen folgt:

(1) offene und empathische Grundhaltung der anderen Person gegenüber;
(2) authentisches und kongruentes Auftreten;
(3) Akzeptanz der anderen Person;
(4) stetige Aufmerksamkeit auf die Redebeiträge des Gegenübers.

Aktives Zuhören ist Voraussetzung für das Gelingen qualitativer Interviews. Diese haben zum Ziel, das subjektiv Erlebte oder das Innere des befragten Individuums möglichst genau und detailreich zu erkunden, sodass ein Verstehen des Befragten durch den Forschenden möglich ist. Aktives bzw. kontrolliertes Zuhören bedeutet eine völlige Präsenz und vollständiges Zugewandtsein zum Interviewten während des gesamten Erhebungsprozesses.

Aktives Zuhören bedeutet forschungspraktisch im qualitativen Interview:
– aufmerksam zuhören;
– dem Interviewten Raum geben;
– Zeichen des Zuhörens („hmmm") oder der Zustimmung geben;
– sich selbst nicht verstellen, sondern authentisch sein;
– das Gesagte nicht kritisieren;
– Nachfragen, um das Gesagte zu verstehen.

Nur durch die Beachtung dieser Regeln kann im Interview eine vertraute und offene Atmosphäre entstehen, die den Interviewten dazu einlädt, sich zu öffnen: „I want to understand the world from your point of view. I want to know what you know in the way you know it. I want to understand the meaning of your experience, to walk in your shoes, to feel things as you feel them, to explain things as you explain them. Will you become my teacher and help me understand?" (Spradley, 1979, S. 34). Im Folgenden ein Beispiel dafür, wie im Interview dem Befragten Raum gegeben werden kann, damit dieser sich frei und offen mitteilen kann:

I: Denken Sie, dass Genesung für Borderline-Patienten möglich ist?

B: Nein, überhaupt nicht. Also das denke ich nicht. Also ich denke es ist besserbar. Gut, jetzt kommt es drauf an, was Sie mit Genesung meinen, ja.

I: Was verstehen [...]

B: Also für mich heißt Genesung schon, ich war mal krank und es ist abgeschlossen. Das würde für mich Genesung heißen. Ich würde sagen es ist besserbar, also das auf jeden Fall. Also mir hat da auch die DBT sehr geholfen. Das will ich auch gar nicht in Abrede stellen. Es ist besserbar, aber ich denke man muss immer wieder mit Einbrüchen rechnen und man muss immer wieder damit rechnen, wenn auch belastende Sachen von außen kommen, dass es wieder runtergeht. Und auch wenn jemand sagt, oh mir geht es jetzt super, ich kann euch allen Mut machen, seit drei Jahren ist nichts passiert, dann denke ich, ja, drei Jahre. Warte mal noch zwei Jahre, warte mal noch ein Jahr, vielleicht passiert es dann nach sieben Jahren. Also das würde ich nie wieder denken, weil ich das so von mir so hammerhart erlebt habe, diesen Einbruch, und mich das halt einfach geschockt hat. Und was schon [...] Das Innere ist ja trotzdem marode. Also ich glaube so dieses extreme emotionale Empfinden das bleibt ja. Und ich denke, was man sehr übersieht, ist der Einfluss von äußeren Faktoren auf die Stabilität. Also ich kann es halt eben an meinem Beispiel sagen, also wirklich, wie extrem mich das gestützt hat, diese zwei tragfähigen Beziehungen oder auch die Tatsache, dass die Uni mich so gestützt hat, weil ich mich da einfach sehr wohlgefühlt habe. Und dass da eine unglaubliche Abhängigkeit ist von solchen Sachen. Deswegen ich gebe da nie wieder was drauf, wenn jemand sagt, ach ja, mir geht es ganz gut und dann sage ich, ja was ist dann sonst noch? Ja ich bin auch schon seit zehn Jahren beim selben Therapeuten. Dann denke ich, okay, dann ist das der entscheidende Faktor. Dann mach es mal, dann lass den mal wegfallen, wie es dir dann geht. Und aber so dieses aus sich innen heraus stabil, habe ich für mich persönlich nicht das Gefühl, das es erreichbar ist, also ja.

I: Das wäre dieser Zustand abgeschlossen, wenn jemand es schaffen könnte, von innen heraus?

B: Also für mich würde Heilung konkret bedeuten, keine Therapie, also wirklich keine Therapie. Auch nicht ich gehe einmal im Monat. Keine Medikamente. Ich arbeite so, dass ich nicht von irgendeinem Amt abhängig bin. Schon die normalen Sachen, also so ein bisschen Freundeskreis. Also mein Partner [...] Jeder kann ja irgendwie mal Single sein, das ist ja okay. Und in all dem, dass jemand wirklich sagt, mir geht es gut. Das ist ja das Entscheidende. Also, selbst wenn jemand das hätte, und würde sagen, ja in all dem wanke ich aber so vor mich hin, dann ist das alles nichts wert. Also es muss schon auch noch dazukommen, dass auch jemand subjektiv sagt, für sich sagt, mir geht es gut. Aber jemand der sagt mir geht es gut und geht aber zweimal in der Woche zur Therapie und nimmt Medikamente, das kann ich nicht ernst nehmen. Da würde ich nicht denken, dass das irgendeine Form von Genesung ist.

(Quelle: Projekt Bohus/Misoch/Zeitler & Knie)

9.5 Mögliche Probleme bei der Interviewdurchführung

Die Durchführung von Interviews erfolgt nicht immer ohne Probleme. Diese können vielfältige Ursachen haben, von denen die forschungspraktisch wichtigsten, d. h. die am häufigsten vorkommenden, nachfolgend dargestellt werden.

9.5.1 Leitfadenbürokratie

Die Handhabung des Leitfadens (siehe Kap. 4.1) ist von zentraler Bedeutung für den Erfolg eines qualitativen Leitfadeninterviews. Es ist anzuraten, sich nicht zu fest an den Leitfaden zu klammern, diesen aber auch nicht zu sehr zu verlassen. „Im ersten Fall werden die Angaben wertlos sein, weil sie keine spontane Reaktion mehr darstellen und im zweiten Fall, weil sie nichts mit dem Thema zu tun haben oder mit den Angaben aus anderen Interviews unvergleichbar sind" (König, 1962; zitiert nach Hopf, 1978, S. 101). Hopf ging davon aus, dass die Gefahren vor allem in einer zu engen Orientierung am Leitfaden bestehen, weswegen sie den Begriff der „Leitfadenbürokratie" prägte.

Wenn sich der Forschende zu stark am Leitfaden orientiert, bestehen folgende Gefahren:
- Einschränkung der Reichweite des Interviews: Werden Themen im Interview vorschnell als redundant oder irrelevant eingeordnet, besteht die Gefahr, dass das Interview damit sein Potenzial unterschreitet;
- zu geringe Spezifizierung der Reaktionen durch zu zügige Gesprächsführung im Sinne eines schnellen „Durchlaufens des Leitfadens";
- affektiver und personaler Kontakt zum Interviewten bleibt oberflächlich, die damit erhobenen Daten bleiben an der Oberfläche.

Leitfadenbürokratie stärkerer Ausprägung liegt vor, wenn die Fragen des Leitfadens nacheinander gestellt werden, ohne dass der Interviewende wirklich auf die vom Befragten gegebenen Antworten eingeht, sodass hier relevante Informationen und Anschlussmöglichkeiten verpasst werden. Damit werden nicht nur Informationen verschenkt, sondern das gesamte Interview bekommt einen starren Frage-Antwort-Rhythmus, welcher das Entstehen von Vertrauen und die Bereitschaft zu offenem Verhalten im Keim verhindern wird.

Interviewer: Darf ich Sie fragen, ob Sie in der Gewerkschaft sind?
Befragter: Gewesen
Int.: In der GEW vermutlich?
Befr.: Ja, 26 Jahre.
Int.: Und jetzt in der letzten Zeit ausgeschieden?
Befr.: Ja, im Zuge des Theaters wie sehr viele andere auch.

Int.:   Meine Frage wäre jetzt folgendermaßen: Wenn Sie die verschiedenen – es ist ja für
         uns interessant zu gucken, welches die Kriterien sind, nach denen Schulräte ausge-
         wählt werden. Was meinen Sie, war Ihrer Meinung nach bei Ihrer eigenen Ernennung
         der ausschlaggebende Gesichtspunkt?
Befr.:   Oh, da verlangen Sie zuviel von mir.
Int.:   Ja, was ist denn Ihre Meinung?
Befr.:   Ja, ich kann es Ihnen sehr genau sagen […] usw.

(Quelle: Hopf, 1978, S. 103)

Dieses Beispiel zeigt, dass der Forschende sich starr an den vorgegebenen Leitfaden hält und somit die in der Interaktion mit dem Befragten auftauchenden relevanten Themen verpasst. Im konkreten Fall wäre es wichtig und kommunikativ stimmig gewesen, den Befragten zu einer näheren Erläuterung des von ihm erwähnten „The-aters" aufzufordern, statt nach den Auswahlkriterien der Schulräte zu fragen. Durch die damit praktizierte Leitfadenbürokratie wird das Potenzial des Interviews nicht ausgeschöpft. Das Interview darf vom Forschenden nicht als das Abarbeiten eines „Punkteprogramms" durchgeführt werden, denn dann wird es sich für den Befragten nicht wie ein Alltagsgespräch anfühlen; spontane und offene Reaktionen des Befrag-ten werden somit kaum evoziert.

I: Okay, ähm, und dann hat sich das auch schon erledigt die nächste Frage.

(Quelle: Interviewausschnitt aus Studierendenprojekt; Misoch)

Ein Interview sollte sich für den Befragten wie ein Gespräch anfühlen, das der Interviewer aus wahrem Interesse mit dem Interviewten durchführt. Es sollte daher niemals als starre Abfolge der Fragen durchgeführt werden, sondern der Leitfaden sollte für den Interviewenden den Katalog an relevanten und zu erörternden Themen darstellen („roter Faden").

9.5.2 Fehlende Neutralität

Eines der Grundprinzipien der Kommunikation im Interview ist die neutrale Formu-lierung der Fragen. Diese wertneutrale Haltung des Forschenden soll den Interview-ten die Möglichkeit eröffnen, vollkommen frei und unbeeinflusst ihre eigenen Mei-nungen, Motive und Biografien kundzutun.

Eine Ausnahme bilden jedoch Befragungen zu sehr sensiblen und intimen Themen wie z. B. abweichende Sexualität. „Wenn der Interviewer […] eine peinliche, diskriminierende oder ein Tabu berührende Antwort in ruhiger, zustimmender und vertrauenerweckender Weise suggeriert, so deutet er damit an, dass er auf Antworten, die abweichende oder verbotene Einstellungen oder Verhaltensweisen zugeben, nicht kritisch oder schockiert reagieren wird" (Richardson et al. 1993, S. 223). Dieses Vorgehen wird empfohlen, um sozial erwünschte Antworten zu vermeiden und tatsächlich die subjektiven Meinungen und Einstellungen der Interviewten zum Themenfeld zu erhalten.

Des Weiteren sollte darauf geachtet werden, dass durch Intonationen in der Frageformulierung keine Bedeutung mitschwingt: „Stellt man die Frage ‚Haben Sie dieser Entscheidung zugestimmt?' und betont kein Wort in dieser Frage besonders, dann steht keine bestimmte Erwartungshaltung dahinter. Fragt man dagegen ‚Haben Sie dieser Entscheidung *zugestimmt?*' oder ‚Haben *Sie* dieser Entscheidung zugestimmt?' und drückt dabei Überraschung oder Ungläubigkeit aus, so lässt man den Befragten erkennen, dass man von ihm erwartet, dass er nicht zugestimmt hat" (Richardson et al., 1993, S. 207).

Intonationen können den Inhalt des Gesagten entscheidend beeinflussen. So zeigt sich im genannten Beispiel, dass sich eine neutrale Frage ohne bestimmte Antworterwartung durch eine konkrete Intonation und Betonung zu einer Frage mit einer bestimmten Antworterwartung an den Befragten wandeln kann. Dieser Einfluss von Intonationen des Interviewenden auf das Antwortverhalten der Befragten konnte für standardisierte Studien nachgewiesen werden (Barath & Cannell, 1976). Es ist davon auszugehen, dass sich dieser Effekt verstärkt, da qualitative Erhebungen als soziale Situation durchgeführt werden, die eine enge Kommunikation und gegebenenfalls die Bereitschaft zu partieller Selbstoffenbarung beinhalten.

9.5.3 Einfachheit der Fragen

Eine weitere zentrale (und schwer einzuhaltende) basale Regel für eine erfolgreiche Interviewdurchführung lautet, nie mehr als eine Frage auf einmal zu stellen. Durch das Formulieren von mehreren Fragen weiß der Befragte nicht, welche Frage er zuerst beantworten soll, und der Interviewende weiß unter Umständen nicht sicher, auf welche Frage der Interviewte antwortet. Des Weiteren wird die Frage eventuell gar nicht verstanden, weil sie inhaltlich völlig überlastet, unübersichtlich und möglicherweise missverständlich ist:

> I: Mhm. Gibt's da noch mehr Gründe für, warum dir gerade diese beiden Ereignisse oder vielleicht grade wie sich dieser erste Charakter geändert hat oder der Todesfall da, warum die dir besonders in Erinnerung geblieben sind?
>
> (Quelle: Interviewausschnitt aus Studierendenprojekt; Misoch)

9.5.4 Vermeiden geschlossener Fragen

Da in qualitativen Interviews nicht standardisiert, sondern offen und flexibel vorgegangen wird, besitzen sie das Potenzial, sehr tiefe Einblicke in subjektive Welten zu ermöglichen. Durch das Formulieren von Fragen, die sich mit „Ja" oder „Nein" beantworten lassen (geschlossene Fragen) wird der Interviewte nicht zu ausführlichen und inhaltlich detaillierten Aussagen ermuntert. Damit erhält der Forschende keine Inneneinsichten des Befragten, dessen Motive bleiben ihm verschlossen, und er erfährt lediglich die Zustimmung oder Nicht-Zustimmung des Befragten zu einer bestimmten Fragestellung. Dies führt dazu, dass das Interview oberflächlich und aussagelos bleibt. Das Potenzial qualitativer Interviews, Innenansichten zu analysieren, sollte in der konkreten Interviewsituation nicht verschenkt werden.

I.: *Ähmmm* siehst du im Moment Parallelen zu der [...] also von der Serie zu deinem eigenen Leben?

B.: mhh nee

I.: Also du, du [...][...] *ähh* siehst das rein so als Serienrezeption

B.: Ja

I.: Und kannst dir aber schon gut vorstellen, irgendwie da auch Teil zu sein?

B.: Ja

(Quelle: Interviewausschnitt aus Studierendenprojekt; Misoch)

I.: *Ähm, über die Charaktere hatten wir's ja am Anfang. Wie sehr fühlst du denn mit den einzelnen Charakteren mit?*

B.: *Ähm, ich glaub schon recht stark.*

(Quelle: Interviewausschnitt aus Studierendenprojekt; Misoch)

Anstelle von geschlossenen Fragen, wie diese in standardisierten Befragungen zur Anwendung kommen, sollten vielmehr offene Fragen formuliert werden, die eine genauere Beschreibung durch den Befragten erfordern. Damit eröffnet sich die Möglichkeit, nicht nur Zustimmung oder Ablehnung zu evozieren, sondern darüber hinaus auch etwas über die dahinter liegenden Motive, Meinungen und Einstellungen zu erfahren: Dies alles dient dem übergeordneten Ziel, die subjektiven Lebenswelten der Befragten von innen heraus zu beschreiben und zu verstehen, so wie dies beim nachfolgenden Beispiel der Fall ist:

I: *Ä h m beschreib mal w i e fühlst du dich davor, wenn du die ... weißt,* ich schau gleich die Serie an äh freust du dich darauf oder ...?

B: Jo da war schon auf jeden Fall so Vorfreude da, weil ähm es wurd ja immer es kam ja immer die Vorschau die hab ich so unter der Woche damals mitbekommen, ja da hat man sich schon gefreut was passiert jetzt was passiert dieses Mal (holt Luft) ähm, aber es hat sich immer in Grenzen gehalten also äh des is jetzt nich so wie beim dass man sich halt aufregt des nich aber man hat sich halt drauf gefreut.

(Quelle: Interviewausschnitt aus Studierendenprojekt; Misoch)

9.5.5 Belehrungen, Bewertungen

Es kann immer wieder vorkommen, dass der Forschende merkt, dass die Aussage des Interviewten zu einem bestimmten Sachverhalt objektiv falsch ist. In diesen Fällen stellt sich forschungspraktisch die Frage, wie der Interviewende in der konkreten Situation damit umgehen soll. Pauschal kann zwar der Aussage zugestimmt werden, dass Belehrungen die Entstehung einer vertrauten und angenehmen Kommunikationssituation nachhaltig verhindern können und daher vermieden werden sollten. Gleichwohl ist auch hier der Kontext zu berücksichtigen: Wenn die Fehlinformation für die eigentliche Forschungsfrage irrelevant ist, sollte diese völlig unkommentiert bleiben. Wenn diese Information jedoch für die Forschungsfrage von zentraler Bedeutung ist, so empfiehlt es sich, die Falschinformation nicht einfach so stehenzulassen, sondern diese vielmehr zu hinterfragen. Dieses Hinterfragen sollte so vorgenommen werden, dass es für den Interviewten keinen Affront darstellt, dessen Vertrauen nicht erschüttert und allenfalls ein Erkenntnisgewinn aus diesem Missverständnis entstehen kann.

> Interviewer: Und hast du denn da schon son Blick dann auf deinen späteren Beruf oder ist es dann auch eher wichtig, das du denkst: ‚Also in dem Bereich will ich dann schon noch ein bisschen mehr Allgemeinbildung kriegen'?
>
> Jugendlicher: Na ja, wenn, ich irgendein Fach brauche für meinen Beruf, dann sicher eher die Fächer. Also ich weiß ja noch nicht, was ich machen will. Wahrscheinlich will ich irgendetwas machen, was gar nichts so mit den Fächern in der Schule zu tun hat, so (.) Psychologie oder so was vielleicht studieren aber wenn. (–) Also ich denke mal, ein Beruf wo ich Mathe oder so brauche, werde ich auf keinen Fall machen, also wenn, dann schon eher so was.
>
> Interviewer: Na wenn du Psychologie machst, dann brauchst du auch ein bisschen Mathe. Du musst nachher auch Statistik und so was alles machen.
>
> Jugendlicher: Ach so!
>
> (Quelle: Reinders, 2005, S. 242)

Hier ist die Belehrung durch den Interviewenden für die eigentliche Forschungsfrage irrelevant und hätte nicht erfolgen sollen. Da es in dieser Befragung um die Berufswünsche Jugendlicher ging, wäre es deutlich ergiebiger gewesen, dem Berufswunsch und dessen Hintergrund nachzugehen. Damit würde der Interviewende mehr über den Befragten erfahren, als wenn er diesen belehrt und dadurch die Asymmetrie der Kommunikationssituation verstärkt.

F: Und – ja, das Projekt ist ja dann abgelehnt worden. Ich hatte irgendwie mit der Begründung etwas Probleme, das zu verstehen […]

A: Hatte ich überhaupt eine Begründung bekommen? Normalerweise läuft das ja so ab, daß man das eigentlich kaum […]

F: Ja, ich kann Ihnen das auch zeigen im Bewilligungsschreiben.

A: Lassen Sie mal sehen. Ach ja, genau. Ja doch, kann ich mich erinnern.

(Quelle: Gläser & Laudel, 2009, S. 186)

In diesem Beispiel geht es um einen Forschungsantrag und dessen Ablehnung durch eine der Förderinstitutionen. Diesbezüglich hat der Interviewte eine Erinnerungslücke, die der Interviewende durch einen gezielten Hinweis zu füllen versucht. Er weist den Interviewten darauf hin, dass die Begründungen für die Ablehnung von Förderinstitutionen normalerweise an die Antragsteller verschickt werden. Dieser Hinweis führt in der konkreten Interviewsituation dazu, dass sich der Befragte wieder an dieses Schreiben erinnert.

Mit dieser Technik ist jedoch vorsichtiger Umgang geboten, da ein solcher Hinweis schnell als Belehrung empfunden wird und dadurch die Interviewatmosphäre negativ beeinflusst werden kann. Es wird deswegen empfohlen, solche Hinweise möglichst vorsichtig anzubringen. Oft hilft es in diesen Fällen, den Hinweis als Frage zu formulieren. Im zitierten Beispiel hätte man formulieren können: „Sind Sie sicher, dass Sie kein Bewilligungsschreiben bekommen haben? Denn eigentlich ist das Usus bei den meisten Förderinstitutionen […]". Diese Formulierung hätte den gleichen Aussagegehalt gehabt wie „Ja, ich kann Ihnen das auch zeigen im Bewilligungsschreiben", wäre aber deutlich weniger belehrend gewesen.

9.5.6 Informationen verschenken

Leider werden bei der Durchführung von qualitativen Interviews häufig Informationen verschenkt. Dies kann unter anderem dem Umstand zugeschrieben werden, dass qualitative Interviews zu jedem Zeitpunkt eine hohe Konzentration des Forschenden voraussetzen, dass dieser flexibel und offen für neue Erkenntnisse sein muss, aber gleichzeitig an die thematischen Vorgaben des Leitfadens gebunden ist. Um das Verschenken bzw. Übersehen von Informationen im Interviewprozess zu vermeiden, muss der Interviewende den Gehalt des Gesagten in der konkreten Interviewsituation schnell und adäquat einschätzen können. Dies ist vor allem eine Frage der Erfahrung, sodass insbesondere noch weniger erfahrene Interviewende, die sich aufgrund der noch mangelnden Professionalität eng am Leitfaden orientieren, solche Chancen oftmals verpassen.

Beispiel: Studie zu Zukunftsvorstellungen Jugendlicher

Interviewer:	Und wenn ich jetzt sage, ehm (–) was sind jetzt deine Ziele? Also jetzt, (–) ehm auf nähere Zukunft jetzt mal bezogen oder auf die Zukunft dann an sich? Deine Ziele?
Jugendlicher:	Hm. Also, erstmal Abitur bestehen. Und wenn möglich, auch noch ziemlich gut (lacht). Und danach erstmal, (.) ehm ja, dieses Freiwillige Soziale Jahr lang erstmal, (.) ehm ein bisschen ausspannen. Was (.) was komplett Neues machen und dann auch mal einen Blick für die Zukunft kriegen. Also was man machen will. Und, ehm (.) irgendwann mal hätte ich auch gerne eine Familie. Aber trotzdem würde ich auch gerne einen Beruf ausüben. Also nicht Hausfrau oder so.
Interviewer:	Mhm.
Jugendlicher:	Ja, und sonst, vielleicht (.) vielleicht auch ins Ausland gehen. Das wäre auch ganz schön. Aber sonst habe ich, glaub ich, keine größeren Pläne. Ich lass es einfach auch mich zukommen (lacht).
Interviewer:	Ehm, bei diesen Zielsetzungen, (.) ehm (.), fällt dir irgendwie ein, wer dich darin so beeinflusst hat oder wer dir da auch ein paar Hinweise gegeben hat auf diese Zielsetzungen? Oder hast du das eher so selbst entwickelt?

(Quelle: Reinders, 2005, S. 244)

In diesem Beispiel wäre es sinnvoll gewesen, auf die vom Interviewten genannten Inhalte einzugehen. Anschlussmöglichkeiten hätten bei der Nennung des Freiwilligen Sozialen Jahres, bei der Aussage „was komplett Neues machen", Familienwunsch und Berufstätigkeit und beim Thema Ausland genutzt werden können. Der Interviewende hätte hier detailliert nach den Vorstellungen und Zukunftsvisionen fragen können, mit dem Ziel, eine dichtere Beschreibung zu erlangen, um damit die Zukunftsvisionen besser aus der Eigenlogik des befragten Subjekts heraus nachvollziehen und verstehen zu können.

9.5.7 Weiterverfolgung unergiebiger Themen

In Interviews kann es immer wieder dazu kommen, dass der Befragte sich ausführlich zu Themen äußert, die nicht im Fokus des Erkenntnisinteresses stehen und deren weitere Vertiefung von der eigentlichen Forschungsfrage wegführt. Hier ist es zu empfehlen, den Interviewten sanft wieder auf die eigentliche Forschungsfrage zurückzuführen und unergiebige Themen nicht weiterzuverfolgen.

Beispiel: Studie zur Identifikation mit Medienakteuren

I: Okay und ähm besuchst du vielleicht im Internet wie du gerade gesagt hast dann auch Fanseiten oder hast du vielleicht auch Fan-Artikel?

B: Ja ähm ich bin in Facebook un hab da natürlich auch eine Fanseite, hab ähm also hab eben dort mir die Fanseite angeeignet und da stehen natürlich auch immer dann Neuigkeiten drin. Ähm die Freundin von der ich vorhin erzählt hab, mit der ich eben Desperate Housewives wirklich schau, die hat mir ein ähm Buch mal geschenkt, das sie selbst gemacht hat auch über Desperate Housewives, un das is mein allerliebster Fanartikel. Un sonst hab ich ähm ein Terminplaner eben davon oder mal Poster. Aber so richtig dass ich ähm am Sammeln bin das nicht. Aber was ich noch gern hätt, is die Barbie-Ausführung der einzelnen Hausfrauen, dies ja in den USA ähm verbreitet gibt, eben die Nachstellung als Barbie-Puppe von den ähm einzelnen Charakteren. Ja das wird als, wird mein Wunsch sein, mir das noch anzueignen, oder hab ich vor das irgendwann mal wahrzumachen

I: Okay und du hast grade was über n Buch gem, äh Buch geredet, das deine Freundin selbst gemacht hat?

B: Ja genau. Ähm, sie hat also wirklich sich sehr sehr viel Mühe gemacht mit dem Buch. Am Ende jeder ähm, jeder einzelnen Folge sagt eben Mary-Alice, die über das, über die Geschichte erzählt, äh ein Schlusszitat auf. Un diese Zitate hat sie rausgeschrieben, alle, und hat sie dann ähm mi also mit Computer abgetippt und auf Seiten gedruckt und diese dann auch in das Buch eingeklebt. Sie hat über die einzelnen ähm Staffeln, über die einzelnen Geheimnisse, die in jeder Staffel vorkommen Informationen rausgesammelt un eine Kurzbeschreibung über die Staffel abgegeben. Sie hat über die einzelnen Charaktere, über die Hauptpersonen Beschreibungen abgegeben, über deren Familie wer zu deren Familie gehört, also wirklich schon sehr viel Mühe sich gegeben. Mit Bildern auch eingeklebt un sehr sehr viel Zeit in das Buch investiert

I: Okay un das hast du geschenkt bekommen?

B: Ja das hab ich zu meinem 18. Geburtstag bekommen. Und da hab ich mich riesig drüber gefreut (lacht)

(Quelle: Interviewausschnitt aus Studierendenprojekt; Misoch)

Im vorliegenden Interviewausschnitt handelt es sich um eine Studie, die sich mit der Identifikation der Rezipienten mit Medienfiguren auseinandersetzt. Hier kann es zwar auch um Fanseiten und Fanartikel gehen, doch sollten die persönliche Identifikation mit einer bestimmten Medienfigur und die dafür subjektiv angegebenen Motive im Vordergrund stehen. Hier das Thema der Fanartikel weiter zu vertiefen, erweist sich als unergiebig, weil es für die eigentliche Forschungsfrage keinen wirklichen Mehrgewinn bringt. Zudem tritt dann das Problem auf, dass der Interviewer es schaffen muss, den Befragten wieder zum eigentlichen Thema der Befragung zurückzubringen, was nach längeren thematischen Exkursen oftmals nicht so einfach ist.

Beispiel: Studie zur Identifikation mit Medienakteuren

I	(1.00):	Und wie bist du zu der Serie gekommen?
B	(1.03):	[...] Einfach so. Ich hab ein paar Folgen im Fernsehen gesehen und das hat mich dann interessiert und dann hab ich gedacht fang' ich einfach von ganz von vorne an.
I	(1.10):	Also es ging von dir aus,
B	(1.11):	Mhm.
I	(1.11):	Nicht irgendjemand anders?
B	(1.13):	Mhm.

(Quelle: Interviewausschnitt aus Studierendenprojekt; Misoch)

Auch dieser Ausschnitt stammt aus der Studie zu Identifikation mit Medienakteuren und veranschaulicht, dass es nicht sinnvoll ist, unergiebige Themen (hier: wie der Befragte zur Serie kam) weiterzuverfolgen. Es besteht dann die Gefahr, dass durch dieses Insistieren des Forschenden der Interviewte das Interesse am Interview verliert und die Kooperationsbereitschaft dadurch abnimmt.

9.5.8 Verletzung der Vertraulichkeit

Zu den wohl gravierendsten Fehlern bei der Durchführung qualitativer Interviews gehört die Verletzung der Vertraulichkeit. So dürfen keinesfalls Informationen aus vorherigen Interviews erwähnt werden, die bestimmte Personen identifizierbar machen; es sollte grundsätzlich vermieden werden, in einem Interview Informationen aus bereits durchgeführten Interviews einzuflechten.

> Interviewer: Ja, ich weiß natürlich insofern, weil ich mit deinem Bruder gesprochen hatte, (.) das ist natürlich jetzt ein bisschen gemein mit der Anonymität (lacht). Aber er hat gesagt, er hätte eine ältere Schwester, die wohnt nicht mehr zu Hause. Und du bist mit 15 bereits ausgezogen?

(Quelle: Reinders, 2005, S. 246)

Eine solche Verletzung des ethischen Grundprinzips der Vertraulichkeit wird das Verhältnis zwischen dem Befragten und dem Interviewenden nachhaltig belasten. Der Interviewte wird sich im Gespräch mit dem Forscher kaum öffnen können, da er selbst Zeuge einer schwerwiegenden Vertraulichkeitsverletzung wurde. Der Interviewte weiß nun, dass der Interviewende die ihm zugesicherte Vertraulichkeit der Daten nicht strikt einhält und muss befürchten, dass auch Informationen aus seinem Interview in personalisierter Form nach außen dringen könnten. Damit ist jegliche Chance auf die Erhebung aussagekräftiger Daten im Rahmen eines qualitativen Interviews irreparabel verschenkt.

9.6 Literatur

Atteslander, P. (2003). *Methoden der empirischen Sozialforschung* (10. Auflage). Berlin: Walter de Gruyter. [Atteslander, P. (2010). *Methoden der empirischen Sozialforschung* (13., neu überarb. und erw. Auflage). Berlin: ESV.]

Barath, A., & Cannell, C. F. (1976). Effect of interviewer's voice intonation. *Public Opinion Quarterly 40*(3), 370–373.

Cozby, P. C. (1973). Self-disclosure: a literature review. *Psychological Bulletin 79*(2), 73–91.

Gläser, J., & Laudel, G. (2009). *Experteninterviews und qualitative Inhaltsanalyse*. Wiesbaden: VS Verlag für Sozialwissenschaften. [Gläser, J. & Laudel, G. (2010). *Experteninterviews und qualitative Inhaltsanalyse* (4. Auflage). Wiesbaden: VS Verlag für Sozialwissenschaften.]

Hopf, C. (1978). Die Pseudo-Exploration-Überlegungen zur Technik qualitativer Interviews in der Sozialforschung. *Zeitschrift für Soziologie 7*(2), 97–115.

Jerusalem, M., & Klein-Heßling, J. (2002). Soziale Kompetenz. *Zeitschrift für Psychologie 210*(4), 164–174.

Kanning, U. (2007). Soziale Kompetenzen in der Personalentwicklung. In U. Kanning (Hrsg.), *Förderung sozialer Kompetenzen in der Personalentwicklung* (S. 13–36). Göttingen: Hogrefe. [Kanning, U. (Hrsg.) (2015). *Soziale Kompetenzen fördern* (2., überarb. Auflage). Göttingen: Hogrefe.]

Körner, J. (1998). Einfühlung: Über Empathie. *Forum der Psychoanalyse 14*(1), 1–17.

Luchtenberg, S. (1999). *Interkulturelle kommunikative Kompetenz: Kommunikationsfelder in Schule und Gesellschaft*. Wiesbaden: Westdeutscher Verlag.

Richardson, S. A., Dohrenwend, B. S., & Klein, D. (1993). Die Suggestivfrage. Erwartungen und Unterstellungen im Interview. In C. Hopf & E. Weingarten (Hrsg.), *Qualitative Sozialforschung* (S. 205–231). Stuttgart: Klett-Cotta.

Rogers, C. R. (2003). *Client-Centered Therapy: Its Current Practice, Implications and Theory* (überarb. Neuauflage). London: Constable.

Rubin, H. J., & Rubin, I. S. (2012). *Qualitative interviewing: The art of hearing data*. Thousand Oaks: Sage.

Seidman, I. E. (1991). *Interviewing as qualitative research*. New York: Teachers College Press. [Seidmann, I. E. (2006). *Interviewing as Qualitative Research* (3rd edition). New York: Teachers College Press.]

Spradley, J. P. (1979). *The ethnographic interview*. Belmont: Wadsworth. [Spradley, J. P. (2016). *The ethnographic interview* (Reissue). Long Grove: Waveland Press.]

Weber, M. (2002). *Wirtschaft und Gesellschaft* (5. Auflage). Tübingen: Mohr.

Weber, L. R., & Carter, A. I. (2003). *The social construction of trust*. New York: Springer.

10 Gütekriterien qualitativer Sozialforschung

Unter Gütekriterien werden Kriterien verstanden, die Anwendung finden, um bei der Durchführung empirischer Forschungsprojekte derer Qualität zu sichern. Gütekriterien umfassen verschiedene Regeln und systematisierte Vorgehensweisen, die die Qualität der Studienplanung, der Durchführung der Datenerhebung, der Datenaufzeichnung, der Datentranskription bis hin zur Datenauswertung sicherstellen sollen. Nur durch Anwendung und Beachtung dieser regelgeleiteten Verfahren zur Gütesicherung kann vermieden werden, dass die Ergebnisse empirischer Studien als vollkommen beliebig und willkürlich kritisiert werden. Erst durch die Berücksichtigung der Gütekriterien erhalten empirische Daten ihren wissenschaftlichen Nutzen und ihre gesellschaftliche Relevanz.

Empirisch gut abgestützte Sozialforschung ist für moderne und komplexe Gesellschaften unverzichtbar, denn sie liefert die Informationen, die als Basis für relevante Entscheidungen dienen. Sie bildet bestimmte soziale Situationen ab, über die sonst keine Informationen vorlägen. So sind beispielsweise die genauen Zahlen und das detaillierte Wissen über Kinderarmut in Wohlfahrtsstaaten sowohl quantitativen als auch qualitativen Studien zu verdanken. Mit einer vorrangig durchgeführten Technikakzeptanzstudie kann z. B. die Bereitschaft erhöht werden, eine bestimmte neu entwickelte Technologie im OP einzusetzen und damit Innovationsentwicklung zu fördern.

Die gängigen („klassischen") Gütekriterien empirischer Forschung sind Objektivität, Validität und Reliabilität. Diese Kriterien haben sich im Kontext quantitativer Forschung herausgebildet:
- Für quantitative Daten bedeutet Objektivität sicherzustellen, dass die Ergebnisse unabhängig von äußeren Einflüssen (z. B. durch den Forschenden) erhoben und ausgewertet werden;
- Reliabilität bedeutet, dass sichergestellt wird, dass die entwickelten Messinstrumente zuverlässig sind, dass keine Messfehler vorliegen und dass bei einer Wiederholung gleiche Ergebnisse erzielt werden würden (Replizierbarkeit);
- Validität bedeutet, dass gemessen wird, was gemessen werden soll, d. h. ob mit dem Messinstrument und der Untersuchungsanordnung überhaupt das zu untersuchende Merkmal erfasst werden kann.

Diese Gütekriterien quantitativer Forschung bedingen einander: ohne Objektivität keine Reliabilität und ohne Reliabilität keine Validität.

Die Eignung dieser drei Gütekriterien für die Qualitätssicherung qualitativer Forschung ist umstritten, weil sich diese „klassischen" Kriterien nicht direkt und unhinterfragt auf qualitative Forschung übertragen lassen. Dies liegt darin begründet, dass diese Daten einer anderen Handlungs- und Erkenntnislogik entstammen, bewusst anhand flexibler und sensibler Methoden Subjektives messen wollen und bei qualitativer Forschung der Forschende selbst zum zentralen Erhebungsinstrument wird:

https://doi.org/10.1515/9783110545982-010

„[Qualitative] Research is only as good as the investigator" (Morse et al., 2002). Quantitative Forschung hingegen steht in der Tradition der Naturwissenschaften, die es sich zur Aufgabe gemacht haben, empirische Sachverhalte, Zusammenhänge und Gesetzmäßigkeiten auf möglichst objektive und überprüfbare Weise zu untersuchen und diese anhand numerischer Daten darzustellen.

Möchte man nun Gütekriterien für qualitative Forschung anwenden, so können zwei unterschiedliche Wege beschritten werden: Zum einen kann man die aus der quantitativen Forschung stammenden Kriterien der Validität, Reliabilität und Objektivität anwenden und diese für qualitative Methoden entsprechend modifizieren und redefinieren (z. B. Peräkylä, 1997); zum anderen werden diese herkömmlichen Gütekriterien mehr oder minder vehement abgelehnt (Morse et al., 2002) und es werden neue, auf die Grundprinzipien der qualitativen Forschung abgestimmte Kriterien entwickelt, deren Anwendung als Gütemaße nur für qualitative Forschung postuliert werden (z. B. Flick, 2000).

Diese Diskussion ist innerhalb der wissenschaftlichen Community alles andere als abgeschlossen und inzwischen liegen viele miteinander konkurrierende Kriterienkataloge zur Gütebestimmung qualitativer Daten vor. Daher werden nachfolgend sowohl die herkömmlichen Gütekriterien in ihrer Redefinition für qualitative Forschung als auch die wichtigsten der neu entwickelten Kriterien zur Gütebestimmung qualitativer Sozialforschung dargestellt. Viele der neu entwickelten Gütekriterien haben eher Entwurfscharakter und bedürfen noch der weiteren Ausarbeitung (s. Tab. 10.1).

Aufgrund dieser großen Vielfalt an Kriterien, die als Gütemaßstäbe für qualitative Forschung verwendet werden können, werden im Nachfolgenden jene Gütekriterien herausgegriffen, die sich in den Diskussionen als besonders bedeutsam und relevant erwiesen haben und die – nach Ansicht der Autorin – zum Kanon der Gütekriterien für qualitative Forschung gehören sollten. Da die Diskussion um qualitative Gütekriterien in der englischsprachigen qualitativen Methodenforschung bislang intensiver verlaufen ist als in der deutschsprachigen Community, werden einige der Kriterien aus dem Englischen übernommen und in die deutsche methodologische Sprache übertragen.

Die Darstellung orientiert sich an den „klassischen" Gütekriterien, verdeutlicht jedoch, dass die Mehrzahl der neu entwickelten Kriterien zwar innerhalb dieser eingeordnet werden können, dass es aber auch Kriterien gibt, die sich nicht unter den drei „klassischen" Kriterien verorten lassen, sondern neue Dimensionen aufzeigen, die bei der Qualitätssicherung der Durchführung und Auswertung qualitativer Studien zu berücksichtigen sind.

Tab. 10.1: Ausschnitthafte Übersicht verschiedener Gütekriterien qualitativer Forschung – chronologisch (Quelle: eigene Darstellung auf Basis der Darstellung von Whittemore et al., 2001; übersetzt und umfangreich erweitert und korrigiert durch die Autorin)

Autoren (Jahr)	Gütekriterien
Guba (1981); Guba & Lincoln (1982)	Vertrauenswürdigkeit (*Trustworthiness*), bestehend aus: Glaubwürdigkeit (*Credibility*), Übertragbarkeit (*Transferability*), Abhängigkeit (*Dependability*), Bestätigung (*confirmability*)
Guba & Lincoln (1989)	Authentizität (*Authenticity*)
Marshall (1990)	Güte (*Goodness*), Beweisregeln (*Canons of Evidence*)
Eisenhart & Howe (1992)	Vollständigkeit (*Completeness*), Angemessenheit (*Appropriateness*), Ausführlichkeit (*Comprehensiveness*), Glaubwürdigkeit (*Credibility*), Aussagekraft (*Significance*)
Maxwell (1992)	Deskriptive Validität (*Descriptive Validity*), interpretative Validität (*Interpretative Validity*), theoretische Validität (*Theoretical Validity*), Generalisierbarkeit (*Generalizability*), evaluative Validität (*Evaluative Validity*)
Altheide & Johnson (1994)	Plausibilität (*Plausibility*), Relevanz (*Relevance*), Glaubwürdigkeit (*Credibility*), Bedeutung des Themas (*Importance of Topic*)
Steinke (2000)	Intersubjektive Nachvollziehbarkeit, Indikation, empirische Verankerung, Limitation, Kohärenz, Relevanz, reflektierte Subjektivität
Whittemore et al. (2001)	*Primäre Kriterien:* Glaubwürdigkeit (*Credibility*), Authentizizät (*Authenticity*), Kritizität (*Criticality*), Integrität (*Integrity*) *Sekundäre Kriterien:* Ausdrücklichkeit (*Explicitness*), Kreativität (*Creativity*), Sorgfältigkeit (*Thoroughness*), Kongruenz (*Congruence*), Sensibilität (*Sensitivity*)
Mayring (2002)	Verfahrensdokumentation, argumentative Interpretationsabsicherung, Regelgeleitetheit, Nähe zum Gegenstand, kommunikative Validierung, Triangulation
Tracy (2010)	Angemessene Themenstellung (*Worthy Topic*), stabile Daten (*Rich Rigor*), Ehrlichkeit (*Sincerity*), Glaubwürdigkeit (*Credibility*), Resonanz (*Resonance, Transferable Findings*), bedeutsamer Beitrag (*Significant Contribution*), ethisch vertretbar (*Ethical*), sinnvoller Gesamtzusammenhang (*Meaningful Coherence*).

10.1 Objektivität, Neutralität und kontrollierte Subjektivität

Das Kriterium der Objektivität ist eines der zentralen Gütekriterien quantitativer Forschung und bedeutet, dass die Messergebnisse unabhängig vom Messenden sein sollen. Es wird hierbei zwischen Durchführungs-, Auswertungs- und Interpretationsobjektivität unterschieden; alle drei sollen nicht von der Person des Forschenden beeinflusst werden.

Dieses Kriterium auf qualitative Forschung anzuwenden, ist nicht zielführend, geht es hier unter anderem dezidiert darum, subjektive Meinungen, Einstellungen und subjektive Wirklichkeitskonstruktionen zu erheben und/oder zu rekonstruieren. Subjekte stellen die Erhebungsinstrumente dar. Gerade weil in der qualitativen Forschung der Forschende selbst zum Messinstrument wird, lässt sich kaum realisieren, dass die Datenerhebung nicht durch dessen Person und Persönlichkeit unbewusst mit beeinflusst wird, auch wenn das Ziel qualitativer Forschung darin besteht, möglichst unverzerrte und unbeeinflusste Ergebnisse zu erzielen.

Deswegen haben sich neue Gütekriterien herausgebildet, die das Kriterium der Objektivität für den Bereich qualitativer Forschung redefinieren. Diese sind z. B.

- Neutralität (siehe Kap. 10.1.1)
- kontrollierte Subjektivität (siehe Kap. 10.1.2)
- intersubjektive Nachvollziehbarkeit (siehe Kap. 10.4)
- Verfahrensdokumentation (siehe Kap. 10.4.1)
- Regelgeleitetheit (Mayring, 2002; siehe Kap. 10.4.3)

10.1.1 Neutralität

Vor allem im Hinblick auf die Datenauswertung ist Objektivität bzw. Neutralität ein sehr relevantes Gütekriterium qualitativer Forschung. Da es sich bei qualitativen Daten nicht um numerische Daten (die einzelne, isolierte Variablen abbilden), sondern um ganzheitliche und komplexe Daten (die zumeist durch Texte abgebildet werden) handelt, unterliegt deren Auswertung anderen Anforderungen, als dies bei quantitativen Daten der Fall ist. Die Auswertung qualitativer Daten ist eine Interpretationsleistung, die möglichst unbeeinflusst von der Persönlichkeit des Forschenden anhand der erhobenen Daten durchgeführt werden soll. Texte sind jedoch schwierig zu interpretieren und unterliegen immer einer gewissen Ambiguität, daher ist hier die Rolle des Forschenden von größerer Bedeutung als bei der statistischen Auswertung numerischer Daten.

Reformuliert und definiert man das Kriterium der Objektivität neu für qualitative Forschung, so kann dieses als Neutralität verstanden werden. Dies besagt, dass der datenerhebende Forscher neutral sein soll, um die durch ihn vorgenommene Datenerhebung und -auswertung möglichst wenig zu beeinflussen.

10.1.2 Kontrollierte Subjektivität

Ein gewisses Maß an Subjektivität ist im qualitativen Forschungsprozess unvermeidbar, weshalb Subjektivität im gesamten Forschungsprozess kontrolliert werden muss, damit sie nicht z. B. in Form von Vorurteilen oder Auswertungsverzerrungen wirksam wird. Ziel des Einsatzes von Subjektivität ist bei qualitativen Interviews die sensible und ganzheitliche Erhebung von Subjektivem beim Untersuchungsobjekt. Es kann demnach in der qualitativen Forschung nicht darum gehen, die Subjektivität des Forschenden aus dem gesamten Prozess zu eliminieren, sondern darum, den Einfluss der Subjektivität angemessen zu reflektieren (siehe hierzu Kap. 10.5) und kontrolliert damit umzugehen: „At the heart of the qualitative approach is the assumption that a piece of qualitative research is very much influenced by the researcher's individual attributes and perspectives. The goal is not to produce a standardized set of results [...] Rather it is to produce a coherent and illuminating description of the perspective on a situation that is based on and consistent with the detailed study of the situation" (Ward-Schofield, 2002, S. 174).

Um den Einfluss der Subjektivität des Forschenden zu kontrollieren und gering zu halten, werden verschiedene Strategien angewendet, die alle zum Ziel haben, eine möglichst subjektunabhängige Erhebung und Auswertung der qualitativen Daten sicherzustellen (z. B. *Member Check*, *Peer Debriefing*, Intercoder-Reliabilität).

So kann das Kriterium der Objektivität, wenn es als kontrollierte Subjektivität neu redefiniert wird, sinnvoll auf qualitative Forschung angewendet werden. Wendet man kontrollierte Subjektivität auf die verschiedenen qualitativen Methoden zur Erhebung verbaler Daten an, so zeigt sich, dass die Methoden diesem Kriterium in unterschiedlicher Intensität gerecht werden. Insbesondere ethnografische Interviews, die eine temporäre Zugehörigkeit des Forschenden zum untersuchten sozialen Feld voraussetzen, stehen vor der großen Herausforderung, diesem Gütekriterium gerecht zu werden.

Bei allen Interviewtechniken hängt es ganz entscheidend von der Kompetenz des Forschenden ab, ob die Datenerhebung mit der nötigen inneren Distanz und somit erhebungspraktischen Neutralität und kontrollierten Subjektivität durchgeführt wird, sodass die Daten möglichst unbeeinflusst von der Person des Forschenden erhoben werden können. Da sich jedoch der Einfluss der Person des Interviewenden auf die Interviewten bei aller Neutralität des Verhaltens nicht ausschließen lässt – denn schon Geschlecht, Alter, Hautfarbe usw. werden in der Interviewsituation wirksam – werden verschiedene Techniken eingesetzt, um eine möglichst hohe Intersubjektivität und/oder Überprüfbarkeit der erhobenen Daten zu ermöglichen (siehe hierzu auch Kap. 10.4).

10.2 Reliabilität/Verlässlichkeit

Reliabilität bedeutet die Stabilität der empirisch gemessenen Daten. In der quantitativen Forschung wird darunter verstanden, dass eine mit denselben Messinstrumenten an denselben Objekten durchgeführte Messung zu denselben Ergebnissen führen muss (Replizierbarkeit; Berechnung von Reliabilitätskoeffizienten).

Das Kriterium der Reliabilität kann nicht ohne Redefinition für qualitative Forschung angewendet werden. Das identische Durchführen eines Interviews ist zum einen kaum zu realisieren, zum anderen wäre die identische Wiederholung der Antworten in dieser Situation eher ein Hinweis auf eine „zurechtgelegte" Version als ein Beleg für die Verlässlichkeit des Erzählten (Flick, 2010, S. 397). Die Frage nach der Reliabilität der Daten spielt daher in qualitativer Forschung eine andere Rolle als in der quantitativen. Der Fokus liegt hierbei nicht auf der Replizierbarkeit, sondern auf der Frage der Verlässlichkeit (*Dependability*; Guba, 1981; Guba & Lincoln, 1981) der Daten – diese Verlässlichkeit wird als Stabilität und Konsistenz des Erhebungsprozesses im Zeitverlauf interpretiert. Die Prüfung der Zuverlässigkeit qualitativer Daten erfolgt durch die transparente Darstellung (und damit Überprüfbarkeit) des gesamten Forschungsprozesses, vom Studiendesign bis hin zur Datenauswertung nach Abschluss der Erhebung. Dies kann z. B. anhand eines unabhängigen Prüfers geschehen (*Auditor*), der den gesamten Prozess im Hinblick auf diese Frage hin kritisch überprüft.

10.2.1 Prozedurale Reliabilität

Reliabilität wird in qualitativer Forschung stärker prozedural konzipiert als in quantitativer Forschung. Damit wird der Prozess der Datenerhebung in den Fokus gerückt. Zur Prüfung der prozeduralen Verlässlichkeit bzw. Reliabilität wird ein Verfahren durchgeführt, dass als *Auditing* bezeichnet wird. Hierunter wird ein Prozess verstanden, der – orientiert am Finanzbuchwesen und der Informationstechnik – genau protokolliert, welche Person zu welchem Zeitpunkt welche konkreten Arbeitsschritte innerhalb des Forschungsvorhabens durchgeführt hat. Dadurch wird das gesamte Vorgehen transparent und z. B. ein unabhängiger Gutachter kann auf Basis dieser Protokollierung den gesamten Forschungsprozess kritisch hinterfragen.

Durch das prozedurale Protokollieren wird das Zustandekommen der Daten offengelegt, sodass transparent wird, welche inhaltlichen Aussagen von der Befragten stammen und an welchem Punkt die Interpretationsleistung des Forschenden beginnt (Flick 2010, S. 398). Auch Mayrings „argumentative Interpretationsabsicherung" (2002) und die Verfahrensdokumentation können als Methoden der prozeduralen Reliabilität definiert werden. Diese Vorgehensweisen sehen die detaillierte Dokumentation aller vorgenommenen Interpretationsleistungen vor, sodass diese intersubjektiv nachvollziehbar werden.

10.2.2 Intercoder-Reliabilität

Um die Verlässlichkeit der Dateninterpretation bei qualitativer Forschung (v. a. inhaltsanalytischer Auswertung) sicherzustellen, wird das Verfahren der Intercoder-Reliabilitätsprüfung (auch als Interrater-Reliabilität oder *Intercoder Agreement* bezeichnet) eingesetzt. Dies bedeutet, dass mehrere voneinander unabhängige Forschende die gleichen Daten zur Interpretation (zur Codierung) vorgelegt bekommen. Intercoder-Reliabilität bezeichnet dann den Grad an Interpretationsübereinstimmung beim Einsatz verschiedener Codierer.

Mit der Intercoder-Reliabilitätsprüfung wird die Stabilität der durchgeführten Codierungen der empirisch erhobenen Daten geprüft. Je höher die Prozentwerte der Übereinstimmung, desto reliabler sind die Daten. Es handelt sich folglich um eine Technik zur Erhöhung der Reliabilität bei der Auswertung der erhobenen Daten. Doch ist dieses Vorgehen nicht unumstritten, denn eine Intercoder-Reliabilitätsprüfung wird z. B. keine sinnvollen Ergebnisse erzielen, wenn sehr detaillierte und ausdifferenzierte Kategoriensysteme vorliegen (Flick, 2008, S. 110)

Daher ist die Intercoder-Reliabilitätsprüfung insbesondere für Untersuchungen mit großen Datenmengen und mit klar und deutlich voneinander abzugrenzenden Kategorien und Codierungen zu empfehlen.

10.3 Validität/Glaubwürdigkeit/Gültigkeit

Validität bedeutet die Gültigkeit von Daten, d. h., ob die bei der Messung erzeugten Daten die zu messende Größe abbilden. Dabei wird zwischen interner und externer Validierung unterschieden. Interne Validierung bedeutet, dass die Messwerte der abhängigen Variable eindeutig auf die unabhängige Variable zurückzuführen sind. Externe Validierung bedeutet, dass man die Messergebnisse generalisieren kann. Damit bezeichnet man die Generalisierbarkeit oder Repräsentativität der erzielten Untersuchungsergebnisse.

Auch diese beiden Formen der Validierung lassen sich nicht unreflektiert auf qualitative Forschung übertragen. Hier müssen deswegen neue, adäquate Kriterien entwickelt werden, die bei qualitativer Datenerhebung und auswertung als Kriterien für deren Gültigkeit und Glaubwürdigkeit (*Credibility*; Guba & Lincoln, 1981) oder für deren Transferierbarkeit bzw. Übertragbarkeit (*Transferability*, Guba & Lincoln, 1981) eingesetzt werden können. Validität in qualitativer Forschung kann durch folgende Frage abgebildet werden: „How congruent are the findings with reality?" (Merriam, 1998).

10.3.1 Interne Validität, Triangulation, kommunikative Validierung, Peer Debriefing und Authentizität

(1) *Triangulation:* Die Methode der Triangulation, abgeleitet aus dem Lateinischen *triangulum* (Dreieck), wurde von Denzin (1989) entwickelt und besagt, dass eine konkrete Forschungsfrage durch den Einsatz verschiedener empirischer Methoden, mehrerer Forschender oder verschiedener Theorien untersucht wird. Vordenker dieses Ansatzes waren Webb et al. (2000), die postulierten: „Once a proposition has been confirmed by two or more independent measurement processes, the uncertainty of its interpretation is greatly reduced. The most persuasive evidence comes through a triangulation of measurement processes" (S. 3). Die Verschiedenartigkeit beim Einsatz mehrerer empirischer Herangehensweisen soll demnach zu einer Erhöhung der Validität der Ergebnisse führen und damit systematische Fehler, die bei den jeweils einzelnen Methoden entstehen könnten, vermeiden. Auch können durch das Zusammenwirken verschiedener Ansätze die Stärken des jeweiligen Ansatzes genutzt werden und dadurch sehr reichhaltige Daten ermittelt werden. Triangulation kann in verschiedener Hinsicht realisiert werden. Denzin (1989) unterscheidet hierbei zwischen vier Formen der Triangulation:

a) *Datentriangulation*, wonach Daten durch verschiedene Samplingverfahren oder anhand verschiedener Datenquellen erhoben werden. Damit werden Daten von verschiedenen am untersuchten Phänomen beteiligten Akteuren erhoben. So könnten z. B. im Rahmen einer Studie zur Situation der medizinischen Versorgung von Krebspatienten verschiedene involvierte Akteure interviewt werden: Patienten, medizinisches Personal, Pflegepersonal, Klinikleitung oder Angehörige der betroffenen Patienten. Dieser multidimensionale Blick wird dann unter einem datentriangulierenden Verfahren subsumiert.

B) *Forscher-/Untersuchertriangulation*, wonach verschiedene Forschende die Daten erheben und/oder analysieren. Dies bedeutet, dass z. B. die Interviews von verschiedenen Interviewenden durchgeführt werden, womit die Verzerrungseffekte durch den Einfluss des einzelnen Interviewenden minimiert werden können. Dieses Vorgehen kann auch zur Auswertung eingesetzt werden, wobei anhand des Einsatzes mehrerer Forschender ein Bias in der Auswertung der Daten verhindert werden kann. Die Forscher-/Untersuchertriangulation ist vor allem bei teilnehmenden Beobachtungen und ethnografischen Interviews zu empfehlen, da diese Methoden eine aktive Feldteilnahme voraussetzen, die ihrerseits dazu führen kann, dass dem Forschenden die innere Distanz zu den Sinnkonstruktionen des untersuchten Feldes fehlt. Angemerkt werden muss, dass auch die Methode der Intercoder-Reliabilitätsprüfung (siehe Kap. 10.2.2) als Vorgehen der Forschertriangulation eingeordnet werden kann.

c) *Methodentriangulation*, worunter der Einsatz verschiedener Methoden im Kontext eines Forschungsvorhabens zu verstehen ist. Dieser Ansatz gehört zur häufigsten forschungspraktischen Realisierung von Triangulation. Das Vorgehen mittels verschiedener Erhebungsmethoden impliziert damit auch häufig eine Datentriangulation, da durch verschiedene Methoden der Datenerhebung auch verschiedene Datenformate erhoben werden können.

Denzin (1989) differenziert überdies zwischen Methodentriangulation *innerhalb* (*Within-Method*) und *zwischen* (*Between-Method*) Methoden: Nach der *Within-Method* wird die gleiche Forschungsmethode auf unterschiedliche Art oder an unterschiedlichen Populationen angewendet. Bei qualitativer Forschung bedeutet dies, dass z. B. problemzentrierte Interviews mit verschiedenen Gruppen des zu untersuchenden sozialen Feldes durchgeführt werden. Mit dem Between-Methods-Ansatz (auch *Mixed Methods* genannt) wird die zu untersuchende Forschungsfrage anhand des Einsatzes verschiedener Forschungsmethoden empirisch untersucht. Dies ist die häufigste Art von Methodentriangulation. Sie kann entweder als Kombination von quantitativen und qualitativen Methoden eingesetzt oder durch das Kombinieren von verschiedenen qualitativen Erhebungsmethoden (z. B. problembezogenes Interview und Fokusgruppen) realisiert werden.

d) *Theorientriangulation*, womit der Einsatz verschiedener Theorien und Sichtweisen im Rahmen eines Forschungsvorhabens bezeichnet wird (z. B. Kombination der Theorie des Symbolischen Interaktionismus mit der Systemtheorie). In der Forschungspraxis wird diese Form am seltensten realisiert und Forscher sind sich darin uneinig, ob theoretische Triangulation überhaupt realisierbar ist und ob sie einen Erkenntnisgewinn bedeutet.

(2) *Kommunikative Validierung (Member Check, Member Validation):* Um die erhobenen Daten auf ihre Gültigkeit hin zu überprüfen, wird in qualitativer Forschung ein Prozess durchgeführt, der als kommunikative Validierung bzw. als *Member Check* oder *Member Validation* bezeichnet wird (Lechler, 1982; Guba & Lincoln, 1981; Scheele & Groeben, 1988). Es gibt unterschiedliche Definitionen, was unter kommunikativer Validierung verstanden wird. Für einige Autoren wird damit die Übereinstimmung der Interpretation mit den Aussagen der Befragten umschrieben, womit dieser Ansatz als ein methodisches Verfahren bezeichnet wird, mittels dessen man „sich der Gültigkeit einer Interpretation dadurch zu vergewissern [versucht], daß eine Einigung resp. Übereinstimmung über die Interpretation zwischen Interviewten und Interpreten hergestellt wird" (Klüver, 1979, S. 69). Andere Autoren hingegen definieren kommunikative Validierung nicht als dialogisch-konsensuellen Austausch mit den Befragten, sondern als Validierung der Interpretationen und der Verstehens- und Erklärungsmuster des Forschenden durch andere Forschende; ein Vorgehen, das inzwischen als *Peer Debriefing* in die Diskussion Eingang gefunden hat (siehe Abschnitt (3) dieses Kapitels).

Das Prinzip der kommunikativen Validierung soll sicherstellen, dass keine Interpretationsartefakte erzeugt werden, sondern dass die an den Transkripten der Interviews festgemachten Interpretationen den Aussagen der Interviewten entsprechen. „Die umfangreichen und komplexen Inhalte und Strukturen dieser Innensicht des reflexiven Subjekts, für die subjektive Theorien das paradigmatische Beispiel darstellen, können nur durch Kommunikation mit dem reflexiven Subjekt als Erkenntnis-Objekt adäquat verstanden werden" (Scheele & Groeben, 1988, o. S.). Kommunikative Validierung besteht demnach aus einem „verstehenden Beschreiben" der subjektiven Theorien des Befragten durch den Forschenden (Erkenntnis-Objekt; Scheele & Groeben, 1988) und der Validierung dessen durch das befragte Subjekt. Dabei wird von der Prämisse ausgegangen, dass die Befragten in der Lage sind, über ihre Kognitionen und Reflexionen Auskunft zu geben. Die zentrale Frage lautet dabei: „Do the data sources [...] find the inquirer's analysis, formulation, and interpretations to be credible [...]" (Guba & Lincoln, 1981, S. 246).

(3) *Peer Debriefing:* Als *Peer Debriefing* wird ein Vorgehen bezeichnet, bei welchem ein nicht direkt am Erhebungs- und Auswertungsprozess beteiligter Forscher die im Projekt ermittelten Daten und die daraus abgeleiteten Interpretationen und Schlussfolgerungen kritisch begutachtet: „It is a process of exposing oneself to a disinterested peer in a manner paralleling an analytical sessions and for the purpose of exploring aspects of the inquiry that might otherwise remain only implicit within the inquirer's mind" (Lincoln & Guba, 1985, S. 308). Es muss sich hierbei um Forschende handeln, die die methodologische und forschungspraktische Expertise besitzen, sowohl den Prozess der Datenerhebung als auch den der Datenauswertung kritisch hinterfragen zu können.

Durch dieses Verfahren, das einen Blick „von außen" auf die erzielten Ergebnisse integriert, kann ein forschungspraktischer Bias (Voreingenommenheit) verhindert werden. Dieses Vorgehen ist vor allem dann indiziert, wenn die Interpretationen für die Interviewten unangenehm sein können, sodass das Vorgehen mittels *Member Checks* eine unangemessene oder unerwünschte Konfrontation bedeuten würde und zur Leugnung oder zur Abwehrreaktionen führen könnte. Damit würden die vormals gemachten Aussagen der Befragten relativiert bzw. eine kommunikative Validierung mit den Interviewten würde nicht zustande kommen.

Das Vorgehen mittels *Peer Debriefing* ermöglicht eine ausschließlich am Material orientierte Validierung, sodass dieser Prozess nicht durch potenzielle Abwehr- oder Verleugnungsstrategien der Befragten tangiert wird.

(4) *Authentizität:* Das Kriterium der Authentizität hat im Hinblick auf die Güte qualitativer Forschung verschiedene Bedeutungsebenen.

    a) Authentizität der Erhebungssituation: Dies bedeutet, dass die Befragten in einer möglichst natürlichen Situation interviewt werden sollen, um damit eine unerwünschte und das Ergebnis verfälschende Laborsituation zu vermeiden.

b) Durch dieses Setting soll eine „authentische" Kommunikation ermöglicht werden, die der Alltagskommunikation ähnelt.

c) In dieser Kommunikationssituation soll der Befragte authentisch, d. h. in seinem ihm eigenen Sprachstil zu Wort kommen.

d) Ziel ist das Verstehen des gegebenenfalls mehrdeutigen Authentischen der befragten Subjekte: „The aim is usually to gather an ‚authentic' understanding of people's experiences and it is believed that open-ended questions are the most effective route towards this end. So, for instance, in gathering life-histories or in interviewing the parents of handicapped children people may simply be asked: tell me your story" (Seale & Silverman, 1997, S. 379/380).

10.3.2 Externe Validität und Übertragbarkeit

(1) *Prozedurale Validierung:* Als Methode zur externen Validierung, d. h. zur Ermöglichung der Verallgemeinerung und Übertragbarkeit der Ergebnisse, wird bei qualitativer Forschung die prozedurale Validierung durchgeführt. Dies bedeutet, dass der gesamte Prozess der Datenerhebung und -auswertung an festgelegten Regeln und Systematiken ausgerichtet sein muss, damit prozedural validiert werden kann.

Hierfür müssen sowohl der Datenerhebungsprozess transparent, regelgeleitet und systematisch erfolgen als auch die aus dem Datenmaterial abgeleiteten Interpretationen intersubjektiv nachvollziehbar gemacht werden: „Process oriented validity relies on information about the empirical connection between available data and what is intended to be inferred about the otherwise inaccessible context of these data" (Krippendorf, 1980, S. 72). Es wird jedoch kritisiert, dass die Vorschläge zur prozeduralen Validierung „dabei jedoch eher auf der Ebene der Programmatik [blieben], als daß konkrete Kriterien oder Anhaltspunkte formuliert werden, anhand deren sich einzelne Studien oder Bestandteile davon beurteilen lassen" (Flick, 2000, S. 248). Dies bedeutet, dass externe Validierung zwar in qualitativer Forschung gefordert wird, jedoch nicht systematisch in den Projekten und den Projektberichten Berücksichtigung findet.

Im Bereich der Datenanalyse hat Mayring (2015) für die Inhaltsanalyse konkrete Kriterien der Validierung festgelegt und postuliert, dass der gesamte Prozess der Auswertung systematisch und regelgeleitet durchgeführt werden muss, damit die daraus abgeleiteten Interpretationen als valide anzusehen sind. Er orientiert sich dabei teilweise an den von Krippendorf (1980) erarbeiteten Kriterien der Validität, die der quantitativen Inhaltsanalyse entstammen; dieser Ansatz blieb in der qualitativen Forschung nicht ohne Kritik.

(2) Übertragbarkeit *(Transferability):* Die Übertragbarkeit qualitativer Ergebnisse besagt, dass die in einem konkreten Kontext gewonnenen Ergebnisse auf einen anderen Kontext übertragen werden können (*Transferability*; Lincoln & Guba,

1985). Diese Übertragbarkeit zu gewährleisten, ist für qualitative Forschung eine große Herausforderung, da jeweils kleinere Stichproben untersucht werden und das Ziel qualitativer Forschung nicht in statistischer Repräsentativität liegt.

Diese Ausgangslage erschwert Prozesse der Übertragbarkeit der Daten. Einige Forscher lehnen diesen Anspruch im Hinblick auf qualitative Forschung vollkommen ab (Erlandson et al., 1993). Andere betonen hingegen, dass die Übertragbarkeit auch bei qualitativen Daten möglich sei, „although each case may be unique, it is also an example within a broader group" (Shenton, 2004, S. 69). Grundlage hierfür ist die genaue Darstellung des Studiendesigns, des Feldzugangs, der Datenerhebung, speicherung und -auswertung und der „dichten Beschreibung" (*Thick Description*; Geertz, 1973/1994) der gesamten Situation sowie des rahmenden Kontextes. Dieses Vorgehen ermöglicht unter Berücksichtigung des Kontextes und der speziellen rahmenden Bedingungen die potenzielle Übertragbarkeit der qualitativen Daten auf andere Populationen oder Situationen.

10.4 Intersubjektive Nachvollziehbarkeit

Ein entscheidendes Kriterium zur Qualitätssicherung qualitativer Forschung ist die Sicherstellung der intersubjektiven Nachvollziehbarkeit des gesamten Forschungsprozesses, von der Konzeption der Studie über den Prozess der Datenerhebung und der Transkription bis hin zur Auswertung der Daten.

Dieses Vorgehen ist gerade bei qualitativer Forschung relevant, da diese ganz entscheidend durch Subjektivität gekennzeichnet ist: Es sollen subjektive Daten erhoben werden; es ist ein Subjekt, das hierbei als Erhebungsmessinstrument fungiert und dessen Persönlichkeit mehr oder weniger stark diesen Prozess mit beeinflusst. Und es ist wiederum ein Subjekt, das die erhobenen Daten auswertet, die eben nicht in numerischer Form dargestellt werden, sondern die als Texte (Transkripte) inhaltsanalytisch ausgewertet oder hermeneutisch analysiert werden.

Da die Rolle des Subjekts im gesamten qualitativen Forschungsprozess zentral ist, müssen alle Schritte dieses Prozesses transparent dargestellt und protokolliert werden, sodass diese für Nicht-Beteiligte nachvollziehbar und überprüfbar werden. Es darf im gesamten Forschungsprozess keine Handlungen und Entscheidungen geben, die nur dem Forschungssubjekt zugänglich sind, sondern alle Prozesse müssen intersubjektiv nachvollziehbar gemacht werden. Dieses Kriterium ist deswegen relevant, da eine identische Replikation aufgrund der mangelnden Standardisierbarkeit bei qualitativer Forschung nicht möglich ist.

10.4.1 Verfahrensdokumentation, Confirmability

Ein relevantes Kriterium, um die Intersubjektivität qualitativer Daten zu erhöhen, ist die Verfahrensdokumentation, also die vollständige Dokumentation des Vorgehens im Forschungsprozess (z.B. Steinke, 2010; Mayring, 2002). Diese beinhaltet das Offenlegen des Vorverständnisses und Vorwissens der Forschenden; die Dokumentation der Erhebungsmethoden, des Erhebungskontextes, der Transkriptionsregeln, der erhobenen Daten, der Auswertungsmethoden, der Informationsquellen, der im Projekt gefällten Entscheidungen und aufgetretenen Probleme, der Kriterien, denen die Arbeit genügen soll und der selbstreflexiven Analyse des Forschers im Forschungsprozess. All dies muss ausführlich beschrieben und dokumentiert werden.

Verfahrensdokumentation bedeutet, dass alle vorgenommenen Handlungen der am Forschungsvorhaben beteiligten Akteure dokumentiert bzw. protokolliert werden, sodass diese Handlungen lückenlos und transparent nachvollziehbar sind. Dieses Vorgehen wird auch als *Audit Trail* bezeichnet (Lincoln & Guba, 1985) und dient der Sicherung der Überprüfbarkeit (*Confirmability*; Lincoln & Guba, 1985) der Daten.

10.4.2 Peer Debriefing

Eine weitere Möglichkeit zur Herstellung von Intersubjektivität ist die Interpretation der Forschungsdaten in Gruppen, sodass die Daten mit Forschenden des gleichen Projekts (oder mit anderen Forschenden) diskutiert werden. Damit wird eine diskursive Form der Herstellung von Intersubjektivität und Nachvollziehbarkeit geleistet (siehe hierzu ausführlich Kap. 10.3.1., Abschnitt (3)).

10.4.3 Regelgeleitetheit

Das Prinzip der Regelgeleitetheit besagt, dass der Forschungsprozess systematisch, d.h. sukzessive und anhand eines vorgegebenen Regelsystems erfolgt. Alle Arbeitsschritte des Forschenden, vom ersten Feldkontakt bis hin zur Datenauswertung, finden regelgeleitet statt. Es darf innerhalb des gesamten Forschungsprozesses zu keinen Abweichungen hinsichtlich der Systematik des Vorgehens und dieser Regeln kommen – sollte dies doch der Fall sein, so muss dies methodologisch oder inhaltlich begründet werden und transparent und intersubjektiv nachvollziehbar dokumentiert werden. Die Kriterien der Verfahrensdokumentation und der Regelgeleitetheit hängen eng zusammen. Dies bedeutet z.B., dass kodifizierte Verfahren zur Anwendung kommen (z.B. narratives Interview, problembezogenes Interview usw.) und dass jede Regelabweichung von diesen Verfahren deutlich zu dokumentieren und zu begründen ist.

Das Kriterium der Regelgeleitetheit sollte eigentlich eine Selbstverständlichkeit für jegliche Form der empirischen Sozialforschung sein, sei diese dem quantitativen oder dem qualitativen Paradigma verpflichtet. Jedoch scheint es gerade im Hinblick auf qualitative Forschung notwendig, dieses Kriterium und dessen Einhaltung zu betonen, da die prinzipielle Offenheit qualitativen Vorgehens eventuell dazu verleiten mag, im Hinblick auf das Vorgehen bei der Datenerhebung oder bei der Datenauswertung ein „offenes" Verfahren an den Tag zu legen. Doch auch – oder gerade – qualitative Forschung „muss sich an bestimmte Verfahrensregeln halten, systematisch ihr Material zu bearbeiten" (Mayring, 2002, S. 104), um damit den Qualitätskriterien empirischer Sozialforschung zu genügen (und sich nicht dem Vorwurf der Unwissenschaftlichkeit auszusetzen).

10.5 Reflexion von Subjektivität

Die Reflexion der Rolle des Forschenden im gesamten Forschungsprozess ist bei qualitativer Forschung unabdingbar, da der Forschende hier selbst zum Erhebungs- und Erkenntnisinstrument wird. Deswegen muss dieser seine Rolle und die potenzielle Beeinflussung des gesamten Forschungsprozesses durch seine Person kritisch hinterfragen.

Für die kritische Reflexion der Subjektivität des Forschenden im Forschungsprozess müssen folgende Punkte berücksichtigt werden (nach Steinke, 2010):

(1) Begleitung des gesamten Forschungsprozesses durch Selbstbeobachtung (Gibt es eventuelle Ängste oder Vorurteile hinsichtlich des zu untersuchenden Themen- oder Personenfeldes?)

(2) Kritische Reflexion der persönlichen Voraussetzungen für die Erforschung des Untersuchungsgegenstands

    a) Ist das methodische Vorgehen der Person des Forschers angemessen? Wenn einer Person z. B. offene Situationen unangenehm sind, so ist ein narratives Interview für diese Person eher ungeeignet.

    b) Werden die eigenen beruflichen und persönlichen Voraussetzungen reflektiert?

    c) Wird die eigene kulturelle Herkunft reflektiert?

    d) Wird die biografische Beziehung zum Forschungsthema reflektiert?

(3) Sicherstellen der „gleichschwebenden Aufmerksamkeit", sodass allen Phänomenen gleich viel Beachtung geschenkt wird

(4) Gezielter Wechsel zwischen Annäherung und Distanz zum Untersuchten

(5) Besteht eine Vertrauensbeziehung zwischen Forscher und Informant? Wenn ja, dann muss dieses entsprechend reflektiert werden.

(6) Reflexion während des Einstiegs ins Untersuchungsfeld (hier auftretende Irritationen liefern oft wichtige Hinweise über Besonderheiten des Untersuchungsfelds)

Diese umfassende Reflexion bedeutet auch, dass die Forschenden ihre Gefühle, Vorannahmen und eventuelle Vorurteile offenbaren, um damit die mögliche Beeinflussung der Studie durch ihre eigenen Werte und Normen zu vermeiden (Creswell & Miller, 2000). Diese selbstkritische Reflexion sollte möglichst früh im Forschungsprozess einsetzen. Sie trägt auch zur Erhöhung der *Confirmability* qualitativer Daten bei (Shenton, 2004, S. 72).

Die Subjektivität lässt sich bei qualitativer Forschung nicht eliminieren, sie ist elementarer Bestandteil des Forschungsprozesses und macht auch die Stärke des qualitativen Forschens aus. Doch muss sie als konstitutives Element des Forschungsprozesses kontrolliert werden, denn der Forschende und der Informant „haben eine gemeinsame soziale Realität konstruiert. In der Immanenz dieser Situation bricht sich die Objektivität der sozialen Realität, die dort thematisch wird" (Honig, 1986, S. 6; zitiert nach Lamnek, 2010, S. 137/138; siehe hierzu Kap. 10.1.2).

10.6 Resümee

Kriterien zur Qualitätssicherung empirischer Forschung sind sowohl bei quantitativer als auch bei qualitativer Forschung von zentraler Bedeutung. Die Besonderheiten der qualitativen Forschung, die sich vor allem durch die Rolle des Subjekts bei der Datenerhebung auszeichnet, bedingt eine besondere Sorgfalt bei der Anwendung dieser Kriterien, da qualitative Forschung besonders häufig dem Vorwurf der fehlenden Objektivität, Unwissenschaftlichkeit, Willkür, der Theorielosigkeit und der fehlenden Repräsentativität der Ergebnisse ausgesetzt ist.

Um diesen Vorwürfen zu begegnen, muss vor allem die qualitativ-interpretative Sozialforschung darauf achten, dass sie sich an die kodifizierten Kriterien zur Sicherung der Güte der Daten und Interpretationen hält und damit Daten erhält, die einer intersubjektiven Überprüfung standhalten. Qualitative Forschung erweist sich insbesondere dadurch als methodisch angreifbar, als bislang kein einheitlicher Katalog an verbindlichen Kriterien, der bei Durchführung qualitativer Forschung berücksichtigt werden müsste, vorliegt, geschweige denn allgemein anerkannt wäre. Die Zukunft und zukünftige Anerkennung qualitativer Forschung wird jedoch entscheidend davon abhängen, ob sich ein methodologisch begründeter und verbindlicher Kanon an Kriterien zur Qualitätssicherung in der Community etablieren kann.

Aktuell liegen die vorgenannten verschiedenen Kriterienkataloge vor, die miteinander konkurrieren und die nicht alle forschungspraktische Relevanz besitzen. Dieses Buch versteht sich als Beitrag zur Kodifizierung von Gütekriterien und somit zur weiteren wissenschaftlichen Professionalisierung qualitativer Forschung.

Mit der Verknüpfung der drei herkömmlichen Kriterien quantitativer Forschung, die für die qualitative Forschung redefiniert wurden und mit besonderen, auf die Bedürfnisse und innere Logik qualitativer Forschung ausgerichteten zusätzlichen Gütekriterien versehen wurde (wie z. B. kontrollierte Subjektivität, Reflexion der Rolle des Subjekts im Erhebungsprozess und Intersubjektivität) wird ein Kanon an Gütekriterien für qualitative Sozialforschung zur Qualitätskontrolle vorgeschlagen, der dem Ziel einer breiteren Akzeptanz qualitativer Forschung dienen soll.

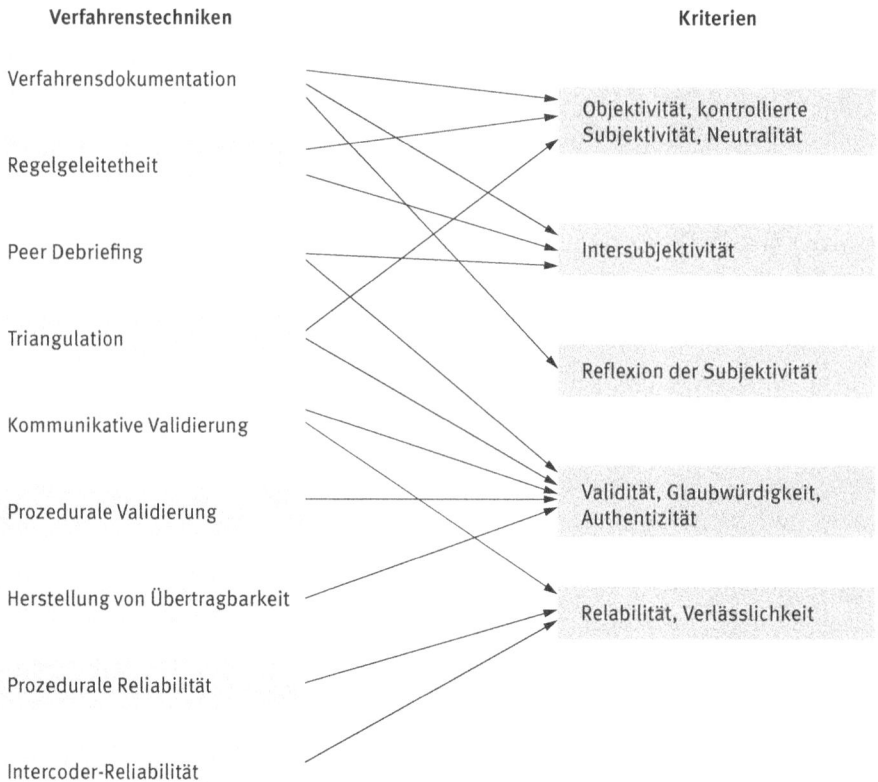

Verfahrenstechniken	Kriterien
Verfahrensdokumentation	Objektivität, kontrollierte Subjektivität, Neutralität
Regelgeleitetheit	
Peer Debriefing	Intersubjektivität
Triangulation	Reflexion der Subjektivität
Kommunikative Validierung	Validität, Glaubwürdigkeit, Authentizität
Prozedurale Validierung	
Herstellung von Übertragbarkeit	Relabilität, Verlässlichkeit
Prozedurale Reliabilität	
Intercoder-Reliabilität	

Abb. 10.1: Relevante Gütekriterien qualitativer Forschung (Quelle: eigene Darstellung)

10.7 Literatur

Altheide, D. L., & Johnson, J. M. (1994). *Criteria for assessing interpretive validity in qualitative research*. Thousand Oaks: Sage.

Creswell, J. W., & Miller, D. L. (2000). Determining validity in qualitative inquiry. *Theory Into Practice 39*(3), 124–130.

Denzin, N. K. (1989). *The Research Act in Sociology* (3rd edition). Englewood Cliffs: Prentice Hall.

Eisenhart, M. A., & Howe, K. R. (1992). Validity in educational research. In M. LeCompte et al. (Eds.), *The handbook of qualitative research in education* (pp. 643–680). San Diego: Academic Press.

Erlandson, D.A. et al. (1993). *Doing naturalistic inquiry: a guide to methods*. London: Sage.

Flick, U. (2000). *Qualitative Forschung. Theorie, Methoden, Anwendungen in Psychologie und Sozialwissenschaften* (5. Auflage). Reinbek bei Hamburg: Rowohlt.

Flick, U. (2008). *Qualitative Inhaltsanalyse. Grundlagen und Techniken* (10. Auflage). Weinheim/ Basel: Beltz.

Flick, U. (2010). Gütekriterien qualitativer Forschung. In G. Mey & K. Mruck (Hrsg.), *Handbuch Qualitative Forschung in der Psychologie* (S. 395–407). Wiesbaden: VS Verlag für Sozialwissenschaften.

Geertz, C. (1994). Thick description: Toward an interpretive theory of culture. In M. Martin & L. McIntyre (Eds.), *Readings in the philosophy of social science* (pp. 213–231). Cambridge: MIT Press. (Originalbeitrag von 1973).

Guba, E. G. (1981). Criteria for assessing the trustworthiness of naturalistic inquiries. *ECTJ 29*(2), 75–91.

Guba, E. G., & Lincoln, Y. S. (1982). Epistemological and methodological bases of naturalistic inquiry. *ECTJ 30*(4), 233–252.

Klüver, J. (1979). Kommunikative Validierung. Einige vorbereitende Bemerkungen zum Projekt Lebensweltanalyse von Fernstudenten. In T. Heinze (Hrsg.), *Lebensweltanalyse von Fernstudenten: Theoretische und methodologische Überlegungen zum Typus hermeneutisch-lebensgeschichtlicher Forschung* (S. 68–84). Hagen: Fernuniversität.

Krippendorff, K. (1980). Validity in content analysis. In E. Mochmann (Hrsg.), *Computerstrategien für die Kommunikationsanalyse* (S. 69–112). Frankfurt am Main: Campus. Verfügbar unter URL: http://repository.upenn.edu/asc_papers/291 (letzter Aufruf: 05.07.2018).

Lamnek, S. (2010). *Qualitative Sozialforschung* (5. überarb. Auflage). Weinheim: Beltz. [Lamnek, S., & Krell, C. (2016). *Qualitative Sozialforschung* (6., vollst. überarb. Auflage). Weinheim: Beltz.]

Lechler, P. (1982). Kommunikative Validierung. In G. L. Huber & H. Mandl (Hrsg.), *Verbale Daten* (S. 243–258). *Weinheim: Beltz.*

Lincoln, Y. S., & Guba, E. G. (1985). *Naturalistic Inquiry*. Newbury Park: Sage.

Marshall, C. (1990). Goodness criteria: Are they objective or judgement calls. In E. G. Guba (Ed.), *The paradigm dialog* (pp. 188–197). Newbury Park: Sage.

Maxwell, J. A. (1992). Understanding and validity in qualitative research. *Harvard Educational Review 62*(3), 279–301.

Mayring, P. (2002). *Einführung in die qualitative Sozialforschung*. Weinheim: Beltz. [Mayring, P. (2016). *Einführung in die qualitative Sozialforschung* (6. Auflage). Weinheim: Beltz.]

Mayring, P. (2015). *Qualitative Inhaltsanalyse: Grundlagen und Techniken* (12., überarb. Auflage). Weinheim/Basel: Beltz.

Merriam, S. B. (1998). *Qualitative Research and Case Study Applications in Education*. San Francisco: Jossey-Bass.

Morse, J. M., Barrett, M., Mayan, M., Olson, K., & Spiers, J. (2002). Verification strategies for establishing reliability and validity in qualitative research. *International Journal of Qualitative Methods 1*(2), 13–22.

Peräkylä, A. (1997). Reliability and validity in research based on tapes and transcripts. In D. Silverman (Ed.) *Qualitative research: Theory, method and practice* (pp. 201–220). London: Sage.

Seale, C., & Silverman, D. (1997). Ensuring rigour in qualitative research. *The European Journal of Public Health 7*(4), 379–384.

Scheele, B., & Groeben, N. (1988). Dialog-*Konsens-Methoden zur Rekonstruktion Subjektiver Theorien: die Heidelberger Struktur-Lege-Technik (SLT), konsuale Ziel-Mittel-Argumentation und kommunikative Flußdiagramm-Beschreibung von Handlungen*. Tübingen: Francke.

Shenton, A. K. (2004). Strategies for ensuring trustworthiness in qualitative research projects. *Education for Information 22*(2), 63–75.

Steinke, I. (1999, 2000, 2010). Gütekriterien qualitativer Forschung. In U. Flick et al. (Hrsg.), *Qualitative Forschung. Ein Handbuch* (S. 319–331). Reinbek: Rowohlt.

Tracy, S. J. (2010). Qualitative quality: Eight "big-tent" criteria for excellent qualitative research. *Qualitative inquiry 16*(10), 837–851.

Ward-Schofield, J. (2002). Increasing the generalizability of qualitative research. In M. A. Hubermann et al. (Eds.), *The qualitative researcher's companion* (pp. 171–203). London: Sage.

Webb, E. J., Campbell, D. T., Schwartz, R. D., & Sechrest, L. (2000). *Unobtrusive measures* (Revised Edition). Thousand Oaks: Sage.

Whittemore, R., Chase, S. K., & Mandle, C. L. (2001). Validity in qualitative research. *Qualitative Health Research 11*(4), 522–537.

11 Transkription

Der Begriff der Transkription leitet sich vom lateinischen *transcriptio* bzw. *transcribere* ab (Übertragung bzw. um-/überschreiben) und bedeutet in den empirischen Sozialwissenschaften die Verschriftlichung von verbalen oder auch nonverbalen Daten.

Umgeschrieben werden dabei audio(visuelle) gespeicherte Daten (Sekundärdaten) in Textdaten (Tertiärdaten), die dann der Analyse zugeführt werden. Transkriptionen sind in der qualitativen Forschung unabdingbar, da hier keine Daten erhoben werden, die numerisch codiert und verarbeitet werden können, sondern die Daten liegen in komplexer Form vor (als gesprochene Sprache inklusive Gesten, Bewegungen usw.). Es muss also eine Form gefunden werden, um diese komplexen Daten systematisch auswerten zu können. Für diesen Zweck haben sich Formen der Verschriftlichung entwickelt, die die Daten in Textformat transferieren, damit diese daran anschließend ausgewertet werden können: „The spoken flies away; the written abides" (O'Connell & Kowal, 1999, S. 103). Da der Fokus dieses Buches auf der Erhebung qualitativer, verbaler, mündlich erhobener Daten liegt (die als gespeicherte Audiodaten vorliegen), werden im Folgenden ausschließlich die wichtigsten Regelsysteme zur Verschriftlichung verbaler Daten dargestellt (zur Verschriftlichung nichtverbaler Daten siehe z. B. Dittmar, 2004, S. 189ff.).

11.1 Transkription als Konstruktionsleistung

„Das flüchtige Wort festzuhalten und damit einen Zugriff auf die Konventionalität und Gültigkeit von Sprechhandlungen und institutionellen diskursiven Bedeutungen im Rahmen von Gruppen und Gesellschaften zu haben, ist der historisch überlieferte und heute noch aktuelle Zweck der Verschriftlichung des Gesprochenen" (Dittmar, 2004, S. 15). Transkriptionen im sozialwissenschaftlichen Sinne möchten jedoch noch mehr als das „flüchtige Wort" festhalten: Hier geht es unter anderem um die Verschriftlichung von komplexen sozialen Situationen, d. h. um die Übertragung von Sprache, Handlung und Verhalten in den Bereich des Schriftlichen. So müssen, wenn nicht ausschließlich die verbale Ebene transkribiert werden soll, alle Eindrücke und Daten einer unmittelbaren Face-to-Face-Kommunikation oder eines vermittelten Telefon- oder Skype-Interviews in die Schriftform transferiert werden. Um dies leisten zu können und um textuell dargestellt werden zu können, müssen diese Daten in ihrer Komplexität reduziert werden. Damit bedeutet jede Form der Transkription eine Reduktion der Originaldaten unter Anwendung eines bestimmten Transkriptionssystems, das zur Herstellung der Tertiärdaten angewendet wird und das demnach immer auch theoretische Implikationen enthält: „[...] transcribing always involves, at least implicitly, a theory of what transcription is all about" (O'Connell & Kowal, 1999, S. 104).

https://doi.org/10.1515/9783110545982-011

Durch die Anwendung eines bestimmten Transkriptionssystems (siehe hierzu ausführlich Kap. 11.3) werden die Richtung und die Dimensionen der Verschriftlichung
und damit der Reduktion der Datenkomplexität festgelegt. Um die Richtung und
Dimension festzulegen, sind z. B. folgende Fragen vom Forschenden zu beantworten: Soll nur dezidiert Verbales oder sollen auch Phänomene auf der Handlungs-/
Verhaltensebene Berücksichtigung finden? Sollen Dialekte in Schriftsprache notiert
werden? Sollen parasprachliche Äußerungen wie ein Seufzen oder ein Lachen mit
verschriftlicht werden? Was ist relevant und was ist verzichtbar bei der Transkription
der jeweils vorliegenden verbalen Daten? Diese Entscheidungen können nicht pauschal, sondern jeweils nur kontextbezogen vor dem Hintergrund der konkret erhobenen Daten und der Zielsetzung des Forschungsvorhabens entschieden werden. Die
Wahl eines bestimmten Transkriptionssystems beeinflusst die Datentiefe und qualität und kann demnach als erster Schritt der Dateninterpretation angesehen werden
(Rubin & Rubin, 2005). Da Transkriptionen qualitativer Daten sehr zeitintensiv (und
damit kostenintensiv) sind – je nach Transkriptionsverfahren muss bei einer Stunde
Interview mit 6–10 Stunden für die Transkription gerechnet werden – muss immer in
Abwägung der erforderlichen Datentiefe und des zu erzielenden Erkenntnisgewinns
des Projekts entschieden werden, welche Transkriptionsmethode als adäquat erachtet wird.

In einem Interview mit Jugendlichen wurde u. a. die Frage gestellt, ob diese zu Hause
im Haushalt helfen würden (dieses Beispiel entstammt: Reinders, 2005, S. 248/249).
Ein befragter Jugendlicher antwortete hierauf „Ja klar" und lachte dabei ironisch.
Dem Interviewenden wurde hierdurch klar, dass der Interviewte nicht im Haushalt
half und bereits den Gedanken daran für abwegig hielt. Entscheidet man sich nun für
eine ausschließliche Transkription der verbalen Daten, so würde diese Interviewpassage im Transkript wie folgt aussehen:

Interviewer: Hilfst du auch zu Hause auch im Haushalt?
Jugendlicher: Ja, klar.

Bei der inhaltlichen Auswertung würde man dies als Zustimmung deuten und entsprechend in der Auswertung codieren. Würden hingegen nicht nur verbale, sondern
auch paraverbale Zeichen mittranskribiert, so würde dieser Interviewausschnitt wie
folgt transkribiert werden:

Interviewer: Hilfst du auch zu Hause auch im Haushalt?
Jugendlicher: [lacht ironisch] Ja, klar.

Nun wird deutlich, dass die Aussage ohne die Hinzunahme der paraverbalen Ebene nicht richtig zu interpretieren ist. Dieses Beispiel zeigt, dass eine zu reduzierte Transkriptionsmethode die Gefahr der Fehlinterpretation erhöht.

Die Bedeutung von verbalen Aussagen ist oft nicht ausschließlich an den kommunizierten Inhalten, sondern an Betonungen festzumachen. Wenn diese nicht mittranskribiert werden, könnte folgende Interviewpassage zur Analyse bereitstehen:

a) Interviewer: Wie haben sie in dieser Situation entschieden?
   Befragter: Ich habe nicht entschieden [...]

Diese Passage könnte, wenn die Wortbetonung mittranskribiert würde, wie folgt lauten:

b) Interviewer: Wie haben Sie in dieser Situation entschieden?
   Befragter: I c h habe nicht entschieden [...]

oder

c) Interviewer: Wie haben Sie in dieser Situation entschieden?
   Befragter: Ich habe n i c h t entschieden [...]

Hier würden sich jeweils verschiedene Lesarten ergeben: Im Falle des Beispiels b) würde das bedeuten, dass der Befragte betont, dass nicht er das entschieden habe. Diese Betonung legt nahe, dass eventuell eine andere Person die Entscheidung gefällt hat oder diese maßgeblich mit beeinflusst hat. Die Version c) würde bedeuten, dass der Befragte sich zu keiner Entscheidung durchgerungen hat und die Situation weiterhin nicht entschieden ist. Dieses Beispiel verdeutlicht, wie wichtig die Wahl des Transkriptionssystems für die weitere Auswertung der Daten ist, denn es enthält bereits einen ersten Schritt der Interpretation: „transcription is a pivotal aspect of qualitative inquiry" (Oliver et al., 2005, S. 1273).

11.2 Transkription als Gütekriterium

Der Prozess der Transkription muss sehr sorgfältig durchgeführt werden, da es sich hierbei um einen elementaren Bestandteil für die Qualitätssicherung der qualitativen Daten handelt. Das Datenmanagement und der Transkriptionsvorgang sollten deshalb Teil des Forschungsberichtes sein, damit diese Prozesse intersubjektiv nachvollziehbar und transparent gemacht werden. Häufig wird jedoch bemängelt, dass dies in der Forschungspraxis kaum umgesetzt wird, weshalb gefordert wird:

„transcription forms part of the data analysis process and should be clearly disclosed in the methodology of a project" (Halcomb & Davidson, 2006, S. 39). Zur Sorgfaltspflicht des Forschenden gehört dabei auch, dass dieser – bei externer Transkription der Daten – die gesamten Daten nach der Transkription nochmals abhört und eventuelle Abweichungen korrigiert. In einer Studie zur Analyse von Transkriptionsfehlern hat sich gezeigt, dass bis zu 60 % der transkribierten Passagen größere oder kleinere Fehler oder Auslassungen enthielten (Poland, 1995). „In fact, there appears to have been rather little discussion in the literature regarding the need to routinely review the quality of transcripts before undertaking the analysis of textual data in qualitative research. Establishing the trustworthiness of the transcripts would appear to be a fundamental component of rigor in qualitative research, although it is rarely mentioned in this context" (ebd., S. 290).

11.3 Verschiedene Transkriptionssysteme und Notationssysteme

Es liegen verschiedene Transkriptionssysteme vor, die in der qualitativen Sozialforschung Anwendung finden können. Die Entscheidung, welches System geeignet ist, hängt von der jeweiligen Forschungsfrage ab, die die Datentiefe und damit die Transkriptionsebene bestimmt. Für die qualitative Sozialforschung erweisen sich die vollständige und selektive Transkription als besonders bedeutsam; Methoden zur Verschriftlichung von nonverbalen Zeichen (Mimik, Gestik usw.) finden bei qualitativen Interviews kaum Anwendung (siehe hierzu z. B. das diskursanalytische Verfahren von Ehlich & Rehbein, 1981).

11.3.1 Vollständige Transkription

Die am häufigsten zur Anwendung kommende Art der Transkription ist die vollständige Transkription sämtlicher verbaler Daten. Dieses Vorgehen ist zeit- und kostenintensiv. Bei Transkription anhand der Standardorthografie kann man mit dem Faktor 1 : 6 oder 1 : 7 rechnen (1 Stunde Interviewzeit = 6–7 Stunden Transkriptionszeit); bei einer Transkription mittels literarischer Umschrift mit 1 : 8 und bei *Eye Dialect* mit bis zu 10 Stunden Transkriptionszeit pro Interviewstunde.

(1) *Standardorthografie*: Transkription mittels Standardorthografie bedeutet, dass die Verschriftlichung der verbalen Daten auf Basis der geltenden Rechtschreibung erfolgt, sodass dialektale Ausdrücke oder umgangssprachliche Äußerungen entsprechend korrigiert verschriftlicht werden. Hier eine Sequenz, die in Schweizer Dialekt aufgenommen wurde:

I: [...] und was nutzen Sie für Internetdienste oder -räume?

B: Also sovill sinds nöd, halt eifach ähm (...) Facebook (...), und ähm (...) früehner mal's StudiVZ, aber döte bini eigech nüme druf. (...) Also, (...) siteme Jahr villicht nümme druf. Und suscht, (...) also was was zellt als Ruum, was [Lachen] zellt als Internetruum?

Diese Passage würde bei Transkription ins Hochdeutsche wie folgt aussehen:

I: [...] und was nutzen Sie für Internetdienste oder -räume?

B: Also so viel sin das nicht, halt einfach ähm (...) Facebook (...), und ähm (...) früher mal das StudiVZ, aber dort bin ich eigentlich nicht mehr drauf. (...) Also, (...) seit einem Jahr vielleicht nicht mehr drauf. Und sonst, (...) also was was zählt als Raum, was [Lachen] zählt als Interne-traum?

(Quelle: Studie zur Nutzung von Social Network Sites; Misoch)

(2) *Literarische Umschrift*: Wird nach der literarischen Umschrift transkribiert, bleiben alle sprachlichen Besonderheiten des Audiotextes erhalten, sodass dialektale Färbungen, Umgangssprachliches oder Besonderheiten der gesprochenen Sprache in deren verschriftlichter Form sichtbar sind und somit erhalten bleiben.

I: [...] und was dann auch erweitert zu Ihrer Selbstdarstellung gehört?

B: Klar, ähm (...) ja vo mir druf isch eigentlich nöd bsunders vill. Also es isch weder Adrässe, no, suscht irgendwas. Eifach min Name unds Alter isch au nöd drufe. Und es isch min rich-tige Name dinä, aber de änderi villicht au mal. [lacht] Und äh, will äh [ff] ich han's gfühl, wämmer sich denn irgendwie, guet mer chas so spere lah, das mer das ja nöd gseht, innere Suechfunktion. Aber wenn i mich Für en Job bewirb möcht'ich dänn nöd, das mer dänn da mini Party-Föteli gseht. Obwohl ich das nöd drufe han [ironisch]. Aber äh [lacht] mer weiss ja nie, [holt luft] was da as Tagesliecht chunt. Es Profilfoti häts drufä und suscht häts zwei, drü Föteli wo lustigerwiis nöd vo mir ufeglade sind, sondern vo anderne Lüt. Aso, [...] ufeglade hanich eigentlich nie sälber öppis. Ich han ääh, wonich s'letztjahr in Brasilie gsi bin, hänich min Fotiapparat vergässe, und die nacher halt uf Facebook ta. Die sind jetze drufe. Aber vo mir sälber häts eigentlich kei Fötteli. Aso wükki immer Lüt, ander Lüt, wo mich, wie nännt mer das, tüend tägge. „Hmm." Und ähm [...], jetzt isches halt drufä. „Hmm." Und ähm [...], ähm, es staht au nöd, was ich studiere. Es staht eigentlich zimlich wenig. Also, weder äh, political-view, no öb ich single seg, no irgendwas. Hasos Gfühl im Verglich zu andere ischs eher spärlich ghalte [...]

(Quelle: Studie zur Nutzung von Social Network Sites; Misoch)

Durch die Beibehaltung der mündlichen Besonderheiten der Sprache und Aus-drucksweise des befragten Subjekts wirkt diese Interviewpassage lebendiger als die Passage, die in die Standardsprache und Standardorthografie übertragen wurde. Diese Form der Transkription kann genauere Analysen ermöglichen, wenn diese die Besonderheiten der subjektiven Sprache berücksichtigen und somit die Analyse um eine weitere Ebene zu erweitern vermögen. Eine literarische Transkription ist jedoch zeitaufwendiger als die Transkription in Standardorthografie, da hier oftmals keine standardisierten Schreibweisen für dialektale oder umgangssprachliche Wörter oder Satzwendungen vorliegen.

(3) *Eye Dialect*: Dieses Transkriptionsverfahren passt die Verschriftlichung noch stärker als die literarische Umschrift der vom Befragten verwendeten mündlichen Sprache an, indem z. B. ungewöhnliche Begriffe, phonetisch wiedergegeben werden. In dieser Form werden nichtstandardisierte Aussprachen genau transkribiert, indem sie in ihrer konkreten lautlichen Gestalt verschriftlicht werden. „Eye Dialect is phonetic respelling of words, not in order to show a mispronunciation (e.g. Eye-talian), but merely to burlesque the words or their speaker. [...] the corresponding spelling wimmin [women; SM.] is eye dialect" (Bolinger, 1946, S. 337). Die Verwendung dieses Transkriptionssystems ist zwar phonetisch sehr genau, aber die so entstandenen Texte sind schwer lesbar, weil z. B. aus „ich verstehe nicht" „ischverstäh::nichh" werden kann. Diese Schreibweise versucht, die linguistische Variationsbreite zum Ausdruck zu bringen, ist im Rahmen von sozialwissenschaftlichen Studien, sofern sich diese nicht z. B. dezidiert mit der Sprach- und Ausdrucksvielfalt von speziellen Gruppen auseinandersetzen, aber eher zu vernachlässigen.

(4) *GAT (Gesprächsanalytisches Transkriptionssystem)*: Das Gesprächsanalytische Transkriptionssystem (GAT) ist ein Verschriftlichungssystem, das vor allem für die Konversationsanalyse eingesetzt wird und das zum Ziel hat, die Analyse sprachlicher Interaktionen zu ermöglichen. Demnach muss dieses Transkriptionssystem anderen Kriterien entsprechen als jene Systeme, die vermehrt auf die inhaltliche Ebene fokussieren und bei denen die sozialen Dynamiken in der konkreten sozialen Situation nicht Ziel der Analyse darstellen.

Das GAT basiert auf folgenden Basiskonventionen:

„(1) Um Konvertierungsprobleme zu minimieren, wird ein äquidistanter Schrifttyp [...] gewählt; das Arbeiten mit Tabulatoren soll vermieden werden.

(2) Das Gesprächstranskript wird in genereller Kleinschreibung erstellt. (Großbuchstaben werden zur Notation von Akzenten benötigt.)

(3) Die Transkriptzeilen werden nummeriert. Jeder in einer Publikation zitierte Ausschnitt aus einem größeren Transkript fängt mit der Zeilennummer 01 an.

(4) Nach der Zeilennummer folgt (nach 3 Leerstellen) die Sprecherkennzeichnung. Sprecherkennzeichnungen werden in der Folgezeile nicht wiederholt, wenn der Sprecher gleich bleibt. Nach weiteren 3 Leerstellen folgt der Transkripttext.

(5) Das Basistranskript kann durch Hinzufügung weiterer Zeilen unter den Textzeilen z. B. für die genauere Transkription von Prosodie oder von nonverbalen Phänomenen erweitert werden (ohne Nummerierung, s. u.).

(6) Übersetzungen der Transkripte für fremdsprachliche Publikationen werden kursiv unter die jeweilige Transkriptzeile gesetzt.[...]" (Selting et al., 1998, S. 6).

Es werden dabei zwei Tiefengrade der Transkription unterschieden: das Basis- und das Feintranskript.

    a) *Basistranskript:* Dieses besteht aus der Wiedergabe der Worte des Sprechbeitrages der Akteure inklusive der Berücksichtigung der Prosodie, sodass Betonungen, Rhythmus und Akzente verschriftlicht werden. Es wird in der Partiturschreibweise (siehe hierzu Kap. 11.4) transkribiert, sodass Überlappungen, Pausen und Abbrüche sichtbar werden; des Weiteren werden para- und nonverbale Ereignisse verschriftlicht und erste Kommentare des Interviewenden hinzugefügt.

```
01   A:        hier fängt der transkripttext an
02   B:        ja genau
03   (– – –)
04   A:        wenn du mir ins wort fä(l)st
05   B:        [ich fall dir ja
06            gar nicht ins wort]
07   A:        doch
08            (.)
09            hast du wohl getan
10            du hast (.) mich gerade unterbrochen
11   B:        ja
12            tut mir leid
```

Abb. 11.1: Beispiel eines Basistranskripts (Quelle: Selting et al., 1998, S. 6)

Es können auch Betonungen und Akzentsetzungen durch Großschreibung verdeutlicht werden, Non- und Paraverbales wird in Klammern ergänzt, sodass das Transkript sich dann wie folgt gestaltet:

```
01   A:        << p > ich hab das gar nicht so> ((schnieft)) geMEINt –
02   B:        << pp > ((seufzt)) >
03            (.)
04            << f > aber du hast es so geSAGT. >
```

Abb. 11.2: Basistranskript inkl. Betonungen (Quelle: Selting et al., 1998, S. 15)

    b) *Feintranskript:* Diese Form der Transkription sieht vor, dass die Verschriftlichung durch weitere Parameter ergänzt wird, die vor allem die Prosodie betreffen, wie z. B. Tonhöhe, Lautstärke oder das Ein- und Ausatmen.

«f>	>	forte, laut
«ff>	>	fortissimo, sehr laut
«p>	>	piano, leise
«pp>	>	pianissimo, sehr leise
«all>	>	allegro, schnell
«len>	>	lento, langsam
«cresc>	>	crescendo, lauter werdend
«dim>	>	diminuendo, leiser werdend
«acc>	>	accelerando, schneller werdend
«rall>	>	rallentando, langsamer werden

Abb. 11.3: Beispiel für die Transkription der Lautstärken- und Sprechgeschwindigkeitsdifferenzierungen im Feintranskript (Quelle: Selting et al., 1998, S. 21)

```
01   Holger:    Bei netzwerk KLAPPTs nich,
02              weil zu kompliziert
03              zu viele verschiedene
04              proDUKte, .hhh e: en TE wär dafür ideal:,
                    L_____
                                 ⌐
                    Michael D. kommt herein

05              aber da ham wer einfach kein voLUmen,
                _____
                                        ⌐
                geht zu seinem vorherigen Sitzplatz

06              un em pe is zu WEnich
                _____
                              ⌐
                    und setzt sich

07              (- -)
```

Abb. 11.4: Beispiel für die Notation von nonverbalen Elementen im Feintranskript (Quelle: Selting et al., 1998, S. 27)

11.3.2 Selektive Transkription

Neben der Variante der vollständigen Transkription der verbalen Daten können auch Verfahren der selektiven Transkription eingesetzt werden. Der Einsatz selektiver Verfahren kann zum einen theoretisch begründet werden: „Considering that the process of transcription should be more about interpretation and generation of meanings from the data rather than being a simple clerical task, the need for verbatim transcription in every research project that generates verbal interview data must be questioned" (Halcomb & Davidson, 2006, S. 40). Zum anderen kann der Einsatz selektiver Transkriptionsverfahren auch pragmatischen Gründen geschuldet sein. So können z. B. die Kosten für eine vollständige Transkription zu hoch sein, sodass entschieden wird, bei einer ausschließlichen inhalts- und fragezentrierten Vorgehensweise selektiv zu transkribieren.

Die Befürworter des Vorgehens selektiver Transkription argumentieren, dass die Verschriftlichung von gesprochener Sprache (und gegebenenfalls non- und paraverbalen Elementen) immer eine Komplexitätsreduktion bedeutet und damit immer auch einen Selektions- und Interpretationsprozess beinhaltet, der fehleranfällig ist. Des Weiteren wäre die vollständige Transkription oftmals für das eigentliche Erkenntnisziel des Projekts nicht notwendig und würde in diesen Fällen nur unnötige Kosten (Zeit, Personal) verursachen (Halcomb & Davidson, 2006). Diese Argumente sind sicherlich nicht von der Hand zu weisen. Es ist jedoch zu beachten, dass bei einer selektiven Transkription genauso schwerwiegende Entscheidungen getroffen werden müssen, nämlich jene der Transkriptionsrelevanz der einzelnen Interviewpassagen. Selektives Vorgehen bedeutet aufgrund dieser Vorselektion, dass die notwendigen Interpretationsprozesse bereits vor der Transkription stattfinden, da nur jene Passagen verschriftlicht werden, die entsprechende forschungspraktische Relevanz besitzen. So findet hier ein doppelter Selektionsprozess statt: zum einen jene epistemologische Selektion, die die Entscheidung für ein bestimmtes Transkriptionssystem notwendigerweise mit sich bringt, zum anderen eine inhaltliche Selektion, die die im Hinblick auf die Forschungsfrage bedeutungsrelevanten Passagen kennzeichnet, welche dann im Anschluss transkribiert werden sollen.

Aufgrund dieser doppelten Selektionsleistung sowie aufgrund der Tatsache, dass man Gehörtes oftmals weniger genau zu analysieren vermag als Verschriftlichtes, ist der Einsatz der selektiven Transkription immer kritisch zu reflektieren. Hierbei besteht die Gefahr, dass bedeutungsrelevante Passagen bei der ersten Selektion übersehen werden und somit die Aussagekraft der erzielten Ergebnisse hinter ihren Möglichkeiten zurückbleiben.

11.3.3 Transkriptionsnotation

Bei der Transkription von verbalen (und/oder visuellen) Daten werden die Zeilen der Verschriftlichung durchgehend nummeriert, sodass das gesamte Interview über eine vom Beginn bis zum Ende durchgehende Zeilennummerierung verfügt. Dadurch können einzelne Interviewausschnitte unproblematisch zitiert und eindeutig identifiziert werden (z. B. Interview 11, Zeile 331–339). Es können zusätzlich auch Zeitcodes (Timecode) angegeben werden, sodass zu jedem neuen Sprechbeitrag des Interviews die Zeit des Beginns dieses Sprechaktes angegeben wird.

Beispiel für Zeilennummerierung

331 I: Welcher Charakter würdest du denn sein wollen?
332 B: Von denen?
333 I: Hm.
334 B: Ähm, …ohje, das is auch schwierig. Also schon … auch wenn, ähm, … also so
335   vom Charakter, von der Persönlichkeit her, würd ich am ehesten zum Ted tendie-
336   ren, denk ich.
337 I: Okay. Und, ähm, warum?
338 B: Ähm, also, der is einfach total sympathisch und 'n freundlicher Typ und der, äh,
339   durchblickt ganz viele Situationen.

(Quelle: Studierendenprojekt Misoch)

Beispiel für den Einsatz eines Timecodes

(25:05) I: Welcher Charakter würdest du denn sein wollen?
(25:10) B: Von denen?
(25:12) I: *Hm.*
(25:14) B: Ähm, … ohje, das is auch schwierig. Also schon … auch wenn, ähm, … also so
               vom Charakter, von der Persönlichkeit her, würd ich am ehesten zum Ted
               tendieren, denk ich.
(25:29) I: *Okay. Und, ähm, warum?*
(25:33) B: Ähm, also, der is einfach total sympathisch und 'n freundlicher Typ und der, äh,
               durchblickt ganz viele Situationen.

(Quelle: Studierendenprojekt Misoch)

Die Angabe des Timecodes besitzt den Vorteil, dass hier die konkrete Passage der Audiodatei leicht aufgefunden werden kann und zur besseren Interpretation nochmals kritisch angehört werden kann.

Das Transkript an sich kann in zwei verschiedenen Formen dargestellt werden: in der Zeilen- oder Partiturform. Mit der Partiturdarstellung können interaktive Prozesse gut visualisiert werden, da hier die Sprecherwechsel und eventuell vorkommende Überlappungen deutlich erkennbar werden; diese sind in der zeilenförmigen Darstellung nicht erkennbar, was jedoch nicht gravierend ist, wenn der Verlauf der sprachlichen Interaktion nicht strukturell oder z. B. interaktionsdynamisch, sondern inhaltlich analysiert werden soll.

Beispiel für Zeilendarstellung

I: *Also einfach pragmatische Gründe?*
B: Ja. (…) Also, ich find au s'Design besser bi Facebook. (…) Aso
I: *Also auch ästhetische Gründe?*
B: Ja, ja, (…) JA, doch scho. Aso ich find es isch äh besser gmacht. Es isch so chli äh, es ver-
      mittled chli es anders Flair als StudVZ. Bi StudVZ merkt mer eifach dases äh sehr uf Dütsch-
      land, ufd Schwiiz beschränkt isch und Österrich, das gseht mer de Site ah, findich.

(Quelle: Studierendenprojekt Misoch)

Beispiel für Partiturdarstellung

I: *Also einfach pragmatische Gründe?*

B: Ja. (…) Also, ich find aus Design besser bi Facebook. (…) Aso

I: *Also auch ästhetische Gründe?*

B: Ja, ja, (…) JA, doch scho. Aso ich
      find es isch äh besser gmacht. Es isch so chli äh, es vermittled chli es anders Flair als StudVZ.
      Bi StudiVZ merkt mer eifach dases äh sehr uf Dütschland, ufd Schwiiz beschränkt isch und
      Österrich, das gseht mer de Site ah, findich.

(Quelle: Studierendenprojekt Misoch)

11.3.4 Der Transkriptionskopf

Als Transkriptionskopf wird jener Teil bezeichnet, der der Verschriftlichung des Interviews vorausgeht und der relevante Informationen zum durchgeführten Interview enthält. Je nach Forschungsinteresse kann der Transkriptionskopf ausführlicher oder knapper ausfallen, sodass entweder alle genannten Merkmale oder nur eine kleine Auswahl im Transkriptionskopf Erwähnung finden (Reinders, 2005, S. 251):

- Projektnummer, Interviewnummer
- Name oder Code des Interviewers
- Name des Interviewten oder Codierung
- Zeit, Ort der Interviewdurchführung
- Dauer des Interviews
- Geschlecht, Alter usw. des Befragten
- Gesprächsmodus (face-to-face, telefonisch etc.)
- kurze Charakterisierung des Interviews (Atmosphäre, besondere Ereignisse, Störungen etc.)
- kurze Zusammenfassung des Interviews
- Angabe des verwendeten Transkribiersystems

Gesprächspartner

Sigel	Name	Alter	Geschlecht	Berufsausbildung
B	K K	20	Weiblich	Studentin

Gesprächsdaten

Kommunikationssituation	Keine weiteren Personen anwesend, ruhig, keine Störungen

Aufnahmedaten

Name des Aufnehmenden	X Y
Name des Transkribierenden	X Y
Aufnahmestatus	Offene Aufnahme
Datum/Zeit	5. Mai 20XX/17:18–17:54
Ort	Trier, zu Hause bei K K im Wohnraum
Dauer	23:50 Minuten

Allgemeine Bemerkungen
- Anfängliche Nervosität der Befragten wird schnell abgelegt
- Dialekt: Leichte schwäbische Färbung
- Schnelle Sprechgeschwindigkeit

Abb. 11.5: Beispiel Transkriptionskopf (Quelle: Studierendenprojekt Misoch)

11.3.5 Transkriptionsregeln

Unabhängig davon, nach welchen Regeln in einem Forschungsprojekt transkribiert wird, müssen diese standardisiert werden, sodass sie für alle Interviews und deren Verschriftlichungen gleichermaßen gelten (siehe Abb. 11.6).

Transkriptionsregeln

Literarische Transkription, d. h. es bleiben besondere Sprachkennzeichen (wie z. B. Dialektfärbung) bestehen und werden verschriftlicht

Formatierungen
- Schrift: Calibri, Schriftgröße 12
- Zeilenabstand: einfach
- Ränder sollten Platz für Anmerkungen lassen (2 cm links, 3 cm rechts)
- Durchgängige Zeilennumerierung

Textkennzeichnung
- Codierung der Gesprächsteilnehmer: I = Interviewer, B = Befragter
- I = Text kursiv für Interviewer
- B = Normalschrift für Aussagen des Befragten
- Keine Anführungsstriche für Fragen und Antworten
- Jeweils eine neue Zeile, wenn ein Sprecherwechsel stattfindet

Transkription	Bedeutung
[Kommentar]	Kommentare des Transkribierenden
sicher	Auffällige Betonung
s i c h e r	Gedehntes Sprechen
(lacht)	Kennzeichnung von nichtsprachlichen Vorgängen (ebenso besondere Art zu sprechen)
LAUT	Lautes Sprechen
//	Unverständliches Wort („... und dann // war alles ...")
(...) oder ...	Pausen innerhalb des Redeflusses

Abb. 11.6: Beispiel Transkriptionsregeln (Quelle: Studierendenprojekt Misoch)

11.4 Transkription unter Zuhilfenahme von Spracherkennungssoftware

Eine neue Möglichkeit der Transkription, die seit einigen Jahren verstärkt diskutiert wird, ist der Einsatz von Spracherkennungssoftware für die Verschriftlichung verbaler Daten. Als Spracherkennungssoftware werden hierbei Computerprogramme bezeichnet, die computergestützt gesprochene Worte erkennen und diese in Schriftform umsetzen können. Hier ist zu differenzieren zwischen sogenannter „Speech Recognition Software", die sprecherunabhängig Sprache zu erkennen vermag (aber deswegen nur eine kleine Auswahl an Befehlen zu verstehen d.h. verarbeiten vermag, wie z.B. Sprachbefehle beim Online-Banking) und „Voice Recognition Software", die sprecherabhängig ist und entsprechend vom Sprecher vor dem ersten Einsatz trainiert werden muss (Evers, 2011).

Durch den Einsatz von Spracherkennungssoftware wird erhofft, dass der personal- und damit zeit- und kostenintensive Faktor der Verschriftlichung durch den Einsatz einer solchen Technologie ökonomischer gestaltet werden könnte. Spracherkennungssoftware ermöglicht die automatische Verschriftlichung von Gesprochenem, wobei diese bislang hauptsächlich für den Bereich der Transkription von Diktaten eingesetzt wird. So werden im medizinischen Bereich bereits Systeme der Spracherkennung erfolgreich eingesetzt, da es hier zumeist eine Person ist, die diktiert (Arzt/Ärztin) und somit die Software einigermaßen robust funktioniert. Eine Metastudie zu allen seit 2000 dazu publizierten Artikeln und Studien (Johnson et al., 2014) kommt zum Ergebnis, dass sich in der medizinischen Praxis gezeigt habe, dass Spracherkennungssoftware zwar weniger genau sei, aber deutlich weniger grammatikalische Fehler produziere und vor allem dazu führe, dass Kosten gespart werden könnten und der Prozess der Berichtverfassung und Weiterleitung im klinischen Kontext deutlich beschleunigt würde (Johnson et al., 2014).

Softwareprodukte der automatischen Spracherkennung, die bereits auf dem Markt sind, wie z.B. Dragon, behaupten, dass sie ein System der Speech Recognition verwenden würden. Dies würde bedeuten, dass das System personenunabhängig mehrere Stimmen erkennen und verarbeiten kann. Leider ist das zwar das Ziel dieser Produkte, aber (noch) nicht deren Realität. Die Systeme haben große Schwierigkeiten damit, verschiedene Stimmen zu verstehen und die Daten entsprechend zu verarbeiten (z.B. Fetcher & Shaw, 2011). Die Software muss jeweils vor dem Einsatz „trainiert" werden. Das bedeutet, dass sich diese auf den individuellen Sprachstil der diktierenden Person einstellen muss, damit eine fehlerfreie Worterkennung ermöglicht wird. Dabei muss die sprechende Person deutlich artikulieren, um dem Softwareprogramm das Worterkennen zu ermöglichen. So sind dialektale Färbungen, ungenaues Sprechen oder Nebengeräusche zu vermeiden, weil diese zu schlechten Ergebnissen bzw. zu einer erhöhten Fehlerquote beim automatisierten Transkribieren führen.

Da Spracherkennungssoftware keine unterschiedlichen Stimmen erkennen oder gar voneinander unterscheiden kann, können diese Systeme nie direkt für die Verschriftlichung der Verbaldaten qualitativer Interviews eingesetzt werden. Möchte man Spracherkennungssoftware für die Transkription von Interviews einsetzen, so muss der Inhalt vorab abgehört werden und dem Programm neu diktiert werden, nachdem sich dieses in einer Trainingsphase auf die Stimme der diktierenden Person eingestellt hat. Dieses Vorgehen bezeichnen Forschende als Parrot Method (De Felice & Janesick, 2015): Dies bedeutet, dass der Forschende die Audiodatei des Interviews hört und das durch den Interviewten Gesprochene nachspricht und somit der Forschende diese Inhalte neu in das System der entsprechenden Spracherkennungssoftware eingibt. Dieses Vorgehen hat den Vorteil, dass die Spracherkennungssoftware effizienter funktioniert, da immer die gleiche Stimme spricht und die automatisierte Transkription relativ gut funktioniert. Auch wenn diese Methode von Forschenden eingesetzt wird und von diesen positiv beurteilt wird: „As we listened and transcribed, we were able to place ourselves into our participants by being their voice" (De Felice &

Janesick, 2015, S.1582), sollte man diese Praxis eher skeptisch beurteilen: Denn auch wenn hier das Argument des Sich-Hineinversetzen-Könnens verwendet wird, stellt dieses Vorgehen des Nachsprechens des Gesagten einen vehementen Eingriff in die Datenbasis dar, da dann nicht mehr die Audiodatei des geführten Interviews (Primärdaten), sondern die nachgesprochene Version des Forschenden Basis des gesamten Datenauswertungsprozesses darstellt. Nicht nur das Risiko, dass Inhalte durch das Nachsprechen falsch wiedergegeben werden, sondern auch die Ungenauigkeit, die dadurch entsteht, dass ein Inhalt „nachgesprochen" wird und damit eine Interpretation von Betonungen, Pausen oder ähnlichem vollkommen unmöglich wird, zeigt, dass man in der qualitativen Praxis eher Abstand von diesem Vorgehen nehmen sollte.

Vergleicht man die manuelle mit der automatischen Transkription, so zeigt sich, dass der Einsatz von Spracherkennnungssoftware zu keinem Zeitvorteil beim Transkribieren verbaler Daten führt. Vielmehr wird deutlich, dass der entscheidende Zeitvorteil nicht der Art der Transkription zuzuschreiben ist, sondern auf die Tippgeschwindigkeit der Probanden zurückzuführen ist. Deswegen schließen die Autoren der Studie, dass die Frage danach, ob Spracherkennungssoftware zu schnelleren Transkriptionen von Interviews für Forschende verhelfe, „aufgrund der vorliegenden Ergebnisse [...] verneint werden" müsse (Dresing et al., 2008, Abschnitt 35). Zehn Jahre später scheint sich die Situation trotz technischer Fortschritte nicht geändert zu haben, und in einem Werk von 2018 wird auf die Frage, ob einem Spracherkennungssoftware die Transkriptionsarbeit abnehmen könne, geantwortet: „Leider, leider [nein] [...] es geht noch nicht. Spracherkennungssoftware ist für die Verschriftlichung von Interviewaufnahmen momentan noch völlig ungeeignet", (Dresing & Pehl, 2018). Als Hauptprobleme werden genannt, dass die Software Worte nur erkenne, wenn diese sehr deutlich und einheitlich ausgesprochen würden – was die Verwendung für Interviewaufnahmen verunmöglicht, da hier verschiedene Personen sprechen, oft Nebengeräusche vorhanden sind und undeutlich in Umgangssprache oder gar Dialekt gesprochen wird. Diese Hürden zu meistern, sei aktuell für Spracherkennnungssoftware noch unmöglich.

So bleibt angesichts des derzeitigen Stands der Entwicklung festzuhalten, dass der Einsatz von Spracherkennungssoftware sich vor allem als Unterstützung für motorisch eingeschränkte Personen als sehr hilfreich erweist, wie z.B. für Multiple-Sklerose-Patienten (Lodato, 2005), dass diese aber für die Transkription von qualitativen Interviews noch nicht ausgereift ist und noch keinen deutlichen Zeitvorteil mit sich bringt. Wenn man des Weiteren davon ausgeht, dass die Transkription die erste Konstruktionsleistung der Datenauswertung bedeutet (siehe hierzu 11.1), so kann geschlossen werden, dass diese nur von einem Menschen und nicht von einer Software adäquat geleistet werden kann: „This unique process [transcription, SM] – and genre of language use – is essentially reserved for intelligent agents" (O'Connell & Kowal, 1999, S. 104).

11.5 Literatur

Bolinger, D. L. (1946). Visual morphemes. *Language 22*(4), 333–340.

De Felice, D., & Janesick, V. J. (2015). Understanding the marriage of technology and phenomeno-logical research: From design to analysis. *The Qualitative Report 20*(10), 1576.

Dittmar, N. (2004). Transkription (2. Auflage). Wiesbaden: VS Verlag für Sozialwissenschaften. [Dittmar, N. (2009). Transkription (3. Auflage). Wiesbaden : VS Verlag für Sozialwissenschaften.]

Dresing, T., Pehl, T., & Lombardo, C. (2008). Schnellere Transkription durch Spracherkennung? *Forum Qualitative Sozialforschung 9*(2), Art. 17.

Dresing, T., & Pehl T. (2018). Praxisbuch Interview, Transkription & Analyse. Anleitungen und Regelsysteme für qualitativ Forschende (8. Auflage). Marburg.

Ehlich, K., & Rehbein, J. (1981). Zur Notierung nonverbaler Kommunikation für diskurs-analytische Zwecke (Erweiterte halbinterpretative Arbeitstranskriptionen HIAT 2). In P. Winker (Hrsg.), Methoden der Analyse von Face-to-Face-Situationen (S. 302–329). Stuttgart: Metzler.

Evers, J. C. (2011). From the past into the future. How technological developments change our ways of data collection, transcription and analysis. *Forum Qualitative Sozialforschung/Forum: Qualitative Social Research 12*(1).

Fletcher, A. K., & Shaw, G. (2011). How voice-recognition software presents a useful transcription tool for qualitative and mixed methods researchers. International Journal of Multiple Research Approaches 5(2), 200–206. Verfügbar unter URL: https://search.proquest.com/docview/1022983159/fulltextPDF/F6B0EF20F9064199PQ/23?accountid=15920 (letzter Aufruf: 25.04.2018).

Halcomb, E. J., & Davidson, P. M. (2006). Is verbatim transcription of interview data always necessary? *Applied Nursing Research 19*(1), 38–42.

Johnson, M., Lapkin, S., Long, V., Sanchez, P., Suominen, H., Basilakis, J., & Dawson, L. (2014). A systematic review of speech recognition technology in health care. *BMC Medical Informatics and Decision Making 14*(1), 94.

Lodato, J. (2005). Advances in voice recognition. *The Futurist 39*(1), 7–8.

O'Connell, D. C., & Kowal, S. (1999). Transcription and the issue of standardization. *Journal of Psycholinguistic Research 28*(2), 103–120.

Oliver, D. G., Serovich, J. M., & Mason, T. L. (2005). Constraints and opportunities with interview transcription: Towards reflection in qualitative research. *Social Forces 84*(2), 1273–1289.

Poland, B. D. (1995). Transcription quality as an aspect of rigor in qualitative research. *Qualitative Inquiry 1*(3), 290–310.

Reinders, H. (2005). *Qualitative Interviews mit Jugendlichen führen: Ein Leitfaden*. München: Oldenbourg Verlag. [Reinders, H. (2016). *Qualitative Interviews mit Jugendlichen führen: Ein Leitfaden* (3. Auflage). Berlin: De Gruyter.]

Rubin, H. J., & Rubin, I. S. (2005). *Qualitative interviewing: The art of hearing data*. London: Sage.

Selting, M. et al. (1998). Gesprächsanalytisches Transkriptionssystem (GAT). *Linguistische Berichte, 173*, 91–122. Verfügbar unter URL: http://www.mediensprache.net/de/medienanalyse/transcription/gat/gat.pdf (beachte: andere Seitenzählung, S. 1–38) (letzter Aufruf: 05.07.2018).

12 Resümee

Qualitative Interviews sind zentraler Bestandteil der empirischen Sozialforschung. Dabei handelt es sich um eine spezielle Konversation zwischen einem Interviewenden und einem Interviewten, die vom Forschenden initiiert wurde und bei der die zu ermittelnden Daten durch kommunikative Interaktion erhoben werden. Hintergrund für diese Methoden der Erhebung verbaler Daten sind verschiedene Paradigmen, die als gemeinsame Basis haben, dass davon ausgegangen wird, dass Menschen ihre Welt handelnd erzeugen, dass es sich dabei um soziale Aushandlungsprozesse handelt und dass die subjektiven Sinnzuschreibungen dieser Prozesse mittels Kommunikationen erhoben werden können.

Qualitative Interviews bieten dem Forschenden die Möglichkeit, genaue Kenntnis über subjektive Innenwelten, Biografien, Erfahrungen, Gedanken, Emotionen aber auch über soziale Dynamiken und Strukturen zu gewinnen und so zu einer dichten Beschreibung und zu einem Verstehen der untersuchten Phänomene zu gelangen. Auch das explorative Untersuchen neuer Bereiche sowie das Entwickeln von Hypothesen gehören zum Anwendungsbereich qualitativer Interviews.

Um dies zu erreichen, kann der Forschende verschiedene Methoden einsetzen, die jeweils im Hinblick auf das Forschungsziel, die Forschungsfrage und das zu untersuchende Feld ausgewählt werden müssen. Die adäquate Auswahl der geeigneten Methode ist damit entscheidende Voraussetzung für den Erfolg eines Forschungsvorhabens, denn dieses kann nur dann aussagekräftige Daten ermitteln, wenn die richtige, d. h. die für die jeweilige Forschungsfrage geeignete Methode systematisch und korrekt angewendet wird. Zur differenzierten und methodologisch richtigen Anwendung qualitativer Interviewmethoden sollen nachfolgende Übersichten eine Hilfe bieten (siehe Tab. 12.1 und Tab. 12.2).

Hat man im Rahmen eines Projektes aus theoretischen, durchführungspraktischen oder ökonomischen Erwägungen heraus entschieden, die qualitativen Interviews nicht face-to-face, sondern mediiert durchzuführen, so können diese entweder telefonisch oder online realisiert werden. Das jeweilige Vorgehen muss entsprechend theoretisch und methodologisch begründet und im Hinblick auf potenzielle Verzerrungseffekte oder Einflüsse auf die Interviewinteraktion hinreichend reflektiert werden.

https://doi.org/10.1515/9783110545982-012

Tab. 12.1: Vergleich der verschiedenen Formen zur Erhebung qualitativer, verbaler Daten

Methode	Zielsetzung/Anwendungsbereich	Struktur	Besonderheiten	Rolle des Forschenden
Narratives (narrativ-biografisches) Interview	Analyse biografischer Verläufe, Rekonstruktion von Lebensverläufen. Ganzheitliche Sicht auf die Phänomene	Offene Erhebungsform. Wird durch den Befragten selbst strukturiert	Subjekte müssen zu Stegreifnarrationen fähig sein. Es darf während der Hauptnarration nicht nachgefragt werden.	Hohe Kompetenzerwartungen an den Forschenden. Kaum Steuerungsmöglichkeit durch den Forschenden
Episodisches Interview	Analyse bestimmter biografischer Erfahrungen und bestimmter „Episoden" aus dem Lebensverlauf. Subjektive Erfahrungen, subjektives Wissen stehen im Zentrum, ohne dass der Fokus direkt auf dem rein Biografischen liegt	Leitfadenorientiert	Erhebung von Teilnarrationen. Es darf im narrativen Part nachgefragt werden.	Hohe Kompetenzerwartungen an den Forschenden durch Kombination von offenem Interview und narrativen Formen
Leitfadeninterview	Offen für vielfältige Themenstellungen, die eine tiefere Analyse bestimmter Phänomene oder die explorative Erkundung eines Bereichs bedeuten. Z. B. Analyse von subjektiven Meinungen, Einstellungen oder Sinnzuschreibungen	Leitfadenorientiert	Offen und prozesshaft zugleich. Sehr vielseitig einsetzbar	
Problemzentriertes Interview	Analyse biografischer Prozesse anhand der Erhebung von Teilnarrationen. Als „Problem" werden dabei alle Fragen definiert, die eine gewisse gesellschaftliche Relevanz haben (z. B. Jugendarbeitslosigkeit)	Leitfadenorientiert	Induktiv-deduktives Wechselspiel. Bestimmte Fragetechniken für die narrative Phase	Hohe Kompetenzerwartungen an den Forschenden
Themenzentriertes Interview	Ist der psychoanalytischen/tiefenpsychologischen Forschung zuzuordnen, da die Erhebung latenter Sinngehalte im Zentrum steht	Strukturiert anhand einer Leitfrage	Tiefenhermeneutisches Verfahren. Muss supervisiert werden	Hohe Kompetenzerwartungen an den Forschenden
Fokussiertes Interview	Soll subjektive Erfahrungen des Befragten hinsichtlich des konkreten Stimulus erheben	Leitfadenorientiert	Vorgabe eines konkreten Stimulus	Hohe Kompetenzerwartungen an den Forschenden

Methode	Zielsetzung/Anwendungsbereich	Struktur	Besonderheiten	Rolle des Forschenden
Tiefeninterview	Einsatz für diagnostische Zwecke und für qualitativ-psychologische Inhalte. Das Ziel liegt in der Analyse verborgener Inhalte.	Leitfadenorientiert	Prozess sollte supervisiert werden. Sehr aufwendige Methode. Tiefenhermeneutische Auswertung der Daten wird empfohlen	Hohe Kompetenzerwartungen an den Forschenden
Diskursives Interview	Methode zur Rekonstruktion sozialer Deutungsmuster (innerer Handlungslogiken)	Leitfadenorientiert	Erfassung latenter Inhalte durch Erhebung der sog. Derivate. Anwendung verschiedener Frage- und Stimulustypen zur Evokation von Begründungen	Hohe Kompetenzerwartungen an den Forschenden. Theoretisch sehr voraussetzungsreich
Ethnografisches Interview	Diese Methode wird zumeist im Rahmen ethnografischer Studien durchgeführt. Ziel ist z. B. die Analyse von Strukturen einer Gesellschaft bzw. Kultur oder von bestimmten Gruppen/Subkulturen.	Offene Erhebungsform oder leitfadenorientiert	Zyklischer Ablauf der Interviews. Forschender hat Nähe zum untersuchten Feld durch Teilnahme. Die Distanzierung zum Feld muss vom Forschenden aktiv geleistet werden.	Partielle aktive Teilnahme am Feld. Hohe Kompetenzerwartungen an den Forschenden (methodologische und soziale Kompetenz)
Experteninterview	Methode zur Erforschung von bestimmten Wissensfeldern bzw. der Rekonstruktion von Expertenwissen zu bestimmten Themenbereichen. Erhebung von Kontext- oder Betriebswissen	Leitfadenorientiert	Personen stehen als Wissensträger und nicht als Individuen im Fokus. Biografische Inhalte stehen nicht im Fokus des Interesses. Ziel ist zumeist eine typologisierende Analyse.	

Methode	Zielsetzung/Anwendungsbereich	Struktur	Besonderheiten	Rolle des Forschenden
Convergent Interviewing	Methode zur Themensondierung, zur explorativen Untersuchung oder zur Ermittlung anwendungsbezogener Daten	Offenes Vorgehen (kann aber auch leitfadenorientiert stattfinden)	Zyklisches Vorgehen (Grad der Strukturierung nimmt im Verlauf zu) Wird oft als strategisches Moment eingesetzt Sehr praxisnah	
Fokusgruppen	Gruppeninteraktionen stellen Datenbasis dar (Fokus: Inhalt) Einsatzbereiche: z. B. Testverfahren, Akzeptanzstudien, Studien zur Meinungsvielfalt	Leitfadenorientiert	Stimulusorientierte Diskussion Gruppengröße 6–10 Personen Fokusgruppen werden meist im Rahmen von Methodentriangulation eingesetzt.	Hohe Kompetenzerwartungen an den Forschenden (soziale und kommunikative Kompetenzen) Moderator nimmt aktive Rolle ein
Gruppendiskussion	Gruppenprozesse stellen Datenbasis dar (Fokus: soziale Prozesse wie z.B. Gruppendynamik) Einsatzbereiche: Analyse von Gruppendynamik, der Entstehung von individuellen und kollektiven Meinungen und zur Analyse des sog. konjunktiven Erfahrungsraumes.	Offene Erhebungsform (kann aber auch leitfadenorientiert stattfinden)	Stimulus, der die Diskussion anregen soll Gruppengröße nicht zu groß, 3–7 Personen	Zurückhaltende Rolle des Moderators
Gruppeninterviews	Kommunikationsinhalte der Gruppensituation stehen im Fokus des Interesses	Leitfadenorientiert	Es werden mehrere Personen zeit- und ortsgleich zu einem bestimmten Thema interviewt (Ausnahme: Online-Gruppeninterviews) Gruppengröße nicht zu groß, 3–7 Personen	Hohe Kompetenzerwartungen an den Forschenden Moderator hat aktive Rolle

Tab. 12.2: Mediierte Formen der Erhebung qualitativer, verbaler Daten

Methode	Zielsetzung/Anwendungsbereich	Struktur	Besonderheiten	Einsatzbereiche
Telefoninterview, qualitatives	Erhebung verbaler Daten anhand des Einsatzes des Telefons	Leitfadenorientiert	Partielle Reduktion des Einflusses des Interviewenden (durch Wegfall des visuellen Kanals), geringe Reisekosten, effizient, geografische Entgrenzung, Erreichbarkeit von nicht mobilen Personen, Option der Anonymität, Möglichkeit der vermehrten Offenheit durch die kanalreduzierte Situation Fehlende Kontrolle über die Situation und Kommunikation, Zunahme des Einflusses stimmlicher Elemente, Reduzierung der *Social Cues*	Nicht für alle Formen der qualitativen Interviews geeignet Eventuelle Einflüsse der mediierten Situation müssen reflektiert werden
Skypeinterview, qualitatives	Online-Erhebung verbaler Daten anhand des Einsatzes von Software zur Übertragung audiovisueller Kanäle	Offen oder leitfadenorientiert	Reichhaltige Kommunikationssituation, geografische Entgrenzung, Erreichbarkeit von nicht mobilen Personen, Option von Gruppenmethoden, geringer Zeitaufwand, Option der Anonymität (nicht visuell), digitale Aufzeichnung. Technische Probleme, geringer Grad an Verbindlichkeit	Nur geeignet, wenn Interviewte mit der Technik vertraut sind Eventuelle Einflüsse der mediierten Situation müssen reflektiert werden

Literaturverzeichnis

Abels, H. (2009). Ethnomethodologie. In G. Kneer & M. Schroer (Hrsg.), *Handbuch Soziologische Theorien* (S. 87–110). Wiesbaden: VS Verlag für Sozialwissenschaften.

Abels, H. (2010). *Interaktion, Identität, Präsentation. Kleine Einführung in interpretative Theorien der Soziologie* (5. Auflage). Wiesbaden: VS Verlag für Sozialwissenschaften.

Adler, P. A., & Adler, P. (2002). The reluctant respondent. In J. F. Grubrium & J.A. Holstein (Eds.), *Handbook of interview research: context and method* (pp. 515–536). Thousand Oaks: Sage.

Adler, P. A., & Adler, P. (2003). The reluctant respondent. In J. A. Holstein & J. F. Grubrium (Eds.), *Inside interviewing: New lenses, new concerns* (pp. 153–173). Thousand Oaks: Sage.

Altheide, D. L., & Johnson, J. M. (1994). *Criteria for assessing interpretive validity in qualitative research.* Thousand Oaks: Sage.

Ambert, A. M., Adler, P. A., Adler, P., & Detzner, D. F. (1995). Understanding and evaluating quailtative research. *Journal of Marriage and the Family 57*(4), 879–893.

Amon, I. (2003). *Die Macht der Stimme Persönlichkeit durch Klang, Volumen und Dynamik* (2., überarb. Auflage). Wien: Redline.

Anderson, B. A., Silver, B. D., & Abramson, P. R. (1988). The effects of race of the interviewer on measures of electoral participation by Blacks in SRC National Election Studies. *Public Opinion Quarterly 52*(1), 53–83.

Archer, R. L. (1980). Self-disclosure. In D. M. Wegner & R. R. Vallacher (Eds.), *The self in social psychology* (pp. 183–204). New York: Oxford University Press.

Argyle, M. (2009). *Social interaction* (2. Auflage). New Jersey: Transaction Publishers.

Arnold, R. (1983). Deutungsmuster. Zu den Bedeutungselementen sowie den theoretischen und methodologischen Bezügen eines Begriffs. *Zeitschrift für Pädagogik 29*(6), 893–912.

Atteslander, P. (2003). *Methoden der empirischen Sozialforschung* (10. Auflage). Berlin: Walter de Gruyter. [Atteslander, P. (2010). *Methoden der empirischen Sozialforschung* (13., neu überarb. und erw. Auflage). Berlin: ESV.]

Bamberg, S. (2006). *Holocaust und Lebenslauf: Autobiografisch-narrative Interviews mit Überlebenden des Konzentrationslagers Theresienstadt.* Dissertation, Universität Heidelberg.

Bampton, R., & Cowton, C. J. (2002). The E-Interview. In *Forum Qualitative Sozialforschung/ Forum: Qualitative Social Research 3*(2), Art. 9. Verfügbar unter URL: http://nbn-resolving.de/ urn:nbn:de:0114-fqs020295 (letzter Aufruf: 11.04.2019).

Bampton, R., Cowton, C., & Downs, Y. (2013). The E-Interview in Qualitative Research. In N. Sappleton (Ed.), *Advancing Research with New Technologies* (329–343). Hershey: Information Science Reference.

Barath, A., & Cannell, C. F. (1976). Effect of interviewer's voice intonation. *Public Opinion Quarterly 40*(3), 370–373.

Beck, C. T. (2005). Benefits of participating in Internet interviews: Women helping women. *Qualitative Health Research 15*(3), 411–422.

Becker, C., Böcker, H., Matthiesen, U., Neuendorff, H., & Rüßler, H. (1987). Kontrastierende Fallanalysen zum Wandel von arbeitsbezogenen Deutungsmustern und Lebensentwürfen in einer Stahlstadt. *Umbrüche*, Bd. 1.

Berger, P. L., & Luckmann, T. (2009). *Die gesellschaftliche Konstruktion der Wirklichkeit.* Frankfurt am Main: Fischer Verlag.

Bergmann, J. R. (2010). Ethnomethodologische Konversationsanalyse. In L. Hoffmann (Hrsg.), *Sprachwissenschaft. Ein Reader* (3. Auflage), (S. 258–274). Berlin: Walter de Gruyter.

Bermack, E. (1989). Effect of telephone and face-to-face communication on rated extent of self-disclosure by female college students. *Psychological Reports 65*(1), 259–267.

https://doi.org/10.1515/9783110545982-013

Blasius, J., & Reuband, K.-H. (1995). Telefoninterview in der empirischen Sozialforschung: Ausschöpfungsquoten und Antwortqualität. *ZA-Information/Zentralarchiv für Empirische Sozialforschung 37*, 64–87.

Blee, K. M. (2003). *Inside organized racism: Women in the hate movement*. London: University of California Press.

Block, M., Unger, H., & Wright, M. (2010). *Fokusgruppe*. Verfügbar unter URL: http://www.pq-hiv.de/sites/default/files/Fokusgruppe_Qualitaet_Aidshilfe_11247.pdf (letzter Aufruf: 05.07.2018).

Blumer, H. (2013). *Symbolischer Interaktionismus. Aufsätze zu einer Wissenschaft der Interpretation*. Berlin: Suhrkamp.

Bock, M. (1992). Das halbstrukturierte-leitfadenorientierte Tiefeninterview: Theorie und Praxis der Methode am Beispiel von Paarinterviews. In J. Hoffmeyer-Zlotnik (Hrsg.), *Analyse verbaler Daten: über den Umgang mit qualitativen Daten* (S. 90–109). Wiesbaden: VS Verlag für Sozialwissenschaften. Verfügbar unter URL: http://nbn-resolving.de/urn:nbn:de:0168-ssoar-25663 (letzter Aufruf: 17.05.2018).

Bogardus, E. S. (1926). The group interview. *Journal of Applied Sociology 10*(4), 372–382.

Bogner, A., & Menz, W. (2001). „Deutungswissen" und Interaktion. Zu Methodologie und Methodik des theoriegenerierenden Experteninterviews. *Soziale Welt 52*(4), 477–500.

Böhler, H. (2004). *Marktforschung* (3. Auflage). Stuttgart: Kohlhammer. [Böhler, H., & Fürst, A. (Hrsg.) (2014). *Marktforschung* (4., aktual. und erw. Auflage). Stuttgart: Kohlhammer.]

Bohnsack, R. (2014). Gruppendiskussionsverfahren und Gesprächsanalyse. In R. Bohnsack (Hrsg.), *Rekonstruktive Sozialforschung* (9. Auflage), (S. 107–130). Opladen: Verlag Barbara Budrich.

Bolinger, D. L. (1946). Visual morphemes. *Language 22*(4), 333–340.

Bourdieu, P. (1990). Die biographische Illusion. *Bios 3*(1), 75–81.

Bowden, C., & Galindo-Gonzalez, S. (2015). Interviewing when you're not face-to-face: The use of email interviews in a phenomenological study. *International Journal of Doctoral Studies 10*(12), 79–92.

Breidenstein, G., Hirschauer, S., Kalthoff, H., & Nieswand, B. (2013). *Ethnografie. Die Praxis der Feldforschung*. Konstanz/München: UVK. [Breidenstein, G., Hirschauer, S., Kalthoff, H., & Nieswand, B. (2015). *Ethnografie. Die Praxis der Feldforschung* (2., aktual. Auflage). Konstanz/München: UVK.]

Brosius, H.-B., Koschel, F., & Haas, A. (2012). *Methoden der empirischen Kommunikationsforschung* (6. Auflage). Wiesbaden: VS Verlag für Sozialwissenschaften.

Bude, H. (1985). Der Sozialforscher als Narrationsanimateur: kritische Anmerkungen zu einer erzähltheoretischen Fundierung der interpretativen Sozialforschung. *Kölner Zeitschrift für Soziologie und Sozialpsychologie 37*(2), 327–336.

Bürki, R. (2000). *Klimaänderung und Anpassungsprozesse im Wintertourismus* (Vol. 6). St. Gallen: Ostschweizerische Geographische Gesellschaft.

Clandinin, D. J., & Connelly, F. M. (1989). *Narrative and story in practice and research*. http://files.eric.ed.gov/fulltext/ED309681.pdf (letzter Aufruf: 05.07.2018).

Cohn, R. C. (2016). *Von der Psychoanalyse zur themenzentrierten Interaktion. Von der Behandlung einzelner zu einer Pädagogik für alle* (15. Auflage). Stuttgart: Klett-Cotta.

Coyne, I. T. (1997). Sampling in qualitative research. Purposeful and theoretical sampling; merging or clear boundaries? *Journal of Advanced Nursing 26*(3), 623–630.

Cozby, P. C. (1973). Self-disclosure: a literature review. *Psychological Bulletin 79*(2), 73–91.

Cremer, C. (1980). *Transparenz wissenschaftlicher Prozesse durch Aktionsforschung?* Europäische Hochschulschriften, Band 43. Frankfurt am Main: Peter Lang.

Creswell, J. W., & Miller, D. L. (2000). Determining validity in qualitative inquiry. *Theory Into Practice 39*(3), 124–130.

Davis, R. E., Couper, M. P., Janz, N. K., Caldwell, C. H., & Resnicow, K. (2010). Interviewer effects in public health surveys. *Health Education Research 25*(1), 14–26.

de Leeuw, E. D., & von der Zouwen, J. (2001). Data Quality in Telephone and Face to Face Surveys: A Comparative Meta-Analysis. In R. M. Groves et al. (Eds.), *Telephone Survey Methodology* (2nd edition), (pp. 283–300). New York: Wiley.

de Leeuw, E. D. (1992). *Data Quality in Mail, Telephone and Face to Face Surveys*. Amsterdam: TT Publikaties.

Deakin, H., & Wakefield, K. (2013). Skype interviewing: Reflections of two PhD researchers. *Qualitative Research*. Verfügbar unter URL: http://qrj.sagepub.com/content/14/5/603 (letzter Aufruf: 16.10.2014).

Denzin, N. K. (1989). *The Research Act in Sociology* (3. Auflage). Englewood Cliffs: Prentice Hall.

Dick, B. (1998). *Convergent interviewing: A technique for qualitative data collection*. Verfügbar unter URL: http://www.aral.com.au/resources/iview.html (letzter Aufruf: 17.05.2018).

Dick, R. (1990). *Convergent interviewing*. Interchange: Brisbane.

Diekmann, A. (2002). *Empirische Sozialforschung: Grundlagen, Methoden, Anwendungen* (9. Auflage). Reinbek bei Hamburg: Rowohlt Verlag. [Diekmann, A. (2016). *Empirische Sozialforschung: Grundlagen, Methoden, Anwendungen* (10. Auflage). Reinbek bei Hamburg: Rowohlt.]

Dittmar, N. (2004). *Transkription* (2. Auflage). Wiesbaden: VS Verlag für Sozialwissenschaften. [Dittmar, N. (2009). *Transkription* (3. Auflage). Wiesbaden: VS Verlag für Sozialwissenschaften.]

Dresing, T., Pehl, T., & Lombardo, C. (2008). Schnellere Transkription durch Spracherkennung? *Forum Qualitative Sozialforschung 9*(2), Art. 17.

Duval, S., & Wicklund R. (1972). *A Theory of objective Self Awareness*. New York: Academic Press.

Eberle, T. S. (2007). Ethnomethodologie. In *Qualitative Marktforschung* (pp. 93–109). Gabler, S. 95–109.

Eberle, T. S. (2008). Phänomenologie und Ethnomethodologie. In J. Raab et al. (Hrsg.), *Phänomenologie und Soziologie* (S. 151–161). Wiesbaden: VS Verlag für Sozialwissenschaften.

Edwards, R., & Holland, J. (2013). *What is qualitative interviewing?* London: A&C Black.

Ehlich, K., & Rehbein, J. (1981). Zur Notierung nonverbaler Kommunikation für diskursanalytische Zwecke (Erweiterte halbinterpretative Arbeitstranskriptionen HIAT 2). In P. Winkler (Hrsg.), *Methoden der Analyse von Face-to-Face-Situationen* (S. 302–329). Stuttgart: Metzler.

Eickelpasch, R. (1982). Das ethnomethodologische Programm einer „radikalen" Soziologie. *Zeitschrift für Soziologie 11*(1), 7–27.

Eisenhart, M. A., & Howe, K. R. (1992). Validity in educational research. In M. LeCompte et al. (Eds.), *The handbook of qualitative research in education* (pp. 643–680). San Diego: Academic Press.

Elwood, S. A., & Martin, D. G. (2000). "Placing" interviews: location and scales of power in qualitative research. *The Professional Geographer 52*(4), 649–657.

Erlandson, D.A. et al. (1993). *Doing naturalistic inquiry: a guide to methods*. London: Sage.

Evans, J. R., & Mathur, A. (2005). The value of online surveys. *Internet Research 15*(2), 195–219.

Finkel, S. E., Guterbock, T. M., & Borg, M. J. (1991). Race-of-Interviewer Effects in a Preelection Poll Virginia 1989. *Public Opinion Quarterly 55*(3), 313–330.

Fischer-Rosenthal, W., & Rosenthal, G. (1997). Narrationsanalyse biographischer Selbstpräsentationen. In R. Hitzler & A. Honer (Hrsg.), *Sozialwissenschaftliche Hermeneutik* (S. 133–164). Opladen: Leske+ Budrich.

Flick, U. (1996). *Psychologie des technisierten Alltags. Soziale Konstruktion und Repräsentation technischen Wandels in verschiedenen kulturellen Kontexten*. Opladen: Westdeutscher Verlag.

Flick, U. (2000). *Qualitative Forschung. Theorie, Methoden, Anwendungen in Psychologie und Sozialwissenschaften* (5. Auflage). Reinbek bei Hamburg: Rowohlt.

Flick, U. (2008). *Qualitative Inhaltsanalyse. Grundlagen und Techniken* (10. Auflage). Weinheim/ Basel: Beltz.

Flick, U. (2010). Gütekriterien qualitativer Forschung. In G. Mey & K. Mruck (Hrsg.), *Handbuch Qualitative Forschung in der Psychologie* (S. 395–407). Wiesbaden: VS Verlag für Sozialwissenschaften.

Flick, U. (2011). Das Episodische Interview. In G. Oelerich & H.-U. Otto (Hrsg.), *Empirische Forschung und Soziale Arbeit* (S. 273–280). Wiesbaden: VS Verlag für Sozialwissenschaften.

Friedrichs, J. (1980). *Methoden der empirischen Sozialforschung* (14. Auflage). Opladen: Westdeutscher Verlag. [Friedrichs, J. (1990). *Methoden der empirischen Sozialforschung* (14. Auflage). Wiesbaden: VS Verlage für Sozialwissenschaften.]

Fritz, R. L., & Vandermause, R. (2017). Data Collection via In-Depth Email Interviewing: Lessons From the Field. *Qualitative Health Research 28*(10), 1640–1649.

Froming, W. J., Walker, G. R., & Lopyan, K. J. (1982). Public and private self-awareness: When personal attitudes conflict with societal expectations. *Journal of Experimental Social Psychology 18*(5), 476–487.

Fuchs-Heinritz, W. (2009). *Biographische Forschung: Eine Einführung in Praxis und Methoden* (4. Auflage). Wiesbaden: VS Verlag für Sozialwissenschaften.

Fuhse, J. A. (2002). Kann ich dir vertrauen? Strukturbildung in dyadischen Sozialbeziehungen. *Österreichische Zeitschrift für Politikwissenschaft 31*(4), 413–426.

Gans, H. J. (1982). *Urban villagers*. New York: Simon and Schuster.

Garfinkel, H. (1963). A conception of and experiments with "trust" as a condition of concerted stable actions. In O. J. Harvey (Ed.), *Motivation and Social Interaction* (pp. 187–238). New York: Ronald Press. [Garfinkel, H. (2011). A conception of and experiments with "trust" as a condition of concerted stable actions. In J. O'Brien (Ed.), *The Production of Reality: Essays and Readings on Social Interacton* (5th edition), (pp. 379-390), Thousand Oaks: Pine Forge Press.]

Garfinkel, H. (1967). *Studies in ethnomethodology*. Englewood Cliffs: Prentice Hall. [Garfinkel, H. (2011). *Studies in Ethnomethodology* (reprint). Cambridge: Polity Press.]

Geertz, C. (1994). Thick description: Toward an interpretive theory of culture. In M. Martin & L. McIntyre (Eds.), *Readings in the philosophy of social science* (pp. 213–231). Cambridge: MIT Press. (Originalbeitrag von 1973)

Gibson, L. (2010). Using email interviews, NCRM Realities Toolkit 9. Verfügbar unter URL: http:// eprints.ncrm.ac.uk/1303/1/09-toolkit-E-Mailinterviews.pdf (letzter Aufruf: 09.04.2019).

Gibson, L. (2017). "Type Me Your Answer". Generating Interview Data via EMail. In V. Braun, V. Clarke, & D. Gray (Eds.), *Collecting Qualitative Data. A Practical Guide to Textual, Media and Virtual Techniques* (pp. 213–234). Cambridge: Cambridge University Press.

Giddens, A. (1993). Tradition in der post-traditionalen Gesellschaft. *Soziale Welt 44*(4), 445–485.

Glaser, B. G., & Strauss, A. L. (2006). *The Discovery of Grounded Theory* (reprint). New Brunswick/ London: Aldine Transaction. Verfügbar unter URL: http://www.sxf.uevora.pt/wp-content/ uploads/2013/03/Glaser_1967.pdf (letzter Aufruf 05.07.2018).

Glaser, B. G., Strauss, A. L., & Strutzel, E. (1968). The discovery of grounded theory; Strategies for qualitative research. *Nursing Research 17*(4), 364.

Glaser, B.G., & Strauss, A. L. (2010): *Grounded Theory. Strategien qualitativer Forschung* (3. Auflage), Bern: Hans Huber Verlag.

Gläser, J., & Laudel, G. (2009). *Experteninterviews und qualitative Inhaltsanalyse*. Wiesbaden: VS Verlag für Sozialwissenschaften. [Gläser, J., & Laudel, G. (2010). *Experteninterviews und qualitative Inhaltsanalyse* (4. Auflage). Wiesbaden: VS Verlag für Sozialwissenschaften.]

Glinka, H. J. (2016). *Das narrative Interview: Eine Einführung für Sozialpädagogen* (4. Auflage). Weinheim: Beltz.

Goldman, A. E. (1962). The group depth interview. *The Journal of Marketing 26*(3), 61–68.

Goss, J.D., & Leinbach, T. (1996). Focus group as alternative research practice: experience with transmigrants in Indonesia. *Area 28*(2), 115–123.

Greenbaum, T. L. (1998). *The handbook for focus group research*. Thousand Oaks: Sage.

Guba, E. G., & Lincoln, Y. S. (1982). Epistemological and methodological bases of naturalistic inquiry. *ECTJ 30*(4), 233–252.

Guba, E. G. (1981). Criteria for assessing the trustworthiness of naturalistic inquiries. *ECTJ 29*(2), 75–91.

Gurney, J. N. (1985). Not One of the Guys: The Female Researcher in a Male-Dominated Setting. *Qualitative Sociology 8*(1), 42–62.

Halcomb, E. J., & Davidson, P. M. (2006). Is verbatim transcription of interview data always necessary? *Applied Nursing Research 19*(1), 38–42.

Hammersley, M., & Atkinson, P. (1995). *Ethnography: Principles in practice* (1st edition). London: Routledge.

Hammersley, M., & Atkinson, P. (2007). *Ethnography: Principles in practice* (3rd edition). London: Routledge.

Hanna, P. (2012). Using internet technologies (such as Skype) as a research medium: A research note. *Qualitative Research 12*(2), 239–242.

Hatchett, S., & Schuman, H. (1975). White respondents and race-of-interviewer effects. *Public Opinion Quarterly 39(4)*, 523–528.

Hawkins, J. E. (2018). The Practical Utility Suitability of EMail Interviews in Qualitative Research. *The Qualitative Report 23*(2), 493–501.

Helfferich, C. (2009). *Die Qualität qualitativer Daten. Manual für die Durchführung qualitativer Interviews* (3. Auflage). Wiesbaden: VS Verlag für Sozialwissenschaften. [Helfferich, C. (2011). *Die Qualität qualitativer Daten. Manual für die Durchführung qualitativer Interviews* (4. Auflage). Wiesbaden: VS Verlag für Sozialwissenschaften.]

Henseling, C., Hahn, T., & Nolting, K. (2006). *Die Fokusgruppen-Methode als Instrument in der Umwelt- und Nachhaltigkeitsforschung*. IZT (Institut für Zukunftsstudien und Technologiebe-wertung; Werkstattberichte. Verfügbar unter URL: https://www.izt.de/fileadmin/downloads/pdf/IZT_WB82.pdf (letzter Aufruf: 17.05.2018).

Hermann, D. (1983). Die Priorität von Einstellungen und Verzerrungen im Interview. Eine Methode-nuntersuchung anhand der Daten der Allgemeinen Bevölkerungsumfrage 1980. *Zeitschrift für Soziologie 12*(3), 242–252.

Hermanns, H. (1992). Die Auswertung narrativer Interviews. Ein Beispiel für qualitative Verfahren. In J. H. Hoffmeyer-Zlotnik (Hrsg.), *Analyse verbaler Daten: über den Umgang mit qualitativen Daten* (S. 110–141). Opladen: VS Verlag für Sozialwissenschaften. URL: http://www.hermanns.it/publication/hermanns_auswertung_narrativer_interviews.pdf (letzter Aufruf: 17.05.2018).

Herzog, H. (2005). On home turf: Interview location and its social meaning. *Qualitative Sociology 28*(1), 25–47.

Hitzler, R., & Honer, A. (2012). Qualitative Verfahren zur Lebensweltanalyse. In U. Flick et al. (Hrsg.), *Handbuch Qualitative Sozialforschung* (3., neu ausgestattete Auflage), (S. 382–384). München: Beltz.

Hitzler, R. (1994). Wissen und Wesen des Experten. In R. Hitzler et al. (Hrsg.), *Expertenwissen: die institutionalisierte Kompetenz zur Konstruktion von Wirklichkeit* (S. 13–30). Wiesbaden: Vieweg Teubner Verlag.

Hitzler, R. (2009). Ethnographie. In R. Buber & H. H. Holzmüller (Hrsg.), *Qualitative Marktforschung. Konzepte – Methoden – Analysen* (2. Aufllage), (S. 207–218). Wiesbaden: Gabler.

Hoag, W. J., & Allerbeck, K. R. (1981). Interviewer- und Situationseffekte in Umfragen: eine log-lineare Analyse. *Zeitschrift für Soziologie 10*(4), 413–426.

Hoddinott, P., & Pill, R. (1997). A review of recently published qualitative research in general practice. More methodological questions than answers? *Family Practice 14*(4), 313–319.

Höflich, J. R. (1996). *Technisch vermittelte interpersonale Kommunikation. Grundlagen, organisatorische Medienverwendung, Konstitution elektronischer Gemeinschaften*. Opladen: Westdeutscher Verlag.

Holt, A. (2010). Using the telephone for narrative interviewing: a research note. *Qualitative Research 10*(1), 113–121.

Holtgrewe, U. (2009). Narratives Interview. In S. Kühl, P. Strodtholz, & A. Taffertshofer (Hrsg.), *Handbuch Methoden der Organisationsforschung* (S. 57–787). Wiesbaden: VS Verlag für Sozialwissenschaften.

Honer, A. (1985). Beschreibung einer Lebens-Welt. Zur Empirie des Bodybuilding. *Zeitschrift für Soziologie 14*(2), 131–139.

Honer, A. (1989). Einige Probleme lebensweltlicher Ethnographie. Zur Methodologie und Methodik einer interpretativen Sozialforschung. *Zeitschrift für Soziologie 18*(4), 297–312.

Honer, A. (2011). Interview. In R. Bohnsack, W. Marotzki, & M. Meuser (Hrsg.), *Hauptbegriffe der Qualitativen Sozialforschung* (3., durchges. Auflage), (S. 94-99). Opladen: Budrich.

Hopf, C. (1978). Die Pseudo-Exploration-Überlegungen zur Technik qualitativer Interviews in der Sozialforschung. *Zeitschrift für Soziologie 7*(2), 97–115.

Hüfken, V., & Schäfer, A. (2003). Zum Einfluss stimmlicher Merkmale und Überzeugungsstrategien der Interviewer auf die Teilnahme in Telefonumfragen. *Kölner Zeitschrift für Soziologie und Sozialpsychologie 55*(2), 321–339.

Iacono, V. L., Symonds, P., & Brown, D. H. (2016). Skype as a tool for qualitative research interviews. *Sociological Research Online 21*(2), 1–15.

James, N. (2007). The use of email interviewing as a qualitative method of inquiry in educational research. *British Educational Research Journal 33*(6), 963–976.

Janofsky, A. I. (1971). Affective self-disclosure in telephone versus face to face interviews. *Journal of Humanistic Psychology 11*(1), 93–103.

Jerusalem, M., & Klein-Heßling, J. (2002). Soziale Kompetenz. *Zeitschrift für Psychologie 210*(4), 164–174.

Jessen, M. (2006). *Einfluss von Stress auf Sprache und Stimme. Unter besonderer Berücksichtigung polizeidienstlicher Anforderungen*. Idstein: Schulz-Kirchner Verlag.

Joinson, A. N. (2001). Self-disclosure in computer-mediated communication: The role of self-awareness and visual anonymity. *European Journal of Social Psychology 31*(2), 177–192.

Kalthoff, H. (1997). *Wohlerzogenheit. Eine Ethnographie deutscher Internatsschulen*. Frankfurt am Main: Campus Verlag.

Kanning, U. (2007). Soziale Kompetenzen in der Personalentwicklung. In Kanning, U. (Hrsg.), *Förderung sozialer Kompetenzen in der Personalentwicklung* (S. 13–36). Göttingen: Hogrefe. [Kanning, U. (Hrsg.) (2015). *Soziale Kompetenzen fördern* (2., überarb. Auflage). Göttingen: Hogrefe.]

King, N., & Horrocks, C. (2012). *Interviews in qualitative research*. London: Sage.

Kitzinger, J. & Barbour, R. (2001). Introduction: the challenge and promise of focus groups. In R. Barbour & J. Kitzunger (Hrsg.), *Developing focus group research: Politics, theory and practice* (S. 1–20). London: Sage.

Kitzinger, J. (1995), Qualitative research. Introducing focus groups. *BMJ 311*(7000), 299–302.

Kleemann, F., Krähnke, U., & Matuschek, I. (2009). *Interpretative Sozialforschung. Eine praxisorientierte Einführung*. Wiesbaden: VS Verlag für Sozialwissenschaften. [Kleemann, F., Krähnke, U., & Matuschek, I. (2013). *Interpretative Sozialforschung. Eine praxisorientierte Einführung* (2. Auflage). Wiesbaden: VS Verlag für Sozialwissenschaften.]

Klein, M., & Kühhirt, M. (2010). Sozial erwünschtes Antwortverhalten bezüglich der Teilung häuslicher Arbeit: die Interaktion von Interviewergeschlecht und Befragtenmerkmalen in Telefoninterviews. *Methoden, Daten, Analysen* 4(2), 79–104. Verfügbar unter URL: http:// nbn-resolving.de/urn:nbn:de:0168-ssoar-210124 (letzter Aufruf: 17.05.2018).

Klüver, J. (1979). Kommunikative Validierung. Einige vorbereitende Bemerkungen zum Projekt Lebensweltanalyse von Fernstudenten. In T. Heinze (Hrsg.), *Lebensweltanalyse von Fernstudenten: Theoretische und methodologische Überlegungen zum Typus hermeneutisch-lebensgeschichtlicher Forschung* (S. 68–84). Hagen: Fernuniversität.

Knoblauch, H. (2001). Fokussierte Ethnographie. *Sozialer Sinn* 1(2001), 123–143.

Knorr-Cetina, K. (1988). Das naturwissenschaftliche Labor als Ort der „Verdichtung" von Gesellschaft. *Zeitschrift für Soziologie* 17(2), 85–101.

Koch, A. (1991). Zum Zusammenhang von Interviewermerkmalen und Ausschöpfungsquoten In *ZUMA Nachrichten* 15(28), 41–53. Verfügbar unter URL: http://nbn-resolving.de/urn:nbn:de:0168-ssoar-209791 (letzter Aufruf: 17.05.2018).

Kohli, M. (1978). „Offenes" und „geschlossenes" Interview: Neue Argumente zu einer alten Kontroverse. *Soziale Welt* 29(1), 1–25.

Kohli, M. (1981). Kohli, M. (1981). Wie es zur „biographischen Methode" kam und was daraus geworden ist. *Zeitschrift für Soziologie* 10(3), 273–293.

Körner, J. (1998). Einfühlung: Über Empathie. *Forum der Psychoanalyse* 14(1), 1–17.

Krippendorff, K. (1980). Validity in content analysis. In E. Mochmann (Hrsg.), *Computerstrategien für die Kommunikationsanalyse* (S. 69–112). Verfügbar unter URL: http://repository.upenn.edu/ asc_papers/291 (letzter Aufruf: 17.05.2018).

Kromrey, H. (2002). *Empirische Sozialforschung* (10 Auflage). Opladen: Leske + Budrich. [Kromrey, H., Roose, J., & Strübing, J. (2016). *Empirische Sozialforschung* (13. Auflage). Konstanz/ München: UVK.]

Krueger, R. A., & Casey, M. A. (2015). *Focus groups. A practical Guide for Applied Research* (5th edition). Thousand Oaks: Sage.

Krysan, M., & Couper, M. P. (2003). Race in the live and the virtual interview: Racial deference, social desirability, and activation effects in attitude surveys. *Social Psychology Quarterly*, 364–383.

Küsters, I. (2006). *Narrative Interviews, Grundlagen und Anwendungen* (1. Auflage). Wiesbaden: VS Verlag für Sozialwissenschaften.

Küsters, I. (2009). *Narrative Interviews, Grundlagen und Anwendungen* (2. Auflage). Wiesbaden: VS Verlag für Sozialwissenschaften. [Küsters, I. (2018). *Narrative Interviews: Grundlagen und Anwendungen* (3. Auflage). Wiesbaden: Springer VS.]

Kvale, S. (1996). *Interviews: An Introduction to Qualitative Research Interviewing*. Thousand Oaks: Sage.

Kvale, S. (2012). *Doing interviews* (Reprint). London: Sage.

Lamnek, S. (1995). *Qualitative Sozialforschung*. Weinheim: Beltz.

Lamnek, S. (2010). *Qualitative Sozialforschung* (5. überarb. Auflage). Weinheim: Beltz. [Lamnek, S. & Krell, C. (2016). *Qualitative Sozialforschung* (6., vollst. überarb. Auflage). Weinheim: Beltz.]

Laplanche, J. & Pontalis, J.-B. (1989). *Das Vokabular der Psychoanalyse* (9. Auflage). Frankfurt am Main: Suhrkamp.

Latour, B. & Woolgar, S. (1986). *Laboratory life. The construction of scientific facts*. New Jersey: Princeton University Press.

Lechler, P. (1982). Kommunikative Validierung. In G. L. Huber & H. Mandl, *Verbale Daten* (S. 243–258). *Weinheim: Beltz.*

Leithäuser, T. & Volmerg, B. (1979). *Anleitung zur empirischen Hermeneutik: psychoanalytische Textinterpretation als sozialwissenschaftliches Verfahren*. Frankfurt am Main: Suhrkamp.

Leithäuser, T. & Volmerg, B. (1988). *Psychoanalyse in der Sozialforschung. Eine Einführung am Beispiel einer Sozialpsychologie der Arbeit.* Opladen: Westdeutscher Verlag.

Lenz, K. (1991). Prozeßstrukturen biographischer Verläufe in der Jugendphase und danach. Methodische Grundlagen einer qualitativen Langzeitstudie. In A. Combe & W. Helsper (Hrsg.), *Hermeneutische Jugendforschung* (S. 50–70). Opladen: VS Verlag für Sozialwissenschaften, 1991.

Lewin, K. (1946). Action research and minority problems. *Journal of Social Issues 2*(4), 34–46.

Lewin, K. (1947). Group decision and social change. *Readings in Social Psychology 3*, 197–211. New York: Holt.

Lewin, K. (1953). Studies in group decision. In D. Cartwright & A. Zander (Eds.) *Group Dynamics: Research and Theory* (pp. 287–301). Evanston: Row, Peterson and Company.

Liebig, B., & Nentwig-Gesemann, I. (2009). Gruppendiskussion. In S. Kühl et al. (Hrsg.), *Handbuch Methoden der Organisationsforschung* (S. 102–123). Wiesbaden: VS Verlag für Sozialwissenschaften.

Liebold, R., & Trinczek, R. (2009). Experteninterview. In S. Kühl et al. (Hrsg.), *Handbuch Methoden der Organisationsforschung* (S. 32–56). Wiesbaden: VS Verlag für Sozialwissenschaften.

Lincoln, Y. S., & Guba, E. G. (1985). *Naturalistic Inquiry.* Newbury Park: Sage.

Loos, P. & Schäffer, B. (2018). *Das Gruppendiskussionsverfahren. Theoretische Grundlagen und empirische Anwendung* (2. Auflage). Wiesbaden: Springer VS.

Luchtenberg, S. (1999). *Interkulturelle kommunikative Kompetenz: Kommunikationsfelder in Schule und Gesellschaft.* Wiesbaden: Westdeutscher Verlag.

Lüders, C. (1991). Deutungsmusteranalyse: Annäherungen an ein risikoreiches Konzept. In D. Garz & K. Kraimer (Hrsg.), *Qualitativ-empirische Sozialforschung: Konzepte, Methoden, Analysen* (S. 377–408). Opladen: Westdeutscher Verlag. Verfügbar unter URL: http://nbn-resolving.de/urn:nbn:de:0168-ssoar-23983 (letzter Aufruf: 17.05.2018).

Lüders, C., & Meuser, M. (1997). Deutungsmusteranalyse. In R. Hitzler & A. Honer (Hrsg.), *Sozialwissenschaftliche Hermeneutik. Eine Einführung* (S. 57–81). Opladen: UTB.

Malinowski, B. (1978). *Argonauts of the Western Pacific. An account of native enterprise and adventure in the archipelagoes of Melanesian New Guinea.* London: Routledge.

Malterud, K. (2001). Qualitative research: standards, challenges, and guidelines. *The Lancet 358*(9280), 483–488.

Mangold, W. (1973). Gruppendiskussionen. In R. König (Hrsg.), *Handbuch der empirischen Sozialforschung* (S. 228–259). Stuttgart: Ferdinand Enke Verlag.

Mangold, W. (1988). Gruppendiskussionen als Instrument der Untersuchung von kollektiven Orientierungen in Gruppen von Jugendlichen. In W. Mangold & R. Bohnsack (Hrsg.), *Kollektive Orientierungen in Gruppen von Jugendlichen* (S. 8–63). Bericht für die Deutsche Forschungsgemeinschaft, Erlangen.

Mannheim, K. (1980). *Strukturen des Denkens.* Frankfurt am Main: Suhrkamp.

Marshall, C. (1990). Goodness criteria: Are they objective or judgement calls. In E. G. Guba (Ed.), *The paradigm dialog* (pp. 188–197). Newbury Park: Sage.

Maxwell, J. A. (1992). Understanding and validity in qualitative research. *Harvard educational review 62*(3), 279–301.

Mayring, P. (2002). *Einführung in die qualitative Sozialforschung.* Weinheim: Beltz. [Mayring, P. (2016). *Einführung in die qualitative Sozialforschung* (6. Auflage). Weinheim: Beltz.]

Mayring, P. (2015). *Qualitative Inhaltsanalyse: Grundlagen und Techniken* (12., überarb. Auflage). Weinheim/Basel: Beltz.

McCoyd, J. L., & Kerson, T. S. (2006). Conducting intensive interviews using email: A serendipitous comparative opportunity. *Qualitative Social Work 5*(3), 389–406.

Meho, L. I. (2006). E-mail interviewing in qualitative research: A methodological discussion. *Journal of the Association for Information Science and Technology 57*(10), 1284–1295.

Merkens, H. (2010). Auswahlverfahren, Sampling, Fallkonstruktion. In U. Flick et al. (Hrsg.): *Qualitative Forschung* (8. Auflage), (S. 286–299) Reinbek bei Hamburg: Rowohlt.

Merriam, S. B. (1998). *Qualitative Research and Case Study Applications in Education.* San Francisco: Jossey-Bass.

Merton, R. K., & Kendall, P. L. (1946). The focused interview. *American Journal of Sociology 51*(6), 541–557.

Merton, R. K., Fiske, M., & Kendall, P. Z. *The Focused Interview. A Manual of Problem and Procedures.* Glencoe, Ill.

Merton, R. K., Fiske, M., & Kendall, P. Z. (1990). The Group Interview. In R. K. Merton et al. (Eds.), *Focused Interview. A Manual of Problem and Procedures* (pp. 135–169). New York: Free Press.

Merton, R. K., Fiske, M., & Kendall, P.L. (1990): *The focused interview. A manual of problems and procedures*, (2nd edition). London: Collier Macmillan Publishers.

Meuser, M., & Nagel, U. (2009a). Das Experteninterview – konzeptionelle Grundlagen und methodische Anlage. In S. Pickel et al. (Hrsg.), *Methoden der vergleichenden Politik-und Sozialwissenschaft* (S. 465–479). Wiesbaden: VS Verlag für Sozialwissenschaften.

Meuser, M., & Nagel, U. (2009b). Experteninterview und der Wandel der Wissensproduktion. In A. Bogner et al. (Hrsg.), *Experteninterviews. Theorien, Methoden, Anwendungsfelder* (S. 35–60). Wiesbaden: VS Verlag für Sozialwissenschaften.

Misoch, S. (2006). *Online-Kommunikation*, Konstanz: UTB.

Misoch, S. (2014): Card stories on YouTube: A new frame for online self-disclosure. *Media and Communication 2*(1). Verfügbar unter URL: http://www.cogitatiopress.com/ojs/index.php/mediaandcommunication/article/view/16 (letzter Aufruf: 17.05.2018).

Misoch, S. (2015). Stranger on the internet: Online self-disclosure and the role of visual anonymity. *Computers in Human Behavior 48*, 535–541.

Möhring, W., & Schlütz, D. (2010). Das Interview als soziale Situation. In W. Möhring & D. Schlütz (Hrsg.), *Die Befragung in der Medien-und* Kommunikationswissenschaft (S. 41–66). Wiesbaden: VS Verlag für Sozialwissenschaften.

Morgan, D. L. (1996). Focus groups. *Annual Review of Sociology 22*, 129–152.

Morse, J. M., Barrett, M., Mayan, M., Olson, K., & Spiers, J. (2002). Verification strategies for establishing reliability and validity in qualitative research. *International Journal of Qualitative Methods 1*(2), 13–22.

Moylan, C. A., Derr, A. S., & Lindhorst, T. (2015). Increasingly mobile: How new technologies can enhance qualitative research. *Qualitative Social Work 14*(1) 36–47.

Niethammer, L. (1985). *Lebenserfahrung und kollektives Gedächtnis. Die Praxis der „Oral History"* (Reprint). Frankfurt am Main: Suhrkamp.

Novick, G. (2008). Is there a bias against telephone interviews in qualitative research? *Research in Nursing & Health 31*(4), 391–398.

O'Connell, D. C., & Kowal, S. (1999). Transcription and the issue of standardization. *Journal of Psycholinguistic Research 28*(2), 103–120.

Oevermann, U. (1973). *Zur Analyse der Struktur von sozialen Deutungsmustern.* Verfügbar unter URL: https://d-nb.info/974366234/34 (letzter Aufruf: 04.12.2018).

Oevermann, U. (2001). Zur Analyse der Struktur von sozialen Deutungsmustern (1973). *Sozialer Sinn 2*(1), 3–33.

Oguchi, T., & Kikuchi, H. (1997). Voice and interpersonal attraction. *Japanese Psychological Research 39*(1), 56–61.

Oksenberg, L., Coleman, L., & Cannell, C. F. (1986). Interviewers' voices and refusal rates in telephone surveys. *Public Opinion Quarterly 50*(1), 97–111.

Oliver, D. G., Serovich, J. M., & Mason, T. L. (2005). Constraints and opportunities with interview transcription: Towards reflection in qualitative research. *Social Forces 84*(2), 1273–1289.

Opdenakker, R. (2006). Advantages and disadvantages of four interview techniques in qualitative research. *Forum Qualitative Sozialforschung 7*(4), Art. 11.

Oppong, S. H. (2013). The Problem of Sampling in qualitative research. *Asian Journal of Management Sciences & Education 2*(2), 202–210.

Ortiz, A. M. (2003). The ethnographic interview. In F. Stage & K. Manning (Hrsg.), *Research in the college context: Approaches and methods* (S. 35–48). New York: Routledge.

Palys, T., & Atchison, C. (2012). Qualitative research in the digital era: Obstacles and opportunities. *International Journal of Qualitative Methods 11*(4), 352–367.

Patton, M. Q. (1990). *Qualitative evaluation and research methods*. Thousand Oaks: Sage. [Patton, M. Q. (2015). *Qualitative Evaluation and Research Methods* (4. Auflage). Thousand Oaks: Sage.]

Peräkylä, A. (1997). Reliability and validity in research based on tapes and transcripts. In D. Silverman (Ed.), *Qualitative research: Theory, method and practice* (pp. 201–220). London: Sage. [Neu in D. Silverman (Ed.) (2016). *Qualitative Research: Theory, Method and Practice* (4. Auflage). London: Sage.]

Perecman, E., & Curran, S. R. (Eds.). (2006). *A handbook for social science field research: essays & bibliographic sources on research design and methods*. Thousand Oaks: Sage.

Poland, B. D. (1995). Transcription quality as an aspect of rigor in qualitative research. *Qualitative Inquiry 1*(3), 290–310.

Pollock, F. (1955). *Gruppenexperiment* (2. Auflage). Frankfurt am Main: Europäische Verlagsanstalt.

Przyborski, A., & Riegler, J. (2010). Gruppendiskussion und Fokusgruppe. In G. Mey & K. Mruck (Hrsg.), *Handbuch Qualitative Forschung in der Psychologie* (S. 436–448). Wiesbaden: VS Verlag für Sozialwissenschaften.

Punch, M. (1994). Politics and ethics in qualitative research. In N.K. Denzin & Y. S. Lincoln (Eds.), *Handbook of qualitative research* (pp. 83–98). London: Sage. [Neu in N. K. Denzin, & Y. S. Lincoln (Eds.) (2017). *The SAGE Handbook of Qualitative Research* (5. Auflage). London: Sage.]

Rao, S., & Perry, C. (2003). Convergent interviewing to build a theory in under-researched areas: principles and an example investigation of internet usage in inter-firm relationships. *Qualitative Market Research: An International Journal 6*(4), 236–247.

Ratislavova, K., & Ratislav, J. (2014). Asynchronous email interview as a qualitative research method in the humanities. *Human Affairs 24*(4), 452–460.

Reinders, H. (2005). *Qualitative Interviews mit Jugendlichen führen: Ein Leitfaden*. München: Oldenbourg Verlag. [Reinders, H. (2016). *Qualitative Interviews mit Jugendlichen führen. Ein Leitfaden* (3. Auflage). Berlin: De Gruyter.]

Reuband, K. H. (1984). Dritte Personen beim Interview – Zuhörer, Adressaten oder Katalysatoren der Kommunikation?. In H. Meulemann & K. H. Reuband (Hrsg.), *Soziale Realität im Interview: empirische Analysen methodischer Probleme* (S. 117–156). Frankfurt am Main: Campus.

Rhodes, P. J. (1994). Race-of-interviewer effects: A brief comment. *Sociology 28*(2), 547–558.

Richards, H., & Emslie, C. (2000). The 'doctor' or the 'girl from the University'? Considering the influence of professional roles on qualitative interviewing. *Family Practice 17*(1), 71–75.

Richardson, S. A., Dohrenwend, B. S., & Klein, D. (1993). Die Suggestivfrage. Erwartungen und Unterstellungen im Interview. In C. Hopf & E. Weingarten (Hrsg.), *Qualitative Sozialforschung* (S. 205–231). Stuttgart: Klett-Cotta.

Rogers, C. R. (2003). *Client-Centered Therapy: Its Current Practice, Implications and Theory* (überarb. Neuauflage). London: Constable.

Rosenthal, G. (1994). Die erzählte Lebensgeschichte als historisch-soziale Realität: methodologische Implikationen für die Analyse biographischer Texte. In Berliner Geschichtswerkstatt (Hrsg.), *Alltagskultur, Subjektivität und Geschichte: zur Theorie und Praxis von Alltagsgeschichte*

(S. 125–138). Münster: Westfälisches Dampfboot. Verfügbar unter URL: http://nbn-resolving. de/urn:nbn:de:0168-ssoar-59251 (letzter Aufruf: 17.05.2018).

Rosenthal, G. (2015). *Interpretative Sozialforschung. Eine Einführung* (5., überarb. und erg. Auflage). Weinheim: Beltz.

Rosenthal, G. (2010). Die erlebte und erzählte Lebensgeschichte. Zur Wechselwirkung zwischen Erleben, Erinnern und Erzählen. In B. Griese (Hrsg.), *Subjekt – Identität – Person?* (S. 197–218). Wiesbaden: VS Verlag für Sozialwissenschaften.

Rubin, H. J., & Rubin, I. S. (1995, 2005, 2012). *Qualitative interviewing: The art of hearing data.* London: Sage.

Schaeffer, N. C. (1980). Evaluating race-of-interviewer effects in a national survey. *Sociological Methods & Research 8*(4), 400–419.

Schanz, V. (1981). Intervieweffekte: zusammenfassende Darstellung von Arbeiten, die im Rahmen zweier von ZUMA betreuten Projekte entstanden sind. *ZUMA Nachrichten 5*(9), 36–46. Verfügbar unter URL: http://nbn-resolving.de/urn:nbn:de:0168-ssoar-210860 (letzter Aufruf: 17.05.2018).

Scheele, B., & Groeben, N. (1988). *Dialog-Konsens-Methoden zur Rekonstruktion Subjektiver Theorien: die Heidelberger Struktur-Lege-Technik (SLT), konsuale Ziel-Mittel-Argumentation und kommunikative Flußdiagramm-Beschreibung von Handlungen.* Tübingen: Francke.

Schneider, U. (1980). Handlungsforschung. In R. Asanger & G. Weininger (Hrsg.), *Handwörterbuch der Psychologie* (S. 188–194). Weinheim: Beltz.

Schnell, R., Hill, P. B., & Esser, E. (2013). *Methoden der empirischen Sozialforschung* (10., überarb. Auflage). München: Oldenbourg Verlag.

Schorn, A. (2000). Das „themenzentrierte Interview". Ein Verfahren zur Entschlüsselung manifester und latenter Aspekte subjektiver Wirklichkeit. *Forum Qualitative Sozialforschung 1*(2), Art. 23. Verfügbar unter URL: http://www.qualitative-research.net/index.php/fqs/article/view/1092/2393 (letzter Aufruf: 05.07.2018).

Schröder, H. J. (2012). *Die gestohlenen Jahre. Erzählgeschichten und Geschichtserzählungen im Interview: Der zweite Weltkrieg aus der Sicht ehemaliger Mannschaftssoldaten* (Reprint). Berlin: De Gruyter.

Schulz, M., & Ruddat, M.(2012). „Let's talk about sex!" Über die Eignung von Telefoninterviews in der qualitativen Sozialforschung. *Forum Qualitative Sozialforschung 13*(3), Art. 2. Verfügbar unter URL: http://nbn-resolving.de/urn:nbn:de:0114-fqs120329 (letzter Aufruf: 17.05.2018).

Schulz, M. (2012). Quick and easy!? Fokusgruppen in der angewandten Sozialwissenschaft. In M. Schulz et al. (Hrsg.), *Fokusgruppen in der empirischen Sozialwissenschaft* (S. 9–22). Wiesbaden: VS Verlag für Sozialwissenschaften.

Schütz, A. & Luckmann, T. (2017). *Strukturen der Lebenswelt* (2., überab. Auflage). Konstanz/München: UVK.

Schütz, A. (1977). Parsons' Theorie sozialen Handelns. In A. Schütz & T. Parsons (Hrsg.), *Zur Theorie sozialen Handelns. Ein Briefwechsel* (S. 25–76). Frankfurt am Main: Suhrkamp.

Schütze, F. (1976). Zur Hervorlockung und Analyse von Erzählungen thematisch relevanter Geschichten im Rahmen soziologischer Feldforschung: dargestellt an einem Projekt zur Erforschung von kommunalen Machtstrukturen. In A. Weymann (Hrsg.), Arbeitsgruppe Bielefelder Soziologen (Hrsg.): *Kommunikative Sozialforschung: Alltagswissen und Alltags-handeln, Gemeindemachtforschung, Polizei, politische Erwachsenenbildung.* (S. 159–260). München: Fink. Verfügbar unter URL: http://www.ssoar.info/ssoar/handle/document/5635 (letzter Aufruf: 17.05.2018).

Schütze, F. (1978). *Die Technik des narrativen Interviews in Interaktionsfeldstudien – dargestellt an einem Projekt zur Erforschung von kommunalen Machtstrukturen: Arbeitsberichte und Forschungsmaterialien.* Universität Bielefeld. Fakultät für Soziologie.

Schütze, F. (1983). Biographieforschung und narratives Interview. *Neue Praxis 13*(3), 283–293. Verfügbar unter URL: http://nbn-resolving.de/urn:nbn:de:0168-ssoar-53147 (letzter Aufruf: 17.05.2018).

Schütze, F. (1984). Kognitive Figuren des autobiographischen Stegreiferzählens. In M. Kohli & R. Günther (Hrsg.), *Biographie und soziale Wirklichkeit* (S. 78–117). Stuttgart: Metzler.

Schütze, F. (1987). *Das narrative Interview in Interaktionsfeldstudien: Erzähltheoretische Grundlagen*. Studienbrief der Fernuniversität Hagen. Teil I. Merkmale von Alltagserzählungen und was wir mit ihrer Hilfe erkennen können.

Seale, C., & Silverman, D. (1997). Ensuring rigour in qualitative research. *The European Journal of Public Health 7*(4), 379–384.

Seidman, I. E. (1991). *Interviewing as qualitative research*. New York: Teachers College Press. [Seidmann, I. E. (2006). *Interviewing as Qualitative Research* (3. Auflage). New York: Teachers College Press.]

Selting, M. et al. (1998). Gesprächsanalytisches Transkriptionssystem (GAT). *Linguistische Berichte, 173*, 91–122. Verfügbar unter URL: http://www.mediensprache.net/de/medienanalyse/transcription/gat/gat.pdf (beachte: andere Seitenzählung, S. 1–38) (letzter Aufruf: 17.05.2018).

Shenton, A. K. (2004). Strategies for ensuring trustworthiness in qualitative research projects. *Education for Information 22*(2), 63–75.

Short, J., Williams, E., & Christie, B. (1976). *The social psychology of telecommunications*. London: Wiley.

Spittler, G. (2001). Teilnehmende Beobachtung als Dichte Teilnahme. *Zeitschrift für Ethnologie 126*(1), 1–25.

Spöhring, W. (1989). *Qualitative Sozialforschung*. Stuttgart: Teubner.

Spradley, J. P. (1979). *The ethnographic interview*. Belmont: Wadsworth. [Spradley, J. P. (2016). *The ethnographic interview* (Reissue). Long Grove: Waveland Press.]

Sprondel, W. M. (1979). „Experte" und „Laie": Zur Entwicklung von Typenbegriffen in der Wissenssoziologie. In W. M. Sprondel & R. Grathoff (Hrsg.), *Alfred Schütz und die Idee des Alltags in den Sozialwissenschaften* (S. 140–154). Stuttgart: Enke.

Steinke, I. (2000/2010). Gütekriterien qualitativer Forschung. In Flick, U. et al. (Hrsg.), *Qualitative Forschung. Ein Handbuch* (S. 319–331). Reinbek: Rowohlt.

Steinkopf, L., Bauer, G., & Best, H. (2010). Nonresponse und Interviewer-Erfolg im Telefoninterview: Empirische Untersuchungen zum Einfluss stimmlicher Eigenschaften der Interviewer. *Methoden – Daten – Analysen 4*(1), 3–26.

Stich, J. (2002). Muster individualisierter Lebensführung – Voraussetzungen und Kompetenzen. In J. Stich (Hrsg.), *Alleinleben – Chance oder Defizit* (S. 199–307). Wiesbaden: VS Verlag für Sozialwissenschaften.

Straub, J. (1999). *Handlung, Interpretation, Kritik. Grundzüge einer textwissenschaftlichen Handlungs- und Kulturpsychologie*. Berlin: Walter de Gruyter.

Strübing, J. (2014). *Grounded Theory. Zur sozialtheoretischen und epistemologischen Fundierung eines pragmatistischen Forschungsstils* (3. Auflage). Wiesbaden: Springer.

Strübing, J. (2018). Theoretisches Sampling. In R. Bohnsack et al. (Hrsg.), *Hauptbegriffe Qualitativer Sozialforschung* (4. Auflage), (S. 227–230). Opladen: Verlag Barbara Budrich.

Sturges, J. E., & Hanrahan, K. J. (2004). Comparing telephone and face-to-face qualitative interviewing: a research note. *Qualitative Research 4*(1), 107–118.

Sudman, S., & Bradburn, N. M. (1974). *Response effects in surveys: A review and synthesis*. Chicago: Aldine.

Sullivan, J. R. (2012). Skype: An appropriate method of data collection for qualitative interviews? *The Hilltop Review 6*(1), 10.

Terhart, E. (2003). Entwicklung und Situation des qualitativen Forschungsansatzes in der Erziehungswissenschaft. In B. Friebertshäuser & A. Prengel (Hrsg.), *Handbuch qualitative Forschungsmethoden in der Erziehungswissenschaft* (S. 599–627). Weinheim: Juventa. [Neu in B. Friebertshäuser, A. Langer, & A. Prengel (Hrsg.) (2013). *Handbuch qualitative Forschungs-methoden in der Erziehungswissenschaft* (4., durchges. Auflage). Weinheim: Juventa.]

Tourangeau, R., & Yan, T. (2007). Sensitive questions in surveys. *Psychological Bulletin 133*(5), 859–893.

Tracy, S. J. (2010). Qualitative quality: Eight "big-tent" criteria for excellent qualitative research. *Qualitative inquiry 16*(10), 837–851.

Trinczek, R. (1995). Experteninterviews mit Managern. Methodische und methodologische Hintergründe. In C. Brinkmann et al. (Hrsg.), *Experteninterviews in der Arbeitsmarktforschung: Diskussionsbeiträge zu methodischen Fragen und praktische Erfahrungen* (S. 59–67). Nürnberg: Institut für Arbeitsmarkt- und Berufsforschung der Bundesanstalt für Arbeit.

Tulving, E. (1972). Episodic and semantic memory. In E. Tulving & W. Donaldson (Eds.), *Organization of Memory* (pp. 381–402). London: Academic.

Tulving, E. (2002). Episodic memory: from mind to brain. *Annual Review of Psychology 53*(1), 1–25.

Ullrich, C. (1999a). Deutungsmusteranalyse und diskursives Interview. *Zeitschrift für Soziologie 28*(6), 429–447.

Ullrich, C. (1999b). *Deutungsmusteranalyse und diskursives Interview: Leitfadenkonstruktion, Interviewführung und Typenbildung*. Mannheim: Mannheimer Zentrum für Europäische Sozial-forschung (MZES).

Ullrich, C. (2000). *Solidarität im Sozialversicherungsstaat: Die Akzeptanz des Solidarprinzips in der gesetzlichen Krankenversicherung* (Vol. 817). Frankfurt am Main: Campus Verlag.

Ullrich, P. (2006). Das explorative ExpertInneninterview: Modifikationen und konkrete Umsetzung der Auswertung von ExpertInneninterviews nach Meuser/Nagel. In T. Engartner et al. (Hrsg.), *Die Transformation des Politischen. Analysen, Deutungen, Perspektiven* (S. 100–109). Berlin: Karl Dietz Verlag.

Unger, H. V., Block, M., & Wright, M. T. (2007). *Aktionsforschung im deutschsprachigen Raum: zur Geschichte und Aktualität eines kontroversen Ansatzes aus Public Health Sicht*. Wissen-schaftszentrum Berlin für Sozialforschung.

Vehovar, V., & Manfreda, K. L. (2017). Overview: Online surveys. In N. G. Fielding et al. (Eds.), *The SAGE Handbook of Online Research Methods* (2nd edition), (pp. 143–161). London: Sage.

Ward-Schofield, J. (2002). Increasing the generalizability of qualitative research. In M. A. Hubermann et al. (Eds.), *The qualitative researcher's companion* (pp. 171–203). London: Sage.

Webb, E. J., Campbell, D. T., Schwartz, R. D., & Sechrest, L. (2000). *Unobtrusive measures* (Revised Edition). Thousand Oaks: Sage.

Weber, L. R., & Carter, A. I. (2003). *The social construction of trust*. New York: Springer.

Weber, M. (1913). Über einige Kategorien der verstehenden Soziologie. In J. Winckelmann (Hrsg.), *Gesammelte Aufsätze zur Wissenschaftslehre* (7. Auflage), (S. 427–440). Tübingen: Mohr. [Weber, M. (2015). *Gesammelte Aufsätze zur Wissenschaftslehre* (Nachdruck des Originals von 1922). Tübingen: Mohr.]

Weber, M. (1980). *Wirtschaft und Gesellschaft: Grundriss der verstehenden Soziologie*. Tübingen: Mohr.

Weber, M. (2002). *Wirtschaft und Gesellschaft. Grundriss der verstehenden Soziologie* (5. Auflage). Tübingen: Mohr.

Weiss, B., Möller, S., & Polzehl, T. (o. J.). Zur Wirkung menschlicher Stimme auf die wahrge-
nommene Sympathie – Einfluss der Stimmanregung. *Elektronische Sprachsignalverarbeitung,
Tagungsband der 21. Konferenz.* TUD press, 1–6. Verfügbar unter URL: http://www.qu.tu-berlin.
de/fileadmin/fg41/publications/weiss_2010_zur-wirkung-menschlicher-stimme-auf-die-
wahrgenommene-sympathie-..-einfluss-der-stimmanregung.pdf (letzter Aufruf: 04.12.2018).

Weissman, A. N., Steer, R., A. & Lipton, D. S. (1986). Estimating illicit drug use through telephone
interviews and the randomized response technique. *Drug and Alcohol Dependence 18*(3),
225–233.

Weller, S. (2015). The potentials and pitfalls of using Skype for qualitative (longitudinal) interviews.
National Centre for Research Methods Working Paper 4/15. Verfügbar unter URL: http://eprints.
ncrm.ac.uk/3757/1/Susie%20Weller.pdf (letzter Aufruf: 29.07.2018).

Weller, S. (2017). Using internet video calls in qualitative (longitudinal) interviews: Some
implications for rapport. *International Journal of Social Research Methodology, 20*(6), 613–625.

Wengraf, T., & Chamberlayne, P. (2006). *Interviewing for life-histories, lived situations and personal
experience. The biographicnarrative interpretive method (BNIM) on its own and as part of a
multi-method full spectrum psychosocial methodology.* Short Guide to BNIM interviewing and
interpretation; RTF Online-Dokument.

Whittemore, R., Chase, S. K., & Mandle, C. L. (2001). Validity in qualitative research. *Qualitative
Health Research 11*(4), 522–537.

Williams, W., & Lewis, D. (2005). Convergent interviewing: a tool for strategic investigation. *Strategic
Change 14*(4), 219–229.

Willig, C. (2013). *Introducing qualitative research in psychology.* Berkshire: McGraw-Hill
International.

Witzel, A. (1982). *Verfahren der qualitativen Sozialforschung: Überblick und Alternativen.* Frankfurt
am Main: Campus Verlag.

Witzel, A. (1985). Das problemzentrierte Interview. In G. Jüttemann (Hrsg.), *Qualitative Forschung in
der Psychologie: Grundfragen, Verfahrensweisen, Anwendungsfehler* (S. 227–255). Weinheim/
Basel: Beltz.

Witzel, A. (2000). Das problemzentrierte Interview. *Forum Qualitative Sozialforschung 1*(1), Art. 22.
Verfügbar unter URL: http://nbn-resolving.de/urn:nbn:de:0114-fqs0001228 (letzter Aufruf:
17.05.2018).

Wolff, S. (2010). Wege ins Feld und ihre Varianten. In U. Flick et al. (Hrsg.), *Qualitative Forschung. Ein
Handbuch* (8. Auflage), (S. 334–349). Reinbek bei Hamburg: Rowohlt.

Yeo, A., Legard, R., Keegan, J., Ward, K., McNaughton Nicholls, C., & Lewis, J. (2014). In-depth
interviews. In J. Ritchie, J. Lewis, C., McNaughton Nicholls & R. Ormston (Eds.), *Qualitative
research practice. A guide for social science students and researchers* (2nd edition), (pp.
177–210). London: Sage.

Stichwortverzeichnis

A

Action Research 129
Ad-hoc-Fragen 74
Aktionsforschung 129
Aktive Feldteilnahme 114
Aktives Zuhören 232
Alter 217, 219, 224
Analyse
    tiefe 25
    typologische 124
Analytische Abstraktion 48
Anonymität 19, 172, 179, 185
Ansatz
    erklärender 4
    verstehender 4
Antworttiefe 88
Anwesenheit Dritter 223
Asymmetrische Kommunikationssituation 40,
    170, 238
Asymmetrische Situation 13
Auditing 250
Aufmerksamkeitsfokus 88
Aufwärmphase 68
Aufzeichnung 73
Aushandlung über Inhalte 67
Ausklang- und Abschlussphase 68
Auswahlverfahren 100
Auswertung (CI) 131
Auswertung der Daten 103
Auswertungstriangulation 91
Authentizität 40, 53, 247, 252, 254

B

Basistranskript (GAT) 269
Bedeutung
    als Konstruktionsleistung 9
    als soziale Konstruktion 8
Bedeutungsmuster 98, 108
    soziale 97
Befragung
    homogenisierende 91
    offene 57
Belehrungen 238
Beobachtungsprotokoll 155
Bericht 132
Betriebswissen 120
Bewertungen 238

Bewusste Fallauswahl 200
Bilanzierungsphase 43
Biografischen Daten, Analyse 49
Biographic-Narrative-Interpretative Method
    (BNIM) 46

C

Codierung 124, 205, 251, 273, 275
Confirmability 257
Content Mapping 92
Content Mining 92
Convenience Sample 207
Convergent Interviewing (CI) 128, 130
    Ablaufmodell 133

D

Datenschutz 19
Datentriangulation 252
Debriefing 17
Deduktiv 71
Derivationen 99, 103, 104
Detaillierungszwang 44
Deutungsmuster 97, 98, 99, 108
Deutungsmusteranalyse 98
Dichte der Beschreibung 256
Digitalisierung 177, 178
Digitale Aufzeichnung 180
    Probleme, technische 181
    Voraussetzungen, technische 181
Distanzierung 115
Drittpersonen 223

E

Eigentheoretisches 43
Einfache Abbruchmöglichkeit 182
Einleitungsfrage 73
Einstellungen 221
Einstiegsphase 68
Einverständniserklärung 17, 19
Empathie 42, 230
Entscheidungswissen 120
Epistemologischer Einfluss 215
Erhöhte Teilnahmebereitschaft 179
Erlebnisaufschichtung 39, 40
Erreichbarkeit 178
Erzählaufforderung 41
Erzählung(en) 37, 38
    retrospektive 52

https://doi.org/10.1515/9783110545982-014

Ethische Fragestellungen 17
Ethisches Prinzip 16, 242
Ethnie 219
Ethnografie 109
    fokussierte 112
    lebensweltliche 110
    soziologische 110
Ethnomethodologie 10
Existentielle Perspektivübernahme 111
Experte 119
Experteninterview 119
    Ablaufmodell 125
    Auswertung 123
    Interaktionskonstellationen 122
Expertenwissen 120
Explikation 34
Eye Dialect 268

F
Feinanalyse 50
Feintranskript (GAT) 269
Feld 200
    Fremdheit 216, 217
    Vertrautheit 216
Feldzugang 200, 201
Flexibilität 3, 32, 33, 87, 179
    der Methode 32
Fokus 139
Fokusgruppe 138, 139, 141, 145
    Ablaufmodell 147
    Kritik 148
Formale Textanalyse 47
Forschender, Einfluss 213, 249
Forscher-/Untersuchertriangulation 225, 252
Forschung
    am Menschen 14
    ethnografische 114
    mit Menschen 15
    praxisnahe 129
Fragen
    Einfachheit 236
    exmanente 43
    geschlossene 236, 237
Fragestrategien 92
Fragetechniken zur Evokation von
    Begründungen 102
Fragetypen/Stimulustypen 101

G
Gatekeeper 201
Gegenstandsorientierung 72
Gegenübertragung 94
Gelegenheitssample/-stichprobe 207
Geografische Entgrenzung 171
Geringe Kontrolle 173
Geringe Verbindlichkeit 181
Geschlecht 121, 217, 218, 219, 224
Gespräch
    informelles 113
    offenes 91
Gesprächsanalytisches Transkriptionssystem
    (GAT) 268
Gestalterschließungszwang 44
Glaubwürdigkeit 251
Gruppe 137, 151, 164
    heterogene 138
    homogene 138, 142, 161
    künstliche 137
Gruppendiskussion 138, 151, 155, 157
    Ablaufmodell 157
    Kritik 158
Gruppendynamik(en) 152, 158
Gruppeninteraktion 152
Gruppeninterview 138, 160, 162, 164, 179
    Ablaufmodell 166
    Kritik 167
    Verfahren 137
Gruppenprozesse 151
Gültigkeit 251
Gütekriterien 245, 265
Gütekriterien qualitativer Forschung
    Modell 260
    Übersicht 247

H
Handeln 5, 8
    soziales 5
Haupterzählung 41
Hauptphase 68
Hautfarbe 217, 219, 224
Hermeneutik
    horizontale 80
    vertikale 80
Hermeneutisches Erhebungsfeld 79
Homologie zwischen Erfahrungskonstitution
    und Erzählkonstitution 52

I

Ich-Andere-Prozess 67
Idealtypen 104
Immanentes Nachfragen 42
Induktiv 71
Information 130
Informationspflicht 18
Informationsphase 68
Informelle Gruppenmeinung 152
Informieren der Interessentengruppe 130
Inhaltliche Repräsentativität 202
Inhaltsanalyse 83
Intensivinterview 87
    dreiphasiges (nach Honer) 91
Interaktion
    nicht-symbolische 8
    symbolische 8
Interaktivität 88
Interpretation 265
Interpretatives Paradigma 12
Intersubjektive Nachvollziehbarkeit 247, 248,
    256
Intersubjektivität 113, 127, 200, 225, 249, 256,
    257, 260
Interview
    audiovisuelles, online 177
    diskursives 97, 100
    diskursives, Ablaufmodell 106
    diskursives, Auswertung 103
    email 184
    episodisches 57, 63
    episodisches, Ablaufmodell 62
    ethnografisches 109, 111, 113
    ethnografisches, Ablaufmodell 116
    ethnografisches, Auswertung 115
    fokussiertes 83
    fokussiertes, Ablaufmodell 85
    halboffenes 13
    leitfadengestütztes 111
    narrativ-(auto)biografisches 13, 37, 38,
        39, 55
    narratives, Ablaufmodell 51
    narratives, Auswertung 47
    narratives, Kritik 52, 54
    offenes 13
    problemzentriertes 71
    problemzentriertes, Ablaufmodell 75
    problemzentriertes (PZI) 71, 72
    qualitative 65

    semi-strukturiertes 13, 65
    standardisiertes 13
    Strukturierungsgrad 14
    themenzentriertes 78
    themenzentriertes, Ablaufmodell 81
    unstrukturiertes 13
Interviewdurchführung 131
    Ort 178, 181, 186, 223
    Planung 131
    Probleme 234
Interviewender
    Auswahl 131
    Effekte 213
    Einfluss 171, 213, 214, 225
    Merkmale 224
    Schulung 131, 164
    Sicherheit 172
Intonationen 236
Irreführung 17

K

Klassifikation 104
Kollektive Orientierungsmuster 153
Kommunikation 2, 10, 13, 14, 15, 29, 30, 31, 33,
    63, 67, 73, 78, 88, 93, 112, 113, 114, 156,
    163, 165, 169, 170, 173, 221, 231, 236, 255
    asymmetrische 13
    computervermittelte 172
    dichte 201
    Form 30
    mediierte 169, 170
Kommunikationsstrategien
    erzählgenerierend 73
    verständnisgenerierend 74
Kommunikationstechniken 229
Kommunikatives Regelsystem 30
Kompetenz
    kommunikative 52, 53, 229, 230
    soziale 229
Komplexitätsreduktion 263, 271
Kondensierungszwang 44
Konfrontationsfragen 74
Konjunktiver Erfahrungsraum 153
Konstruktion
    eines theoretischen Modells 49
    von Wirklichkeit 27
Konstruktivismus 26
Kontaktaufnahme 179
Kontextwissen 120

Kontrastierung 50
Krisenexperimente 11
Kurzfragebogen 73, 155, 165

L
Lebenswelt 6
Leitfaden 13, 28, 30, 33, 53, 60, 61, 63, 65, 66,
    68, 69, 72, 73, 76, 79, 81, 83, 87, 90, 92,
    95, 123, 139, 140, 144, 160, 161, 162, 164,
    165, 167, 234, 235, 239
    Aufbau 71
    Gestaltung 66
    Grundprinzipien 66
Leitfadenbürokratie 234
Leitfadeninterview 65, 71, 100, 107, 119, 126
Leitfadenstruktur 68
Leitfrage 79
Literarische Umschrift 267
Lived Life 47

M
Makrostrukturen 37
Maximalvariation 210
Meinung 221, 224
    individuelle 152
    kollektive 152
    öffentliche 151
Member-Check 253
Member Validation 253
Methoden
    nicht-reaktive 1
    reaktive 1
Methodenstreit 4
Methodentriangulation 4, 111, 117, 253
Mikrostrukturen 37
Milieugruppen 137
Moderator 155
    Schulung 144

N
Nachbesprechung 17
Nachfragen 74
    bilanzierende 93
    exmanente 42, 154
    immanente 42
Nachfrageteil 42
Nähe
    zu alltäglichen Sprachregeln 67
    zum sozialen Feld 118

Narration 45, 57
    biografische 91
Narrationsanalyse
    nach Rosenthal 49, 53
    nach Schütze 47
Narrative Nachfragephase 42
Natürliche Umgebung 222
Neutralität 247, 248
    fehlende 235
Nicht-autobiografisches Erinnern 58
Nichtbeeinflussung 83
Notationssystem 266

O
Objektivität 245, 247, 248
Offenheit 3, 28, 30, 32, 33, 34, 53, 54, 66, 67,
    74, 75, 77, 110, 117, 170, 172, 175, 223, 224,
    229, 231, 258
    als erkenntnistheoretisches Prinzip 28
    als Forschungspraxis 28
    methodologische 29
Online-Interview 177, 184

P
Paraphrase 124
Pausen 174
Peer Debriefing 225, 252, 254, 257
Persönlicher Bezug 84
Persönlichkeitsrechte 20
Postscript 73, 79
Pretest 144
Primat des Kommunikativen 31
Problemzentrierung 72
Profilsampling 209
Protokoll 145, 164, 165
Prozesshaftigkeit 67
    des Forschungsprozesses 32
Prozessorientierung 72
Prozessstrukturen 38
Prozessualität 32, 33
Psychische Belastung 54

Q
Qualitätssicherung 245, 259
Quotensampling 209

R
Race-of-Interviewer-Effect 213, 219
Realgruppen 137
Realtypen 104
Recycle 131

Referenzgruppe 130
Reflexion 34, 98, 99, 225
    von Subjektivität 258
Reflexivität 33
    als Erkenntnisprinzip 34
Regelgeleitetheit 257, 258
Reisekosten 171
Rekonstruktion 9, 98
    der Fallgeschichte 49
    sozialer Bedeutungsmuster 97
Reliabilität 245, 249
    Intercoder-Reliabilität 251
    prozedurale 250
Respekt 18
Retrospektive Introspektion 84
Rolle
        des Forschenden 45
        des Interviewenden 161
        des Subjekts 256

S
Sample 130
    homogenes 210
    Vorabfestlegung 208
Samplegröße 178
Sampling 199
    Extremfälle 210
    gezieltes 208
    Intensity Sampling 211
    kritischer Fälle 211
    selektives 208
    theoretisches 204, 206
    typischer Fälle 210
Samplingverfahren 199, 203
    Übersicht 203
Schneeballverfahren 207, 208
Schutz der Befragten 17, 20
Selbstoffenbarendes Verhalten 172, 231
Selbstoffenbarung 188
Selbstreflexion 53, 189
Selektionsleistung 271
Sensibel 21, 53, 144, 229, 230
Sequenzielle Struktur 39
Setting 222, 224
Sexualität 218, 235
Sinn
        Herstellung von 9
        Konstitution von 6

Sinngehalte
    latente 78
    manifeste 78
Sinnkonstruktion 2, 9, 25, 26, 27, 36, 40, 44,
    55, 71, 73, 87, 88, 97, 104, 229
Sinnverstehen 229
Sinnzuschreibungen 27
Skype 177
Skype-Interview 177, 182, 183
Social Cues 173
Sonderwissen 119
Sondierungsfrage(n) 74
Soziale Beziehung 231, 232
Soziale Realität 5
Soziales Milieu 153
Sozialforschung
    empirische 1
    psychoanalytische 78
    qualitative 2
    quantitative 1
    tiefenpsychologische 78
Soziologie
    interpretative 6
    phänomenologische 6
    verstehende 5, 25
Speicherung 73
Spektrum 84
Spezifität 84
Spracherkennungssoftware 275, 276, 277
Sprachniveau 67
Standardorthografie 266
Status 121, 221
Stegreiferzählungen 40
Stichprobe 199
Stimme 220
    Einfluss 174
Stimulus 83, 139, 140, 144, 154
Subjektbezogenheit 27
Subjekteinfluss 34
Subjektive Erfahrungen 83
Subjektive Theorien des Handelns 26
Subjektivität 214, 216, 249, 259
        kontrollierte 225, 247, 248, 249
Supervision 79, 94
Symbolischer Interaktionismus 7, 8, 9
Synchronizität 184

T

Teilnahme
  Freiwilligkeit 20
  längerfristige 111
Teilnarrationen 63
Telefon 170
Telefoninterview 169
Tertiärdaten 263
Thematische Feldanalyse 47, 49
Theoretische Sättigung 205
Theorientriangulation 253
Tiefe 84
Tiefendimension 95, 96
Tiefenhermeneutik 78
Tiefeninterview 87, 88
  Ablaufmodell 95
  Auswertung 94
  nach Kvale 90
Timecode 272
Told-Story-Telling 47
Transferability 255
Transkript 272
Transkription 16, 263, 264, 267, 271
  Notation 271
  Regeln 274
  selektive 123, 127, 270
  Spracherkennungssoftware 275
  vollständige 266
Transkriptionssystem 266
Transparenz 250
Triangulation 91, 247, 252
  between-method 253
  within-method 253
Typenbildung 50, 103, 104

U

Überprüfbarkeit 257
Überprüfung des gesamten Vorgehens 131
Übertragbarkeit 255
Übertragung 94
Unauthentizität 191
Unergiebige Themen 240
Ursächliches Erklären 6

V

Validierung
  kommunikative 252, 253, 254
  prozedurale 255

Validität 245, 251
  externe 255
  interne 252
Verfahrensdokumentation 257
Vergangenheits-Gegenwarts-Prozess 67
Vergleich
  Interview 131
  kontrastiver 48
  thematischer 124
Verlässlichkeit 249, 250
Verschenken von Informationen 239
Verschriftlichung 266
Verständlichkeit 67
Verständnisfragen 74
Verstehen 2, 3, 5, 6, 13, 25, 26, 27, 34, 36, 44,
  80, 88, 111, 115, 202, 210, 230, 232, 240,
  253, 255
  deutendes 5
  erklärendes 6
Vertrauen 192, 231, 234
Vertraulichkeit 16, 18, 19
  Verletzung 242
Video-Interview 177
Vollerhebung 208
Vorwissen 216

W

Wahrhaftigkeit des Erzählten 53
Warm-up 68
Wechselspiel (Deduktion und Induktion) 73
Welt
  objektive 7
  subjektive 7
Widerrufsrecht 17, 20
Wir-Gefühl 137
Wirklichkeit
  als Konstruktion 26
  soziale 10, 11
Wirklichkeitskonstruktion 9, 12
Wissen
  episodisches 58, 59
  semantisches 58, 59
Wissensanalyse 48
Wortbetonung 265

Z

Zeilendarstellung 272
Zeilennummerierung 272
Zeit 171
Zentrale Prinzipien qualitativen Forschens 25

Ziele qualitativer Forschung 25
Zielgruppe 130
Zugzwang des Erzählens 44
Zurückhaltende Rolle des Forschenden 45

Zurückspiegelung 74
Zyklischer Prozess 132, 205
Zyklisches Vorgehen (CI) 132

www.ingramcontent.com/pod-product-compliance
Lightning Source LLC
Chambersburg PA
CBHW080549270326
41929CB00019B/3244